데이터 분석을 위한

파이썬

| 오경선 · 장은실 · 양숙희 공저 |

INFINITYBOOKS
인피니티북스

오경선(Oh KyungSun) | skyal@konkuk.ac.kr

2002년 상명대학교 교과교육학과 정보 • 컴퓨터교육전공 (교육학석사)
2016년 성균관대학교 일반대학원 교과교육학과 컴퓨터교육전공 (교육학박사)
2017년~2019년 단국대학교 SW중심대학사업단 강의전담조교수
2019년~현재 건국대학교 상허교양대학 조교수
관심분야 : SW교육, 컴퓨터교과교육, 컴퓨팅사고, 프로그래밍교육, 인공지능교육, etc.

장은실(Jang Eunsill) | esjang@joongbu.ac.kr

2001년 동국대학교 교과교육학과 컴퓨터교육전공 (교육학석사)
2007년 동국대학교 일반대학원 컴퓨터공학과 (공학박사)
2008년~2011년 동국대학교 산업기술연구원 전임연구원
2016년~2018년 ㈜명리 개발지원팀 이사
2018년~2020년 성균관대학교 소프트웨어대학 초빙교수
2020년~2021년 한양대학교 소프트웨어학부 SW교육전담교수
2021년~현재 중부대학교 학생성장교양학부 조교수
관심분야 : SW교육, SW융합교육, 컴퓨팅기반문제해결, 데이터분석교육, 인공지능교육, 인공지능 윤리, etc.

양숙희(Yang Sukhee) | ysh8460@skku.edu

2002년 동국대학교 교과교육학과 컴퓨터교육전공 (교육학석사)
2016년 동국대학교 경영대학원 경영정보 (경영학박사)
2003년~현재 신구대 겸임교수, 대학교(건국대, 경기대, 단국대, 이화여대) 외래교수
2012년~현재 연소프트 기술지원 팀장
2018년~현재 성균관대학교 소프트웨어대학 겸임교수
관심분야 : SW교육, SW융합교육, 컴퓨팅사고, 프로그래밍교육, 인공지능교육, etc.

데이터 분석을 위한

파이썬

인쇄 2022년 3월 18일
발행 2022년 3월 25일

저자 오경선, 장은실, 양숙희
발행인 성희령
발행처 INFINITYBOOKS | **주소** 경기도 고양시 일산동구 하늘마을로 158,대방트리플라온 C동 209호
대표전화 02)302-8441 | **팩스** 02)6085-0777
출판기획 안성일, 한혜인 | **영업마케팅** 채희만, 한석범, 유효진, 이호준 | **총무회계** 이승희

도서문의 및 A/S지원
홈페이지 www.infinitybooks.co.kr | **이메일** helloworld@infinitybooks.co.kr
ISBN 979-11-92373-00-3 | **등록번호** 제 2021-000018호 | **판매정가** 25,000원

머리말

우리가 살고 있는 세상은 대부분 소프트웨어로 이루어져 있다. 또한 하루가 다르게 발달하고 있는 하드웨어와 정보통신기술로 이미지, 오디오, 비디오 등의 수많은 데이터들이 만들어지고 있다. 이렇게 생성된 많은 양의 데이터들은 약간의 노력과 기술을 이용하면 다양한 분야에서 의미 있는 정보로 재생산될 수 있다. 데이터를 분석하면 의미 있고 유용한 정보를 만들 수 있는데, 이를 위해 데이터를 적당히 정제하고 분석 과정을 거쳐 보기 좋은 형태로 시각화해야 한다. 이 과정을 도와주고자 집필자들은 "데이터 분석을 위한 파이썬"이라는 교재를 집필하게 되었다.

본 교재는 파이썬 핵심 문법, 데이터 분석 관련 라이브러리, 데이터 전처리 및 정형화, 다양한 주제의 미니 프로젝트로 구성하여 실질적인 데이터 분석을 체득할 수 있도록 하였다. 데이터 분석에 필요한 파이썬 핵심문법을 학습하기 위해 별도의 파트를 구성하여 제공하였고, 이후에는 데이터 분석 라이브러리, 데이터 전처리, 데이터 분석 미니 프로젝트 실습을 구성하여 누구나 체계적으로 학습할 수 있도록 하였다.

본 교재는 배운 내용을 단순히 익히고 실습하는 데 그치는 것이 아니라 다양한 형태의 데이터를 분석하는 실전문제까지 다룬다. 따라서 꾸준히 학습한다면 데이터 속에서 인사이트를 발견하는 능력을 갖추게 될 것이다. 또한 학습을 거듭할수록 교재에서 다루지 않은 다양한 분야의 데이터도 분석할 수 있는 자신감을 가지고 모험을 즐기리라 기대한다. 모쪼록 본 교재를 통하여 데이터 분석을 하고자 하는 많은 분들에게 도움이 되었으면 한다.

끝으로 본 교재를 집필하는 동안 함께 고민하고 연구하는데 항상 적극적으로 협조해 주신 집필진분들께 진심으로 감사의 말씀을 드리며 인피니티북스에 깊은 감사의 말씀을 전한다.

2022년 3월

저자 오경선, 장은실, 양숙희

강의 계획

주차	교재	제목	주요 내용
Part 1. 데이터 분석이란?			
1	1장	데이터 분석 개요	– 데이터 분석의 이해 및 필요성 – 데이터 분석의 활용 분야 및 분석 도구 – 데이터 분석 처리 과정
Part 2. 파이썬 기초			
2	2장	데이터 분석을 위한 파이썬 핵심 문법 I	– 데이터 분석을 위한 코랩 실습 환경 – 변수, 연산자, 표준 입 · 출력 – 선택문, 반복문, 기타 제어문, 함수
3			– 데이터 분석을 위한 코랩 실습 환경 – 변수, 연산자, 표준 입 · 출력 – 선택문, 반복문, 기타 제어문, 함수
4	3장	데이터 분석을 위한 파이썬 핵심 문법 II	– 컬렉션 자료형, 리스트 내포 – 정규 표현식, 파일 입 · 출력
Part 3. 데이터 분석 관련 라이브러리			
5	4장	넘파이(Numpy) 라이브러리	– 넘파이 배열의 개념 및 특징 – 넘파이 배열 생성, 조회, 연산, 변환
6	5장	판다스(Pandas) 라이브러리	– 판다스 개념 및 특징 – 판다스 객체 생성, 데이터 확인 및 선택 – 판다스 결측 데이터 처리, 가공, 그룹핑
7	6장	판다스(Pandas) 라이브러리 활용	– 판다스 데이터 처리 과정 – 판다스 라이브러리를 활용한 붓꽃 데이터셋 분석 및 시각화 방법
8	중간고사		
9	7장	시각화 라이브러리	– 데이터 시각화 이해 – 맷플롯립(Matplotlib) 라이브러리 – 시본(Seaborn) 라이브러리
Part 4. 데이터 전처리와 정형화			
10	8장	데이터 전처리	– 데이터 전처리 이해 – 데이터 전처리 실습
11	9장	시계열 데이터 전처리	– 시계열 데이터 이해 – 시계열 데이터 전처리 실습 및 분석
12	10장	자연어 전처리	– 자연어, 워드 클라우드 – 자연어 처리 실습
Part 5. 다양한 주제의 데이터 분석 미니 프로젝트			
13	11장	환경 관련 데이터 분석	– 분석 대상 환경 데이터 수집, 확인, 병합 – 데이터 분석 및 시각화
14	12장	건강 관련 데이터 분석	– 분석 대상 건강 데이터 수집, 가공 – 데이터 분석 및 시각화
15	13장	쇼핑몰 데이터 분석	– 문제 정의와 데이터 탐색 – 데이터 전처리, 특성 분석, 정리와 제안
16	기말고사		

목차

PART 01

데이터 분석이란?

01 데이터 분석 개요

Python for data analysis

Python for data analysis

01 데이터 분석 개요

학습목표

- 데이터 분석이 무엇인지 알고 필요성에 대하여 설명할 수 있다.
- 데이터 분석 활용 분야에 대하여 설명할 수 있다.
- 데이터 분석 도구 종류에는 무엇이 있는지 알고, 데이터 분석 도구로써 파이썬을 설명할 수 있다.
- 데이터 분석 처리 과정에 대하여 설명할 수 있다.

학습목차

1.1 데이터 분석 이해

바야흐로 현 시대는 첨단 기술의 발달로 수많은 데이터가 만들어지고 공유되고 있다. 하드웨어와 소프트웨어의 발전으로 PC에서 태블릿, 스마트폰에 이르기까지 다양한 전자기기로 정보들을 손쉽게 만들어 낼 수 있고, 유 · 무선 인터넷 및 통신기술의 발전으로 초연결사회의 전 세계 사람들은 터치나 클릭만으로 순식간에 정보를 주고받을 수 있는 시대가 되었다. 이렇게 발생된 수많은 데이터는 있는 그대로는 크게 쓸모 있는 데이터가 아닐 수도 있다. 그러나 약간의 기술과 노력을 기울이게 되면 무수히 많은 분야에서 유용한 정보로 재창출될 수 있다.

우리가 살고 있는 세상은 아주 짧은 순간에도 다양한 종류의 수많은 데이터들이 생겨나고 있다. 잠들기 전까지 수많은 데이터들이 생성되는데, 결제를 하면서 이용한 카드 내역 데이터, 보고서를 작성하면서 만든 문서 데이터, SNS에 올리기 위해 촬영한 사진과 동영상 데이터, SNS 게시물이나 동영상에 남긴 반응이나 댓글 데이터 등이 해당된다. 스스로가 직접 만든 데이터들도 있지만 도심지에서 생활하면서 촬영되는 CCTV 데이터 등은 본인의 의지와 상관없이 만들어지는 데이터들이다.

이러한 데이터들은 주어진 조건에 따라 수집, 계산과 비교, 분석, 공유 및 평가되어 활용 가치가 높은 정보가 되는 것이다. 예를 들어 보기 좋고 건강한 신체를 만들기 원한다면 식단 조절과 운동을 해야 하는데 힘들지 않게 식사 조절하는 방법, 오랫동안 지속적으로 운동할 수 있는 방법 등에 대하여 기록, 계산, 분석 등을 하고 적용해야 효과적으로 원하는 신체를 만들 수 있게 될 것이다.

전문 트레이너에 의해 관리 받으면서 운동과 제한된 식단을 성실히 실천했지만 체지방은 줄지 않고 근육량도 늘지 않는 결과가 나타날 수 있다. 이럴 때는 어느 부분이 잘못되었는지 원인을 찾기 위해 관찰하고 분석해야 한다. 그 원인은 정확하지 않은 데이터가 될 수도 있고, 무리한 목표 기준이 될 수도 있다. 잘못된 결과가 도출될 때까지의 데이터는 새로운 목표 기준을 세우기 위한 기초 자료로 사용하면서 추후 만족스러운 결과에 도달하기 위한 의미있는 데이터로 사용될 것이다.

이와 같이 주어진 데이터를 수집, 계산, 분석하여 새로운 정보를 얻어내거나 예측하기 위한 과정을 데이터 분석이라고 한다. 데이터 분석은 전문 분야에서만 사용되는 것이 아니다. 보기 좋고 건강한 신체를 만들기 위한 예처럼 우리는 일상생활에서도 의도했든 의도하지 않았든 끊임없이 기록, 계산, 분석을 하면서 데이터 분석을 하고 있었을 것이다. 이러한 일상생활을 좀 더 확대한 것이 빅데이터 분석 또는 데이터 분석이라고 한다. 이 장에서는 데이터 분석은 무엇이고 왜 필요한지, 데이터 분석 도구에는 무엇이 있으며 데이터 분석 처리 과정은 어떻게 되는지에 대하여 알아보자.

데이터 분석 정의

데이터(data)란 사실(fact)을 표현한 것으로써 숫자, 문자, 이미지, 오디오, 동영상 등의 형식으로 나타낸 모든 것을 의미한다. 데이터는 필요에 따라 정보(information)가 될 수 있다. 예를 들어 보기 좋고 건강한 신체를 만들기 원하는 사람에게는 현재 자신의 체지방량, 근육량이 운동 및 식단 종류를 선택할 때 유용한 정보가 된다. 하지만 단순히 체지방량과 근육량의 정보만으로 운동 및 식단 종류를 쉽게 결정하지는 않는다. 목적에 따라 종합적으로 수집된 데이터를 기록하고 필요한 계산과 비교 등의 과정을 거쳐 활용 가치가 있는 정보로 도출해 내야 하는데 이러한 작업을 데이터 분석이라고 한다.

데이터 분석(Data analysis)

문제 해결 또는 인사이트 도출을 위한 목적으로 데이터 수집, 전처리 및 정형화, 분석하는 과정이다. 데이터 분석은 여러 가지 접근 방식이 있으며 다양한 기술을 조합하여 서로 다른 비즈니스, 과학, 사회과학 분야 등 다양한 분야에서 사용된다. 오늘날 비즈니스 분야에서 데이터 분석은 의사 결정을 더욱더 과학적이고 효율적으로 운영할 수 있도록 도와주는 중요한 역할을 한다.

정확한 데이터 분석을 위해서는 데이터의 특징이나 상태가 매우 중요하다. 데이터 특징을 정리하면 다음과 같다.

표 1.1 데이터 분석을 위한 데이터 특징

데이터 특징	설명
문제 해결 또는 인사이트 도출을 위한 데이터	데이터 분석을 하는 목적은 문제 해결이나 개선을 위함인데, 목적에 맞지 않은 데이터는 오히려 데이터 분석에 방해가 된다. 예를 들어 보기 좋고 건강한 신체를 만들기 위해 학력이나 동아리 정보는 필요하지 않다. 없어도 상관없는 데이터는 데이터 분석을 복잡하게 만들기 때문에 반드시 필요한 데이터를 판단해야 한다.

정확한 수치 데이터	데이터 분석을 위해서는 수집한 데이터가 정확한 수치 데이터여야 하고 그 수치 표현 형식도 일관되어야 한다. 예를 들어 1년 전에 측정한 체중 데이터와 초기에는 킬로그램(kg) 단위로 정의한 체중을 파운드(lb) 단위로 표현한다면 데이터 분석 과정에서 오류가 발생하거나 복잡한 상황이 발생할 것이다. 데이터 분석을 위한 데이터는 정확하고 일관되게 표현되어야 정확한 결과를 얻을 수 있다.
적당한 양의 데이터	데이터 분석을 할 때 적은 양의 데이터를 이용하게 되면 한쪽으로 편향된 결과가 나타나 문제 해결 및 인사이트 도출에 적절하지 않은 정보를 제시할 수도 있다. 반면 너무 많은 양의 데이터를 이용하게 되면 복잡하고 데이터 자체의 가치와 일관성이 떨어질 수도 있다. 데이터 분석을 위해서는 적당한 양의 데이터가 필요한데, 적당한 양의 기준은 데이터 분석 목적에 따라 결정된다.

데이터 분석 필요성

보기 좋고 건강한 신체를 만들기 원하면서 운동은 하지 않고 식사만 거른다면 체중은 줄어들겠지만, 수분과 근육량만 감소하고 체지방량은 줄지 않기 때문에 보기 좋고 건강한 신체가 만들어지지는 않을 것이다. 건강하고 보기 좋은 신체를 원한다면 자신의 몸 상태에 따라 적당한 운동을 선택해야 하고 식사 습관 등의 생활 습관을 점검하여 나쁜 습관은 개선해야 할 것이다. 또한 몸을 만드는 동안에는 운동과 식단 조절을 하면서 자연스럽게 생활 습관 등을 관찰하게 되는데, 이를 통해 신체 변화에 따른 건강 문제를 점검할 기회를 갖게 된다.

이처럼 데이터 분석은 문제 해결이나 인사이트 도출을 위해 데이터만 있으면 되는 것이 아니라 문제의 핵심을 제대로 파악하는 것으로부터 출발해야 한다. 문제 핵심의 정확한 파악은 문제 상황을 구성하는 데이터에서 정보를 얻는 것이 가장 좋다. 문제 핵심을 파악한 후에는 문제 해결 또는 인사이트 도출의 목적을 정의하고, 그 목적 달성을 위해 필요한 데이터를 수집한다. 수집한 데이터에서 필요한 정보를 추출하고 방안을 제시하여 실행한다면 만족스러운 문제 해결 또는 인사이트 도출을 할 수 있다. 만약 방안을 실행하는 도중에 문제가 발생한다면 분석을 통해 얻은 정보를 이용하면 대처가 가능할 것이다. 이와 같은 데이터 분석의 필요성을 정리하면 다음과 같다.

데이터 분석의 필요성

① 문제 상황을 정확히 파악할 수 있다.
② 문제 해결 및 인사이트 도출을 위한 목적을 정확히 정의할 수 있다.
③ 목적에 따라 효율적인 방안을 제시할 수 있다.
④ 만족스러운 결과가 도출될 때까지 실행 과정을 평가하고 개선할 수 있다.

아래 그림과 같이 데이터 분석을 전문적으로 하는 사람을 데이터 분석가(Data Analyst)라고 한다. 데이터 분석가는 사람들이 어떤 분야에 관심이 있는지, 자주 찾는 정보는 무엇인지, 한 번 접근하면 얼마 동안이나 머무는지 등의 데이터를 활용 가치가 있는 정보로 만드는 사람이다. 데이터 분석가는 글래스도어(Glassdoor)가 발표한 미국의 베스트 직업 순위에서 2020년에는 44위, 2021년에는 35위로 점점 인기가 상승하고 있는 직업이다. 글래스도어에서 발표한 직업 순위는 단순히 높은 연봉 순으로만 선정하지 않고 일과 삶의 균형 측면을 모두 고려하여 최고의 직업 순위를 선정한 결과이다.

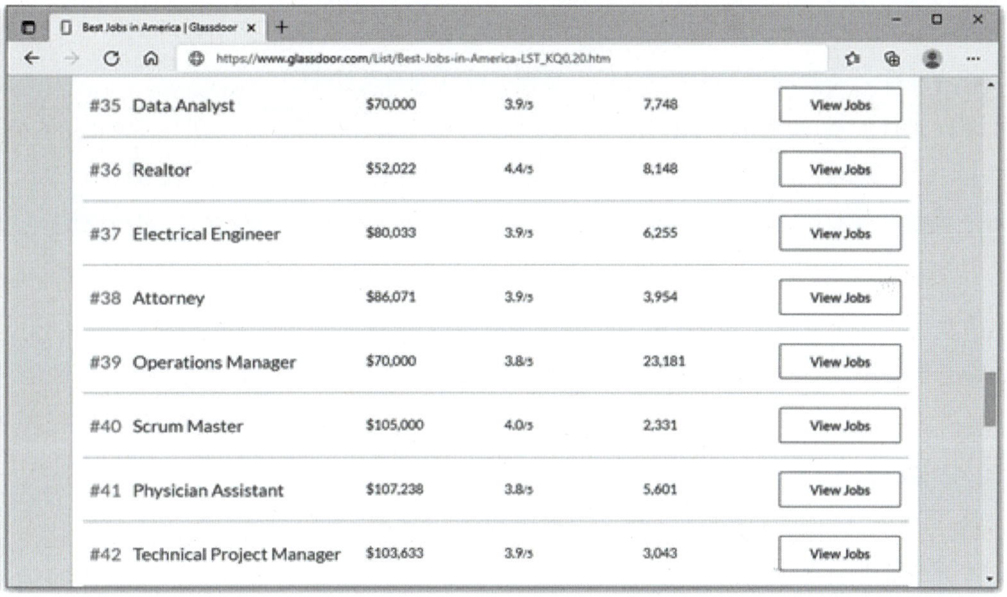

#35 Data Analyst	$70,000	3.9/5	7,748	View Jobs
#36 Realtor	$52,022	4.4/5	8,148	View Jobs
#37 Electrical Engineer	$80,033	3.9/5	6,255	View Jobs
#38 Attorney	$86,071	3.9/5	3,954	View Jobs
#39 Operations Manager	$70,000	3.8/5	23,181	View Jobs
#40 Scrum Master	$105,000	4.0/5	2,331	View Jobs
#41 Physician Assistant	$107,238	3.8/5	5,601	View Jobs
#42 Technical Project Manager	$103,633	3.9/5	3,043	View Jobs

그림 1.1 2021년 미국의 베스트 직업 순위

1.2 데이터 분석 활용 분야

ICT 발전으로 관리되지 않고 버려졌던 기존 데이터의 경제적 가치를 찾기 위한 시도들이 시작되었는데, 이러한 시도에서 데이터의 가치를 찾아 활용한 사례가 등장하면서 많은 사람들의 관심이 주목 되었다. 실제로 구글, 페이스북, 아마존, 트위터 등의 여러 기업에서 데이터를 활용하여 경제적 가치를 재발견하고 비즈니스에 적용하기 시작하였다.

데이터 분석은 여러 분야에서 활용되고 있는데, 가장 활발하게 활용되고 있는 분야는 마케팅 분야이다. 마케팅 기획과 실현은 소비자 심리학을 바탕으로 이루어졌는데, 이제는 데이터 분석 마케팅이 현실화되면서 기존의 마케팅 전략보다는 소비자와 시장의 데이터 분석 결과에 많은 영향을 받고 있다. 상세 거래 정보, 위치 정보, 구매 패턴과 후기 등의 데이터들을 탐색하고 관계를 분석하여 마케팅 전략을 설계하는 데 활용되고 있다.

국외 활용 사례

구글, 아마존, DHL, 넷플릭스, 스타벅스 등의 여러 국외 기업들이 활용하고 있는 데이터 분석들을 정리하면 다음과 같다.

표 1.2 데이터 분석 국외 활용 사례

분류	국외 기업	활용 내용
고객 관계 관리 / 경험의 변화	아비바생명	고객 맞춤형 보험 상품 제공
	사우스웨스트항공	고객 맞춤형 광고
	타겟	고객 맞춤형 상품 프로모션
	넷플릭스	시청자들의 행동 관찰, 선호도 분석을 통한 맞춤형 콘텐츠 제작
	스타벅스	데이터 기반의 상권 분석, 소비자 정보 기반의 추천 서비스
내부 프로세스 / 효율성 개선	DHL	물류 효율화, 투자 의사 결정에 참고
	자라(Zara)	효율적인 물류 배송망 운영
	구글	데이터 센터 성능 및 에너지 사용 최적화

	테슬라	데이터 분석을 통해 의사결정을 내리는 데이터 드리븐(Data-Driven) 경영 방식 도입
신규 가치 제안 창출	아마존	고객 주문 전에 예측 배송
	GE	산업 인터넷으로 스마트 공장 구현
	후지쯔	농업용 빅데이터 분석 솔루션 제공

국내 활용 사례

신한카드, 엔씨소프트, 이마트, SK텔레콤 등의 여러 국내 기업들이 활용하고 있는 데이터 분석들을 정리하면 다음과 같다.

표 1.3 데이터 분석 국내 활용 사례

분류	국외 기업	활용 내용
고객 관계 관리 / 경험의 변화	신한카드	고객 라이프 스타일 맞춤형 상품
	KB국민카드	소비자 정보 기반 카드 이용 및 편의성 서비스
	엔씨소프트	사기 탐지(Fraud detection) 알고리즘을 통한 불법 행위 모니터링
	옥션, G마켓, 11번가	고객 구매력에 따른 개인화된 상품 추천과 광고 배달
내부 프로세스 / 효율성 개선	삼성SDS	제조업 생산성 향상 지원 솔루션
	이마트	데이터 분석을 통해 의사결정을 내리는 데이터 드리븐(Data-Driven) 경영 방식으로 생산한 자체생산(PB) 상품
신규 가치 제안 창출	SK텔레콤	상권 분석 및 타켓 마케팅 지원 서비스

국내 정부에서는 코로나19 상황이 발생했을 때 데이터 분석을 이용하여 감염자에 대한 데이터를 디지털화함으로써 바이러스 통제와 확산에 대한 인사이트를 도출하였다. 이를 통해 바이러스 확산 위험을 최소화 하는 데 많은 도움을 주었다. 국내 K-ICT 빅데이터센터 및 한국지능정보사회진흥원에서는 "빅데이터 기반 사회현안 해결 및 국민행복 실현"을 위해 시장 창출 및 확대, 산업 육성기반 확대, 지속 발전가능 생태계 조성을 위해 다양한 사업 지원과 교육 및 인재 양성에 앞장서고 있다.

1.3 데이터 분석 도구

데이터 분석의 중요성과 필요성이 알려지면서 많은 종류의 데이터 분석 도구가 개발되었다. SAS, SPSS 등의 통계 프로그램, 하둡(Hadoop) 분산 지원 프레임워크, 구글 애널리틱스(Google Analytics) 웹 분석 서비스, R, 파이썬(Python), 엑셀(Excel) 등 다양한 종류의 데이터 분석 도구가 등장했는데, 데이터 분석 도구를 선택할 때는 고려해야 할 사항이 있다. 이를 정리하면 다음과 같다.

표 1.4 데이터 분석 도구를 선택할 때 고려 사항

고려 사항	설명
처리 성능	처리 성능으로는 데이터 양과 처리 속도로 판단할 수 있는데, 분석해야 하는 데이터 양에 따라 처리 속도가 달라진다. 그렇기 때문에 분석해야 하는 데이터 양을 가늠하여 그에 적합한 데이터 분석 도구를 선택해야 한다.
데이터 구성	데이터에는 표 형식으로 구성된 경우가 대부분이지만 종류에 따라 벡터, 행렬 등으로 구성될 수 있다. 데이터의 형태에 따라 그에 맞는 데이터 분석 도구를 선택해야 한다. 즉, 수집된 데이터를 분석에 알맞은 형태로 표현하고 구성하는 데 제약이 적은 데이터 분석 도구가 필요하다.
분석 기법	데이터 분석에는 기본 연산, 집계, 통계 기법이 필수로 사용된다. 데이터 분석 도구에서 제공하는 집계, 통계 기법이 다양할수록 다각도로 분석할 수 있다. 그렇기 때문에 데이터 분석 목적과 수집된 데이터 양에 따라 분석 기법을 선택하고 그 기법을 지원하는 데이터 분석 도구를 선택해야 한다.
시각화	데이터를 분석하고 중간 및 최종 결과를 공유하는 과정에서 가독성과 전달력을 높일 수 있는 기능이 중요하다. 예를 들어 차트의 경우 분석 목적과 데이터 형식, 분석 기법에 따라 차트 종류를 선택하고 결과를 표현한다. 따라서 결과를 공유할 때 전달력을 높이려면 다양한 시각화 방법과 편리한 편집 기능을 제공하는 데이터 분석 도구가 필요하다.

데이터 분석 도구 종류

적은 양의 데이터를 분석할 때는 R, SAS, SPSS, 파이썬, 엑셀 등이 유용하고, 빅데이터 분석에는 하둡, 구글 애널리틱스 등이 적합하다. 하둡, 구글 애널리틱스 등은 빅데이터 분석에 표현할 수 있는 데이터 형식과 구성이 무제한이며, R, 파이썬, 엑셀 등은 시각화 기능을 매우 강력하게 지원한다. 시각화를 통한 분석 결과의 공유가 중요해짐에 따라 빅데이터 분석 도구들도 시각화 기능을 갱신하고 있다.

데이터 분석을 하는 목적에 따라 빅데이터 분석 도구가 적절할 때도 있지만, 일반적인 데이터 분석의 경우에는 R, 파이썬, 엑셀 등을 이용해도 충분한 분석이 가능하다. 또한 데이터 분석 과정과 방법을 학습할 때 처음부터 빅데이터를 이용하기 보다는 적은 양의 데이터를 이용하여 데이터 분석 방법을 학습하는 것이 좋다. 나중에 빅데이터를 분석할 때는 보다 수월하게 분석할 수 있게 된다. 다양한 데이터 분석 도구 중에서도 적은 양의 데이터 분석에 용이한 R, 파이썬, 엑셀에 대한 특징을 정리하면 다음과 같다.

1) R

R은 통계학자인 뉴질랜드 오클랜드 대학의 로버트 젠틀맨(Robert Gentleman)과 로스 이하카(Ross Ihaka)가 만든 오픈 소스 통계 프로그래밍 언어로써 통계 목적의 다양한 연산과 출력에 용이하도록 최적화되어 있다. R은 많은 통계 함수 패키지를 제공하기 때문에 제약 없이 다양한 기법으로 데이터를 분석할 수 있다. 초보자도 쉽게 데이터 분석 프로그래밍을 할 수 있도록 다양한 통계 소스를 제공하고 있고 이를 적용하여 쉽게 분석 결과를 얻을 수 있다. 다양한 시각화 기능도 제공하고 있어 분석 과정과 결과를 공유하기 편리하며, 다른 프로그래밍 언어와 연계한 개발 및 웹과 연동이 가능하여 개발자 입장에서도 사용하기 편리한 데이터 분석 도구이다.

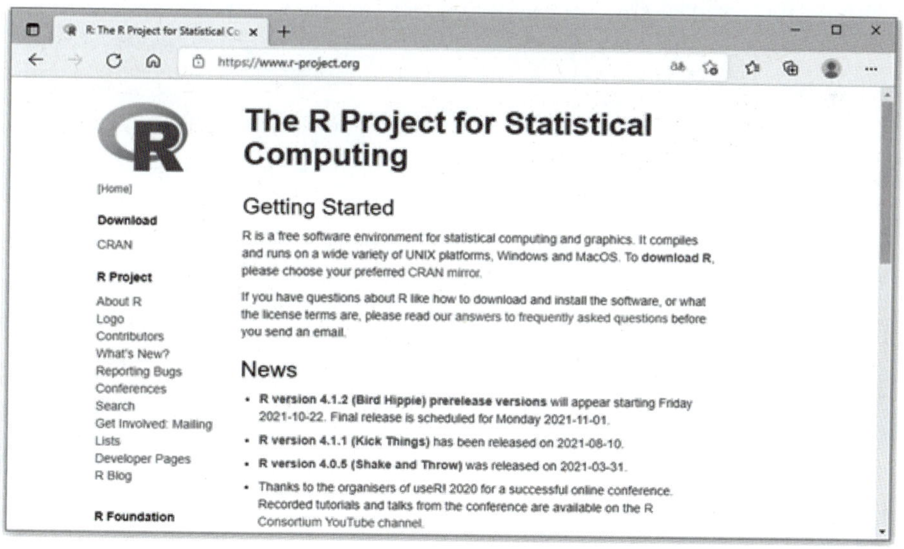

그림 1.2 R 홈페이지

2) 파이썬(Python)

파이썬은 1991년 네덜란드 프로그래머인 귀도 반 로섬(Guido van Rossum)이 만든 프로그래밍 언어이다. 교육용 프로그래밍 언어로 최근 인기가 많고 컴퓨터와 대화하는 방식의 인터프리터 언어로 간단하면서도 직관적인 문법 구조로 되어 있어 개발자뿐만 아니라 초보자도 쉽게 배우고 사용할 수 있다. 많은 종류의 라이브러리와 확장 패키지를 제공하기 때문에 코드를 작성하는 사람이 원하는 기능을 라이브러리나 패키지에서 찾아서 활용할 수 있다. 무엇보다 다른 프로그래밍 언어 또는 데이터베이스와의 호환성이 좋아 빠르고 효과적으로 프로그래밍을 할 수 있다는 점과 다양한 자료구조를 제공한다는 점은 데이터 분석 도구로써 파이썬의 큰 장점이다. 하지만 통계 프로그래밍을 위해 만들어진 R과 달리 파이썬은 특정 분야를 위해 만들어진 프로그래밍 언어가 아니기 때문에 통계적 라이브러리나 패키지가 R보다는 적은 편이다. 최근에는 통계 라이브러리가 대거 추가되어 데이터 분석 도구로써 점차 개선되고 있지만 빠르지 않은 처리 속도와 제한적인 시각화 기능은 앞으로도 계속 발전될 필요가 있다.

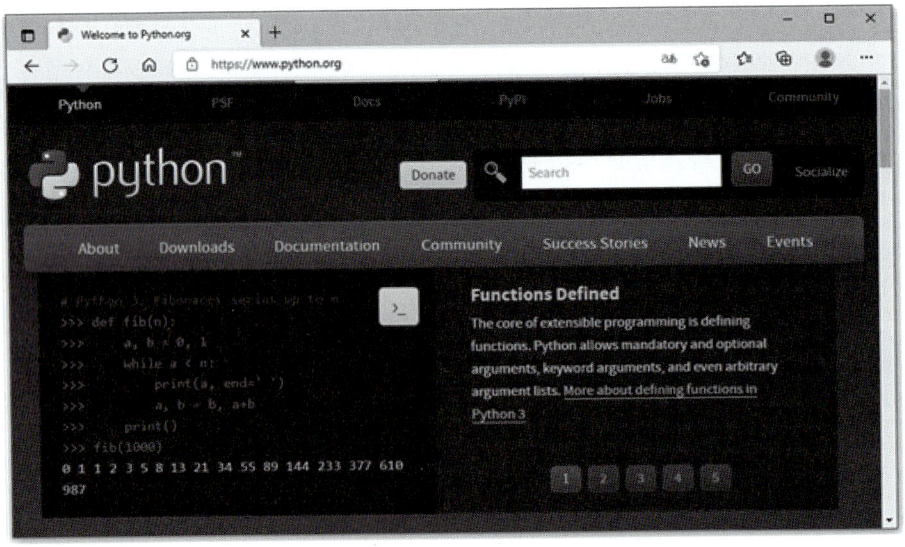

그림 1.3 파이썬 홈페이지

3) 코랩 기반의 파이썬

구글 클라우드를 기반으로 제공하는 구글 코랩은 Colaboratory를 줄여서 코랩(Colab)이라고 한다. 파이썬으로 프로그래밍을 하려면 필요한 개발환경을 PC에 설치해야 한다. 반면 코랩은 PC에 설치하여 사용하는 것이 아니고 구글 가상 서버를 사용하기 때문에 오히려 좋은 성능과 접근성을 가지고 있다. 특히 PC에 설치하는 과정이 필요 없기 때문에 초보자들도 쉽게 시작할 수 있고, 구글 GPU 무료 접근 및 공유가 간편하다는 장점을 가지고 있다. 단, 구글 계정이 필요하고 인터넷이 연결되는 환경이어야 한다.

데이터 분석에 필요한 코랩 기반의 파이썬 핵심 문법은 "Part 2"에서 자세히 다루게 된다.

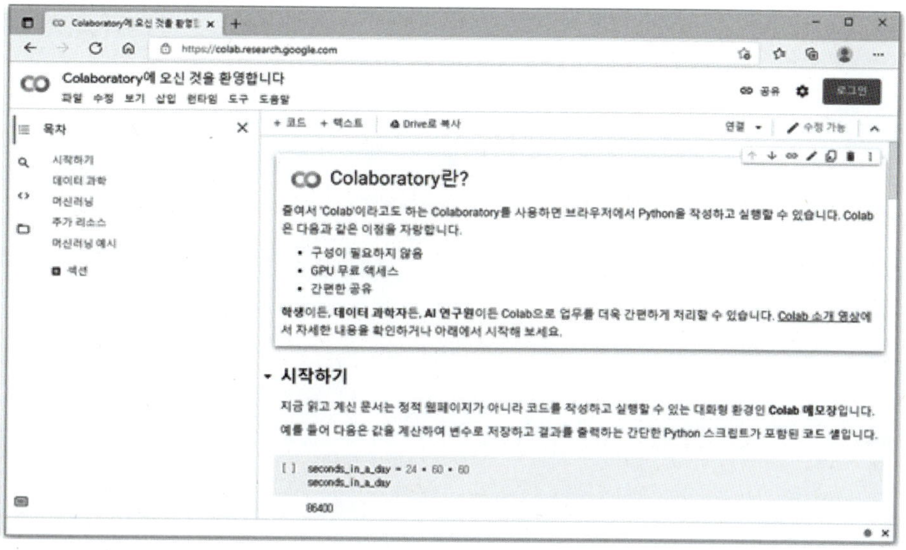

그림 1.4 구글 코랩 홈페이지

4) 엑셀(Excel)

엑셀은 마이크로소프트사에서 만든 계산용 스프레드시트 프로그램으로 계산이 많은 문서 작업에 탁월한 기능을 제공한다. 다양한 함수와 차트 등의 시각화 도구를 비롯하여 여러 가지 분석 도구 기능을 제공하기 때문에 데이터 분석 입문자에게는 매우 유용한 데이터 분석 도구이다. 특히 R이나 파이썬은 데이터 관리뿐만 아니라 데이터 분석 코드를 작성하고 관리해야 하지만 엑셀은 데이터 위주의 분석 도구이기 때문에 워크시트를 구성하는 셀에 데이터를 입력하고 필요한 셀에 함수를 적용한 후 결과를 확인하는 방식으로 분석 과정의 데이터 정확성과 일관성에 집중할 수 있게 된다. 필요에 따라 VBscript를 이용하여 더 확장된 데이터 분석도 가능하다.

엑셀은 통계 목적으로 만들어진 프로그램이 아니기 때문에 집계 및 통계 기법과 시각화 기법은 R에 비해 제약이 있지만 데이터 분석에 많이 사용하는 상관분석, 회귀분석 등의 기본 통계기법이나 머신러닝 기능 등은 수준 있는 편이다.

R, 파이썬, 엑셀 모두 적은 양의 데이터 분석에 적당한 도구이지만 특히 엑셀은 데이터 양이 많아질수록 관리가 어려워지기 때문에 처리 용량이나 고급 분석 기능에 있어서는 제약이 있다.

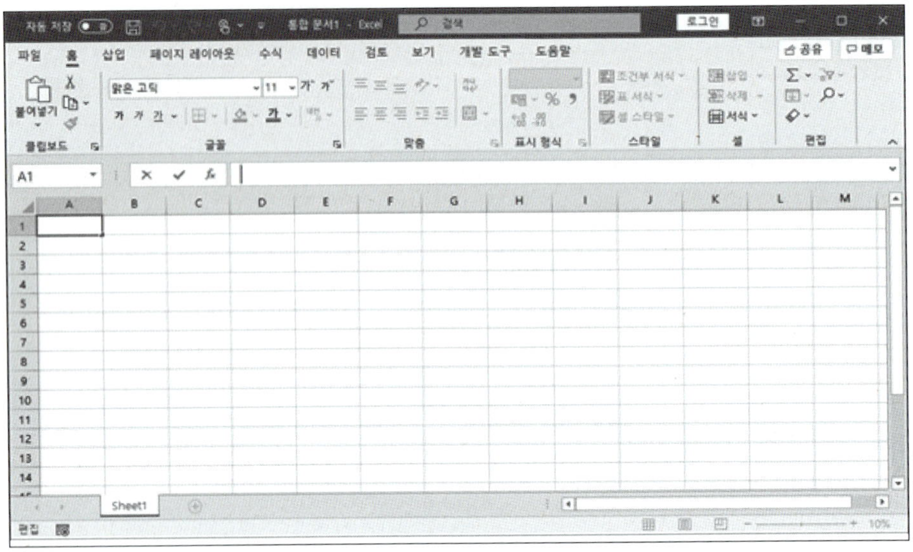

그림 1.5 엑셀 화면

데이터 분석 도구로써의 파이썬

파이썬은 데이터 분석 도구로써 아직 발전 단계라는 점에서 아쉬운 면이 있지만, 초보자도 쉽게 배울 수 있다는 강력한 장점 때문에 데이터 분석 도구로 인기가 많은 편이다. 파이썬이 데이터 분석 도구로 유용한 이유를 정리하면 다음과 같다.

표 1.5 파이썬이 데이터 분석 도구로 유용한 이유

유용한 이유	설명
직관적이고 쉬운 문법	프로그래밍을 배워본 적이 없어도 가장 거부감 없이 접근할 수 있는 프로그램 언어가 파이썬이다. 즉, 프로그래밍 입문 수준의 파이썬 문법 지식과 데이터 분석을 위한 파이썬 라이브러리에 대한 학습을 통해 쉽게 데이터 분석을 할 수 있다.
대량의 데이터를 빠르게 처리	웹사이트에서 지속적으로 발생하는 데이터의 경우 웹크롤링과 같은 방법으로 데이터를 분석해야 한다면 파이썬이 적합하다. 대용량 파일 처리 또한 엑셀보다도 빠르게 처리할 수 있다. 반복적인 작업도 프로그래밍 처리를 통해 효율을 높일 수 있다.
다양한 라이브러리 지원	파이썬에서 지원하는 다양한 라이브러리는 강력한 장점이 될 수 있다. 기초 문법을 익힐 때는 다소 지루하고 어려울 수 있지만, 이 단계를 지나고 나면 파이썬에서 지원하는 판다스(Pandas), 넘파이(Numpy), 씨본(Seaborn), 사이킷런(Scikit-learn), 텐서플로우(TensorFlow) 등의 라이브러리를 이용하여 다양한 서비스를 지원 받을 수 있게 된다.

1.4 데이터 분석 처리 과정

데이터 분석 처리 과정은 문제 해결의 목적 정의, 데이터 수집, 데이터 전처리와 정형화, 데이터 탐색과 분석, 활용을 위한 공유 및 평가의 단계를 거친다.

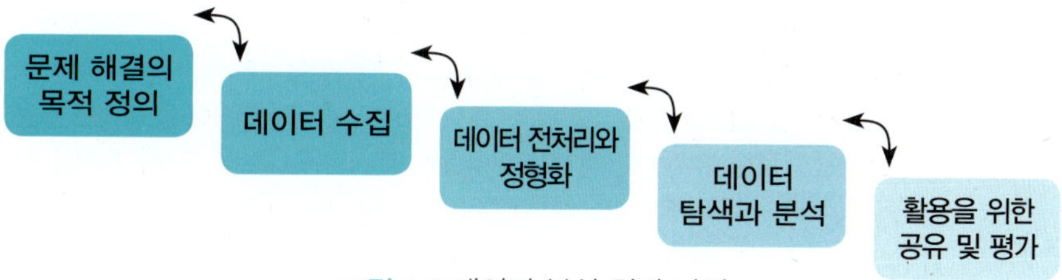

그림 1.6 데이터 분석 처리 과정

문제 해결 또는 인사이트 도출을 위한 데이터 분석 처리 과정에서는 단계별로 완전히 잘 처리한 후 다음 단계로 진행하는 것이 일반적이지만 매번 단계별로 완전한 처리가 어려울 수 있다. 그렇더라도 단계별 진행을 하면서 문제점이 발견되면 이전 단계로 되돌아가 제대로 처리한 후 다음 단계를 진행하는 것이 데이터 분석 결과의 완성도를 높이는 방법이다.

예를 들어 데이터 수집 단계에서 문제 해결 목적이 명확하지 않다면 이전 단계로 돌아가 목적을 분명하고 상세히 정의한 후 데이터를 수집하는 것이 좋다. 데이터 양이나 종류가 부족하다면 이전 단계로 되돌아가 데이터를 추가로 수집하여 단계별로 진행하는 것이 좋다. 이런 과정을 거치다 보면 마지막 단계인 데이터 분석 활용 단계에 이르기까지 앞 단계를 여러 번 반복할 수도 있다. 데이터 분석 처리 과정의 각 단계에서 어떤 일을 하는지 알아보자.

문제 해결의 목적 정의

문제 해결을 위한 데이터 분석을 할 때는 가장 먼저 문제가 무엇인지, 무엇을 원하는지를 정의하는 것이다. 문제가 명확하지 않은 상태에서 데이터 분석을 진행하게 되면 완성도 높은 결과를 제시하기 어렵고 문제를 더욱 복잡하게 만들 수도 있다. 문제를 명확히 정의하게 되면 데이터 수집 단계에서 분석을 위한 접근 방법을 결정할 수 있고, 원치 않는 작업을 최소화하여 데이터 분석이 수월해 질 수 있다. 따라서 명확한 문제 정의를 하는 것이 데이터 분석의 목적을 정의하는 것이라고 할 수 있다. 보기 좋고 건강한 신체 만들기와 같은 개인적인 문제 해결 목적뿐만 아니라 사회적 또는 기업적 측면에서의 다양한 문제 해결 또한 목적이 존재하기 때문에 문제 해결을 위한 목적은 기준과 범위를 분명하고 상세하게 정의해야 한다. 이를 위해 고려해야할 사항은 다음과 같다.

표 1.6 문제 해결을 위한 데이터 분석의 목적을 정의할 때 고려 사항

고려 사항	설명
문제의 배경	문제의 배경 이해는 문제 해결 목적을 정하는 데 기준이 된다. 현재의 문제 상황만으로 문제 해결 목적을 정하게 되면 근본적인 문제 해결이 되지 않을 수도 있다. 예를 들어 보기 좋고 건강한 신체를 만들기 위해 체중 감량에만 목적을 둔다면 결코 원하는 목적을 달성할 수 없게 된다. 따라서 문제 해결을 위한 목적을 정의할 때는 문제 상황 및 배경을 정확하고 상세히 관찰하여 이해해야 한다.
요구 사항 파악	문제의 배경을 이해하고 나면 고려해야 할 요구 사항을 파악해야 한다. 예를 들어 보기 좋고 건강한 신체를 만들기 위해서는 운동을 해야 하는데, 무릎이 안 좋다면 무릎에 무리가 가는 운동은 피해야 할 것이다. 이러한 요구 사항은 데이터 분석의 목적을 현실성 있게 정의할 수 있고 분석 과정에서 데이터 간의 연관성을 고려하는 것에도 영향을 준다.
분석 범위	데이터 분석의 목적을 정의하는 것은 무엇을 얼마나 원하는지를 정하는 것인데, 이를 위해서는 분석할 범위를 지정해야 한다. 보기 좋은 신체를 만들기 위한 목표가 근육량 증가와 체지방량 감소인지, 예쁜 옷을 입기 위한 신체 사이즈 감소인지에 따라 필요한 데이터 종류와 양, 분석 방법이 달라질 수 있다. 따라서 데이터 분석 범위를 명확히 함으로써 불필요한 데이터 수집이나 적절하지 않은 분석 방법을 피할 수 있다.

위와 같이 문제의 배경, 요구 사항 파악, 분석 범위를 정확히 파악하여 데이터 분석 목적을 정의하면 다음 단계에서 필요한 데이터 종류와 양, 데이터 속성을 정하는 기준이 마련되는 것이다.

데이터 수집

이전 단계에서 데이터 분석을 위한 목적을 명확히 정의했다면 목적에 맞는 데이터를 수집해야 한다. 데이터를 수집하는 것은 문제를 해결하기 위해 필요한 준비물을 준비하는 것이다. 데이터를 수집하려면 수집할 데이터의 속성을 찾아내서 정의해야 한다. 예를 들어 보기 좋고 건강한 신체 만들기의 목적을 구성하는 속성에는 기본적으로 신장, 체중, 허리둘레, 근육량, 체지방량, 성별, 나이 등의 정보가 포함될 수 있다. 목적의 요구 사항과 범위에 따라 운동 종류 및 강도, 식습관, 생활 습관, 각종 건강 수치가 필요할 수 있다. 이와 같이 목적에 따라 필요한 데이터의 모든 속성을 정의해야 한다. 데이터 속성을 정의할 때는 데이터의 형식과 규칙(실수, 문자, 소수점 이하 자릿수, 유효값의 범위 등)에 대하여 일관성 있는 기준을 지정해야 한다. 데이터 양은 데이터 분석 목적에 따라 최소량의 데이터를 수집하여 데이터 분석 처리 과정을 진행한다. 나중에 필요한 경우 추가로 데이터를 수집하는 것이 좋다.

데이터 수집 방법은 문제 해결 목적 단계에서 어느 정도 결정되는데, 기존의 데이터를 활용하는 방법, 일정 기간 동안 또는 일정량의 데이터가 수집될 때까지 관찰하는 방법, 설문조사 방

법 등으로 문제와 목적에 따라 결정할 수 있다. 단, 어떤 방법으로 수집하든지 정의된 데이터에 알맞은 데이터를 수집해야 시간 낭비와 오류를 최소화 할 수 있다.

공공기관 홈페이지에서 무료로 제공하는 공공 데이터를 다운로드 받아 수집할 수 있다. 무료로 공공 데이터를 다운로드 할 수 있는 공공기관 홈페이지를 정리하면 다음과 같다.

표 1.7 공공기관 홈페이지의 인터넷 주소

고려 사항	설명
공공데이터포털	https://www.data.go.kr/index.do
기상자료개방포털	https://data.kma.go.kr/
Kaggle (세계 다양한 주제의 데이터)	https://www.kaggle.com/datasets
기미나인(공공데이터 큐레이션 서비스)	https://www.gimi9.com/
주민등록 인구통계 행정안전부	http://27.101.213.4/index.jsp
학교알리미 (초 · 중등 교육정보 공시서비스)	https://www.schoolinfo.go.kr/Main.do
서울 열린 데이터 광장	http://data.seoul.go.kr
서울특별시 대기환경정보	https://cleanair.seoul.go.kr/
경기도 공공데이터 개방포털	https://data.gg.go.kr/portal/mainPage.do
티머니 카드&페이 (대중교통 통계자료)	https://pay.tmoney.co.kr/ncs/pct/ugd/ReadUgdMainGd.dev
TAAS(교통사고분석시스템)	http://taas.koroad.or.kr/
영화진흥위원회	http://www.kofic.or.kr/kofic/business/main/main.do
한국소비자원 참가격	http://www.price.go.kr/tprice/portal/main/main.do
SK telecom Big Data Hub (각종 통화량 관련 데이터)	http://www.bigdatahub.co.kr
Quandl(경제, 의료, 부동산 등)	https://www.quandl.com
Uniprot(염기서열)	https://www.uniprot.org
인공지능 팩토리	http://aifactory.space/
AI 허브	https://aihub.or.kr/
데이콘(AI 해커톤 플랫폼)	https://dacon.io/

데이터 전처리와 정형화

데이터 수집 단계에서 확보한 데이터로부터 유용한 정보를 추출하려면 데이터 전처리와 정형화 과정을 거쳐야 한다.

데이터 전처리는 필터링, 데이터 형변환, 정제 작업 등으로 이루어진다. 필터링으로 불필요하거나 중복된 데이터를 제거하고, 데이터를 형변환하여 분석이 수월한 데이터 유형으로 변환하며, 정제 작업으로 수집된 데이터의 불일치성을 교정한다. 즉, 데이터 수집 단계에서 손실된 값을 보정하거나 무의미한 데이터를 제거하는 것이다.

데이터 정형화에서는 데이터 분석이 수월하도록 데이터 통합, 데이터 변환, 데이터 축소 등의 가공 작업이 이루어진다. 데이터 통합으로 관련성 있는 데이터끼리 결합하고, 데이터 변환으로 단위 등이 다른 것을 일치하도록 변환하며, 데이터의 고유 특성이 손상되지 않는 범위 내에서 데이터를 축소하여 분석의 효율성을 높인다. 즉, 데이터 가공의 정형화를 통하여 분석의 효율을 높이는 것이다.

데이터 전처리와 정형화는 정형 데이터와 비정형 데이터로 구분하여 "Part 4"에서 자세히 다루게 된다.

데이터 탐색과 분석

데이터 탐색과 분석 단계는 문제 해결 목적에 맞는 데이터를 수집하고 전처리 및 정형화 단계를 거친 이후의 단계로써, 미래 상황을 예측할 수 있는 자료로 제공될 수 있도록 다양한 수학적 연산과 추론 방법을 이용한다. 데이터 탐색과 분석은 판다스(Pandas), 넘파이(Numpy), 맷플롯립(Matplotlib) 등의 라이브러리와 함께 "Part 3"에서 자세히 다루게 된다. 먼저 데이터 분석 단계에서 무엇을 하는지 데이터 탐색과 데이터 일반화 과정으로 구분하여 간단히 살펴보자.

1) 데이터 탐색

데이터 분석을 정확히 하려면 수집된 데이터의 전체를 살펴보는 과정부터 시작해야 한다. 전체적으로 데이터를 살펴보는 과정에서 이전 단계에서 수집한 데이터의 품질을 확인한다. 탐색 단계를 통하여 데이터의 오류, 범주나 형식의 오류, 데이터 양의 적절성 등을 확인함으로써 본격적으로 데이터 분석을 시작하기 전에 최종적으로 데이터를 정리하게 된다. 그리고 다양한 통계, 추론식에 필요한 여러 가지 기준값(평균, 중간값, 최대값, 최솟값, 표본의 수 등)을 마련하는 과정이기도 하다. 데이터 탐색 과정에서의 고려 사항은 다음과 같다.

표 1.8 데이터 탐색 과정의 고려 사항

고려 사항1 : 문제 상황의 정확한 표현
데이터의 분산과 편향성으로 문제 상황을 정확히 표현했는지 판단할 수 있다. 분산은 데이터가 평균에서

떨어진 정도인데, 분산이 너무 크면 데이터의 보편성이 떨어지기 때문에 문제 해결의 일반화된 예측이 어렵고 너무 작으면 문제 상황의 다양한 가능성을 충분히 반영하지 못한다. 편향성은 예측값에 데이터가 치우친 정도인데, 편향성이 너무 높으면 예측값에 가깝기 때문에 문제 상황의 정확한 규칙 발견이 어렵고 너무 낮으면 문제 상황은 정확히 반영할 수 있지만 보편성이 떨어지기 때문에 일반화하기 어려울 수 있다. 분산과 편향성의 균형을 맞추는 것은 어렵지만 수학적 계산과 판단으로 데이터의 분산과 편향성의 균형을 최대화하여 분석에 활용해야 한다.

고려 사항2 : 일관성 있는 문제 상황 반영

수집한 데이터의 내용과 형식이 문제 해결 목적에서 벗어나 일관성 없는 데이터가 되면 이를 가지고 분석할 경우 오류가 발생하거나 문제 해결과 무관한 결과를 얻게 될 수 있다. 일관성을 유지하는 가장 기본적인 방법은 문제 해결 목적 정의 단계에서 문제와 목적을 명확히 정의하고 데이터 수집 단계에서 데이터를 상세하고 정확하게 정의하는 것이다. 이를 통해 데이터 분석에 필요한 데이터를 구분하고 정확한 측정 기준을 제공하여 데이터 내용과 형식의 일관성을 유지할 수 있게 된다.

위의 두 가지 고려 사항 기준에서 벗어난 데이터가 있다면 데이터 수집 단계로 되돌아가 데이터 수정 및 추가 수집 등의 작업을 다시 수행해야 한다.

2) 데이터 일반화

데이터 일반화 과정에서는 문제 해결 목적에 따른 문제 상황을 이해하고 개선 및 해결 방법을 위한 근거를 마련한다. 문제 상황의 이해는 개선 또는 문제 해결책 제시를 위한 가장 기본적인 단계이기 때문에 데이터 탐색 과정에서 정리한 데이터를 이용하여 최대한의 정보를 도출해야 한다. 따라서 정의된 문제와 목적에 따라 데이터 계산, 정렬, 분류, 비교 등의 작업과 다양한 통계적 추론 방법을 활용한다. 데이터 일반화 과정의 주요 작업은 다음과 같다.

데이터 일반화 과정의 주요 작업

① 데이터의 대푯값(평균, 최대, 최소 등) 파악
② 데이터 범위, 분산 및 편향성을 이용한 규칙성과 특이점 발견
③ 조건에 따른 필터링, 그룹화를 이용하여 데이터 선별 및 비교
④ 미래 예측 및 개선 방향 제안

위의 주요 작업은 필요에 따라 선택적으로 수행한다. 어떤 작업이든 정의된 문제와 목적에 필요한 결과물을 얻어낸다면 데이터 일반화 과정에 해당된다.

활용을 위한 공유 및 평가

데이터 분석 결과가 도출되면 올바른 개선 또는 해결책 제시를 위하여 공유하여 평가한다. 평가를 위한 공유에서는 다음과 같은 내용을 포함한다.

공유 사항

① 데이터 분석 계기, 문제 해결 목적과 정의된 문제
② 수집된 데이터의 상세 내용 및 수집 방법
③ 정의된 목적에 따른 분석 방법과 결과
④ 분석 결과를 통해 도출한 과거와 현재 상황
⑤ 예측 가능한 미래 상황과 대안

위의 내용을 포함하여 공유하면 데이터 분석 과정의 단계에서 도출한 결과를 검토하고 평가할 수 있다. 평가 결과에 따른 개선 또는 해결책은 문제 상황에 적용한 후 얻어낸 새로운 데이터를 기록하고 적용한 개선 또는 해결책을 평가한다. 공유 및 평가 단계는 문제 상황과 결과 이해는 물론이고 분석 결과에 따른 개선 또는 해결책을 제시함으로써 문제 해결을 시도한 후의 성과 기록과 평가의 모든 것을 포함해야 한다.

공유 및 평가 단계에서 가장 효율적인 기능은 시각화이다. 수치적인 데이터와 데이터 분석의 중간 및 최종 결과를 차트 등으로 도식화하여 표현함으로써 데이터의 전체적인 특징을 한 눈에 쉽게 파악할 수 있도록 해주기 때문에 미래 동향을 예측하여 시뮬레이션 하는 데 효율적인 기능이다.

연습문제

문제 1 데이터 분석의 정의를 작성하시오.

문제 2 데이터 분석이 필요한 이유를 작성하시오.

문제 3 데이터 분석 활용 분야에 대하여 작성하시오.

문제 4 데이터 분석 도구의 종류를 작성하시오.

문제 5 데이터 분석 도구로써 파이썬의 장점을 작성하시오.

문제 6 데이터 분석 처리과정을 작성하시오.

MEMO

Python for data analysis

PART 02

파이썬 기초

Python for data analysis

Python for data analysis

02

데이터 분석을 위한 파이썬 핵심 문법 I

학습목표

- 코랩 환경에 대하여 이해하고 코랩에서 파이썬 코드를 실행할 수 있다.
- 변수, 연산자에 대하여 이해하고 사용할 수 있다.
- 표준 입 · 출력 함수를 이용하여 자료를 입력받고 출력할 수 있다.
- 선택문의 다양한 형태를 이해하고 규칙에 맞게 선택문을 작성할 수 있다.
- 반복문의 다양한 형태를 이해하고 규칙에 맞게 반복문을 작성할 수 있다.
- 기타 제어문의 종류와 구조를 이해하고 용도에 맞게 활용할 수 있다.
- 함수의 필요성을 이해하고 사용자 정의 함수 및 람다 함수를 활용할 수 있다.

학습목차

2.1 코랩 환경

코랩(Colab)은 구글에서 교육과 과학 연구를 목적으로 개발한 도구이다. 스마트폰으로 코랩(Colab)에 접속하여 코드를 실행할 수 있고, 코드 외에 텍스트도 작성할 수 있다. 파이썬 코드 실행은 구글 클라우드 가상 서버에서 이루어지고, 파이썬이나 파이썬 패키지를 설치하지 않아도 사용할 수 있다. 코랩을 통해 진행 상황과 결과를 다른 사람들에게 편하게 공유할 수 있으며, 초보자들도 설치 과정의 어려움 없이 코드를 실행할 수 있다. 코랩에서 만든 파일은 구글 드라이브에 저장하여 불러올 수 있으며, 구글 드라이브 문서와 같이 링크로 접근하여 협업이 가능하다. 단, 구글 계정이 필요하고 인터넷이 연결되는 환경이어야 하며, 코드 실행 시 딜레이가 발생할 수 있다.

코랩 기본 사용법

코랩에서 제공하는 기능을 온전하게 이용하려면 크롬 브라우저에서 구글 계정으로 로그인한 후에 코랩 사이트에 방문하는 것이 좋다. 크롬 브라우저가 없다면 구글 홈페이지에서 크롬 브라우저를 검색 후 다운로드하여 설치하고, 구글 계정이 없다면 구글 홈페이지에서 회원 가입하여 계정을 생성한다.

1) 파일 생성 및 사용

코랩 사이트(https://colab.research.google.com/)에 방문하면 코랩에서 최근 작업한 파일 목록이 나타난다. 새로운 작업을 위해 화면 오른쪽 하단에 [새 노트]를 클릭한다. 또는 [취소] 버튼을 클릭한 후 나타나는 화면에서 [파일] → [새 노트]를 클릭해도 된다.

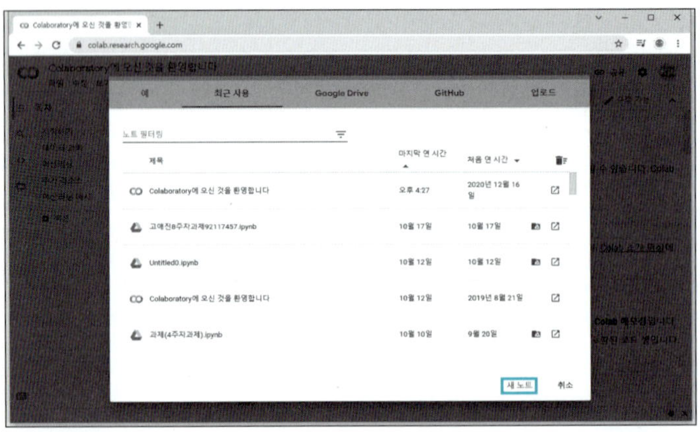

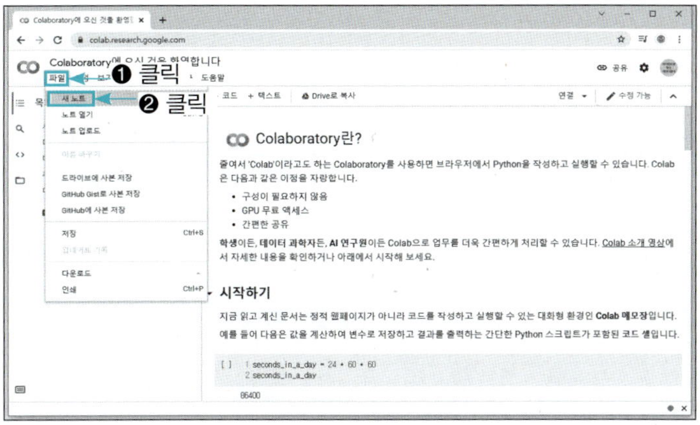

2) 파일 이름과 셀

새로운 파일을 생성하면 파일의 기본 이름은 Untitled0.ipynb가 되고, 새로운 파일을 생성할 때마다 Untitled1, Untitled2,… 와 같이 생성된다. 파일 이름은 Untitled0이므로 이 부분을 원하는 이름으로 변경한다.

코랩에서는 셀에 파이썬 실행 코드와 서식 있는 텍스트를 구분하여 입력할 수 있다. 코드 셀과 텍스트 셀은 메뉴 표시줄 아래 부분에 따로 구분되어 있다.

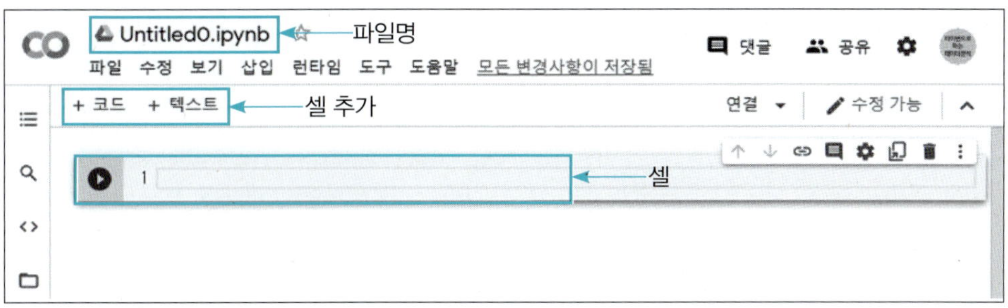

3) 파일 이름 변경과 텍스트 셀

파일 이름은 'Untitled0.ipynb'에서 '예제02-1.ipynb'로 변경하고, 원래 있던 코드 셀에는 파이썬 코드를 입력한다. [텍스트 셀 추가] 버튼을 클릭하여 현재 선택된 셀 아래에 새로운 텍스트 셀이 추가되면 '파이썬 핵심 문법 (1)'을 입력한다. 텍스트를 입력한 후에 다른 곳을 선택하면 텍스트 입력이 완료된다. 텍스트 셀을 클릭하여 커서가 보일 때 엔터(Enter)키를 누르거나 더블클릭을 하면 수정할 수 있다. 텍스트 셀이 선택되면 위 부분에 도구모음이 나타나는데 가장 왼쪽에 보이는 제목 전환 TT 을 클릭하면 제목으로 표시된다. 클릭할 때마다 세 종류 크기의 제목이 번갈아 가며 나타난다. 이 외에도 텍스트에 다양한 서식을 설정할 수 있다. 코드 셀이나 텍스트 셀은 선택되면 오른쪽 상단에 셀 도구모음이 나타나는데, 위 또는 아래 방향 화살

표를 클릭하여 셀들의 위치를 변경할 수 있고, 휴지통 모양을 클릭하여 코드 셀이나 텍스트 셀을 삭제할 수 있다.

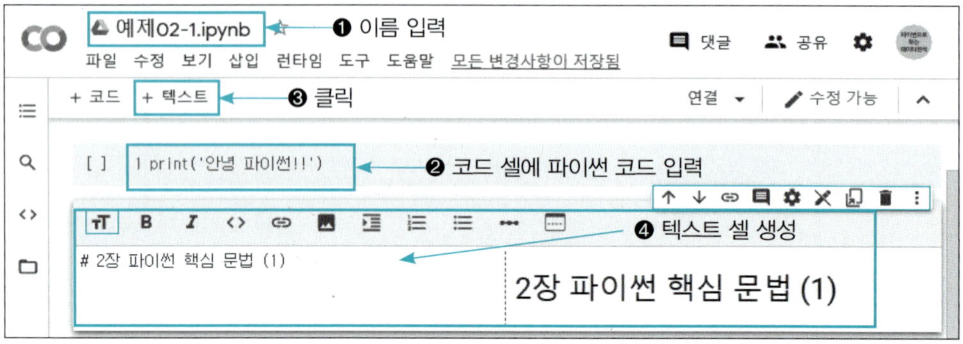

4) 코드 셀

다른 파이썬 개발환경과 동일한 방식으로 코랩에서의 코드 셀에 코드를 입력한다. 코드를 실행할 때는 각 셀 앞에 있는 ⏵을 클릭하거나 Ctrl+Enter를 누르면 셀 단위로 실행된다. Shift+Enter를 누르면 현재 선택된 셀을 실행한 후에 현재 셀 아래에 새로운 코드 셀이 추가된다. 코드가 실행된 후에는 셀 바로 아래 실행결과가 출력되고, 셀 앞에 실행번호가 표시된다. 코드 셀의 위아래 위치와 상관없이 이 실행번호가 코드의 실행 순서가 되기 때문에 프로그램 흐름상 실행되어야 하는 순서가 잘 맞도록 실행해야 한다.

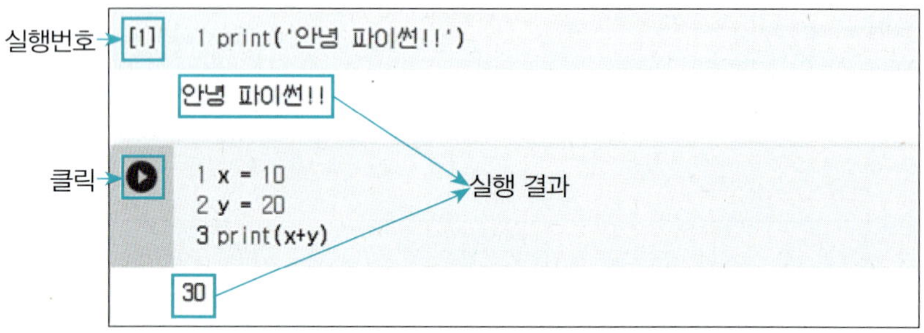

5) 런타임 기능

코랩에서 파이썬 코드를 실행하다 보면 실행 지연이 발생하거나 실행 순서가 엉켜 제대로 동작하지 않을 때가 있다. 이때는 [런타임] → [실행 중단]을 클릭하여 세션을 종료 후 [런타임 다시 시작]을 클릭하여 다시 동작시킨다.

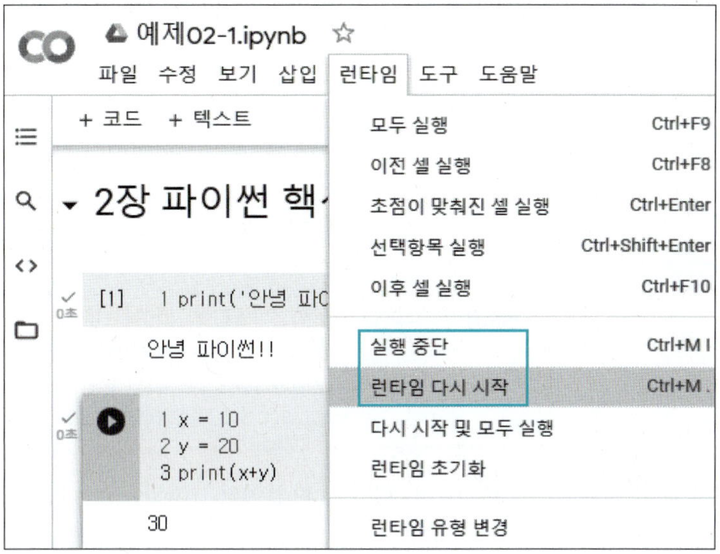

6) 기타 기능

[도구] → [단축키]를 클릭하면 코랩에서 제공하는 다양한 단축키를 확인 및 설정할 수 있다.

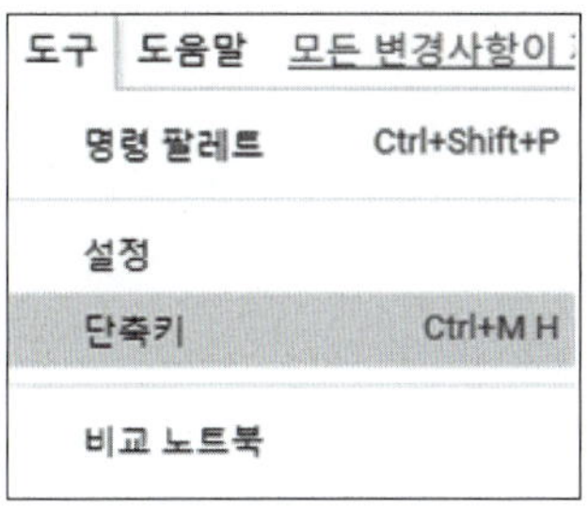

코랩에서는 공유 기능을 통해 해당 파일의 내용을 다른 사람과 공유할 수 있다. 오른쪽 상단의 [공유] 버튼을 클릭하면 공유하고 싶은 사용자 및 그룹을 지정할 수 있다. [사용자 및 그룹과 공유] 대화상자가 나타나면 화면 왼쪽 하단에 [링크가 있는 모든 사용자로 변경]을 클릭한다. 클릭하면 [링크 보기] 대화상자가 새롭게 나타나는데, 공유 허용 범위를 뷰어, 댓글 작성자, 편집자 중에서 하나를 선택한다. 뷰어는 읽기만 허용한 공유, 댓글 작성자는 코드에 댓글을 남길 수 있는 권한으로 공유, 편집자는 코드까지 모두 수정할 수 있는 권한으로 공유한다.

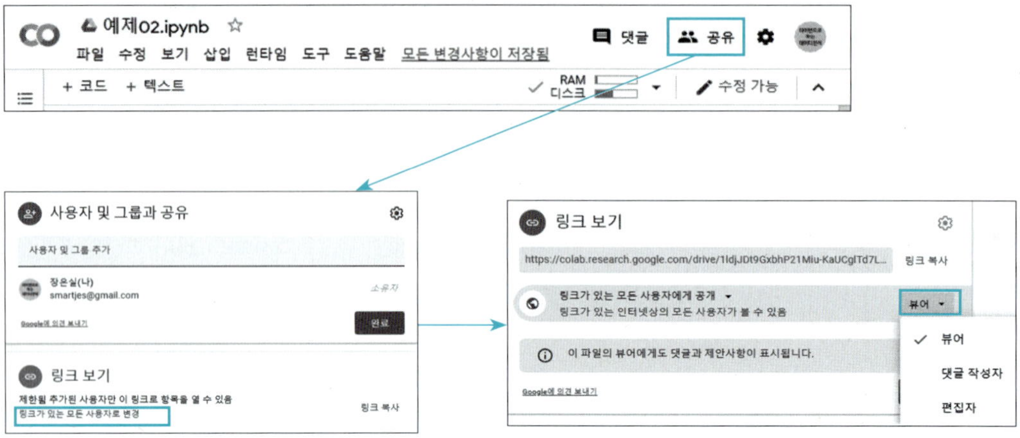

코랩에서 작성한 파일은 기본적으로 ipynb 형식의 파일이다. [파일] → [다운로드] → [.ipynb 다운로드]를 클릭하면 PC에 다운로드 할 수 있다. 또한 파이썬 IDLE 환경에서 열 수 있는 py 형식은 [파일] → [다운로드] → [.py 다운로드]를 클릭하여 다운로드 한다.

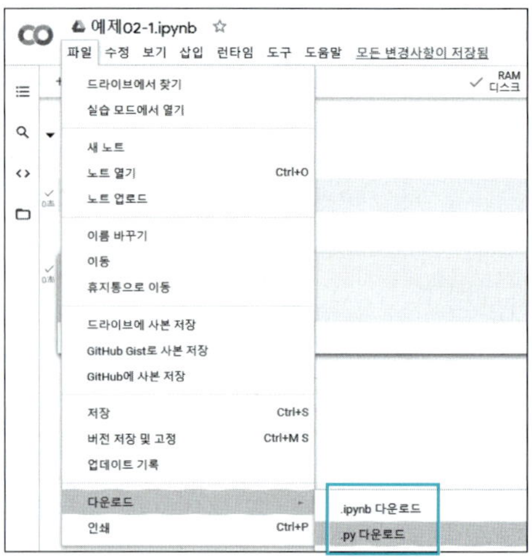

코랩에서 작성한 파일은 구글 드라이브에서도 확인할 수 있다. 구글 드라이브(https://drive.google.com/drive/u/0/my-drive)에 접속하면 [내 드라이브] 안에 [Colab Notebooks] 폴더가 생성되어 있고, [Colab Notebooks] 폴더 안에 코랩에서 작성한 파일을 확인할 수 있다.

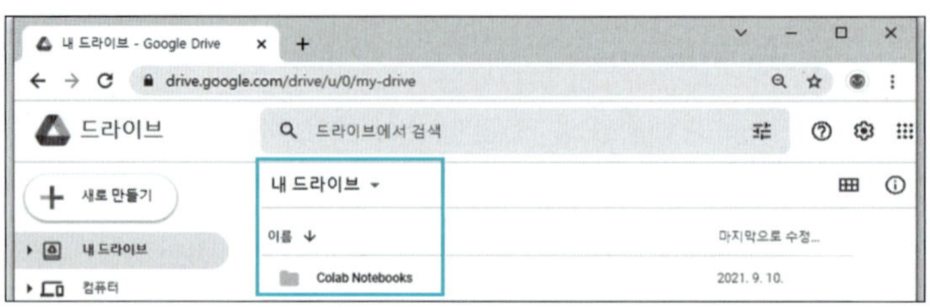

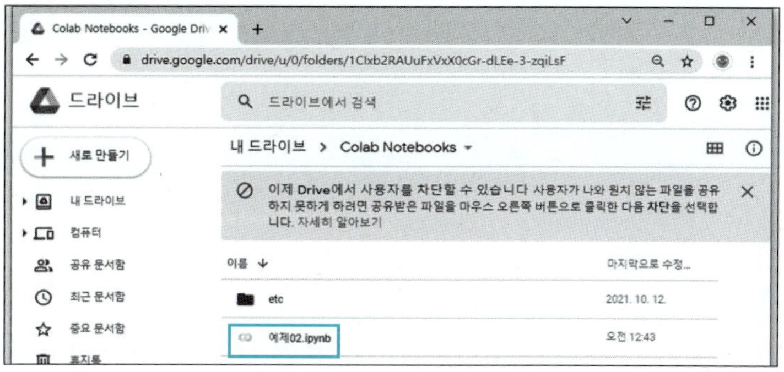

구글 드라이브에서 코랩 기반의 파일을 생성할 수 있는데, 빈 영역에 마우스 오른쪽 버튼을 클릭하면 단축 메뉴가 나타난다. 단축 메뉴에서 [더보기]로 마우스를 이동하여 나타나는 메뉴에서 [Google Colaboratory]를 클릭하면 새로운 코랩 기반의 파일이 생성되면서 작업 화면이 나타난다.

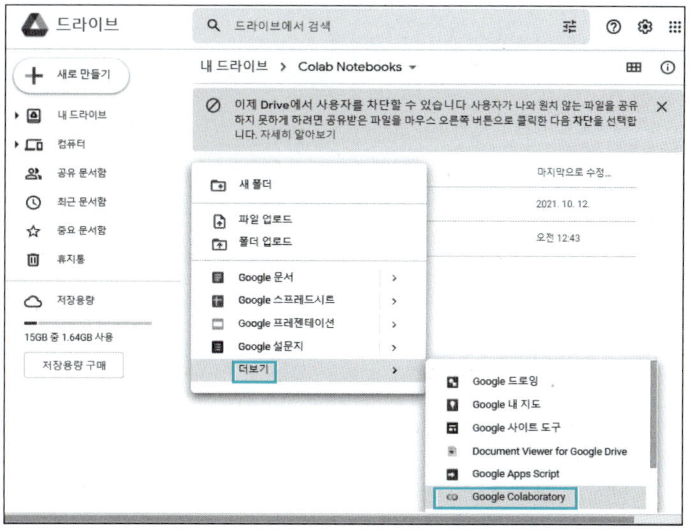

2.2 변수

변수의 개념

변수는 값을 저장하는 공간으로 값을 담아두는 그릇 또는 상자라고 생각할 수 있다. 변수는 컴퓨터 기억장치(메모리)에 만들어지며, 저장된 값은 프로그램 실행 중에 언제든지 꺼내서 다시 사용할 수 있고 필요에 따라 변수에 저장된 값은 바뀔 수도 있다.

- 변수(variable)는 쉽게 변하는 수로 프로그램이 동작하면서 어떤 상황 혹은 상태에 따라 변화하는 어떤 자료(데이터)를 담아 두기 위해 사용하는 개념이다.
- '변수명 = 값' 형식으로 사용하며 특정 값을 저장하고 기억하기 위한 목적으로 사용된다.
- 변수에는 숫자형(정수형, 실수형), 문자형(문자열형), 불, 리스트, 딕셔너리 등 거의 대부분의 무언가를 할당할 수 있다.
- 컴퓨터에서 값을 저장하는 기억장치(메모리) 공간으로 변수를 사용하면 효율적인 프로그램을 작성할 수 있다.

변수 특징

- 일시적으로 자료를 저장하는 공간이다.
- 변수에 저장된 값은 변할 수 있다.
- 변수에는 숫자, 문자열 등 모든 자료형을 저장할 수 있다.
- 변수에는 다른 변수의 값도 저장할 수 있다.
- 변수는 사용되기 전에 반드시 할당되어 있어야 한다.

변수 생성과 변수 사용

<table>
<tr><td rowspan="2">예 1</td><td><pre>x=100
print(x)</pre></td><td rowspan="2">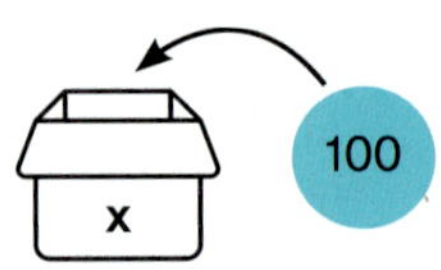
</td></tr>
<tr><td>[실행결과]
100</td></tr>
<tr><td>예 2</td><td><pre>x=100
x=200
print(x)</pre></td><td>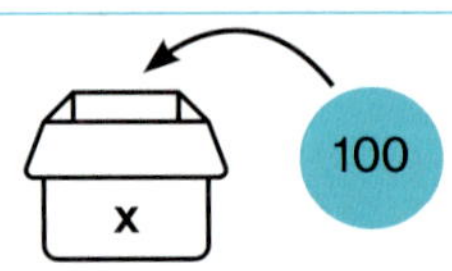
</td></tr>
</table>

[실행결과]
200

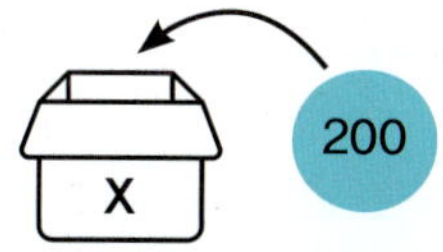

예 3

```
name='홍길동'
addr='서울시'
print(name, addr)
```

[실행결과]
홍길동 서울시

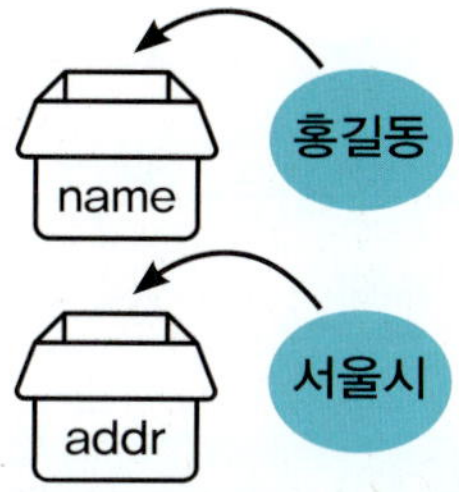

예 4

```
age=20
age=age+10
print('10년 후 나이', age)
```

[실행결과]
10년 후 나이 30

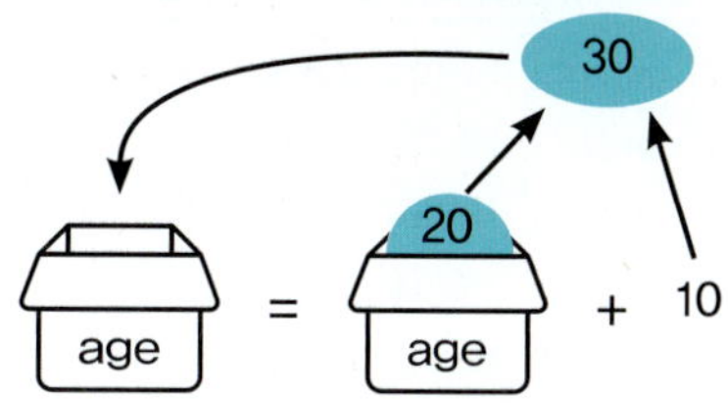

【Warning】

파이썬에서 값이 할당되지 않은 변수를 사용한다면 오류가 발생한다.

```
a=a+1
```

```
---------------------------------------------------------------------------
NameError                                 Traceback (most recent call last)
<ipython-input-17-c9e1605dae55> in <module>()
----> 1 a=a+1

NameError: name 'a' is not defined
```

구조	변수이름 = 값 예) name = 'Kim'	
	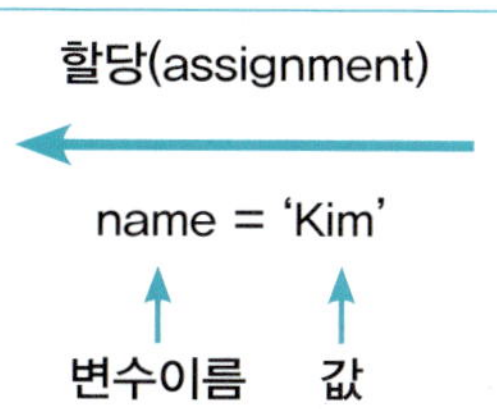	name은 변수명, ' '안에 있는 Kim은 데이터, 즉 값이라는 뜻이다. 파이썬에서 변수에 문자열 데이터를 할당할 때는 따옴표(' ' 또는 " ")안에 써야 한다.

Tip: 파이썬에서 변수는 값이 할당되는 순간에 생성되고, 프로그래밍 언어에서 등호(=)는 오른쪽 값을 왼쪽에 저장(할당)한다는 의미이며 왼쪽은 저장 공간을 의미한다. 프로그래밍에서 등호(=)를 대입연산자라고 부른다.

【Note】

> print() 함수 : 프로그래밍에서 함수는 어떤 특별한 기능을 하도록 만들어진 코드의 묶음이다. print() 함수는 (...)안에 주어진 값들을 출력하는 기능을 한다.

변수를 사용하는 이유

프로그램에서 데이터를 변수에 저장해놓으면 필요할 때 마다 꺼내 사용할 수 있다.

변수를 사용하지 않은 소스 코드

```
print('Hello python')
print('Hello python')
print('Hello python')
print('Hello python')
print('Hello python')
```

생각해보기 : 만약 여러분들이 영어로 된 문장을 한글로 바꾸고 싶다면 ?
소스코드가 5줄부터 훨씬 더 많아진다면 ?

변수를 사용한 소스 코드

```
hello='안녕 파이썬'
print(hello)
print(hello)
print(hello)
print(hello)
print(hello)
```

[실행결과]

```
안녕 파이썬
안녕 파이썬
안녕 파이썬
안녕 파이썬
안녕 파이썬
```

문제해결 : 변수는 데이터를 보관하고 변경이 가능하며 반복적으로 사용하는 데이터는 반드시 변수에 저장되어야 한다.

변수 생성 및 규칙

모든 프로그래밍 언에는 변수명을 작성하는 규칙이 있으며, 파이썬에서 변수를 만들고 값을 할당할 때 지켜야 할 규칙은 아래와 같다.

- 규칙1 : 영문자, 숫자, 밑줄 문자(_)로 구성될 수 있으며 첫 글자는 반드시 영문자/밑줄 문자(_)로 시작한다. 밑줄 문자(_)를 제외한 특수문자는 사용할 수 없다.

> 예) num(O), _num(O), num1(O), 1num(X), num#(X)

■ 규칙2 : 공백이 들어가면 안 된다.

예) student_num(O), student num(X).

■ 규칙3 : 대문자와 소문자를 구별한다. Name과 name은 다른 변수이다.

■ 규칙4 : 파이썬에서 다른 용도로 사용되는 예약어는 변수명으로 사용할 수 없다.

```
import keyword
print(keyword.kwlist)
```

[실행결과]

```
['False', 'None', 'True', 'and', 'as', 'assert', 'async', 'await', 'break',
'class', 'continue', 'def', 'del', 'elif', 'else', 'except', 'finally', 'for',
'from', 'global', 'if', 'import', 'in', 'is', 'lambda', 'nonlocal', 'not',
'or', 'pass', 'raise', 'return', 'try', 'while', 'with', 'yield']
```

유효한 변수명	유효하지 않은 변수명
age	2name # 숫자로 시작할 수 없음
_count # 밑줄 문자로 시작 가능	student no # 공백을 포함할 수 없음
num3 # 맨 처음이 아니면 숫자 포함 가능	money@ # @ 특수문자 사용 안 됨
stu_no # 밑줄 문자는 중간에 포함 가능	if # 예약어 안 됨

Tip: 좋은 변수명 원칙

- 짧게 줄이는 것보다는 의미 전달이 잘 되게 하는 것이 좋다.
  예) 전화번호를 저장하기 위한 변수로 pn보다는 phone_num가 좋다.
- 변수명은 간단명료한 것이 좋다.
- 변수명은 전체 프로그램에서 하나의 일관된 규칙으로 작성하는 것이 좋다.
  예) phoneNum와 phone_num를 혼용해서 쓰지 않는 파이썬은 소문자와 밑줄 문자가 섞여있는 형식을 주로 사용한다.

본인의 이름과 나이를 변수에 저장한 후 출력

```
# 본인 이름과 나이 출력

name='나코딩'
age=20

print(name)
print(age)
```

[실행결과]

```
나코딩
20
```

【Note】 파이썬의 주석처리

- 한 줄 주석처리 : #
- 여러 줄 주석처리 : ''' ~ ''' / """ ~"""

다양한 타입의 변수

변수에 들어 있는 자료의 값에 따라 변수의 형태가 결정된다. 파이썬은 다른 프로그래밍 언어와는 달리 값을 할당하면 그때 타입이 결정되기 때문에 훨씬 더 쉽게 사용할 수 있으며 type(변수이름)을 통해 변수의 타입을 알아볼 수 있다.

아래와 같이 변수에 값을 넣고 변수의 타입을 알아보자.

다양한 타입의 변수

구분	코드	실행결과	메모리
예 1 정수형	num=100 type(num)	[실행결과] int	num 100 메모리
예 2 실수형	num=95.5 type(num)	[실행결과] float	num 95.5 메모리
예 3 문자열형	name=홍길동 type(name)	[실행결과] str	name 홍길동 메모리
예 4 불형	result=True type(result)	[실행결과] bool	result True 메모리

【Note】 기본 자료형의 종류

자료형	의미	예시
int	integer, 정수	n=100

float	float, 부동 소수점	n=95.5
str	string, 문자열	n='Kim' n="Kim"
bool	boolean, 불	n=True n=False

2.3 연산자

산술 연산자

파이썬에서 사용하는 기본적인 산술 연산자는 다음과 같다

표 2.1 산술 연산자

연산자	의미
+	더하기
−	빼기
*	곱하기
/	나누기
%	나머지
**	거듭제곱
//	몫

산술 연산자 : a=10, b=20 일 때

```
a=10
b=20
print(a+b)
```

[실행결과]

```
30
```

```
print(a-b)
```

[실행결과]

```
-10
```

```
print(a*b)
```

[실행결과]

```
200
```

```
a=10
b=20
print(a/b)
```

[실행결과]

```
0.5
```

```
print(a%b)
```

[실행결과]

```
10
```

```
print(a**2)
```

[실행결과]

```
100
```

```
print(a//b)
```

[실행결과]

```
0
```

몫 연산자 활용 : 동전교환기
1000원짜리 지폐를 500원, 100원짜리 동전으로 교환

```
money=1000
print(money//500)
```

[실행결과]

```
2
```

```
print(money//100)
```

[실행결과]

```
10
```

몫, 나머지 연산자 활용 : 구입 가능한 사탕의 수

```
money=10000
price=150
numCandy=money//price
change=money%price
print(numCandy)
```

[실행결과]

```
66
```

```
print(change)
```

[실행결과]

```
100
```

대입 연산자

대입(할당, assignment) 연산자는 변수에 값을 할당하기 위하여 사용되는데, 기본적으로 = (등호)을 사용한다. 산술 연산자와 함께 사용하면 할당을 보다 간결하게 할 수 있다. +=, −=, *=, /=, %=, //= 등과 같은 연산자도 대입연산자에 해당된다. 복합 대입 연산자는 코드를 간결하게 만드는 데 도움이 될 수도 있지만, 너무 많이 쓰다보면 코드를 읽기가 어려워질 수도 있다.

표 2.2 대입 연산자

연산자	의미	예시
=	왼쪽 변수에 오른쪽 값을 할당	a=10
+=	왼쪽 변수에 오른쪽 값을 더하고 결과를 왼쪽 변수에 할당	a+=10 (a=a+10)

-=	왼쪽 변수에 오른쪽 값을 빼고 결과를 왼쪽 변수에 할당	a-=10 (a=a-10)
*=	왼쪽 변수에 오른쪽 값을 곱하고 결과를 왼쪽 변수에 할당	a*=10 (a=a*10)
/=	왼쪽 변수에 오른쪽 값을 나눈 몫의 결과를 왼쪽 변수에 할당	a/=10 (a=a/10)
%=	왼쪽 변수에 오른쪽 값을 나눈 나머지의 결과를 왼쪽 변수에 할당	a%=10 (a=a%10)
**=	왼쪽 변수에 오른쪽 값만큼 거듭제곱을 하고 결과를 왼쪽 변수에 할당	a**=2 (a=a**2)
//=	왼쪽 변수에서 오른쪽 값을 나눈 몫의 결과를 왼쪽 변수에 할당	a//=10 (a=a//10)

```
a=10
print(a)
```

[실행결과]

```
10
```

```
a += 10
print(a)
```

[실행결과]

```
20
```

```
a *= 2
print(a)
```

[실행결과]

```
40
```

비교 연산자

비교 연산자(또는 관계 연산자)는 두 개 이상의 식 또는 변수의 비교를 위해 사용할 수 있으며 결과는 참(True) 또는 거짓(False)이다. 단독으로 사용되는 경우보다는 주로 조건문과 반복문에서 사용된다. 파이썬에서 사용할 수 있는 비교 연산자는 다음과 같다.

표 2.3 비교 연산자

연산자	의미
==	값이 동일하다
!=	값이 동일하지 않다
>	왼쪽 값이 오른쪽 값보다 크다
>=	왼쪽 값이 오른쪽 값보다 크거나 동일하다

<	왼쪽 값이 오른쪽 값보다 작다
<=	왼쪽 값이 오른쪽 값보다 작거나 동일하다

```
10==10
```

[실행결과]

```
True
```

```
10>20
```

[실행결과]

```
False
```

```
10!=10
```

[실행결과]

```
False
```

```
10<=20
```

[실행결과]

```
True
```

논리 연산자

논리 연산자는 앞에서 살펴보았던 비교 연산이 많을 경우 모든 비교 연산이 참(True)인지 하나만 참(True)인지를 확인할 때 주로 사용한다. 이 외에 참(True) 또는 거짓(False)을 반대로 만들어 주는 논리 연산자도 있다. 논리 연산식의 결과도 참(True) 또는 거짓(False)이 된다. 논리 연산자의 종류는 다음과 같다.

표 2.4 논리 연산자

연산자	의미
and	논리 AND 연산. 둘 다 참일때만 참
or	논리 OR 연산. 둘 중 하나만 참이여도 참
not	논리 NOT 연산. 논리 상태를 반전

```
a=10
b=60
a<50 and b>50   # 비교 연산자와 논리 연산자 함께 사용
```

[실행결과]

```
True
```

```
a>50 or b<70
```

[실행결과]

```
True
```

```
not a>100
```

[실행결과]

```
True
```

문자열 연산자

파이썬에서는 문자열을 더하거나 곱할 수 있다. 다른 언어에서는 쉽게 찾아볼 수 없는 재미있는 기능으로, 우리 생각을 그대로 반영해 주는 파이썬만의 장점이라고 할 수 있다. 문자열을 더하거나 곱하는 방법에 대해 알아보자.

문자열 더하기 : +

```
head='python'
tail=' is fun!'
head+tail
```

[실행결과]

```
'python is fun!'
```

문자열 곱하기 : *

```
w='python '
w*5
```

[실행결과]

```
'python python python python python '
```

【Note】

*의 의미는 우리가 일반적으로 사용하는 숫자 곱하기의 의미와는 다르다. 위 소스 코드에서 w * 5 문장은 w를 5번 반복하라는 뜻이다. 즉 *는 문자열의 반복을 뜻하는 의미이다.

문자열 곱하기 응용

```
print('='*20)
print('I love python')
print('I like python')
print('='*20)
```

[실행결과]

```
====================
I love python
I like python
====================
```

2.4 표준 입 · 출력

파이썬을 이용하여 자료를 입력받고 출력하려면 input() 함수와 print() 함수를 이용한다. input() 함수를 이용하여 자료를 입력받고 저장하는 방법과 입력받은 자료를 다양한 자료형으로 변환하여 저장하는 방법에 대하여 학습하고, print() 함수를 이용하여 출력하는 다양한 방법을 학습한다. 먼저 input() 함수를 이용하여 자료를 입력받는 방법에 대하여 살펴본다.

표준 입력

input() 함수 내에 안내할 문자열을 포함시켜 사용한다. 만약 아무 메시지도 출력 없이 커서가 깜빡 거린다면 사용자는 입력을 받으려는 대기 상태라고 이해하지 못하고 오류가 발생했다고 오해할 수도 있다.

입력의 기본 형태

```
input('이름 입력: ')
```

[실행결과]

```
이름 입력: 파이썬
'파이썬'
```

위와 같이 실행하면 입력받은 '파이썬'이라는 자료는 저장되지 못하고 사라진다. 입력받은 자료를 저장하기 위해서는 변수를 이용해야 한다. 아래와 같이 input() 함수에 의해 입력받은 자료는 name이라는 변수에 저장한다. name 변수에 저장한 '파이썬' 문자열은 print() 함수를 이용하여 출력하여 확인한다.

입력 자료 저장

```
name = input('이름 입력: ')
print(name)
```

[실행결과]

```
이름 입력: 파이썬
파이썬
```

파이썬은 input() 함수에 의해 입력받은 모든 자료를 문자열로 저장한다. 문자열로 저장한다는 의미는 숫자를 입력하더라도 문자열로 저장되어 원하는 연산이 이루어질 수 없다는 것을 의미한다. 아래와 같이 input() 함수에 의해 입력받은 10은 a 변수에, 20은 b 변수에 저장하고 a와

b를 더하여 출력했더니 '1020'이 출력된 것을 확인할 수 있다.

문자열로 입력된 자료

```python
a = input('첫 번째 숫자 입력: ')
b = input('두 번째 숫자 입력: ')
print(a+b)
```

[실행결과]

```
첫 번째 숫자 입력: 10
두 번째 숫자 입력: 20
1020
```

그렇다면, input() 함수로 입력받은 숫자를 연산하기 위해서는 어떻게 하면 좋을까? 아래와 같이 input() 함수 앞에 입력받은 자료를 int 자료형을 이용하여 정수형의 숫자로 변환하여 저장했더니 a 변수와 b 변수를 더한 결과가 숫자 30으로 출력된 것을 확인할 수 있다.

정수형으로 입력된 자료

```python
a = int(input('첫 번째 숫자 입력: '))
b = int(input('두 번째 숫자 입력: '))
print(a+b)
```

[실행결과]

```
첫 번째 숫자 입력: 10
두 번째 숫자 입력: 20
30
```

입력받은 숫자가 실수라면 아래와 같이 float 자료형을 이용하여 실수형의 숫자로 변환하여 저장한다.

실수형으로 입력된 자료

```python
c = float(input('숫자 입력: '))
print(c)
```

[실행결과]

```
숫자 입력: 3.7
3.7
```

표준 출력

파이썬을 이용하여 자료를 출력하려면 print() 함수를 이용한다. print() 함수를 이용하여 출력하는 예는 다음과 같다.

출력의 기본 형태

```python
print('파이썬으로 출력')
```

[실행결과]

```
파이썬으로 출력
```

print() 함수를 이용하여 자료를 출력하면 내용 출력 후 자동으로 줄 바꿈이 된다. end 옵션을 이용하면 줄 바꿈을 제어할 수 있다. end 옵션 뒤 따옴표 안에 줄 바꿈을 대신할 문자를 입력하면 줄 바꿈 대신 따옴표 안의 문자가 출력된다. 따옴표 안에 공백을 입력하면 줄 바꿈 대신 공백이 출력된다. end 옵션을 이용하여 줄 바꿈을 제어하는 예는 다음과 같다.

줄 바꿈 출력

```
print('파이썬')
print('짱')
```

[실행결과]
파이썬
짱

end 옵션을 이용한 줄 바꿈 제어

```
print('파이썬', end=' ')
print('짱')
```

[실행결과]
파이썬 짱

1) 콤마(,)를 이용한 출력

파이썬은 크게 4가지 종류의 출력 형태가 있다. 콤마(,)로 구분하여 출력하는 형태, % 형식지정자를 이용하는 형태, format() 함수를 이용하는 형태, f-string 포매팅을 이용하는 형태이다. 다음 예제는 콤마(,)로 구분하여 출력하는 예제이다.

콤마(,)로 구분하여 출력

```
name = input('이름 입력: ')
print('입력하신 이름은', name)
```

[실행결과]
이름 입력: 파이썬
입력하신 이름은 파이썬

2) % 형식지정자를 이용한 출력

자료형을 지정하여 출력하는 % 형식지정자 출력 형태는 내용과 % 형식지정자를 원하는 순서대로 따옴표 안에 작성한다. % 형식지정자에 대응되는 변수를 % 뒤에 순서대로 작성한다. 다음 예제는 %s 형식지정자를 이용하여 출력하는 예제이다.

%s 형식지정자를 이용하여 출력

```
name = input('이름 입력: ')
print('입력하신 이름은 %s' % name)
```

[실행결과]
이름 입력: 파이썬
입력하신 이름은 파이썬

% 형식지정자에 대응되는 변수가 한 개인 경우에는 괄호를 생략할 수 있지만, 두 개 이상인 경우에는 % 뒤에 괄호 안에 변수들을 작성해야 한다. 다음 예제는 %d 형식지정자를 이용하여 출력하는 예제이다.

%d 형식지정자를 이용하여 출력

```
a = int(input('첫 번째 숫자 입력: '))
b = int(input('두 번째 숫자 입력: '))
print('%d + %d = %d' % (a, b, a+b))
```

[실행결과]

```
첫 번째 숫자 입력: 10
두 번째 숫자 입력: 20
10 + 20 = 30
```

다음과 같이 2개 이상의 % 형식지정자를 사용하는 경우에 % 형식지정자와 변수는 순서대로 대응되어 적용된다.

```
print('%d + %d = %d' % (a, b, a+b))
```

다음 예제는 %f 형식지정자를 이용하여 출력하는 예제이다. %f 형식지정자는 소수점이 있는 숫자인 경우에 적용하는 % 형식지정자이다.

%f 형식지정자를 이용하여 출력

```
a = int(input('첫 번째 숫자 입력: '))
b = int(input('두 번째 숫자 입력: '))
print('%d / %d = %f' % (a, b, a/b))
```

[실행결과]

```
첫 번째 숫자 입력: 5
두 번째 숫자 입력: 2
5 / 2 = 2.500000
```

위의 예제에서 보면 5/2의 결과 값을 2.500000으로 출력한 것을 확인할 수 있다. 소수점 이하 자리를 원하는 만큼 출력하려면 다음과 같이 %f 를 %.2f 처럼 수정하면 된다. 이는 소수점 이하 2자리까지만 출력하라는 의미이다.

```
print('%d + %d = %.2f' % (a, b, a/b))
```

print() 함수의 % 형식지정자의 종류에는 %s, %d, %f 외에도 여러 가지가 있지만, 대표 형식지정만 잘 숙지하도록 한다.

3) format() 함수를 이용한 출력

format() 함수를 이용하여 출력하는 형태는 내용과 중괄호 { }를 원하는 순서대로 따옴표 안에 작성한다. 중괄호에 대응되는 변수는 점(.) 작성 후 format() 함수 안에 순서대로 작성한다. 다음 예제는 format() 함수를 이용하여 출력하는 예제이다.

format() 함수를 이용하여 출력

```python
a = int(input('첫 번째 숫자 입력: '))
b = int(input('두 번째 숫자 입력: '))
print('{0} * {1} = {2}'.format(a, b, a*b))
```

[실행결과]

```
첫 번째 숫자 입력: 3
두 번째 숫자 입력: 5
3 * 5 = 15
```

다음은 중괄호와 format() 함수 안의 변수들을 순서대로 대응하여 출력한 형태이다. 중괄호 안의 번호는 대응되는 변수의 순서로써 인덱스라고 부르며, 0부터 시작한다.

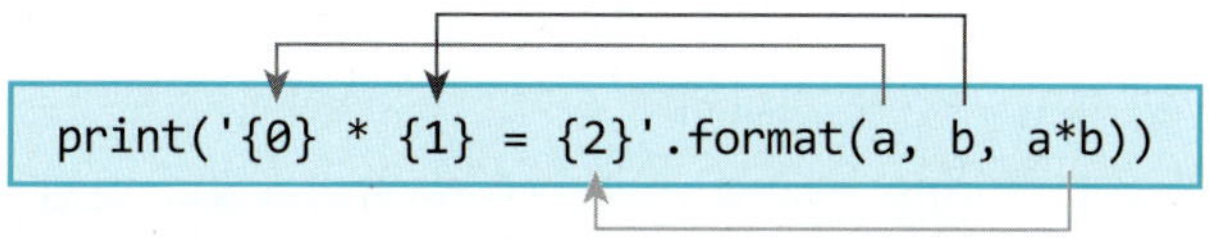

중괄호 순서대로 변수를 대응하여 출력할 때는 인덱스가 생략 가능하지만, 순서를 변경하여 출력할 때는 인덱스를 원하는 대로 올바르게 작성해야 한다. 또한 자료를 여러 번 반복하여 출력할 때는 반복되기 원하는 자료의 인덱스를 포함한 중괄호를 여러 번 반복하여 작성한다. 다음 예제는 중괄호 순서를 원하는 대로 변경하고 자료를 반복하여 출력한 예제이다.

중괄호 순서를 변경하고 자료를 반복하여 출력

```python
print('{1} {1} 빛나는 {0}'.format('별','반짝'))
```

[실행결과]

```
반짝 반짝 빛나는 별
```

변경된 중괄호 순서와 반복하여 출력한 자료를 대응하여 살펴보면 다음과 같다.

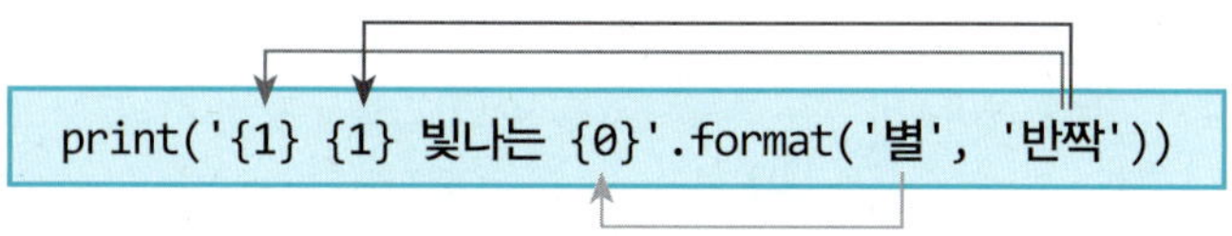

4) f-string 포매팅을 이용한 출력

f-string 포매팅 방법은 파이썬 3.6 버전부터 추가되었다. 문자열 맨 앞에 f를 붙이고 중괄호 안에 직접 변수명이나 출력하고 싶은 자료를 작성한다. 다음 예제는 f-string 포매팅을 이용하여 출력하는 예제이다.

f-string 포매팅을 이용하여 출력

```python
a = int(input('첫 번째 숫자 입력: '))
b = int(input('두 번째 숫자 입력: '))
print(f'{a} - {b} = {a-b}')
```

[실행결과]

```
첫 번째 숫자 입력: 20
두 번째 숫자 입력: 10
20 – 10 = 10
```

2.5 선택문

파이썬 문장은 제어문을 만나기 전에는 위에서 아래로 순차적으로 실행된다. 제어문은 조건식에 만족하는 동안 특정 구간을 한 번 또는 여러 번 반복하여 실행하도록 제어하는 문장이다.
파이썬의 제어문은 선택문과 반복문으로 나뉘는데, 선택문은 조건식이 만족하면 한 번 실행하고, 만족하지 않으면 해당 구간을 건너뛰게 된다. 즉, 파이썬의 선택문은 if 문을 이용하여 조건식의 결과가 True인지, False인지에 따라 코드를 실행하거나 실행하지 않는 선택적 구조이다.
이번 절에서는 파이썬 선택문을 표현하기 위한 조건식에 대하여 학습하고, 선택문의 다양한 형태를 학습한다. 먼저 파이썬 선택문의 종류와 규칙에 대하여 살펴본다.

파이썬 선택문 개요

파이썬 선택문의 형태에는 if, if~else, if~elif, if~elif~else, if~in~else 등이 있다. 파이썬 선택문의 규칙은 다음과 같다.

파이썬 선택문의 규칙
1. if 문의 조건식들은 논리 연산이 가능한 문장으로 참 거짓 판별이 가능하도록 작성해야 한다. 2. if 문의 조건식 끝에는 항상 :(콜론)이 있어야 한다. 3. 실행 코드는 반드시 공백(스페이스바 또는 Tab)으로 들여쓰기(indent)를 하여 if 문에 포함되는(종속) 코드로 작성해야 한다.

조건식

선택문을 표현하기 위해 필요한 조건식은 비교 연산자와 논리 연산자를 이용하여 표현하는데, 조건식이 만족하면 True, 만족하지 않으면 False의 결과 값을 가지게 된다. 조건식의 예는 다음과 같다.

조건식	설 명
total >= 100	total 변수에 저장된 자료가 100 이상이면 만족하는 조건식

mid+final < 120	mid 변수와 final 변수를 더한 값이 120 미만이면 만족하는 조건식
6 <= age < 60	age 변수에 저장된 자료가 6 이상, 60 미만이면 만족하는 조건식
num % 3 == 0	num 변수에 저장된 자료를 3으로 나눈 나머지가 0이면 만족하는 조건식
first != second	first 변수와 second 변수에 저장된 자료가 다르면 만족하는 조건식
kor>=90 and eng>=90	kor 변수에 저장된 자료가 90 이상이고, eng 변수에 저장된 자료가 90 이상이면 만족하는 조건식
weather=='봄' or weather=='가을'	weather 변수에 저장된 자료가 '봄' 이거나, weather 변수에 저장된 자료가 '가을' 이면 만족하는 조건식
not(sign==0)	sign 변수에 저장된 자료가 0이 아니면 만족하는 조건식

if / if~else

파이썬 선택문의 가장 기본적인 if / if~else 문의 구조를 살펴보면 다음과 같다.

기본 문법	순서도
if 조건식: (공백) 명령문1 ⋮ if 문 다음 명령문	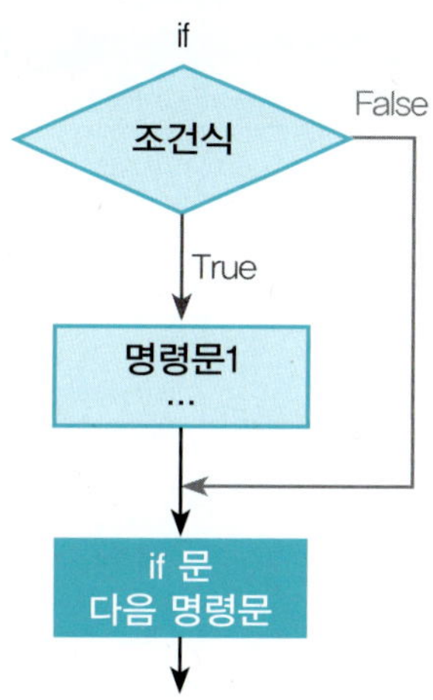

설명: if 문의 조건식 결과가 True 라면 명령문1, … 을 실행하고, 조건식의 결과가 False 라면 명령문1, … 을 건너뛰고 if문 다음 명령문을 실행한다.

기본 문법	순서도

`if 조건식:`
`(공백) 명령문1`
`⋮`
`else:`
`(공백) 명령문2`
`⋮`
`if 문 다음 명령문`
	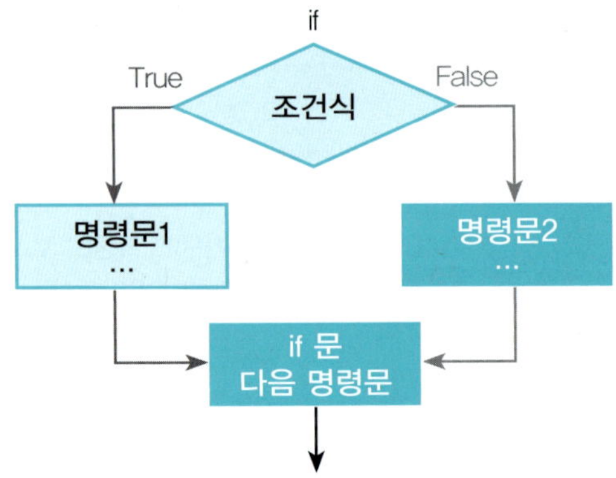

if 문의 조건식 결과가 True 라면 명령문1, … 을 실행하고 if문 다음 명령문을 실행한다.
if 문의 조건식 결과가 False 라면 명령문2, … 을 실행하고 if문 다음 명령문을 실행한다.

다음 예제를 실행해보자. 'y'를 입력하면 if 문의 member=='y' 조건식을 만족하기 때문에 '어서 오십시오.' 라는 문장을 출력하고, 그 외의 다른 값을 입력하면 member=='y' 조건식을 만족하지 않기 때문에 아무것도 실행되지 않는다.

회원이면 '어서 오십시오.' 인사말 출력

```
member = input('회원이십니까?(y/n) ')
if member == 'y':
    print('어서 오십시오.')
```

[실행결과1]

```
회원이십니까?(y/n) y
어서 오십시오.
```

[실행결과2]

```
회원이십니까?(y/n) n
```

다음 예제는 if 문의 member=='y' 조건식을 만족하면 '어서 오십시오.' 라는 문장을 출력하고, 조건식을 만족하지 않으면 else 문의 '회원가입을 해주세요.' 라는 문장을 출력하는 if~else 문의 기본 예제이다.

회원이면 '어서 오십시오.'를 아니면 회원가입 안내말 출력

```
member = input('회원이십니까?(y/n) ')
if member == 'y':
    print('어서 오십시오.')
else:
    print('회원가입을 해주세요.')
```

[실행결과1]

```
회원이십니까?(y/n) y
어서 오십시오.
```

[실행결과2]

```
회원이십니까?(y/n) n
회원가입을 해주세요.
```

if~elif / if~elif~else

여러 조건식에 따라 다양한 처리를 수행하기 위한 파이썬 선택문의 if~elif / if~elif~else 문을 살펴보면 다음과 같다.

기본 문법	순서도

if 조건식1:
(공백) 명령문1
⋮
elif 조건식2:
(공백) 명령문2
⋮
if 문 다음 명령문
	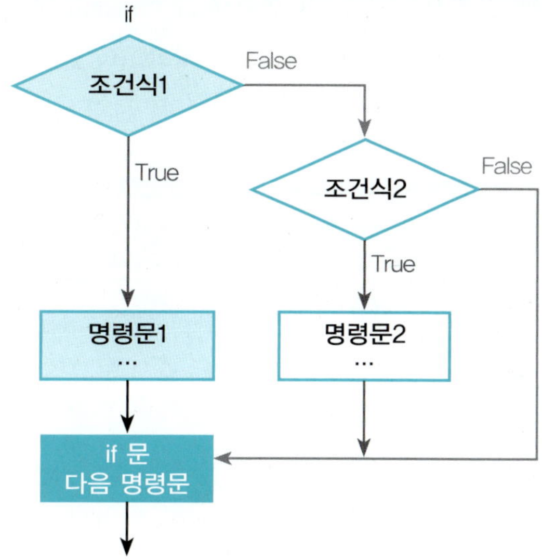

if 문의 조건식1 결과가 True 라면 명령문1, … 을 실행하고, False 라면 조건식2를 확인하여 결과가 True 라면 명령문2, … 을 실행하고, False 라면 건너뛰고 if문 다음 명령문을 실행한다.

기본 문법	순서도

if 조건식1:
(공백) 명령문1
⋮
elif 조건식2:
(공백) 명령문2
⋮
else:
(공백) 명령문3
⋮
if 문 다음 명령문
	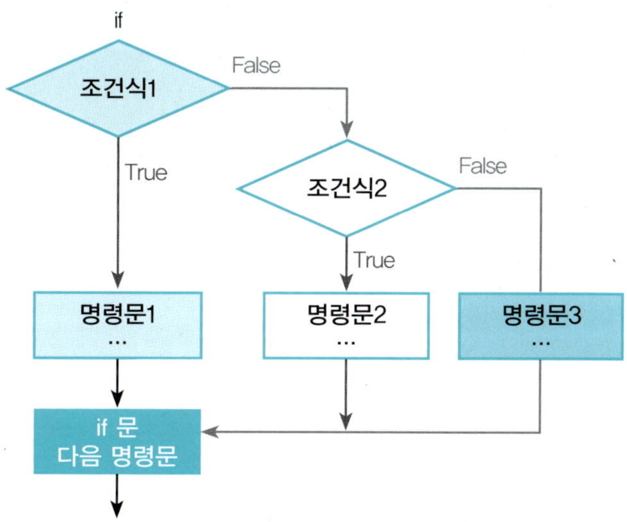

if 문의 조건식1 결과가 True 라면 명령문1, … 을 실행하고, False 라면 조건식2를 확인하여 결과가 True 라면 명령문2, … 을 실행하고, False 라면 명령문3, … 을 실행한 뒤, if문 다음 명령문을 실행한다.

다음 예제는 if 문의 1〈=age〈6 조건식을 만족하면 '입장료는 무료' 문장을 출력하고, 조건식을 만족하지 않으면 elif 문의 6〈=age〈60 조건식을 확인하여 만족하면 '입장료는 20000 원' 문장을 출력하며, 조건식을 만족하지 않으면 그 다음 elif 문의 age 〉= 60 조건식을 확인하여 만족하면 '입장료는 10000.0 원' 문장을 출력하고, 조건식을 만족하지 않으면 종료하는 if~elif 문의 기본 예제이다.

입력받은 나이에 따라 놀이동산 입장료를 출력한다.
- 입장료 정가: 2만원, 1세~6세 미만: 무료, 6세~60세 미만: 정가, 60세 이상: 정가의 50%

```
age = int(input('나이 입력: '))
price = 20000
if 1 <= age < 6 :
    print('입장료는 무료')
elif 6 <= age < 60 :
    print('입장료는', price, '원')
elif age >= 60 :
    print('입장료는', price*0.5, '원')
```

[실행결과1]
```
나이 입력: 38
입장료는 20000 원
```

[실행결과2]
```
나이 입력: 5
입장료는 무료
```

[실행결과3]
```
나이 입력: 0
```

위 예제와 같이 실행하면 0 이하의 나이를 입력할 때 if 문, elif 문 중에 맞는 조건식이 없기 때문에 아무것도 실행되지 않고 종료된다. 모든 조건식에 만족하지 않을 때의 처리를 위해서는 다음 예제와 같이 else 문을 이용하면 안정적으로 실행된다.

입력받은 나이에 따라 놀이동산 입장료를 출력한다.
- 입장료 정가: 2만원, 1세~6세 미만: 무료, 6세~60세 미만: 정가, 60세 이상: 정가의 50%
- 이외의 나이를 입력할 경우 오류 메시지 출력

```
age = int(input('나이 입력: '))
price = 20000
if 1 <= age < 6 :
    print('입장료는 무료')
elif 6 <= age < 60 :
    print('입장료는', price, '원')
elif age >= 60 :
    print('입장료는', price*0.5, '원')
else :
    print('1살 이상의 나이를 입력해 주세요.')
```

[실행결과1]
```
나이 입력: 25
입장료는 20000 원
```

[실행결과2]
```
나이 입력: 67
입장료는 10000.0 원
```

[실행결과3]
```
나이 입력: 0
1살 이상의 나이를 입력해 주세요.
```

중첩 선택문

복잡한 문제의 조건을 표현할 때는 문제의 조건을 분해한 후 파이썬 제어문의 구조를 심화하여 표현할 수 있다. 파이썬은 제어문 구조를 심화하여 표현하는 방법으로 중첩 제어문이 있는데, 파이썬 선택문에서는 if 문 안에 또 다른 if 문을 중첩하여 표현하는 중첩 선택문이 있다. 다음은 if 문의 조건식이 참인 경우 또 다른 if 문이 연속하여 있는 경우이다.

기본 문법

```
if 조건식1:
(공백) if 조건식2:
(공백) (공백) 명령문1
            ⋮
(공백) else:
(공백) (공백) 명령문3
            ⋮
else:
(공백) 명령문5
       ⋮
if 문 다음 명령문
```

순서도

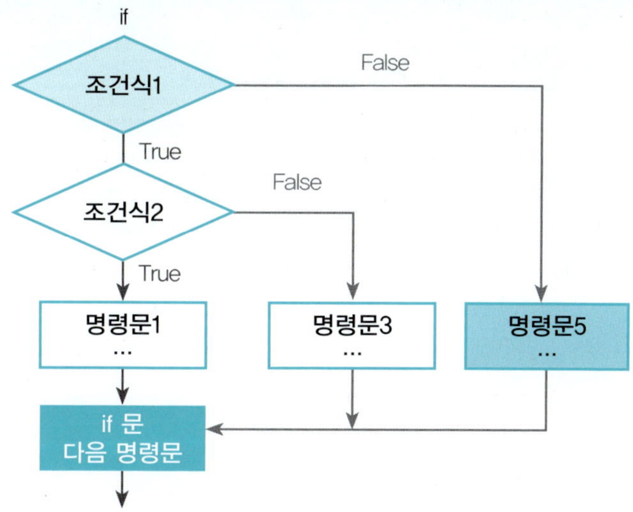

다음은 if 문의 조건식이 거짓인 경우 else 문안에 또 다른 if 문이 있는 경우이다.

기본 문법

```
if 조건식1:
(공백) 명령문1
       ⋮
else:
(공백) if 조건식2:
(공백) (공백) 명령문3
            ⋮
(공백) else:
(공백) (공백) 명령문5
            ⋮
if 문 다음 명령문
```

순서도

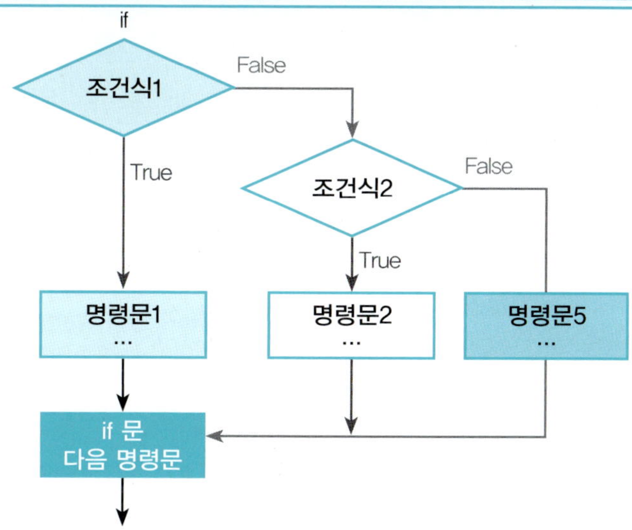

다음 예제는 if 문의 조건식이 참인 경우에 또 다른 내부의 if 문이 중첩하여 있는 중첩 선택문의 예제이다. 입력한 아이디가 'admin'이라면 처음 외부 if 문의 조건식에 만족하여 내부 if~else 문의 조건식에서 비밀번호가 '1234'인지를 확인한다. 비밀번호까지 일치하면 '로그인 성공' 메시지를 출력한다. 만약 내부 if~else 문의 조건식에서 비밀번호가 '1234'가 아니라면 '패스워드 오류' 메시지를 출력한다. 가장 처음의 외부 if 문 조건식에서 아이디가 'admin'이 아니었다면 '아이디 오류' 메시지를 출력하고 프로그램을 종료한다.

아이디는 'admin'이고, 비밀번호는 '1234'이다. 사용자로부터 아이디와 비밀번호를 입력 받아 아이디와 비밀번호가 맞으면 '로그인 성공', 둘 중 하나 이상 틀리면 아이디가 틀린 것인지 비밀번호가 틀린 것인지에 대한 오류 메시지를 출력한다.

```
id1 = input('아이디: ')
pwd2 = input('비밀번호: ')
if id1 == 'admin' :
    if pwd2 == '1234' :
        print('로그인 성공')
    else:
        print('패스워드 오류')
else:
    print('아이디 오류')
```

[실행결과1]

```
아이디: admin
비밀번호: 1234
로그인 성공
```

[실행결과2]

```
아이디: test
비밀번호: 1234
아이디 오류
```

[실행결과3]

```
아이디: admin
비밀번호: 0000
패스워드 오류
```

2.6 반복문과 기타 제어문

파이썬 반복문은 특정 문장을 여러 번 반복하여 실행하는 반복적 구조로서 파이썬 반복문은 범위의 횟수 동안 또는 조건식이 만족하는 동안 여러 번 반복하여 실행하는 제어문 문장이다.
파이썬의 반복문의 종류에는 for 문과 while 문이 있다. for 문은 범위의 횟수 동안 특정 문장을 여러 번 반복하여 실행하는 반복문이고, while 문은 조건식의 결과가 True이면 특정 문장을 여러 번 반복 실행하다가 조건식이 False가 되면 반복을 종료하는 반복문이다.
이번 절에서는 파이썬 반복문의 종류 for 문과 while문에 대하여 학습하고, 기타 제어문 break 문과 continue 문에 대하여 학습한다. 먼저 for 문에 대하여 살펴본다.

파이썬 반복문 개요

파이썬 반복문 형태인 for 문과 while 문의 공통 규칙과 각각의 규칙은 다음과 같다.

파이썬 반복문의 규칙
1. for 문과 while 문의 조건식 끝에는 항상 :(콜론)이 있어야 한다. 2. 실행 코드는 반드시 공백(스페이스바 또는 Tab)으로 들여쓰기(indent)를 하여 for 문과 while 문에 포함되는(종속) 코드로 작성해야 한다.

for 문의 규칙	while 문의 규칙
1. 제어변수와 특정 범위를 활용하여 반복 실행한다. 2. 특정 범위는 range() 함수, 리스트, 문자열 등을 이용하여 지정한다.	1. 선택문처럼 조건식의 결과가 참 또는 거짓인지에 따라 특정 문장을 반복 실행하거나 실행하지 않는 조건적 반복 실행 구조이다. 2. while 문의 조건식들은 논리 연산이 가능한 문장, 즉 참 거짓 판별이 가능한 것이어야 한다.

for 문

for 문은 range() 함수, 리스트, 문자열 등을 이용하여 특정 범위를 지정한다. range() 함수를 이용하는 경우 시작 값부터 종료 값까지 증가 값만큼씩 증가시키면서 항목의 원소를 하나씩 꺼내와 제어변수에 저장한 뒤, for 문에 종속된 명령문들을 실행한다. 즉, for 문을 처음 실행하게 될 때 range() 함수의 시작 값을 가져와 제어변수에 저장한 뒤, for 문 안에 있는 명령문1,

… 을 실행한다. 이후 다시 for 문으로 돌아와 range() 함수의 시작 값에서 증가 값만큼 증가시킨 값을 제어변수에 저장한 뒤, for 문 안에 있는 명령문1, … 을 다시 실행한다. 이 과정을 반복하게 되는데 range() 함수의 종료 값까지 증가하게 되면 종료 값을 제어변수에 저장한 뒤, 마지막으로 for 문에 있는 명령문1, … 을 실행하고 for 문을 종료한다.

예를 들어 range(0, 10, 1)과 range(0, 10)과 range(10)은 모두 0부터 9까지 1씩 증가하며 숫자를 하나씩 가져와 제어변수에 저장한다는 의미이다. 즉, 시작 값을 생략하면 0이 되고, 증가 값을 생략하면 1이 된다. 하지만 종료 값은 생략할 수 없으며, 시작 값과 증가 값은 정수형이어야 하고, 증가 값은 0이 될 수 없다. for 문의 기본 구조를 살펴보면 다음과 같다.

기본 문법	순서도
❶ for 제어변수 in range(시작값, 종료값+1, 증가값) : ❷ (공백) 명령문1 ⋮ for 문 다음 명령문 ❸ 다음자료	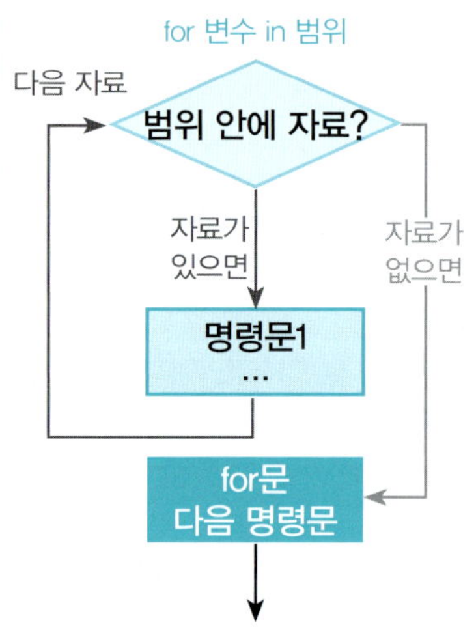
for 제어변수 in 리스트 : (공백) 명령문1 ⋮ for 문 다음 명령문	
for 제어변수 in '문자열' : (공백) 명령문1 ⋮ for 문 다음 명령문	

다음 예제의 range(5) 는 0부터 4까지 1씩 증가하면서 실행하는 예제로서, 처음에는 0의 값을 가져와 제어변수 i에 저장한 후, '*' 문자를 i+1 (0+1) 만큼 반복 출력한다.

range() 함수를 이용한 반복 출력

```
for i in range(5) :
    print('*' * (i+1))
```

[실행결과]

```
*
**
***
****
*****
```

다음 예제는 odd 리스트에서 항목을 하나씩 가져와 반복 실행하는 예제로서, 처음에는 odd 리스트의 1을 가져와 제어변수 i에 저장한 후, i+1 (1+1)을 출력한다. 이후 odd 리스트의 다음 항목 3을 가져와 제어변수 i에 저장한 후 i+1 (3+1)을 출력한다. 이 과정을 반복하게 되는데 마지막 항목 9를 가져와 제어변수 i에 저장한 후 i+1 (9+1)을 출력하고 for 문을 종료한다.

리스트를 이용한 반복 출력

```
odd = [1, 3, 5, 7, 9]
for i in odd :
    print(i+1, end=' ')
```

[실행결과]

```
2 4 6 8 10
```

다음 예제는 'Python' 문자열에서 문자를 하나씩 가져와 반복 실행하는 예제로서, 처음에는 'Python' 문자열의 문자 'P'를 가져와 제어변수 i에 저장한 후, i ('P')를 출력한다. 이후 'Python' 문자열의 다음 문자 'y'를 가져와 제어변수 i에 저장한 후 i ('y')를 출력한다. 이 과정을 반복하게 되는데 마지막 문자 'n'을 가져와 제어변수 i에 저장한 후 i (n')을 출력하고 for 문을 종료한다.

문자열을 이용한 반복 출력

```
for i in 'Python' :
    print(i, end=' ')
```

[실행결과]

```
P y t h o n
```

while 문

while 문은 선택문처럼 조건식의 결과에 따라 실행 여부가 결정되는데, 선택문은 조건식의 결과가 참이면 실행하고, 거짓이면 건너뛰는 과정을 한 번만 실행한다. 반면 while 문은 조건식의 결과가 참이면 종속된 특정 문장을 실행하고, 조건식을 다시 확인하여 결과가 참이면 다시 반복 실행, 거짓이면 종료하게 된다. 즉, 조건 확인과 실행을 계속적으로 반복하는 조건적 반복 실행 구조이다. while 문의 기본 구조를 살펴보면 다음과 같다.

기본 문법	순서도
while 조건식: (공백) 명령문1 ⋮ while 문 다음 명령문	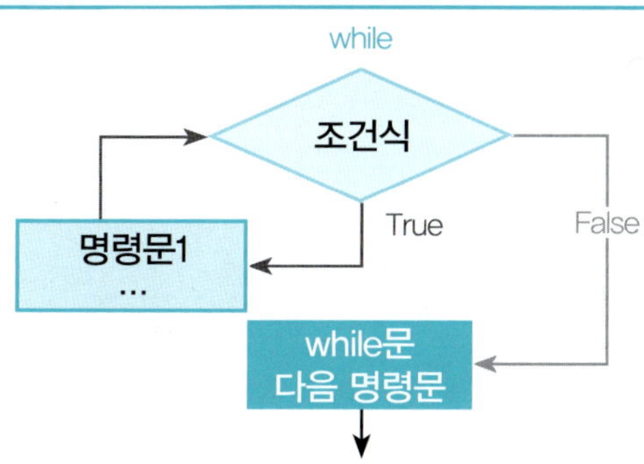

while 문의 조건식 결과가 True 라면 명령문1, … 을 실행하고, 이후 while 문의 조건식을 다시 확인하여 결과가 True 라면 명령문1, … 을 실행하는 과정을 반복하다가 조건식의 결과가 False 가 되면 명령문1, … 을 건너뛰고 while 문 구조를 벗어나 while 문 다음 명령문을 실행한다.

기본 문법	순서도

while 조건식:
(공백) 명령문1
⋮
else:
(공백) 명령문2
⋮
while 문 다음 명령문
	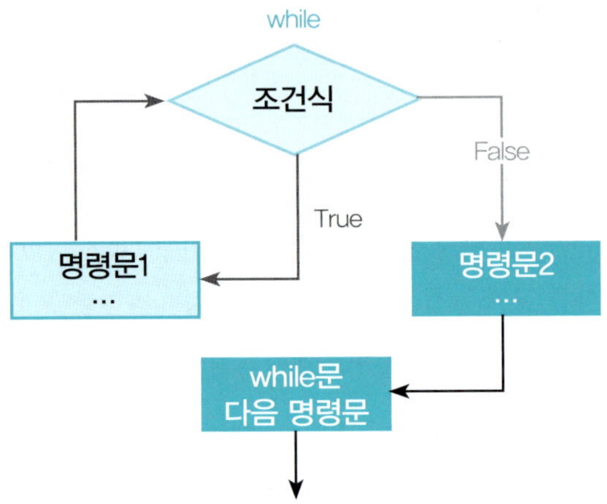

while 문의 조건식 결과가 True 라면 명령문1, … 을 실행하고, 이후 while 문의 조건식을 다시 확인하여 결과가 True 라면 명령문1, … 을 실행하는 과정을 반복하다가 조건식의 결과가 False 가 되면 명령문2, … 을 실행하고 while 문 구조를 벗어나 while 문 다음 명령문을 실행한다.

다음 예제를 실행하면 처음에는 while 문의 year<=3 조건식을 만족하기 때문에 '서당개 1 년' 문장을 출력하고, year 변수를 1 증가시켜 year 변수는 2가 된다. 이후 while 문의 year<=3 조건식을 다시 확인하는데 결과가 참이기 때문에 '서당개 2 년' 문장을 출력하고, year 변수를 1 증가시키는 과정을 반복하다가 year 변수가 4가 되면 year<=3 조건식을 만족하지 않기 때문에 while 문을 벗어나 '풍월을 읊습니다.' 문장을 출력한다.

while 문을 이용한 반복 출력 (1)

```
year = 1
while year <= 3 :
    print('서당개',year,'년')
    year += 1

print('풍월을 읊습니다.')
```

[실행결과]

```
서당개 1 년
서당개 2 년
서당개 3 년
풍월을 읊습니다.
```

다음 예제를 실행하여 'y'를 입력하면 while 문의 result != 'y' 조건식을 만족하지 않기 때문에

while 문을 벗어나 '종료' 문장을 출력 후 종료하고, 그 외의 다른 값을 입력하면 result !=' y' 조건식을 만족하기 때문에 '파이썬 최고!' 문장을 출력하고 다른 값을 입력받는 과정을 반복 실행한다.

while 문을 이용한 반복 출력 (2)

```
result = None
while result != 'y':
    print('파이썬 최고!')
    result = input('계속하려면 입력:(종료:y) ')

print('종료')
```

[실행결과]

```
파이썬 최고!
계속하려면 입력:(종료:y) hi
파이썬 최고!
계속하려면 입력:(종료:y) 1234
파이썬 최고!
계속하려면 입력:(종료:y) y
종료
```

다음 예제는 단을 입력받아 구구단을 출력하는 예제이다. 위의 예제는 for 문을 이용하고, 아래 예제는 while 문을 이용한다. for 문을 이용한 예제에서는 range() 함수를 이용하여 1부터 9까지 반복하면서 구구단을 출력하고, while 문을 이용한 예제에서는 조건식 i <= 9를 만족할 때까지 반복하면서 구구단을 출력한다.

단을 입력받아 구구단을 출력한다.

```
num = int(input('단 입력: '))
for i in range(1, 10):
    print('%d × %d = %d' % (num, i, num * i))
```

```
i = 1
num = int(input('단 입력: '))
while i <= 9 :
    print('%d × %d = %d' % (num, i, num * i))
    i += 1
```

[실행결과]

```
단 입력: 7
7 × 1 = 7
7 × 2 = 14
7 × 3 = 21
7 × 4 = 28
7 × 5 = 35
7 × 6 = 42
7 × 7 = 49
7 × 8 = 56
7 × 9 = 63
```

기타 제어문

for 문이나 while 문으로 반복 실행하다 보면 특정 상황이 발생했을 때 반복의 흐름을 바꿔야할 필요가 발생한다. break 문을 만나게 되면 반복 구간을 더 이상 실행하지 않고 반복문을 강제 종료한다. continue 문을 만나게 되면 반복 구간의 남은 명령문을 실행하지 않고 반복문 처음으로 이동한다. break 문과 continue 문의 기본 구조를 살펴보면 다음과 같다.

break 문을 이용한 강제 종료	continue 문을 이용한 반복 구간 건너 띄기

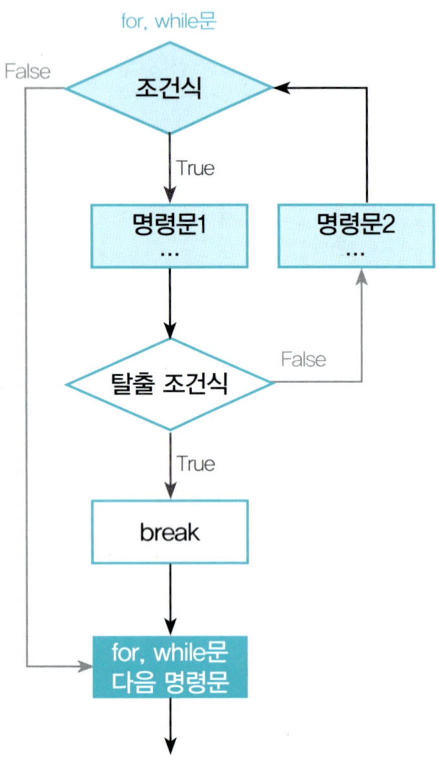

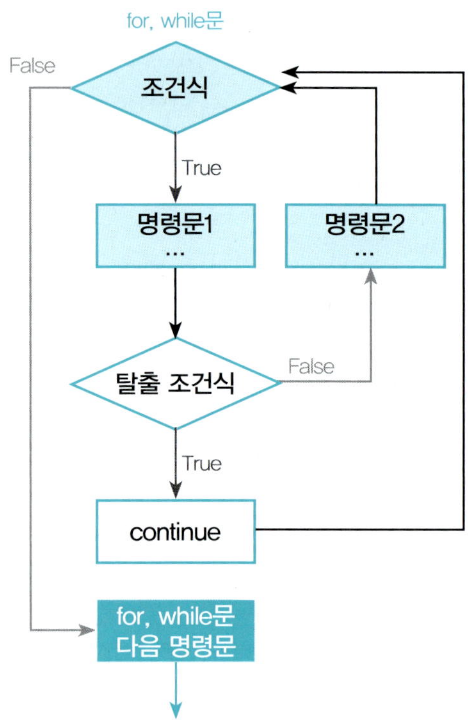

다음 예제처럼 while 문의 조건식을 True 로 표현하면 조건이 항상 참이 되어 무한 반복 실행하게 된다. 조건 결과가 항상 참이 되면 무한 반복(무한 루프)을 하게 되어 프로그램을 종료할 수 없게 된다. 조건식을 True 로 표현하지 않더라도 프로그램을 작성하다 보면 반복 실행이 종료되지 않는 상황이 발생할 수 있다. 이런 경우 for 문이나 while 문 안에 탈출 조건식을 작성하여 탈출 조건에 만족하면 강제 종료하도록 해야 한다. 다음 예제는 while True 문에 따라 무한 반복을 실행하게 되는데, 내부의 탈출 조건식 num == 0 을 만족하게 되면 break 문을 만나게 되어 while 문을 강제 종료한다.

무한루프 while 문 안에서 break를 이용한 강제 종료

```python
while True:
    num = int(input('번호 입력(종료 0): '))
    if num == 0 :
        break
    print('while 무한루프로 반복중')
```

[실행결과]
번호 입력(종료 0): 1
while 무한루프로 반복중
번호 입력(종료 0): 3
while 무한루프로 반복중
번호 입력(종료 0): 0

다음 예제는 1~30 사이의 정수 중에서 7의 배수를 출력하는 예제이다. 위의 예제는 for 문 안에 if 문을 이용하여 7로 나눈 나머지가 0 이면 '7의 배수' 문장을 출력한다. 아래 예제는 for 문 안에 if 문을 이용하여 7로 나눈 나머지가 0 이 아니면 continue 문을 만나게 되어 '7의 배수' 문장을 출력하지 않고 for 문의 처음으로 이동한다.

1~30 사이의 정수 중에서 7의 배수 출력

```python
for i in range(1,31) :
    if i % 7 == 0 :
        print('7의 배수:',i)
```

```python
for i in range(1,31) :
    if i % 7 != 0 :
        continue
    print('7의 배수:',i)
```

[실행결과]
```
7의 배수: 7
7의 배수: 14
7의 배수: 21
7의 배수: 28
```

파이썬에는 기타 제어문으로 pass 문이 있는데, pass 문은 아무것도 실행하지 않는 문장이다. 반복문이나 임시 함수 작성 시 기본 틀만 표현하려고 내부에 당장 아무것도 작성하지 않으면 오류가 발생한다. 이럴 때 임시적으로 pass 문을 작성해 놓으면 오류 없이 기본 틀을 갖출 수 있다. 이후 실제 코드를 작성할 때 pass 문을 삭제한다. 다음 예제는 pass 문의 사용 형태이다.

pass 사용 형태

```python
while True:
    pass
```

```python
for i in range(10):
    pass
```

중첩 반복문

중첩 반복문은 반복문 내부에 또 다른 반복문이 표현되어 있는 형태이다. 한 번의 반복문으로 수행하기 어려운 복잡한 문제의 경우 중첩 반복문을 사용하여 해결한다. while 문 안에 while 문을 중첩하거나 while 문 안에 for 문을 중첩하여 작성한다. 또는 for 문 안에 for 문을 중첩하거나 for 문 안에 while 문을 중첩하여 작성할 수 있다. while 문안의 중첩 반복문 기본 구조를 살펴보면 다음과 같다.

기본 문법	순서도

```
while 조건식1 :
(공백) 명령문1 } ❶
        ⋮
(공백) while 조건식2 :        ❸
(공백) (공백) 명령문3
        ❷ {  ⋮
(공백) 내부 while 문 다음 명령문
                ⋮
외부 while 문 다음 명령문
```
❹

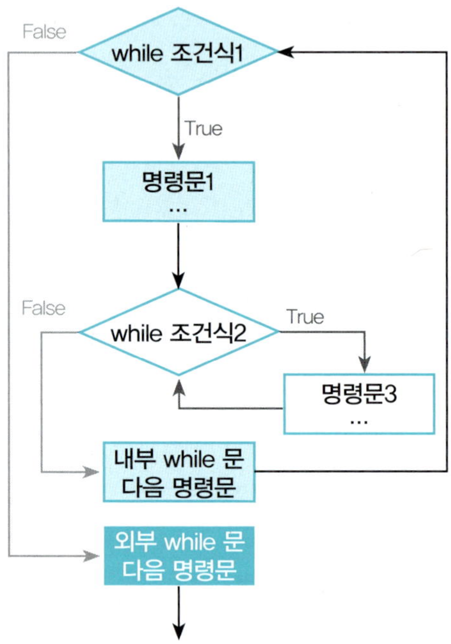

기본 문법

```
while 조건식1 :
(공백) 명령문1  } ❶
        ⋮              ❷
(공백) for 제어변수 in range( 시작값, 종료값+1, 증가값 ) :
(공백) (공백) 명령문3
        ⋮        ❸            ❹ 다음자료
(공백) 내부 for 문 다음 명령문
                ⋮
외부 while 문 다음 명령문
```
❺

순서도

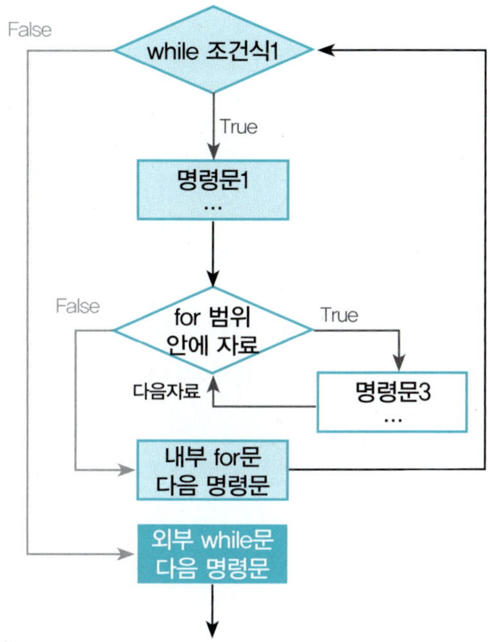

다음 예제는 외부 while True 문에 따라 0을 입력하기 전까지 무한 반복을 실행하게 되는데, 내부 while 문에서는 입력받은 단의 구구단을 모두 출력하면 내부 while 문의 수행을 완료한다. 이후 외부 while 문으로 이동하여 단을 입력받고 구구단을 출력하는 과정을 반복하다가 0을 입력하게 되면 외부 while True 문을 종료하게 되어 종료 메시지를 출력하고 프로그램을 종료한다.

0을 입력하기 전까지 단을 입력 받아 구구단을 출력한다.

```
while True:
    num = int(input('단 입력(종료:0) '))
    if num == 0:
        break
    i = 1
    while i <= 9:
        print('%d × %d = %d' % (num, i, num * i))
        i += 1
print('구구단 프로그램 종료')
```

[실행결과]

```
단 입력(종료:0) 7
7 × 1 = 7
7 × 2 = 14
7 × 3 = 21
7 × 4 = 28
7 × 5 = 35
7 × 6 = 42
7 × 7 = 49
7 × 8 = 56
7 × 9 = 63
단 입력(종료:0) 3
```

```
3 × 1 = 3
3 × 2 = 6
3 × 3 = 9
3 × 4 = 12
3 × 5 = 15
3 × 6 = 18
3 × 7 = 21
3 × 8 = 24
3 × 9 = 27
단 입력(종료:0) 0
구구단 프로그램 종료
```

다음 예제는 외부 while True 문에 따라 0을 입력하기 전까지 무한 반복을 실행하게 되는데, 내부 for 문에서는 입력받은 영어 단어의 글자 하나씩을 alpha 딕셔너리 key에 대응하는 value 값의 암호코드를 가져와 code 변수에 저장한다. 영어 단어 글자들의 암호코드를 code 변수에 모두 저장했다면 내부 for 문의 수행을 완료하게 되어 영어 단어와 암호코드를 출력한다. 이후 영어 단어를 입력받아 암호코드를 저장하고 출력하는 과정을 반복하다가 0을 입력하게 되면 while True 문을 종료하게 되어 종료 메시지를 출력하고 프로그램을 종료한다.

영문 대문자를 입력받아 암호로 변환하여 출력한다.

```
alpha = {'A':'1!','B':'2@','C':'3#','D':'4$','E':'5%'}
while True:
    code = ''
    word = input('대문자 A~E 단어 입력(종료:0) ')
    if word == '0':
        break
    for ch in word:
        code += alpha[ch]
    print('단어:',word,', 암호코드:',code,'\n')
print('암호코드 변환 프로그램 종료')
```

[실행결과]

```
대문자 A~E 단어 입력(종료:0) AABBC
단어: AABBC , 암호코드: 1!1!2@2@3#

대문자 A~E 단어 입력(종료:0) EDCBA
단어: EDCBA , 암호코드: 5%4$3#2@1!

대문자 A~E 단어 입력(종료:0) 0
암호코드 변환 프로그램 종료
```

이외에 for 문 안의 중첩 반복문 기본 구조를 살펴보면 다음과 같다.

기본 문법

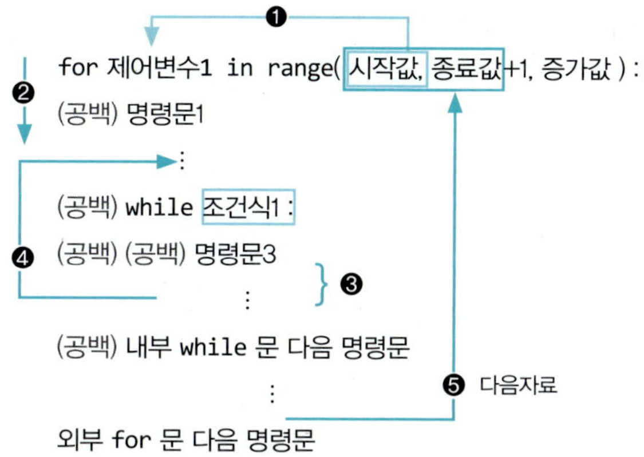
for 제어변수1 in range(시작값, 종료값+1, 증가값) :
(공백) 명령문1
(공백) while 조건식1 :
(공백) (공백) 명령문3
(공백) 내부 while 문 다음 명령문
외부 for 문 다음 명령문
❶
❷
❸
❹
❺ 다음자료

순서도

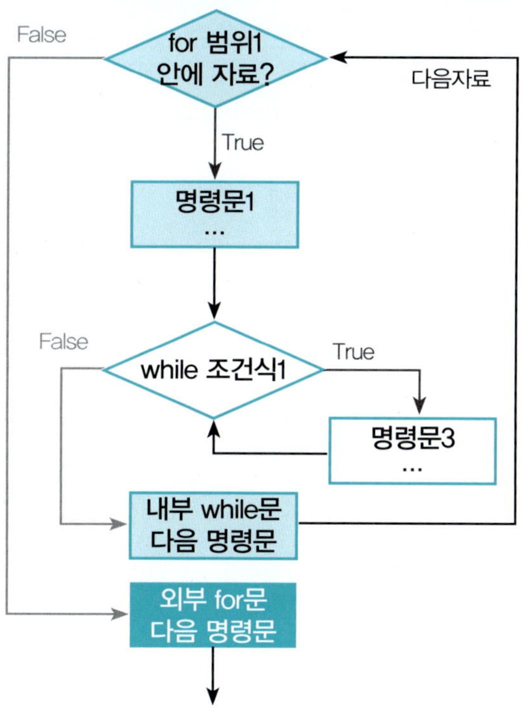
for 범위1 안에 자료?
False
True
다음자료
명령문1 ...
while 조건식1
False
True
명령문3 ...
내부 while문 다음 명령문
외부 for문 다음 명령문

기본 문법

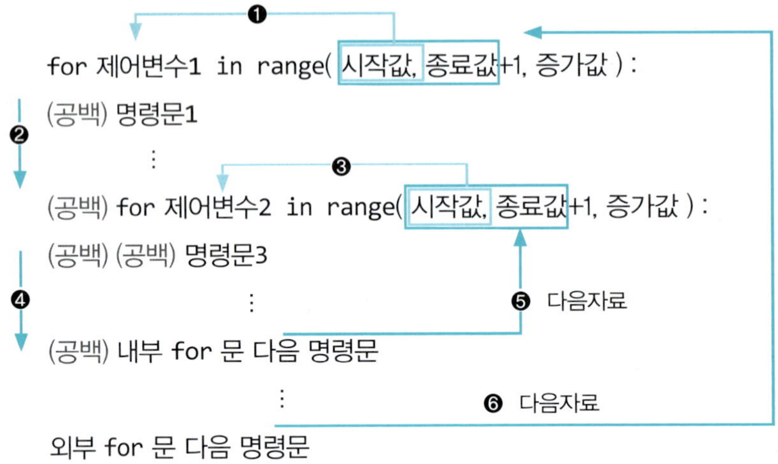

순서도

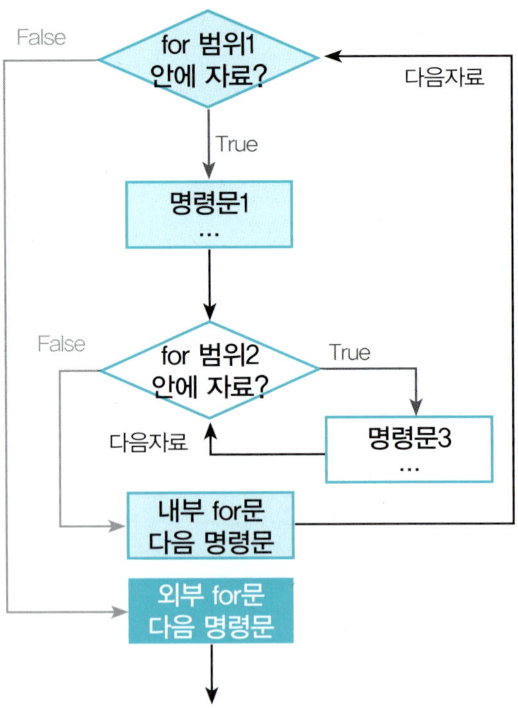

다음 예제는 외부 for 문에 range() 함수를 이용하여 입력받은 시작 단과 종료 단까지 구구단 출력을 실행하게 되는데, 내부 while 문에서는 시작 단의 구구단을 모두 출력하면 내부 while

문의 수행을 완료한다. 이후 외부 for 문으로 이동하여 다음 단의 구구단을 출력하는 과정을 반복하다가 종료 단까지 모두 출력하게 되면 외부 for 문을 종료하게 되어 종료 메시지를 출력하고 프로그램을 종료한다.

시작 단부터 종료 단까지 구구단을 출력한다.

```
start = int(input('시작단 입력: '))
end = int(input('종료단 입력: '))
for num in range(start,end+1) :
    i = 1
    while i <= 9:
        print('%d × %d = %d' % (num, i, num * i))
        i += 1
print('구구단 프로그램 종료')
```

[실행결과]

```
시작단 입력: 2
종료단 입력: 3
2 × 1 = 2
2 × 2 = 4
2 × 3 = 6
2 × 4 = 8
2 × 5 = 10
2 × 6 = 12
2 × 7 = 14
2 × 8 = 16
2 × 9 = 18
3 × 1 = 3
3 × 2 = 6
3 × 3 = 9
3 × 4 = 12
3 × 5 = 15
3 × 6 = 18
3 × 7 = 21
3 × 8 = 24
3 × 9 = 27
구구단 프로그램 종료
```

다음 예제의 외부 for 문에서는 main 리스트의 처음 속 재료를 하나 가져와 실행하게 되는데, 내부 for 문에서는 side 리스트의 속 재료를 하나씩 가져와 김밥의 배합을 출력하면 내부 for 문의 수행을 완료한다. 이후 외부 for 문으로 이동하여 main 리스트의 다음 속 재료를 가져와 내부 for 문의 side 리스트의 속 재료와 김밥 배합을 출력하는 과정을 반복하다가 모두 출력하게 되면 외부 for 문을 종료하게 되어 프로그램을 종료한다.

김밥 배합을 출력한다.

```
main = ['참치','불고기']
side = ['오이','계란']
i = 1
for m in main :
```

[실행결과]

```
1 참치+오이+단무지
2 참치+계란+단무지
3 불고기+오이+단무지
```

```
    for s in side :
        print(i,m+'+'+s+'+단무지')
        i += 1
```

```
4 불고기+계란+단무지
```

2.7 함수

함수란?

프로그래밍과 관련하여 함수는 특정한 작업을 위해 서로 관련되어 있는 일련의 명령문이다. 함수를 정의할 때 이름을 지정하고, 그 함수가 수행할 일을 위해 순서대로 명령문을 작성한다. 우리는 프로그래밍을 하면서 함수의 이름으로 함수를 호출할 수 있다. 이러한 함수는 새로운 개념이 아니다. 이미 우리는 많은 함수를 사용해 파이썬 코드를 작성했다. 표준 출력함수 print(), 표준 입력함수 input(), 데이터 타입을 확인하는 type() 함수, 길이를 반환해 주는 len() 함수, 리스트나 특정변수를 삭제하는 del() 함수, 데이터구조를 초기에 생성할 때 사용하는 list() 함수, 범위를 지정하는 range() 함수 등을 사용해 왔다. 이중에서 type() 함수를 살펴보자.

```
type(32)
```

[실행결과]

```
int
```

위에서 살펴본 함수의 이름은 type이다. 괄호 안의 값을 함수의 인수라고 한다. 인수는 함수에 대한 입력으로 함수에 전달하는 값 또는 변수이다. type() 함수의 결과는 인수의 자료형 타입이라는 것을 알 수 있다. 이처럼 함수가 인수를 취하고, 결과를 반환한다고 말하는 것이 일반적이다. 여기서 결과를 반환값(return value)이라고 부른다.

함수를 사용하는 이유는 무엇일까? 함수를 사용하는 이유는 다음과 같다. 첫째, 프로그램에서 좋은 코드란 중복성이 없는 코드를 말한다. 중복된 코드는 여러 번 사용한다는 것을 의미하기도 한다. 이 때, 중복된 코드를 별도로 분류하여 함수로 만들게 되면 코드의 양을 줄일 수 있고, 이로 인해서 가독성이 좋아진다. 둘째, 간결해진 코드는 전체의 기능을 이해하기에 수월하다. 셋째, 프로그램의 흐름을 파악하기 쉽기 때문에 관리하기 쉽다. 넷째, 중요한 기능만 함수로 정의해두면 이를 필요로 하는 프로그램이나 다른 프로그래머에게 재사용이 가능하여 매우 효율적으로 사용할 수 있다.

함수는 내장 함수와 사용자 정의 함수 두 가지로 나눌 수 있다. print() 함수는 변수나 상수를 출력하는 일을 한다. 그러나 우리는 print() 함수가 어떤 코드로 구성되어 있는지 정의한 적이 없다. 이처럼 프로그램에 이미 지정된 함수를 내장 함수라고 한다. 사용자 정의 함수는 사용자가 필요에 의해서 직접 정의하는 함수를 말한다.

내장 함수

파이썬은 함수 정의를 할 필요없이 사용할 수 있는 여러 가지 중요한 내장 함수를 제공한다. 내장 함수란, 일반적인 문제를 해결하기 위해 필요한 함수를 작성하여 우리가 사용할 수 있도록 파이썬에 포함시켜 제공하는 함수를 말한다.

내장 함수 중 max(), min() 함수는 리스트에서 가장 큰 값과 가장 작은 값을 제공한다.

```
max('Hello world')
```

[실행결과]

'w'

```
min('Hello world')
```

[실행결과]

' '

max() 함수를 사용하면 문자열에서 가장 큰 문자가 무엇인지 알 수 있고, min() 함수를 사용하여 문자열에서 가장 작은 값을 알 수 있다. 또 다른 내장 함수 len()은 문자열 또는 리스트에서 몇 개의 항목이 존재하는지 알려 준다.

```
len('Hello world')
```

[실행결과]

11

내장 함수의 이름을 우리는 예약어로 취급해야 한다. 가령 max를 변수의 이름이나 또 다른 함수의 이름으로 사용하는 것을 피해야한다.

1) 타입 변환 함수

하나의 자료형 타입에서 다른 타입으로 값을 변경해 주는 내장 함수가 있다.

int(), float(), str()이 그 예이다.

① int()

```
int('32')
```

[실행결과]

32

```
int('Hello')
```

[실행결과]

```
---------------------------------------------------------------------------
ValueError                                Traceback (most recent call last)
<ipython-input-7-6765ce49acfe> in <module>()
----> 1 int('Hello')

ValueError: invalid literal for int() with base 10: 'Hello'
```

int() 함수의 경우 인수로 전달된 값을 정수로 변환하거나 불가능할 경우는 오류를 발생한다. 위의 예에서 볼 수 있듯이 int() 함수는 부동 소수점 값을 정수로 변환할 수는 있지만 반올림하지는 않는다.

```
int(3.666)
```

[실행결과]

```
3
```

```
int(-3.3)
```

[실행결과]

```
-3
```

② float()

```
float(32)
```

[실행결과]

```
32.0
```

```
float('3.14159')
```

[실행결과]

```
3.14159
```

float() 함수는 정수와 문자열을 부동 소수점 숫자로 변환한다.

③ str()

```
str(32)
```

[실행결과]

```
'32'
```

```
str(3.14159)
```

[실행결과]

```
'3.14159'
```

위의 예에서 볼 수 있듯이 str() 함수는 인수를 문자열로 변환해 준다.

2) 수학 함수

파이썬에서는 수학 함수를 제공하는 수학 모듈이 있다. 수학 모듈을 사용하려면 가장 먼저 관련 모듈을 가지고 와야 한다.

```
import math
```

모듈 객체는 모듈에 정의된 기능과 변수를 포함한다. 함수 중 하나에 접근하려면 모듈 이름과 함수 이름을 마침표(.)로 구분하여 지정한다.

```
r = 45
radians = r*r * math.pi
```

math.pi는 math 모듈에서 변수 pi를 가져온다. 이 변수의 값은 소수점 이하 약 15 자리까지 정확한 π의 근사 값이다.

3) Random Numbers

랜덤 모듈은 난수를 생성하는 함수를 제공한다. 랜덤 함수는 0.0과 1.0 사이의 임의의 부동 소수점을 반환한다(0.0은 포함하지만 1.0은 포함하지 않음). 다음 예를 실행해 보자. 이 프로그램의 실행결과는 오른쪽과 같다.

```
import random

for i in range(10):
    x = random.random()
    print(x)
```

[실행결과]

```
0.11132867921152356
0.5950949227890241
0.04820265884996877
0.841003109276478
0.997914947094958
0.04842330803368111
0.7416295948208405
0.510535245390327
0.27447040171978143
0.028511805472785867
```

부동 소수점이 아니라 정수로 랜덤한 수가 반환되려면 randint()를 사용해야 한다.

```
random.randint(5, 10)
```

[실행결과]

```
5
```

```
random.randint(5, 10)
```

[실행결과]

```
9
```

randint() 함수는 매개변수를 low와 high로 가져오고 low와 high 사이의 정수를 반환한다(둘 다 포함). 또한 리스트에서 요소를 무작위로 선택하려면 choice를 사용한다.

```
t = [1, 2, 3]
random.choice(t)
```

```
random.choice(t)
```

[실행결과]	[실행결과]
3	1

이 외에도 random 모듈은 연속분포에서 랜덤 값을 생성하는 기능도 제공한다.

사용자 정의 함수

사용자 정의 함수에 대해서 알아보자. 파이썬에서 함수를 선언하는 것은 무척 단순하다. 함수를 직접 만들기 위해서는 def라는 예약어를 사용한다. def는 '정의하다'라는 뜻으로 영어 단어 'define'의 앞 글자에서 딴 것이다.
함수 이름을 작성할 때에도 변수에서 이름을 정의했던 것과 같이 규칙을 따라야 한다.

- 알파벳, 숫자, 밑줄 문자(_)만 사용 가능
- 함수의 첫 글자는 반드시 알파벳 또는 밑줄 문자만 사용 가능
- 공백 사용 불가
- 예약어(print, def 등) 사용 불가

직관적으로 이해가 가능한 단어로 함수명을 정의하는 것이 중요하다. 함수의 기능을 설명하는 동사 또는 명사+동사를 사용하면 좀 더 이해하기 쉽다.
함수 이름 뒤에는 빈 괄호를 넣거나, 괄호 안에 인수를 입력받는 함수로 작성할 수 있다. 이때, 인수(argument)는 호출된 함수에 전달할 값이다. 매개변수(parameter)는 호출된 함수에서 전달받은 값을 임시로 할당하는 변수이다. 매개변수로부터 처리된 작업의 결과는 반환값(return value)이고, 호출한 함수로 값이 반환된다. 이때 반환되는 값은 반드시 하나이다. 인수, 매개변수, 반환값은 항상 존재해야 하는 것은 아니다.
함수의 기본 구조는 다음과 같다.

함수의 기본 구조-1

```
def 함수이름(매개변수1, 매개변수2) :
    문장1
    ...
    return 결과값
```

함수 정의의 첫 번째 줄을 'header'라고 하고, 나머지 부분은 'body'라고 한다. 'header'는 콜론(:)으로 끝나야 하며, body 부분은 들여쓰기를 해야 한다. 일반적으로 들여쓰기는 4칸 공백이

다. body 부분에는 여러 명령문이 포함될 수 있다.

```
def print_lyrics():
    print("I'm okay.")
    print('I sleep all night')
```

사용자 정의 함수를 호출하는 방법은 내장 함수를 호출하는 방법과 동일하다.

```
print_lyrics()
```

[실행결과]

```
I'm okay.
I sleep all night
```

또 다른 예로 다음은 반지름을 입력받아 원기둥의 부피를 구하는 함수를 정의한 것이다.

```
def cylinder_volume(height, radius=5):
    pi = 3.14159
    return height * pi * radius ** 2
```

다음과 같이 정의한 함수를 호출할 수 있다.

```
cylinder_volume(10, 3)
```

[실행결과]

```
282.7431
```

두 개의 수를 입력받아 큰 수를 결정하는 함수를 만들어 보자.

두 개의 수를 입력받아 큰 수 결정하는 함수의 예

```
def max1(num1,num2):
    if num1>num2:
        return num1
    else:
      return num2
a=int(input('1st: '))
b=int(input('2st: '))
print('큰수:',max1(a,b))
```

[실행결과]

```
1st: 15
2st: 25
큰수: 25
```

제일 먼저, 함수명이 max1()인 함수를 정의한다. 함수의 body 부분에서는 num1>num2이면 num1을 반환하도록 작성한다. 만약 앞의 조건을 만족하지 않으면 num2를 반환하도록 한다. 주 프로그램에서 a, b에 수를 입력받아 저장한다. 이후 max1 함수를 호출할 때 a, b를 인수로 전달하고 결과값을 출력하도록 한다.

또 다른 예로, 사용자에게 0부터 100사이의 하나의 수를 입력받아 3,6,9가 들어있으면 "crap"을 출력하고 그렇지 않으면 "next number"를 출력하는 함수를 만들어 보자.
십의 자리에 3,6,9가 들어있는지 알기 위해 산술연산자 '//'를 이용하고 일의 자리에 3,6,9가 들어있는지 알기 위해 산술연산자 '%'를 이용한다. 만약 십의 자리에 3,6,9가 하나라도 들어가 있다면 "crap"을 출력한다. 그렇지 않고 일의 자리에 3,6,9가 하나라도 들어가 있다면 "crap"을 출력한다. 모든 조건을 만족하지 않으면 "next number"를 출력한다.

함수를 활용한 3.6.9 게임의 예

```python
def game(num):
    a=num//10
    b=num%10
    if a==3 or a==6 or a==9:
        return 'crap'
    elif b==3 or b==6 or b==9:
        return 'crap'
    else:
        return 'next number'

num=int(input('number: '))
print(game(num))
```

[실행결과1]
```
number: 11
next number
```

[실행결과2]
```
number: 23
crap
```

[실행결과3]
```
number: 30
crap
```

람다(lambda) 함수

이름이 없는 익명 함수를 람다(lambda) 함수라고 한다. 람다 함수의 표현식은 식 형태로 되어 있어 람다 표현식(lambda expression)이라고 부른다. 특히 람다 표현식은 함수를 간편하게 작성할 수 있어 다른 함수의 인수로 넣을 때 많이 사용한다.

1) 람다 표현식 작성

람다 표현식을 사용하기 전에 먼저 숫자를 받은 뒤 5를 더해서 반환하는 함수 plus_five를 만들어 보자. return x + 5로 매개변수 x에 5를 더한 값을 반환하는 간단한 함수이다.

```
def plus_five(x):
  return x + 5

plus_five(10)
```

[실행결과]

```
15
```

람다 표현식은 다음과 같이 람다(lambda)에 매개변수를 지정하고 :(콜론) 뒤에 반환값으로 사용할 식을 지정한다.

람다(lambda) 함수의 기본 구조

```
람다(lambda) 매개변수들: 식
```

위의 plus_five 함수를 람다 표현식으로 작성하면 다음과 같다.

```
lambda x: x + 5
```

```
<function __main__.<lambda>>
```

실행을 해보면 함수 객체가 나오는데, 람다 표현식은 이름이 없는 함수를 만들기 때문에 이 상태로는 함수를 호출할 수 없다. 때문에 람다 표현식을 익명 함수(anonymous function)라고 부르는 것이다.

람다로 만든 익명 함수를 호출하려면 다음과 같이 람다 표현식을 변수에 할당해 주어야 한다.

```
plus_five = lambda x: x + 5
plus_five(10)
```

[실행결과]

```
15
```

위의 람다 표현식을 살펴보면 lambda x: x + 5는 매개변수 x 하나를 받고, x에 5를 더해서 반환한다는 뜻이다. 즉, 매개변수, 연산자, 값 등을 조합한 식으로 반환값을 만드는 방식이다. 다음 그림과 같이 def로 만든 함수와 비교해 보면 쉽게 구분할 수 있다.

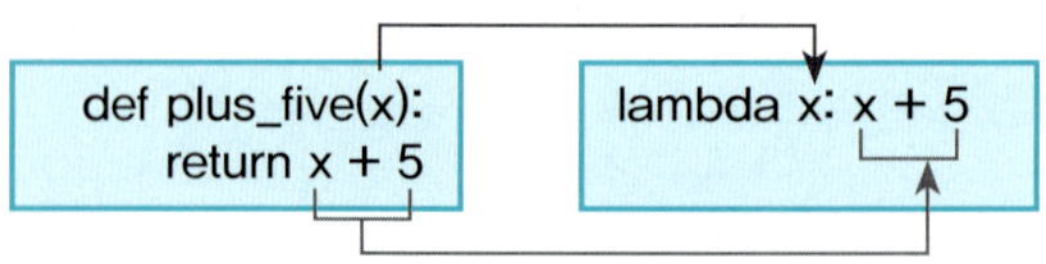

람다 표현식에서 주의할 점은 람다 표현식 안에서는 새 변수를 만들 수 없다는 점이다. 따라서 반환값 부분은 변수 없이 식 한 줄로 표현할 수 있어야 한다. 만약 변수가 필요한 코드라면 def로 함수를 작성하는 것이 좋다. 단, 람다 표현식 바깥에 있는 변수라면 사용할 수 있다.

2) 람다 표현식을 인수로 사용

람다 표현식을 사용하는 이유는 함수의 인수 부분에서 간단하게 함수를 만들기 위해서이다. 이런 방식으로 사용하는 대표적인 예가 map() 함수이다.

람다 표현식을 사용하기 전에 먼저 def로 함수를 만들어 map() 함수를 사용해 보자. 다음과 같이 숫자를 받은 뒤 5를 더해서 반환하는 함수 plus_five를 작성한다. 그리고 map() 함수에 plus_five 함수와 리스트 [10, 20, 30]을 넣는다. map() 함수의 결과는 리스트 함수를 사용하여 리스트로 변환해서 확인한다.

```
def plus_five(x):
  return x + 5

list(map(plus_five, [10, 20, 30]))
```

[실행결과]

```
[15, 25, 35]
```

plus_five 함수는 매개변수 x에 5를 더해서 반환하므로 리스트 [10, 20, 30]이 [15, 25, 35]로 변경되었다. 지금까지 map() 함수를 사용할 때 map(str, [10, 20, 30])과 같이 자료형 int, float, str 등을 넣었는데, plus_five처럼 함수를 직접 만들어서 넣어도 된다. 다음은 람다 표현식으로 함수를 만들어서 map() 함수에 넣은 예이다.

```
list(map(lambda x: x + 5, [10, 20, 30]))
```

[실행결과]

```
[15, 25, 35]
```

plus_five 함수 대신 람다 표현식 lambda x: x + 5를 넣었다. 세 줄의 코드가 한 줄로 줄어들었다. 이처럼 람다 표현식은 함수를 다른 함수의 인수로 넣을 때 매우 편리하게 사용된다.

연습문제

문제 1 사용자로부터 학교이름, 본인이름, 연락처를 변수에 저장하여 출력해 보자.
– 변수명 : 학교이름(univ), 학과(dept), 이름(name), 연락처(phone)

[실행결과]
```
학교: korea
학과: com
이름: hong gil dong
연락처: 010-1234-5678
```

문제 2 Cafe 프로그램
〈조건〉 커피 메뉴로 아메리카노, 카페라떼, 카페모카가 있고, 하루에 판매된 수량이 각각 20, 10, 10이라고 할 때 총 매출액을 계산하는 프로그램을 작성하시오. 또한 하루 재료비가 100,000원일 때 순이익을 구하시오.
– 변수명 : 아메리카노(ame), 카페라떼(cafelattee), 카페모카(cafemoca), 총매출(total)
– 가격 : ame=2000, cafelattee=3000, cafemoca=4000

[실행결과]
```
총매출 : 110000
순이익 : 10000
```

문제 3 이름과 출생연도를 입력받아 한국 나이를 출력하는 프로그램을 작성하시오.

[실행결과]
```
이름 입력: 홍길동
출생년도 입력: 2002
홍길동님의 한국 나이는 18살
```

문제 4 월을 입력받아 계절을 출력하는 프로그램을 작성하시오.
– 3~5월은 봄, 6~8월은 여름, 9~11월은 가을, 12~2월은 겨울

[실행결과1]
```
월 입력: 10
10월은 가을
```

[실행결과2]
```
월 입력: 3
3월은 봄
```

문제 5 두 번의 점수를 입력받아 합격 및 불합격 여부를 출력하는 프로그램을 작성하시오.
– input() 함수를 이용하여 1차 및 2차 점수를 입력받고, 조건(평균 70점 이상, 각 점수당 50점 이상(과락: 50점미만))이 맞으면 합격, 그렇지 않으면 불합격 결과 출력

[실행결과1]
```
1차 점수 입력: 90
2차 점수 입력: 70
합격
```

[실행결과2]
```
1차 점수 입력: 49
2차 점수 입력: 100
불합격
```

문제 6 컴퓨터가 생각한 1~30 사이의 숫자를 맞히는 게임 프로그램을 작성하시오.
– 1~30 사이의 정수 중에서 랜덤하게 생성한 정수를 맞힐 때까지 무한 반복한다.
– 단, 0을 입력하면 정답을 맞히지 못해도 무한 반복을 종료한다.

[실행결과]
```
<< 컴퓨터가 생각한 1~30 숫자 맞히기 >>
숫자 입력(종료 0): 15
더 작은 숫자 입력!
숫자 입력(종료 0): 10
더 작은 숫자 입력!
숫자 입력(종료 0): 5
더 작은 숫자 입력!
숫자 입력(종료 0): 2
정답!!
```

문제 7 타자 연습 게임 프로그램을 작성하시오.
– 타자 연습 단어들은 리스트로 초기화하고, 엔터를 눌러 시작되면 리스트의 단어들 중에서 랜덤하게 출력된다. 단, 0을 입력할 때까지 무한 반복한다.

[실행결과]
```
타자게임 시작 (엔터 입력)
문제 1 (종료 0): 말했잖아
말했잖아
맞음!!

문제 2 (종료 0): 내버려두지
내버려
틀림! 다시!

문제 3 (종료 0): 내버려두지
내버려두지
맞음!!

문제 4 (종료 0): 웃자
0
```

연습문제

문제 8 다음 파이썬 코드의 결과를 예측해 보자.

```
x = 5
print('Hello')

def print_lyrics():
    print("I'm a lumberjack, and I'm okay.")
    print('I sleep all night and I work all day.')

print('Yo')
print_lyrics()
x = x + 2
print(x)
```

[실행결과]

문제 9 사이렌오더를 통해 음료를 미리 예약하는 프로그램을 작성하시오.

– 메뉴는 아메리카노 2500원, 카페라떼 3000원, 바닐라라떼 3000원이 있다.

– 메뉴번호를 입력하면 해당메뉴와 가격을 출력해 주는 부분을 함수로 작성한다.

```
def price(menue):



menue=int(input('메뉴선택(1:아메리카노/2:카페라떼/3:바닐라라떼) '))
price(menue)
```

[실행결과1]

메뉴선택(1:아메리카노/2:카페라떼/3:바닐라라떼) 1

아메리카노 2500원

[실행결과2]

메뉴선택(1:아메리카노/2:카페라떼/3:바닐라라떼) 2

카페라떼 3000원

문제 10 다음 빈 곳에 알맞은 파이썬 코드를 작성하시오.

– 확장자가 .jpg, .png인 이미지 파일만 출력되도록 람다 표현식을 사용할 것

```
files = ['color','happy.png','sky.jpg','spec.xslx','report.hwp']

print(                                        )
```

[실행결과]

['happy.png','sky.jpg']

03

데이터 분석을 위한 파이썬 핵심 문법 Ⅱ

학습목표

- 컬렉션 자료형인 리스트, 튜플, 딕셔너리, 세트의 특징을 이해하고 사용할 수 있다.
- 리스트 내포를 이용하여 원하는 자료를 조회하거나 추출할 수 있다.
- 정규 표현식을 이용하여 패턴 매칭 기반으로 문자열을 검색, 분리, 교체할 수 있다.
- 파일 입 · 출력의 개념과 과정을 이해하고 텍스트 파일과 엑셀 파일에 입력 및 출력할 수 있다.

학습목차

3.1 컬렉션 자료형

컬렉션 자료형 개념과 필요성

어떤 프로그래밍 언어든 "그 언어의 자료형을 알고 이해할 수 있다면 이미 그 언어의 절반을 터득한 것이나 다름없다"는 말이 있다. 자료형이란 프로그래밍을 할 때 쓰이는 숫자, 문자열 등 자료 형태로 사용하는 모든 것을 뜻한다. 프로그램의 기본이자 핵심 단위가 바로 자료형이다. 지금까지는 숫자형, 문자열형 등의 값을 저장하기 위해서는 값의 개수만큼 변수가 필요했다. 예를 들어 내가 좋아하는 음악의 플레이리스트를 만들기 위해서 자료를 저장한다고 할 때 음악의 개수만큼 변수의 개수가 필요했다. 변수는 하나의 값을 저장할 수 밖에 없기 때문에 한 번에 여러 개의 값을 저장하거나 여러 가지 데이터들을 관계 있는 그룹으로 관리하는 데 어려움이 있다. 파이썬은 이러한 문제를 해결할 수 있는 방법으로 다양한 효율적인 컬렉션 자료형들을 제공하는데 리스트, 튜플, 딕셔너리, 세트라는 자료형이 있다. "컬렉션"이란? 여러 개의 값을 하나의 변수에 담을 수 있고 변수 안에 공간을 여러 개 가지며, 변수 안에 서로 다른 공간을 찾는 방법이 있다. 파이썬에서 제공하는 컬렉션 자료형의 종류는 다음과 같다.

표 3.1 컬렉션 자료형

컬렉션 자료형 종류	생성 방법
리스트(list)	[]
튜플(tuple)	()
딕셔너리(dictionary)	{키:값}
세트(set)	{ }

리스트 자료형

파이썬 프로그래밍 언어 내에서 가장 많이 쓰이는 구조인 리스트를 이용하면 많은 양의 데이터들을 한 번에 모아 효율적으로 처리하고 저장할 수 있다. 기존의 변수는 오직 하나의 데이터를 저장하기 때문에 1000명의 점수 데이터를 저장하기 위해서는 1000개의 변수가 필요하다. 반면에 리스트는 오직 하나의 리스트 변수를 이용하여 1000명의 점수 데이터를 효율적으로 저장하고 처리할 수 있다. 이번 학기 이수한 과목의 점수를 입력받고 합계를 출력하는 프로그램을 작성해 보자.

일반 변수 사용

```
hap=0
a=int(input('num1:'))
b=int(input('num2:'))
c=int(input('num3:'))
d=int(input('num4:'))

hap=a+b+c+d

print('hap',hap)
```

[실행결과]

```
>>>

num1:10
num2:10
num3:10
num4:10
hap 40
```

리스트 변수 사용

```
a=[10,10,10,10]
a[0]=int(input('num1:'))
a[1]=int(input('num2:'))
a[2]=int(input('num3:'))
a[3]=int(input('num4:'))

hap=a[0]+a[1]+a[2]+a[3]

print('hap',hap)
```

[실행결과]

```
>>>

num1:10
num2:10
num3:10
num4:10
hap 40
```

1) 리스트 문법

리스트는 대괄호[] 안에 서로 다른 자료형의 값을 콤마(,)로 구분해 하나 이상 저장할 수 있는 컬렉션 자료형이다. 대괄호[]에 넣는 자료를 요소(element)라고 부르며 요소들은 순서를 가지고 있고 인덱스를 사용하여 참조할 수 있다.

0	1	2	→ 인덱스(index)
값1	값2	값3	→ 요소(element)

리스트 문법

리스트명 = [값1, 값2, 값3, ...]

빈 리스트 생성

```
a = []
print(a)
```

```
b = list()
print(b)
```

[실행결과]

```
[]
```

[실행결과]

```
[]
```

리스트의 요소는 보통의 경우 동일한 자료형으로 구성되는데 서로 다른 자료형도 가능하며 또 다른 리스트로 포함할 수 있다. 파이썬에서 제공하는 리스트는 여러 자료형을 섞어서 저장할 수 있다.

리스트 초기화

```
a=[1, 2, 3, 4, 5]
print(a)
```

[실행결과]

```
[1, 2, 3, 4, 5]
```

```
b=['Hello','Python']
print(b)
```

[실행결과]

```
['Hello', 'Python']
```

```
c=[1,2,'Hello',[10,20]]
print(c)
```

[실행결과]

```
[1, 2, 'Hello', [10, 20]]
```

2) 리스트 인덱싱(Indexing) 및 슬라이싱(Slicing)

리스트도 문자열처럼 인덱싱과 슬라이싱이 가능하다. 인덱싱(Indexing)은 무엇인가를 '가리킨다'라는 의미이고 슬라이싱(Slicing)은 무엇인가를 '잘라낸다'라는 의미이다.

리스트 인덱스(index) 구조

>>> a=[10, 20, 30, 40]

인덱스(index) →	0	1	2	4
	10	20	30	40
인덱스(index) →	-4	-3	-2	-1

리스트 인덱싱(Indexing) 사용하기

```
a=[10,20,30,40]
print(a)
```

[실행결과]

```
[10, 20, 30, 40]
```

```
a[0]+a[1]
```

[실행결과]

```
30
```

```
a[0] # 리스트의 첫 번째 값을 가져온다.
```

```
a[-1] # 리스트의 마지막 값을 가져온다.
```

[실행결과]	[실행결과]
10	40

```
a[4]
```

[실행결과]

```
---------------------------------------------------------------------------
IndexError                                Traceback (most recent call last)
<ipython-input-18-ed40d1f49c42> in <module>()
----> 1 a[4]

IndexError: list index out of range
```

리스트의 첫 번째 요소의 위치를 0에서 시작한다. 파이썬뿐만 아니라 다른 프로그래밍 언어도 대부분 0에서 시작한다. 프로그래밍을 하다 보면 리스트의 마지막 항목에 접근해야 할 때가 많은데 파이썬에서는 리스트의 마지막 요소에 접근하는 특별한 문법이 있다. 바로 [-1]인데, 이 요청을 하면 항상 리스트의 마지막 요소를 반환한다. 이를 확장해서 [-2]는 뒤에서 두 번째 요소를, [-3]은 뒤에서 세 번째 요소를 반환한다.

리스트 슬라이싱

```
>>> a=[10, 20, 30, 40]
>>> a[1:3] #슬라이싱은 새로운 리스트를 반환한다.
[20, 30]
```

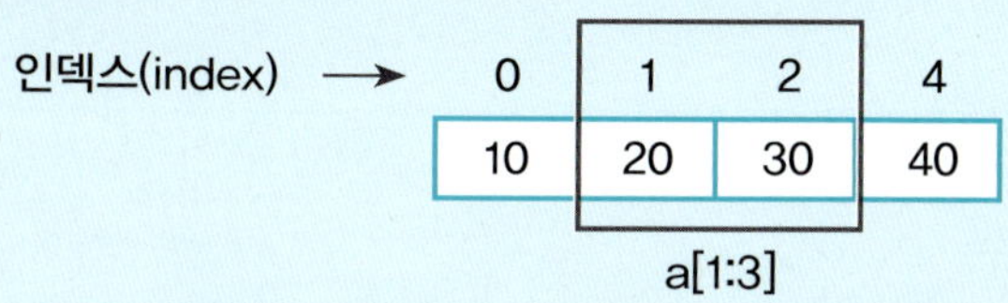

슬라이싱은 리스트 안에서 범위를 지정하여 원하는 요소들을 선택하는 연산으로 리스트명[시작:끝]과 같은 형식을 사용하고 시작요소부터 (끝-1) 인덱스에 있는 요소까지 선택한다.

리스트 슬라이싱(Slicing) 사용하기

a=[10,20,30,[40,50]] a[0:2]	a[3]
[실행결과] [10, 20]	[실행결과] [40, 50]
a[1:]	a[3][0] # 이중 리스트 슬라이싱 하기

[실행결과]

```
[20, 30, [40, 50]]
```

```
a[:2]
```

[실행결과]

```
[10, 20]
```

```
a[-1]
```

[실행결과]

```
[40, 50]
```

[실행결과]

```
40
```

```
a[3][1] # 이중 리스트 슬라이싱 하기
```

[실행결과]

```
50
```

3) 리스트 값 변경하기

리스트의 값을 변경하기 위해서는 첨자(인덱스)를 사용해서 그 위치의 값을 변경하면 된다.

리스트 값 변경하기

```
a=[10,20,30]
print(a)
```

[실행결과]

```
[10, 20, 30]
```

```
a[0]=100
print(a)
```

[실행결과]

```
[100, 20, 30]
```

```
a[1:3]=[90,100] # 연속된 범위의 값도 변경 가능하다.
print(a)
```

[실행결과]

```
[100, 90, 100]
```

4) 리스트 제어 함수

문자열과 마찬가지로 리스트도 리스트 변수 이름 뒤에 마침표(.)를 붙인 다음 함수 이름을 사용하면 된다. 파이썬에서 제공하는 유용한 리스트 제어 함수의 사용방법을 살펴보자.

리스트에 값 추가(append)

```
a=[10,20]
a.append(30)
print(a)
```

[실행결과]

```
[10, 20, 30]
```

```
a.append([40,50]) # 리스트에 리스트도 추가 가능
print(a)
```

```
a.insert(1,15)
print(a)
```

[실행결과]

```
[10, 15, 20, 30, [40, 50]]
```

[실행결과]
```
[10, 20, 30, [40, 50]]
```

- .append(x) : 리스트 맨 마지막에 x의 값을 추가한다.
- .insert(index, x) : 리스트의 원하는 위치에 값을 추가(삽입)할 수 있다. 리스트 위치(index)에 x의 값을 넣는다.

리스트 정렬(sort)

```
a=[8,6,5,2,4]
a.sort() # 오름차순 정렬
print(a)
```

[실행결과]
```
[2, 4, 5, 6, 8]
```

```
a.sort(reverse=True) # 내림차순 정렬
print(a)
```

[실행결과]
```
[8, 6, 5, 4, 2]
```

```
a=['리스트','튜플','딕셔너리','세트']
a.sort() # 한글 정렬
print(a)
```

[실행결과]
```
['딕셔너리', '리스트', '세트', '튜플']
```

```
a.sort(reverse=True)
print(a)
```

[실행결과]
```
['튜플', '세트', '리스트', '딕셔너리']
```

```
a=['haha','aa','pupu']
a.sort() # 알파벳 정렬
print(a)
```

[실행결과]
```
['aa', 'haha', 'pupu']
```

리스트 값 삭제(pop과 remove)

```
a=[10,20,30,40]
a.pop()
```

[실행결과]
```
40
```

```
print(a)
```

[실행결과]
```
[10, 20, 30]
```

```
a.pop(1)
```

[실행결과]
```
20
```

```
print(a)
```

[실행결과]
```
[10, 30]
```

```
a.remove(30)
print(a)
```

[실행결과]
```
[10]
```

```
a.remove(0)
```

[실행결과]

```
---------------------------------------------------------------------------
ValueError                                Traceback (most recent call last)
<ipython-input-50-ae1fd24e9d23> in <module>()
----> 1 a.remove(0)

ValueError: list.remove(x): x not in list
```

- .pop() : 리스트 맨 뒤의 값을 빼내고, 빼낸 항목은 삭제한다.
- .pop(index) : 리스트에서 index가 가리키는 값을 빼내고, 빼낸 항목은 삭제한다.
- .remove(x) : 리스트에서 x를 삭제하는 함수이다(단, x값이 중복되면 첫 번째만 삭제한다).

리스트에서 찾을 값의 개수 세기(count)

```
a=[10,20,30,20]
a.count(20)
```

[실행결과]

```
2
```

```
a=['박수지','배수지','배수지']
a.count('배수지')
```

[실행결과]

```
2
```

리스트에서 값의 위치 반환(index)

```
a=[10,20,30]
a.index(20)
```

[실행결과]

```
1
```

```
a.index(10)
```

[실행결과]

```
0
```

```
a.index(40)
```

[실행결과]

```
---------------------------------------------------------------------------
ValueError                                Traceback (most recent call last)
<ipython-input-55-ff9934e1dbe7> in <module>()
----> 1 a.index(40)

ValueError: 40 is not in list
```

표 3.2 리스트 제어 함수

함수	설명	사용법
append()	리스트에 요소를 마지막 위치에 새로 추가	리스트.append(값)
insert()	리스트의 해당 위치에 요소를 새로 삽입	리스트.insert(위치,값)

sort()	오름차순 정렬 내림차순 정렬	리스트.sort() 리스트.sort(reverse=True)
reverse()	현재의 리스트를 그대로 거꾸로 뒤집기	리스트.reverse()
pop()	리스트 제일 뒤의 항목을 빼내고, 빼낸 항목은 삭제 제거할 위치에 있는 요소를 제거	리스트.pop() 리스트.pop(위치)
remove()	해당 요소를 찾아 삭제	리스트.remove(삭제할값)
count()	해당 요소의 개수를 반환	리스트.count(찾을값)
index()	리스트에 위치 값이 있으면 위치값을 반환	리스트.index(값)
len()	리스트 총 요소 개수를 반환	len(리스트)

튜플 자료형

리스트는 프로그램 실행 중에 바뀔 수 있는 요소를 저장하는 데 알맞은 자료형이다. 튜플은 한 번 저장된 값은 수정할 수 없는 자료형으로 읽기 전용의 데이터를 저장할 때 유용하게 사용된다. 따라서 프로그램이 실행되는 동안 데이터가 항상 변하지 않아야 한다면 튜플을 사용하고 이와는 반대로 수시로 데이터를 변화시켜야할 경우라면 리스트를 사용해야 한다. 저장된 데이터를 변경, 추가, 삭제할 수도 없는 튜플을 왜 만들어 놓았을까? 이유는 파이썬 프로그래밍에서 튜플을 사용하는 쪽이 더 유리한 경우도 있기 때문이다. 보통 튜플은 요소가 절대 변경되지 않고 유지되어야 할 때 사용하기 때문에 튜플을 만든 상태에서 요소를 변경하게 되면 에러가 발생하게 된다. 따라서 요소를 실수로 변경하는 상황을 방지할 수 있다. 반면 요소를 자주 변경해야 할 때는 리스트를 사용한다. 보통 실무에서는 요소를 변경하는 경우가 많기 때문에 튜플보다 리스트를 더 자주 사용하는 편이다.

1) 튜플의 문법

() 안에 서로 다른 자료형의 값을 콤마(,)로 구분해 하나 이상 저장할 수 있는 컬렉션 자료형이다. 0부터 시작하는 인덱스를 이용해 접근할 수 있고 한 번 저장된 요소는 변경할 수 없다.

튜플 문법

```
튜플명 = (값1, 값2, 값3, .....)
```

튜플 초기화

```
a=()
print(a)
```

```
a=(1,2,3)
print(a)
```

[실행결과]

```
()
```

```
a=tuple()
print(a)
```

[실행결과]

```
()
```

```
a=tuple(range(10))
print(a)
```

[실행결과]

```
(0, 1, 2, 3, 4, 5, 6, 7, 8, 9)
```

[실행결과]

```
(1, 2, 3)
```

```
a=1,2
print(a)
```

[실행결과]

```
(1, 2)
```

```
a=(10,20,(30,40))
print(a)
```

[실행결과]

```
(10, 20, (30, 40))
```

```
a=['월','화','수','목','금','토','일']
a=tuple(a) # 리스트를 튜플로 자료형 변환
print(a)
```

[실행결과]

```
('월', '화', '수', '목', '금', '토', '일')
```

튜플 데이터 변경

```
a=(10,20,30)
a[0]=100
```

[실행결과]

```
---------------------------------------------------------------------------
TypeError                                 Traceback (most recent call last)
<ipython-input-65-b48a500f82af> in <module>()
      1 a=(10,20,30)
----> 2 a[0]=100

TypeError: 'tuple' object does not support item assignment
```

```
a.append(40)
```

[실행결과]

```
---------------------------------------------------------------------------
AttributeError                            Traceback (most recent call last)
<ipython-input-66-b73c348d3c6d> in <module>()
----> 1 a.append(40)

AttributeError: 'tuple' object has no attribute 'append'
```

튜플은 데이터를 변경할 수 없기 때문에 인덱스에 의한 변경도 불가능하고 리스트에서 사용했던 append() 함수 또한 당연히 튜플에서는 제공되지 않는다.

2) 튜플의 인덱싱(Indexing) 및 슬라이싱(Slicing)

튜플은 저장된 데이터를 변경시킬 수 없다는 점만 제외하면 리스트와 완전히 동일하다.

튜플 인덱싱(Indexing)과 슬라이싱(Slicing)

```python
a=(10,20,30,40)
a[0]
```

[실행결과]

```
10
```

```python
a[1:]
```

[실행결과]

```
(20, 30, 40)
```

```python
a[-1]
```

[실행결과]

```
40
```

```python
a[:2]
```

[실행결과]

```
(10, 20)
```

딕셔너리 자료형

딕셔너리(dictionary)는 한글로 표현하면 '사전'이다. 한글, 영어 사전들은 가나다순 알파벳순으로 정렬하게 된다. 이러한 정렬 덕분에 찾고 싶은 단어를 쉽고 빠르게 찾을 수 있다. 파이썬에서는 연관된 값을 묶어서 저장하는 용도로 딕셔너리(Dictionary)라는 자료형을 제공한다. 딕셔너리는 순서가 없는 컬렉션 자료형으로 각각의 요소는 key:value 형태로 저장된다. 딕셔너리는 리스트나 튜플처럼 index에 의해 해당 요소를 찾지 않고 key를 통해 value를 얻는다. 이것이 바로 딕셔너리의 가장 큰 특징이다.

1) 딕셔너리 문법

{} 안에 키:값 형식의 항목을 콤마(,)로 구분해 하나 이상 저장할 수 있는 컬렉션 자료형이다. 딕셔너리는 키를 먼저 지정하고 :(콜론)을 붙여서 값을 표현한다. 키와 값은 1:1 대응관계이다.

딕셔너리 구조

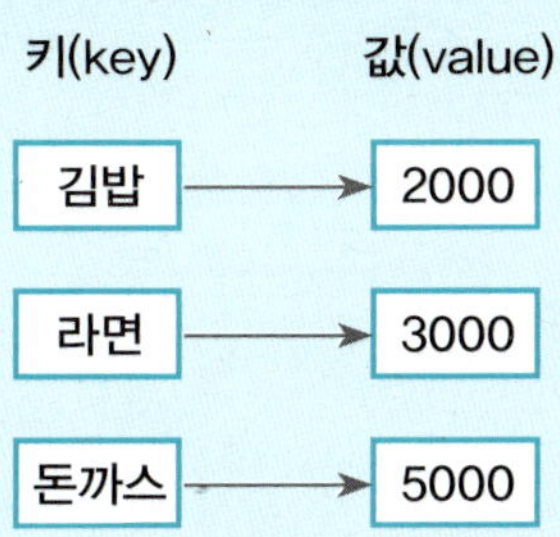

딕셔너리 문법

```
딕셔너리명 = {key1:value1, key2:value2, key3:value3,...}
```

빈 딕셔너리 생성

```
a={}
print(a)
```

[실행결과]

```
{}
```

```
a=dict()
print(a)
```

[실행결과]

```
{}
```

딕셔너리 초기화

```
fruit={1:'사과',2:'딸기'}
print(fruit)
```

[실행결과]

```
{1: '사과', 2: '딸기'}
```

```
menu={'김밥':2000,'라면':3000}
print(menu)
```

[실행결과]

```
{'김밥': 2000, '라면': 3000}
```

2) 딕셔너리 요소에 접근하기

딕셔너리를 생성할 때는 중괄호{}를 사용하지만 딕셔너리 요소에 접근할 때는 리스트처럼 딕셔너리 뒤에 대괄호[]를 입력하고 내부에 인덱스 대신 키를 입력한다. 키를 이용해 값을 읽어올 수 있으며 요소를 추가할 때 동일키가 없으면 새로운 요소를 추가하고, 동일키가 있으면 저장된 요소를 변경한다.

딕셔너리 요소 접근

```
menu={'김밥':2000,'라면':3000}
menu['김밥']
```

[실행결과]

```
2000
```

```
menu['라면']=3500
menu['라면']
```

[실행결과]

```
3500
```

```
menu['라면']
```

[실행결과]

```
3000
```

```
menu['어묵']=1000
print(menu)
```

[실행결과]

```
{'김밥': 2000, '라면': 3500, '어묵': 1000}
```

```
menu['떡볶이']
```

[실행결과]

```
---------------------------------------------------------------------------
KeyError                                  Traceback (most recent call last)
```

```
<ipython-input-82-426a2e6cdc0a> in <module>()
----> 1 menu['떡볶이']

KeyError: '떡볶이'
```

3) 딕셔너리 제어 함수

모든 key, value, item 반환

```
menu={'김밥': 2000, '라면': 3500, '어묵': 1000}
menu.keys()
```

[실행결과]

```
dict_keys(['김밥', '라면', '어묵'])
```

```
menu.values()
```

[실행결과]

```
dict_values([2000, 3500, 1000])
```

```
menu.items()
```

[실행결과]

```
dict_items([('김밥', 2000), ('라면', 3500), ('어묵', 1000)])
```

- .keys() 함수 : 딕셔너리의 키들만 모아서 반환한다.
- .values() 함수 : 딕셔너리의 값들만 모아서 반환한다.
- .items() 함수 : Key와 Value의 쌍을 튜플로 묶은 값을 반환한다.

key로 value 얻기 : get() 함수

```
name={100:'김유미',200:'구웅',300:'유바비'}
name[100]
```

[실행결과]

```
'김유미'
```

```
name[400]
```

[실행결과]

```
---------------------------------------------------------------------------
KeyError                                  Traceback (most recent call last)
<ipython-input-88-38b5871f8c65> in <module>()
----> 1 name[400]

KeyError: 400
```

```
name.get(100)
```

[실행결과]

```
'김유미'
```

```
name.get(400,'not Found')
```

[실행결과]

```
'not Found'
```

- .get() 함수 : 딕셔너리의 키로 값을 추출하는 기능으로 딕셔너리[키]와 같은 기능을 수행하지만, 키가 존재하지 않을 경우에는 KeyError를 발생키지 않는다.

딕셔너리 요소 삭제하기 : del() 함수, pop() 함수

```
name={100:'김유미',200:'구웅',300:'유바비'}
del(name[100])
print(name)
```

[실행결과]

```
{200: '구웅', 300: '유바비'}
```

```
name.pop(200)
```

[실행결과]

```
'구웅'
```

```
print(name)
```

[실행결과]

```
{300: '유바비'}
```

표 3.3 딕셔너리 제어 함수

함수	설명	사용법
get()	항목 접근하기	딕셔너리.get(key)
pop() del ()	항목 꺼내고 삭제하기 항목 삭제하기	딕셔너리.pop(key) del(딕셔너리[key])
items()	딕셔너리에 저장된 항목	딕셔너리.items()
keys()	딕셔너리에 저장된 키	딕셔너리.keys()
values()	딕셔너리에 저장된 값	딕셔너리.values()

세트(set) 자료형

세트 자료형은 집합에 관련된 것을 쉽게 처리하기 위해 만든 자료형으로 중복을 허용하지 않는 컬렉션 자료형이다. 리스트나 튜플은 순서가 있기 때문에 인덱싱을 통해 자료형의 값을 얻을 수 있지만 세트 자료형은 순서가 없기 때문에 인덱싱으로 값을 얻을 수 없다. 세트 자료형의 특징은 다음과 같다.

- 수학의 집합과 같다.
- 중복되지 않은 요소들로 구성된다.
- 세트간의 순서가 없다.

1) 세트의 문법

세트 문법

세트명 = { }

세트 초기화

```
a={10,20,30}
print(a)
```

[실행결과]

```
{10, 20, 30}
```

```
b=set([10,20,30])
print(a)
```

[실행결과]

```
{10, 20, 30}
```

```
a={10,20,30,20}
print(a)
```

[실행결과]

```
{10, 20, 30}
```

2) 세트 연산

세트 합집합, 교집합 차집합

```
>>> A={10,20,30}
>>> B={20,40}
>>> A & B              # 교집합
{20}
>>> A.intersection(B) # 교집합
{20}
>>> A | B              # 합집합
{20, 40, 10, 30}
>>> A.union(B)         # 합집합
{20, 40, 10, 30}
>>> A - B              # 차집합
{10, 30}
```

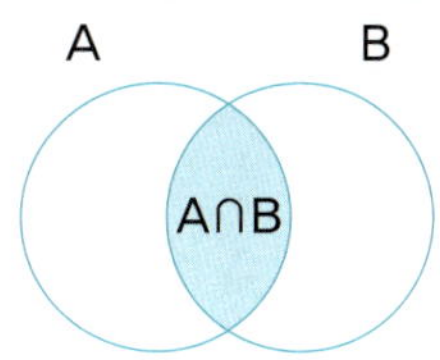

교집합

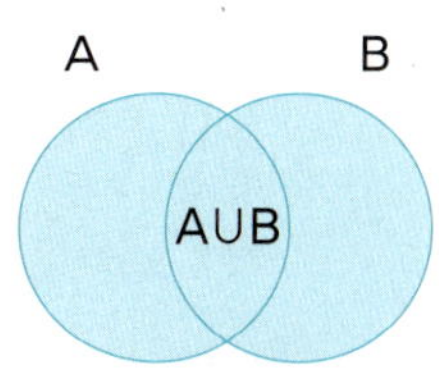

합집합

```
>>> A.difference(B)    # 차집합
{10, 30}
```

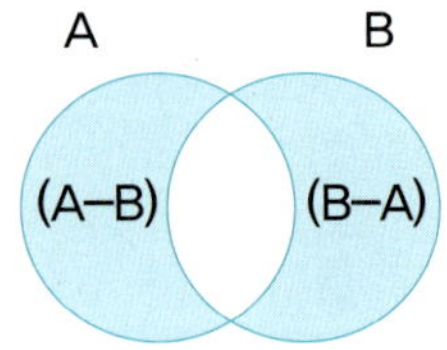

차집합

3) 세트 제어 함수

값 추가와 삭제

```
s1={10,20,30}
print(s1)
```

[실행결과]
```
{10, 20, 30}
```

```
s1.update([50,60])
print(s1)
```

[실행결과]
```
{40, 10, 50, 20, 60, 30}
```

```
s1.add(40)
print(s1)
```

[실행결과]
```
{40, 10, 20, 30}
```

```
s1.remove(40)
print(s1)
```

[실행결과]
```
{10, 50, 20, 60, 30}
```

- .add() 함수 : 값 1개 추가
- .update() 함수 : 값 여러 개 추가
- .remove() 함수 : 특정 값 삭제

3.2 리스트 내포

리스트 내포(List Comprehension)는 원하는 자료들을 조회 또는 추출하여 리스트로 변환하는 표현식이다. 리스트 내포는 조건식을 이용하여 같은 연산을 전체 항목이나 일부 항목에 적용할 수 있다. 리스트 내포를 이용하여 항목들을 대문자로 바꾼다거나 소문자로 바꾸는 등의 작업을 처리할 수 있다.

리스트 내포 처리 과정

리스트 내포 처리 과정은 다음의 1 → 2 → 3에서 1로 이동하여 반복 수행한다. 더 이상 꺼내올 항목이 없으면 종료한다.

리스트 내포 처리 과정

1. 항목들에서 순차적으로 하나씩 꺼내온다.
2. 조건식을 적용하여 해당 조건에 맞는 항목은 추출하고, 조건에 맞지 않으면 무시한다.
3. 위에서 추출된 항목은 리스트에 추가한다.

1) 기본적인 리스트 내포 형식

가장 기본적인 리스트 내포 형식은 다음과 같다. 항목들에서 순차적으로 꺼내온 자료는 변수에 저장한 후 표현식에 적용하여 리스트에 추가한다.

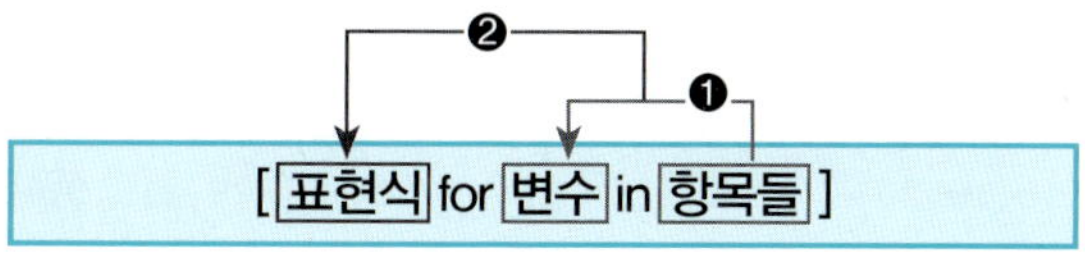


```
list1=[-20,-10,0,10,20]
[x for x in list1]
```

[실행결과]

[−20, −10, 0, 10, 20]

```
list1=[-20,-10,0,10,20]
[x/5 for x in list1]
```

[실행결과]

[−4.0, −2.0, 0.0, 2.0, 4.0]

```
list1=[-20,-10,0,10,20]
[x+5 for x in list1]
```

```
list1=[-20,-10,0,10,20]
[x**2 for x in list1]
```

[실행결과]
```
[-15, -5, 5, 15, 25]
```

[실행결과]
```
[400, 100, 0, 100, 400]
```

2) 조건 있는 리스트 내포 형식

조건 있는 리스트 내포 형식은 다음과 같다. 항목들에서 순차적으로 꺼내온 자료는 변수에 저장한 후 조건에 맞는 항목만 추출하여 표현식에 적용하여 리스트에 추가한다.

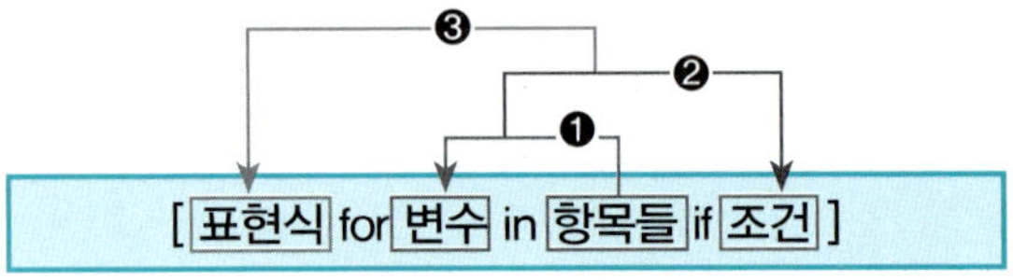

항목들에서 0의 값을 가져와 변수 x에 저장한 후 1/x 연산을 수행하게 되면 분모가 0이 되어 오류가 발생한다. 이때 조건 있는 리스트 내포 형식을 이용하여 0보다 큰 항목들만 1/x 연산을 수행하도록 할 수 있다.

```
list1=[-20,-10,0,10,20]
[1/x for x in list1]
```

[실행결과]
```
---------------------------------------------------------------------
ZeroDivisionError                         Traceback (most recent call last)
<ipython-input-13-cf6c7b56bd33> in <module>()
      1 list1=[-20,-10,0,10,20]
----> 2 [1/x for x in list1]
<ipython-input-13-cf6c7b56bd33> in <listcomp>(.0)
      1 list1=[-20,-10,0,10,20]
----> 2 [1/x for x in list1]

ZeroDivisionError: division by zero
```

```
list1=[-20,-10,0,10,20]
[1/x for x in list1 if x>0]
```

[실행결과]
```
[0.1, 0.05]
```

```
list1=[-20,-10,0,10,20]
[1/x for x in list1 if x!=0]
```

[실행결과]
```
[-0.05, -0.1, 0.1, 0.05]
```

항목들은 컬렉션 자료형의 자료 또는 range() 함수를 이용하여 생성된 자료일 수 있다.

```
[num * 3 for num in range(3)]
```

[실행결과]
```
[0.1, 0.05]
```

```
[num * 3 for num in range(10) if num % 2 == 0]
```

[실행결과]
```
[0, 6, 12, 18, 24]
```

range() 함수를 이용하여 97부터 26개의 정수를 생성한다. 생성한 정수들에서 순차적으로 하나씩 가져와 n 변수에 저장한다. n 변수에 저장된 정수는 chr() 함수를 이용하여 문자로 변환한 후 alpha 리스트에 추가한다. 26개의 정수는 모두 소문자로 변환되어 alpha 리스트에 저장된다.

```
alpha = [chr(n) for n in range(97,97+26)]
print(alpha)
```

[실행결과]
```
['a', 'b', 'c', 'd', 'e', 'f', 'g', 'h', 'i', 'j', 'k', 'l', 'm', 'n', 'o',
'p', 'q', 'r', 's', 't', 'u', 'v', 'w', 'x', 'y', 'z']
```

- chr() 함수 : 유니코드(Unicode) 값을 입력받아 그 코드에 해당하는 문자를 출력하는 함수
- 유니코드(Unicode) 65: A, 66: B, 67: C, … , 97: a, 98: b, 99: c, …

3.3 정규 표현식

정규 표현식(Regular Expression)은 패턴 매칭 기반으로 특정한 규칙을 가지는 문자열을 검색하고 분리하고 교체하는 강력한 기능을 제공하는 형식 언어이다. re 모듈은 regular expression의 약자로 match(), search(), findall() 함수 등을 이용하여 패턴 표현 언어와 문자열을 매칭, 검색, 분리, 교체한다.

문자열 패턴 매칭

문자열 처음부터 매칭 문법	문자열 일부분 매칭 문법
re.match('패턴', '문자열')	re.search('패턴', '문자열')

문자열에 특정 문자열이 포함되어 있는지 확인해 보자. 정규 표현식은 re 모듈을 import 하여 사용한다. match() 함수에 정규 표현식 패턴과 판단할 문자열을 넣어 사용한다. 다음은 'Hello, world!' 문자열에 'Hello'와 'Python'이 있는지 판단하는 예제인데, 찾는 문자열이 있으면 정규 표현식 매치(SRE_Match) 객체가 반환되고, 찾는 문자열이 없으면 아무것도 반환되지 않는다. 다음 예제에서는 'Hello' 문자열이 있으므로 match='Hello'와 같이 패턴에 매칭된 문자열이 표시된다.

```
import re
re.match('Hello', 'Hello, world!')
```

[실행결과]

```
<re.Match object; span=(0, 5), match='Hello'>
```

```
re.match('Python', 'Hello, world!')
```

[실행결과]

정규 표현식에서 문자열의 패턴을 표현하기 위해 일정한 의미를 가지고 사용하는 특수문자가 있는데 이를 메타문자라고 부른다. 메타문자를 사용하여 다양한 정규 표현식의 패턴을 표현할 수 있다. 다음은 대표 메타문자를 정리한 것이다.

표 3.4 대표 메타문자

메타문자	설명	사용법
^	시작 패턴 표현	^abc : abc로 시작하는 패턴 (abcd, abc12 등)
$	종료 패턴 표현	xyz$: xyz로 종료하는 패턴 (vwxyz, 12xyz 등)
[문자들]	문자들 중에 하나만 허용, 원하는 문자들의 집합 표현	[Ww]orld : 'World' 또는 'world'
[^문자들]	[문자들]을 제외한 문자들의 집합 표현	[^aeiou] : 소문자 모음이 아닌 문자들
|	두 패턴 중에 하나만 허용 (OR 연산)	a | b : a 또는 b
?	앞 패턴이 없거나 하나만 허용	a? : a가 없거나 하나만
+	앞 패턴이 하나 이상 존재하는 표현	a+ : a가 하나 이상
*	앞 패턴이 0개 이상 존재하는 표현	a* : a가 없거나 하나 이상
패턴{n}	앞 패턴이 n번 반복하는 표현	a{2} : a가 연속 2번 나타나는 패턴
패턴{n,m}	앞 패턴이 최소 n번, 최대 m번 반복해서 나타나는 경우 (n 또는 m은 생략 가능)	a{3,5} : a가 3번, 4번, 5번 나타나는 패턴
₩d	숫자 0~9	₩d₩d₩d : 0~9 범위의 숫자 3개 의미 (123, 000 등)
₩w	문자	₩w₩w₩w : 3개의 문자 의미 (ABC, xyz 등)
₩s	화이트 스페이스, [₩t₩n₩r₩f] 와 동일	₩s₩s : 화이트 스페이스 문자 2개 의미 (₩r₩n, ₩t₩t 등)
.	줄바꿈(₩n)을 제외한 모든 문자	.{3} : 문자 3개 (app, ban, hi~ 등)
[0-9]	0~9 사이의 모든 숫자	[0-9]+ : 0(O), 123(O), 14235(O)
[A-Z]	A~Z 사이의 모든 대문자	[A-Z]+ : ABC(O), AEEE(O), abc(X)
[a-z]	a~z 사이의 모든 소문자	[a-z]+ : abc(O), abbc(O), ABC(X)

1) 문자열 맨 앞과 맨 뒤 판단

정규 표현식은 특정 문자열이 맨 앞에 오는지 맨 뒤에 오는지 판단할 수 있다. 문자열 앞에 ^를 붙이면 문자열이 맨 앞에 오는지 판단하고, 문자열 뒤에 $를 붙이면 문자열이 맨 뒤에 오는지 판단한다. 단, match() 함수 대신 search() 함수를 사용해야 한다. match() 함수는 문자열 처음부터 매칭되는지 판단하지만, search() 함수는 문자열 일부분이 매칭되는지 판단하기 때문이다. 다음 '^Hello'는 'Hello, world!'가 'Hello'로 시작하는지 판단하고, 'world!$'는 'Hello, world!'가 'world!'로 끝나는지 판단한다.

```
re.search('^Hello', 'Hello, world!')
```

[실행결과]

```
<re.Match object; span=(0, 5), match='Hello'>
```

```
re.search('world!$', 'Hello, world!')
```

[실행결과]

```
<re.Match object; span=(7, 13), match='world!'>
```

2) 특정 문자열 포함 여부 판단

|는 문자열에서 특정 문자열이 하나라도 포함되어 있는지 판단한다. 기본 개념은 OR 연산자와 같다. 다음 'hello|world'는 문자열에서 'hello' 또는 'world'가 포함되는지 판단한다.

```
re.match('hello|world', 'hello')
```

[실행결과]

```
<re.Match object; span=(0, 5), match='hello'>
```

범위 패턴 매칭

문자열이 숫자로 되어있는지 판단한다. 다음과 같이 [ ] 안에 숫자 범위를 넣고 * 또는 +를 붙인다. 숫자 범위는 0-9처럼 표현하며 *는 문자가 0개 이상 있는지, +는 1개 이상 있는지를 판단한다.

```
re.match('[0-9]*', '1234')    # 1234는 0~9 숫자가 0개 이상 있으므로 패턴 매칭
```

[실행결과]

```
<re.Match object; span=(0, 4), match='1234'>
```

```
re.match('[0-9]+', '1234')    # 1234는 0~9 숫자가 1개 이상 있으므로 패턴 매칭
```

[실행결과]

```
<re.Match object; span=(0, 4), match='1234'>
```

```
re.match('[0-9]+', 'abcd')    # abcd는 0~9 숫자가 1개 이상 없으므로 패턴 매칭 안 됨
```

[실행결과]

다음 예제에서 a*b, a+b에서 b는 무조건 있어야 하는 문자이고, a*는 a가 0개 이상 있어야 하므로 b는 매칭이 된다. 하지만 a+는 a가 1개 이상 있어야 하므로 b는 매칭되지 않는다. 그리고 'ab', 'aab', 'aaab'처럼 a가 0개 이상 또는 1개 이상 있을 때는 a*b와 a+b를 모두 만족한다.

*와 +의 다양한 활용은 다음 예를 통해 확인해 보자.

```
re.match('a*b', 'b')     # b에는 a가 0개 이상 있으므로 패턴 매칭
```

[실행결과]

```
<re.Match object; span=(0, 1), match='b'>
```

```
re.match('a+b', 'b')     # b에는 a가 1개 이상 없으므로 패턴 매칭 안 됨
```

```
re.match('a*b', 'aab')   # aab에는 a가 0개 이상 있으므로 패턴 매칭
```

[실행결과]

```
<re.Match object; span=(0, 3), match='aab'>
```

```
re.match('a+b', 'aab')   # aab에는 a가 1개 이상 있으므로 패턴 매칭
```

[실행결과]

```
<re.Match object; span=(0, 3), match='aab'>
```

1) 문자 1개 판단

문자가 여러 개 있는지 판단할 때는 *과 +를 사용했지만, 문자가 한 개만 있는지 판단할 때는 ?와 .을 사용한다. ?는 ? 앞의 문자(범위)가 0개 또는 1개인지 판단하고, .은 .이 있는 위치에 아무 문자(숫자)가 1개 있는지 판단한다.

```
re.match('abc?d', 'abd')     # abd에서 c 위치에 c가 0개 있으므로 패턴 매칭
```

[실행결과]

```
<re.Match object; span=(0, 3), match='abd'>
```

```
re.match('ab[0-9]?c', 'ab3c') # [0-9] 위치에 숫자가 1개 있으므로 패턴 매칭
```

[실행결과]

```
<re.Match object; span=(0, 4), match='ab3c'>
```

```
re.match('ab.d', 'abxd')      # .이 있는 위치에 문자가 1개 있으므로 패턴 매칭
```

[실행결과]

```
<re.Match object; span=(0, 4), match='abxd'>
```

2) 문자 개수 판단

문자(숫자)가 정확히 몇 개 있는지 판단하고 싶을 때는 문자 뒤에 {개수} 형식을 지정한다. 문자열의 경우에는 문자열을 괄호로 묶고 뒤에 {개수} 형식을 지정한다. 다음은 h{3}은 h가 3개 있는지 판단하고, (hello){3}은 hello가 3개 있는지 판단한다.

```
re.match('h{3}', 'hhhello')
```

[실행결과]

```
<re.Match object; span=(0, 3), match='hhh'>
```

```
re.match('(hello){3}', 'hellohellohelloworld')
```

[실행결과]

```
<re.Match object; span=(0, 15), match='hellohellohello'>
```

특정 범위의 문자(숫자)가 몇 개 있는지 판단할 수도 있다. 이때는 범위 [ ] 뒤에 {개수} 형식을 지정한다. 다음은 휴대전화의 번호 형식에 맞는지 판단한다.

```
re.match('[0-9]{3}-[0-9]{4}-[0-9]{4}', '010-1000-1000')  # 숫자 3개-4개-4개 패턴 매칭
```

[실행결과]

```
<re.Match object; span=(0, 13), match='010-1000-1000'>
```

```
re.match('[0-9]{3}-[0-9]{4}-[0-9]{4}', '010-1000-100')  # 숫자 3개-4개-4개 패턴 매칭 안 됨
```

[실행결과]

문자(숫자)의 개수 범위도 지정할 수 있다. {시작개수,끝개수} 형식으로 시작 개수와 끝 개수를 지정하면 특정 개수 사이에 들어가는지 판단한다. 다음은 일반전화의 번호 형식에 맞는지 판단한다.

```
re.match('[0-9]{2,3}-[0-9]{3,4}-[0-9]{4}', '02-100-1000') # 2~3개-3~4개-4개 패턴 매칭
```

[실행결과]

```
<re.Match object; span=(0, 11), match='02-100-1000'>
```

```
re.match('[0-9]{2,3}-[0-9]{3,4}-[0-9]{4}', '02-10-1000')  # 2~3개-3~4개-4개 패턴 매칭 안 됨
```

[실행결과]

3) 숫자, 영문자 조합 판단

숫자와 영문자를 조합해서 판단해 보자. 영문자 범위는 a-z, A-Z와 같이 표현한다.

```
re.match('[a-zA-Z0-9]+', 'Hello1234')  # a~z, A~Z, 0~9 중 1개 이상 있으므로 패턴 매칭
```

[실행결과]

```
<re.Match object; span=(0, 9), match='Hello1234'>
```

```
re.match('[A-Z0-9]+', 'hello')   # 대문자, 숫자 없고 소문자만 있으므로 패턴 매칭 안 됨
```

[실행결과]

한글도 영문자와 방법이 같다. 가-힣처럼 나올 수 있는 한글 조합을 정해주면 된다.

```
re.match('[가-힣]+', '홍길동')    # 가부터 힣까지 1개 이상 있으므로 패턴 매칭
```

[실행결과]

```
<re.Match object; span=(0, 3), match='홍길동'>
```

4) 특정 문자 범위 포함 안 되는지 판단

특정 문자 범위에 포함되지 않는지 판단하려면 다음과 같이 문자(숫자) 범위 앞에 ^를 붙이면 해당 범위를 제외한다. 즉, '[^A-Z]+'는 대문자를 제외한 모든 문자(숫자)가 1개 이상 있는지 판단한다.

```
re.match('[^A-Z]+', 'Hello')   # 대문자 제외. 대문자가 있으므로 패턴 매칭 안 됨
```

[실행결과]

```
re.match('[^A-Z]+', 'hello')   # 대문자 제외. 대문자가 없으므로 패턴 매칭
```

[실행결과]

```
<re.Match object; span=(0, 5), match='hello'>
```

앞에서 특정 문자열로 시작하는지 판단할 때도 ^를 사용했었는데 문법이 비슷해서 이 부분은 헷갈리기 쉽다. 범위를 제외할 때는 '[^A-Z]+'와 같이 [ ] 안에 넣어주고, 특정 문자 범위로 시작할 때는 '^[A-Z]+'와 같이 [ ] 앞에 붙여준다. 그래서 다음과 같이 '^[A-Z]+'는 영문 대문자로 시작하는지 판단한다.

```
re.search('^[A-Z]+', 'Hello')   # 대문자로 시작하므로 패턴 매칭
```

[실행결과]

```
<re.Match object; span=(0, 1), match='H'>
```

특정 문자(숫자) 범위로 끝나는지 확인할 때는 정규 표현식 뒤에 $를 붙인다.

```
re.search('[0-9]+$', 'Hello1234')   # 숫자로 끝나므로 패턴 매칭
```

[실행결과]
```
<re.Match object; span=(5, 9), match='1234'>
```

5) 특수 문자 판단

정규 표현식에 사용하는 특수 문자 *, +, ?, ., ^, $, (,) [,], - 등을 판단하려면 특수 문자 앞에 ₩를 붙이면 된다. 단, [ ] 안에서는 ₩를 붙이지 않아도 되지만 에러가 발생하는 경우에는 ₩를 붙인다.

```
re.search('₩*+', '1 ** 2')    # *이 있는지 판단
```

[실행결과]
```
<re.Match object; span=(2, 4), match='**'>
```

```
re.match('[$()a-zA-Z0-9]+', '$(document)')    # $, (, )와 문자, 숫자가 있는지 판단
```

[실행결과]
```
<re.Match object; span=(0, 11), match='$(document)'>
```

지금까지 범위를 지정하면서 a-zA-Z0-9처럼 대소문자와 숫자를 모두 나열했다. 이런 방식으로 범위를 정하면 정규 표현식이 길어지고 복잡해 진다. 단순히 숫자인지 문자인지 판단할 때는 ₩d, ₩D, ₩w, ₩W를 사용하면 편리하다.

표 3.5 특수문자 판단

특수문자	설명
₩d	[0-9]와 같음. 모든 숫자
₩D	[^0-9]와 같음. 숫자를 제외한 모든 문자
₩w	[a-zA-Z0-9_]와 같음. 영문 대소문자, 숫자, 밑줄 문자
₩W	[^a-zA-Z0-9_]와 같음. 영문 대소문자, 숫자, 밑줄 문자를 제외한 모든 문자

```
re.match('₩d+', '1234')     # 모든 숫자이므로 패턴 매칭
```

[실행결과]
```
<re.Match object; span=(0, 4), match='1234'>
```

```
re.match('₩D+', 'Hello')    # 숫자를 제외한 모든 문자이므로 패턴 매칭
```

[실행결과]
```
<re.Match object; span=(0, 5), match='Hello'>
```

```
re.match('₩w+', 'Hello_1234')    # 영문 대소문자, 숫자, 밑줄 문자이므로 패턴 매칭
```

[실행결과]

```
<re.Match object; span=(0, 10), match='Hello_1234'>
```

```
re.match('₩W+', '(:)') # 영문 대소문자, 숫자, 밑줄문자를 제외한 모든 문자이므로 패턴 매칭
```

[실행결과]

```
<re.Match object; span=(0, 3), match='(:)'>
```

6) 공백 처리

공백은 ' '처럼 공백 문자를 넣어도 되고, ₩s 또는 ₩S로 표현할 수도 있다.

```
re.match('[a-zA-Z0-9 ]+', 'Hello 1234')    # ' '로 공백 표현
```

[실행결과]

```
<re.Match object; span=(0, 10), match='Hello 1234'>
```

```
re.match('[a-zA-Z0-9₩s]+', 'Hello 1234')   # ₩s로 공백 표현
```

[실행결과]

```
<re.Match object; span=(0, 10), match='Hello 1234'>
```

같은 정규 표현식 패턴을 자주 사용할 때는 매번 match() 함수나 search() 함수에 정규 표현식 패턴을 지정하는 방법은 비효율적이다. 같은 패턴을 자주 사용할 때는 compile() 함수를 사용하여 정규 표현식 패턴을 객체로 만든 뒤 match() 함수 또는 search() 함수를 호출하면 된다.

① 객체 = re.compile('패턴')
② 객체.match('문자열')
③ 객체.search('문자열')

```
p = re.compile('[0-9]+')    # 정규 표현식 패턴을 객체로 만듦
p.match('1234')            # 정규 표현식 패턴 객체에서 match() 함수 사용
```

[실행결과]

```
<re.Match object; span=(0, 4), match='1234'>
```

```
p.search('hello')           # 정규 표현식 패턴 객체에서 search() 함수 사용
```

[실행결과]

그룹 사용

정규 표현식의 패턴에 매칭되는 문자(숫자)를 찾게 되면 매치(SRE_Match) 객체가 반환된다.

반환되는 값을 문자열이나 숫자 값으로 반환 받으려면 group() 함수를 사용한다.

```
text = 'Hello World'
re.match('^[A-Za-z]{2}', text).group()
```

[실행결과]

```
'He'
```

```
text = 'Hello World'
x = re.match('^[A-Za-z]{2}', text)
x.group()
```

[실행결과]

```
'He'
```

패턴 매칭 모든 문자열 반환

패턴에 매칭되는 모든 문자열을 반환 받으려면 findall() 함수를 사용한다.

```
text = 'Hello World'
re.findall([A-Za-z]{2,}', text)
```

[실행결과]

```
['Hello', 'World']
```

3.4 파일 입 · 출력

지금까지 대표적인 입력 함수 input() 함수를 통해 사용자로부터 입력받고 출력 함수 print() 함수를 통해 화면에 글자를 출력해왔다. 즉 사용자로부터 데이터를 입력받아 변수에 저장하고 처리할 결과 값을 화면에 출력했다. 하지만 입 · 출력 데이터가 클 경우에는 변수에 데이터를 저장하는 것은 한계가 있으며 변수에 저장한 데이터는 프로그램 실행중일 때만 값을 보관하기 때문에 처리한 결과 값을 영구적으로 저장하고 불러오기 위해서는 보조기억장치(하드디스크, usb 등) 공간에 파일로 저장해야 한다. 이번 절에서는 보조기억장치로부터 파일을 읽고 쓰는 다양한 방법들을 살펴본다.

파일 입 · 출력 기본

1) 파일 개념

실행중인 프로그램이 종료되면 처리한 결과 값은 메모리에서 사라지기 때문에 모든 데이터는 더 이상 사용할 수가 없다. 따라서 프로그램을 실행하는 도중에 데이터를 영구적으로 저장하고 싶다면 보조기억장치(하드디스크)에 파일 형태로 저장해야 한다.

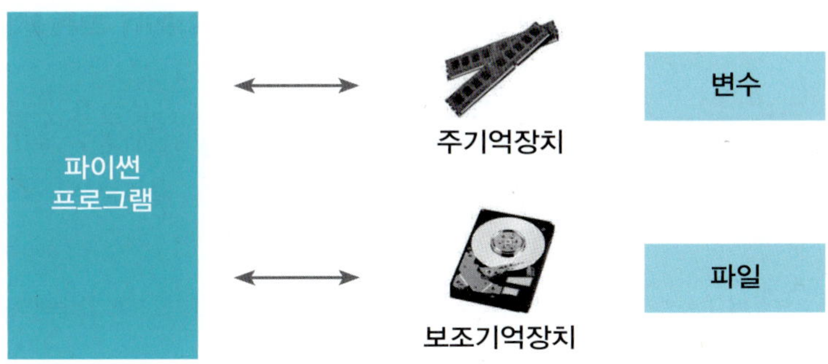

그림 3.1 데이터 저장 형태

파일에는 다음과 같이 2가지 종류가 있다.

- 텍스트 파일(text file)
- 이진 파일(binary file)

텍스트 파일은 사람이 읽을 수 있는 텍스트가 들어있는 파일의 형태로 텍스트 파일은 연속적인 줄로 구성되며 각 줄의 끝을 알리는 줄바꿈 문자('₩n')로 종료된다. 메모장으로 작성한 파일이 가장 대표적인 텍스트 파일의 예이다.

이진 파일은 컴퓨터가 읽을 수 있는 파일로 이진(0과 1) 데이터가 직접 저장되어 있는 파일이다. 사운드 파일이나 이미지 파일 등이 가장 대표적인 이진 파일의 예이다.

2) 파일 입 · 출력 기본 과정

파일에 저장된 데이터를 읽고 처리하는 방법은 제일 먼저 사용하려는 파일을 open() 함수를 통해 열어야 한다. 파일이 열리면 파일에 있는 데이터를 읽거나 쓸 수 있다. 그리고 파일과 관련된 작업이 모두 종료되면 파일을 close() 함수를 통해 닫아주는 것이 좋다. 왜냐하면 쓰기모드로 열었던 파일을 닫지 않고 다시 사용하려고 하면 오류가 발생하기 때문이다.

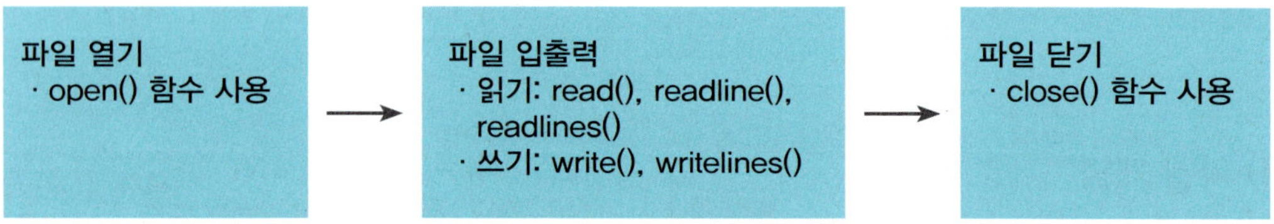

그림 3.2 파일 입출력 과정

구글 드라이브에 업로드 및 연결하기

코랩에서 파일 입 · 출력을 하기 위해서는 파일들을 구글 드라이브에 업로드하고 연결해야 한다. 구글 드라이브에 업로드 된 파일을 코랩에서 읽어 오려면 구글 드라이브를 연결해 줘야 한다. 이를 마운트라고 하는데, 마운트하는 여러 가지 방법 중에 다음 과정을 거쳐 마운트하기로 한다.

❶ 구글 드라이브에서 마우스 오른쪽 버튼을 클릭하여 메뉴가 나타나면 [파일 업로드] 메뉴를 선택한다. [열기] 대화상자 가 나타나면 파일을 선택하여 업로드 한다.

❷ 파일을 읽어 오기 위해 구글 드라이브에 마운트 한다. 왼쪽 폴더 모양의 [파일] 아이콘을 클릭한다. 파일 화면이 열리면 [드라이브 마운트] 아이콘을 클릭한다. 이 과정은 코랩의 해당 새 노트 파일에서 한번만 해주면 된다.

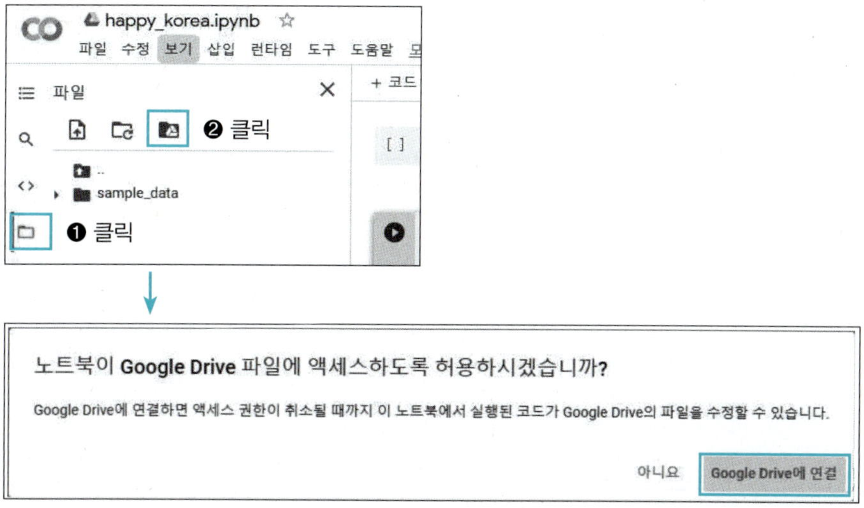

❸ 구글 드라이브에 마운트하면 기본 경로는 "sample_data"가 된다. cd 경로 명령어를 사용하여 원하는 경로로 이동한다. "../content/drive/MyDrive/"까지는 동일하게 작성하고 그 뒤의 경로는 독자 여러분이 원하는 경로에 맞게 작성한다. 만약 마운트가 되지 않거나 마운트 경로를 변경하거나 파일 업로드를 새로 하는 경우에는 2)의 과정에서 [드라이브 마운트 해제] 아이콘을 클릭하여 마운트를 해제한 후 다시 마운트 해주면 정상적으로 동작하게 된다.

구글 드라이브에 마운트하기

```
%cd '../content/drive/MyDrive/Colab Notebooks'
```

[실행결과]

```
/content/drive/MyDrive/Colab Notebooks
```

텍스트 파일 읽고 쓰기

1) 파일 열기

코랩에서 작성한 파일(파일명.ipynb)이 있는 구글 드라이브에서 텍스트 파일을 연다. 파일을 생성하기 위해 파이썬 내장 함수 open()을 사용한다. open() 함수는 다음과 같이 "파일 이름"과 "파일 열기 모드"를 입력값으로 받고 결과값으로 파일 객체를 반환한다.

```
파일 객체 = open(파일명, 파일열기모드)
읽기 : 변수명 = open('파일명', 'r')
쓰기 : 변수명 = open('파일명', 'w')
```

표 3.5 파일열기 모드

종류	설명
r	읽기 모드(read), 기본값
w	쓰기 모드(write)
a	추가 모드(append)

파일 읽기모드(r)는 파일을 읽기만 할 때 사용 가능하며 생략도 가능하다. 파일을 쓰기 모드(w)로 열게 되면 해당 파일이 이미 존재할 경우 원래 있던 내용은 모두 사라지고, 해당 파일이 존재하지 않으면 새로운 파일이 현재 디렉토리에 생성된다. 파일을 추가 모드(a)로 열게 되면 기존 파일 뒤에 내용을 추가한다.

2) 텍스트 파일 읽기

파이썬에서 외부의 파일을 읽어서 프로그램에서 사용할 수 있는 방법은 여러 가지 방법이 있다. 데이터 읽기를 실행하려면 텍스트 파일이 필요하다. 다음과 같이 현재 디렉토리에 메모장을 이용하여 'name.txt' 파일을 생성하여 여러 가지 방법으로 파일 내용을 읽어서 출력해보자. 텍스트 파일은 인코딩 방식을 'UTF-8'로 선택하여 저장한다. 'name.txt' 파일은 앞에서 설명한 내용을 참고하여 구글 드라이브에 업로드 한다.

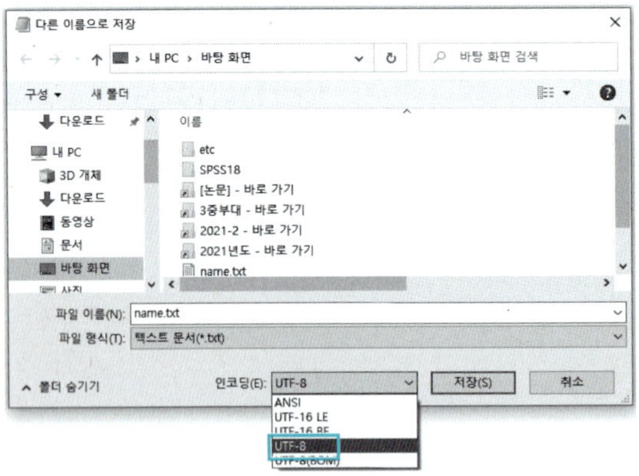

name.txt

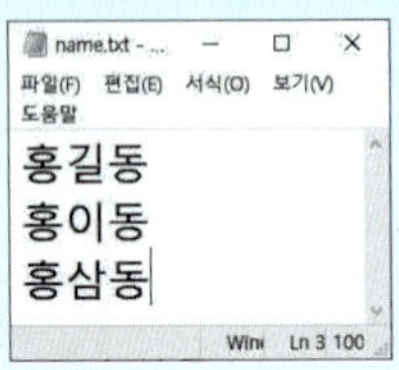

파일 읽기 : read() 함수

```
f=open('name.txt')
data=f.read()
print(data)
f.close()
```

[실행결과]

홍길동
홍이동
홍삼동

read() 함수는 파일의 전체 내용을 문자열로 반환한다.

파일 읽기 : readline() 함수

```
f=open('name.txt')
data=f.readline()
print(data)
f.close()
```

[실행결과]

홍길동

readline() 함수는 파일의 내용을 한 줄씩 읽어서 문자열로 반환한다. 만약에 텍스트 파일에 3줄이 저장되어 있다면 readline() 함수를 3번 호출하여 화면에 출력해야 한다. 하지만 보통의 경우 파일에 몇 줄이 들어있는지는 미리 파악할 수가 없기 때문에 모든 줄을 읽어서 화면에 출력하고 싶다면 다음과 같은 방법이 좋다.

파일 읽기 : readline() 함수

```
f=open('name.txt')
while True:
    data=f.readline()
    if not data:break
    print(data,end='')
f.close()
```

[실행결과]

홍길동
홍이동
홍삼동

만약에 더 이상 읽을 줄이 없다면 break 문을 수행한다. print(data,end='') 문을 사용한 이유는 기본적으로 텍스트 파일의 줄 끝에는 개행 문자('₩n')를 포함하기 때문에 print() 함수의 end 인자를 사용하여 출력화면을 변경시킬 수 있다.

파일 읽기 : readlines() 함수

```
f=open('name.txt')
data=f.readlines()
print(data,end='')
f.close()
```

[실행결과]

['홍길동₩n', '홍이동₩n', '홍삼동']

readline() 함수는 한 줄씩 읽지만, readlines() 함수는 파일의 모든 줄을 읽어서 리스트로 반환한다. 만약에 한 줄씩 출력하고 싶다면 아래와 같이 수정하면 된다.

파일 읽기 : readlines() 함수

```
f=open('name.txt')
data=f.readlines()
for line in data:
    print(line,end='')
f.close()
```

[실행결과]

홍길동
홍이동
홍삼동

【Note】

파이썬에서는 주로 with 문을 사용하여 파일 처리를 한다. with 블록을 벗어나면 자동으로 파일이 닫힌다(자동 close).

```
with open('name.txt') as f:
    data=f.readlines()
    print(data,end='')
```

3) 텍스트 파일 쓰기

프로그램에서 처리한 결과 값을 파일에 저장하기 위해서는 open() 함수로 파일을 쓰기 모드('w')로 생성한 후 다양한 함수(write(), writelines())를 이용한다.

파일 쓰기모드 : write() 함수
동아리 회원의 이름을 사용자로부터 입력받아 파일에 저장해보자.

```
f=open('club.txt','w')

while True:
    name=input('name:')
    if not name:break
    f.write(name)
f.close()
```

[실행결과]

name:김유미
name:구웅
name:유바비
name:

코랩에서 위 코드를 실행시킨 후 구글 드라이브를 살펴보면 'club.txt' 파일이 생성되었음을 확인할 수 있다. 해당 파일에 마우스 오른쪽 버튼을 클릭하면 단축 메뉴가 열리는데, [미리보기]를 클릭하여 입력받은 내용이 저장되었는지를 확인해 보자.

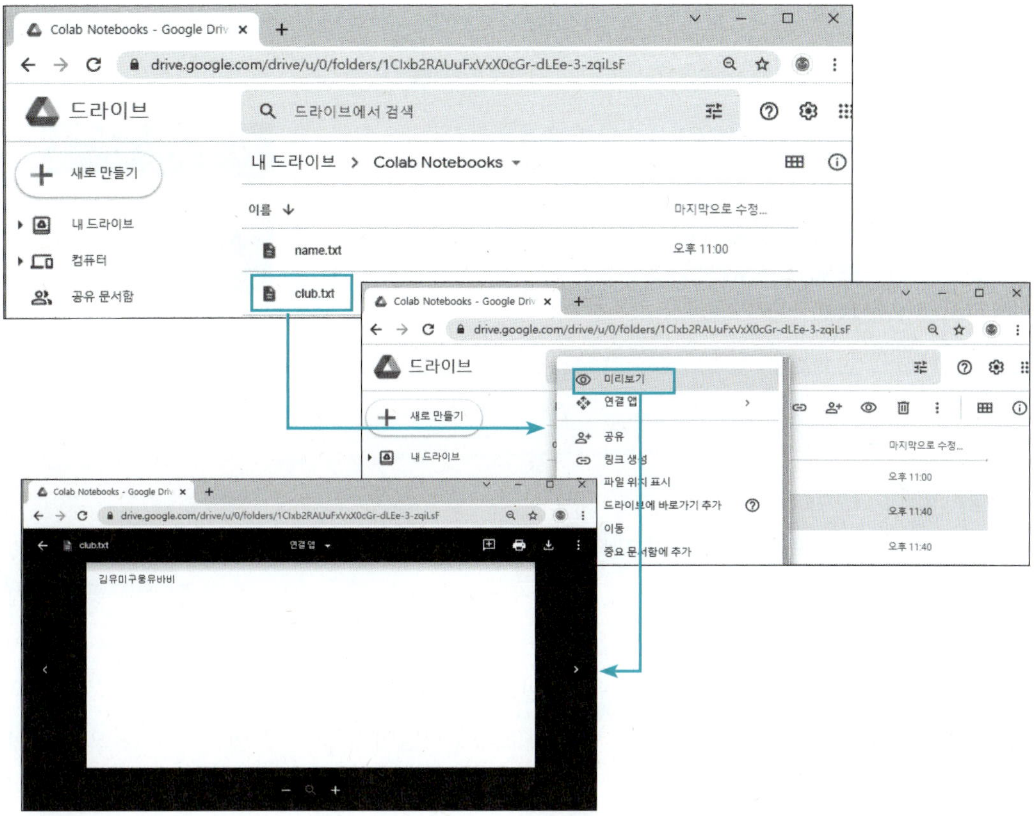

write() 함수는 자동 개행 기능이 포함되어 있지 않기 때문에 파일에 줄 단위로 저장하고 싶다면 다음과 같이 개행 문자를 포함시켜주면 된다.

```
f=open('club.txt','w')

while True:
    name=input('name:')
    if not name:break
    f.write(name+'\n')
f.close()
```

[실행결과]

파일 쓰기 모드('w')로 파일을 열 때는 기존 파일이 있을 경우 그 파일의 내용이 모두 사라진다. 기존 파일 내용을 유지하면서 단지 새로운 값을 추가하는 경우에는 파일을 추가 모드('a')로 하면 된다. 프로그램을 실행시킨 후 미리보기를 통해 입력받은 내용이 'club.txt' 파일 맨 뒤에 추가되어 저장되었는지를 확인해 보자.

파일 추가모드 : write() 함수
동아리 회원의 이름을 사용자로부터 입력받아 기존 파일(club.txt)에 추가해보자.

```
f=open('club.txt','a')

while True:
    name=input('name:')
    if not name:break
    f.write(name+'\n')
f.close()
```

[실행결과]

```
name:루비
name:새이
name:
```

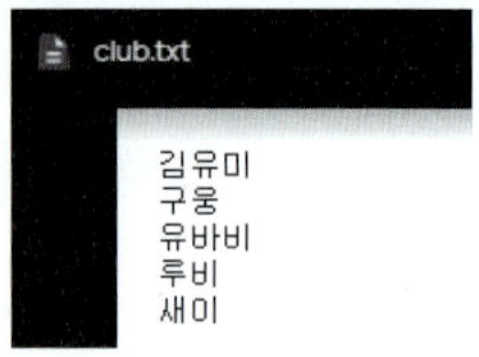

파일 오류 처리

파일을 open() 함수로 열려고 할 때 만약에 파일이 없다면 오류가 발생한다. 이처럼 파일이 없을 때 오류가 발생하지 않게 하려면 os.path.exists(파일명), os.path.isfile(파일명) 형식을 사용하거나 예외처리 구문(try~except)을 사용하면 된다. 예외 처리란 프로그램 실행 도중 예상치 못한 오류 등의 예외 상황을 만났을 때 안전하게 처리하는 방법을 말한다. 대표적인 경우 파일 처리에서 파일을 열려고 할 때 현재 디렉토리에 파일이 없는 경우 아래와 같은 오류가 날 수 있다.

현재 디렉토리에 읽고자 하는 파일이 없는 경우 에러 메시지

```
---------------------------------------------------------------------------
FileNotFoundError                         Traceback (most recent call last)
<ipython-input-18-25973f7c2adc> in <module>()
----> 1 f=open('test.txt','r')
      2
      3 while True:
      4     name=input('name:')
      5     if not name:break

FileNotFoundError: [Errno 2] No such file or directory: 'test.txt'
```

파일 오류 처리 : os.path.exists() 사용
사용자로부터 읽고자 하는 파일명을 입력받아 파일이 존재할 경우 파일을 모든 내용을 읽어서 화면에 출력하고 파일이 존재하지 않다면 오류메시지를 출력한다.

```
import os.path

fname=input('file name :')
```

[실행결과1]

```
file name :club
김유미
```

```python
fname=fname+'.txt'
if os.path.exists(fname): # os.path.isfile(fname)
    f=open(fname,'r')
    data=f.read()
    print(data,end='')
    f.close()
else:
    print('{} 파일이 없습니다.'.format(fname))
```

구웅
유바비
루비
새이

[실행결과2]

file name :test
test.txt 파일이 없습니다.

파일 오류 처리 : try ~ except 사용
파일이 존재할 경우 파일을 모든 내용을 읽어서 화면에 출력하고 파일이 존재하지 않다면 오류메시지를 출력한다.

```python
fname=input('file name :')
fname=fname+'.txt'
try:
    f=open(fname)
    data=f.read()
    print(data,end='')
    f.close()
except:
    print('{} 파일이 없습니다.'.format(fname))
```

[실행결과1]

file name :name
홍길동
홍이동
홍삼동

[실행결과2]

file name :test
test.txt 파일이 없습니다.

【Note】

프로그래밍을 하다보면 필연적으로 오류(또는 에러)와 만나게 된다. 예상할 수 있는 오류는 쉽게 if 문을 통해서 제어를 할 수 있지만 갑자기 뜬금없이 나타나는 오류(Error)를 잡기에는 역부족이다. 그래서 파이썬에서는 예외처리(Exception Handling)를 제공하는데 확실한 오류는 물론이고, 예상 못한 오류까지 잡기에는 예외처리가 제격이다. 예외(Exception)이라는 말이 조금 어렵게 느껴진다면 파이썬에서는 그냥 쉽게 오류, 에러라고 생각하면 된다.

파이썬 예외처리 코드 기본구조

```
try:
    (예외가 일어날 것 같은 코드, 즉 위험한 코드)
except:
    (예외가 있을 때 실행될 코드)
else:
    (예외가 없을 때 실행될 코드)
finally:
    (예외와 상관없이 무조건 실행될 코드)
```

엑셀 파일 읽고 쓰기

1) 엑셀 파일 읽기

텍스트 파일과 다르게 엑셀 파일은 여는 과정 없이 바로 읽어 올 수 있다. 코랩에서 작성한 파일(파일명.ipynb)이 있는 구글 드라이브에서 엑셀 파일을 읽어 온다. 엑셀 파일은 읽어 온 후 데이터프레임으로 저장하여 내용을 확인한다. 데이터프레임을 사용하려면 판다스(Pandas) 라이브러리를 import 하여 사용해야 한다. 판다스 라이브러리는 "Part 3"에서 자세히 다루게 된다.

함수	설명	사용법
read_csv() read_excel()	csv, xls파일을 읽고, 데이터프레임으로 저장	데이터프레임명.read.csv("파일명.csv") 데이터프레임명.read.excel("파일명.xls")

엑셀 파일을 읽어 오고, 내용을 확인하기 위해서는 판다스(Pandas) 라이브러리를 import 한다. 판다스의 read_csv() 함수를 이용하여 'my_file.csv' 파일을 읽어 오고, my_file에 저장한다. my_file에 저장된 csv 파일의 내용은 데이터프레임 형태로 저장된다. head() 함수를 이용하여 상위 5개 행을 출력한다.

my_file.csv

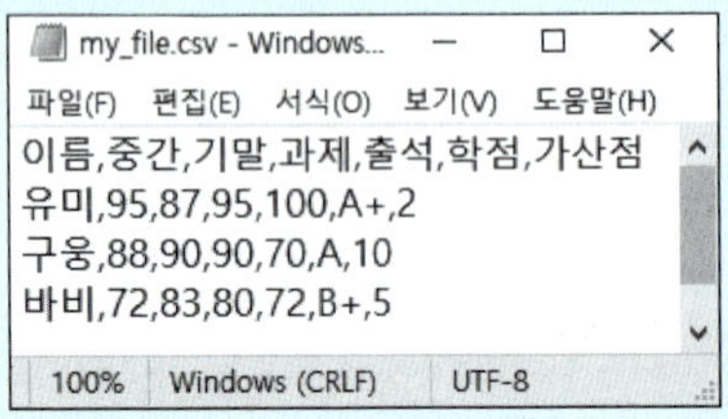

csv 파일을 읽어 데이터프레임으로 저장하여 확인하기

```
import pandas as pd
my_file = pd.read_csv('my_file.csv')
my_file.head()
```

[실행결과]

	이름	중간	기말	과제	출석	학점	가산점
0	유미	95	87	95	100	A+	2
1	구웅	88	90	90	70	A	10
2	바비	72	83	80	72	B+	5

2) 엑셀 파일 쓰기

함수	설명	사용법
to_csv()	데이터프레임을 csv 또는	데이터프레임명.to_csv("파일명.csv")

to_excel()	xls 파일로 저장	데이터프레임명.to_excel("파일명.xls")

데이터프레임 데이터를 생성하기

```
new_pd = pd.DataFrame([['루비',80,80,75,90,'B+',0]])
new_pd
```

[실행결과]

	0	1	2	3	4	5	6
0	루비	80	80	75	90	B+	0

to_csv() 함수를 이용하여 'my_file.csv' 파일에 추가할 때는 mode 옵션을 'a'로 지정하여 기존 데이터에 추가할 수 있도록 한다. header 옵션과 index 옵션은 False로 지정하여 기존 헤더와 인덱스 형태가 유지되도록 한다. head() 함수를 이용하여 상위 5개 행을 출력하여 새로운 데이터가 추가되었는지 확인한다.

새롭게 생성한 데이터프레임 데이터를 csv 파일에 저장하기

```
new_pd.to_csv('my_file.csv', mode='a', header=False, index=False)
my_file = pd.read_csv('my_file.csv')
my_file.head()
```

[실행결과]

	이름	중간	기말	과제	출석	학점	가산점
0	유미	95	87	95	100	A+	2
1	구웅	88	90	90	70	A	10
2	바비	72	83	80	72	B+	5
3	루비	80	80	75	90	B+	0

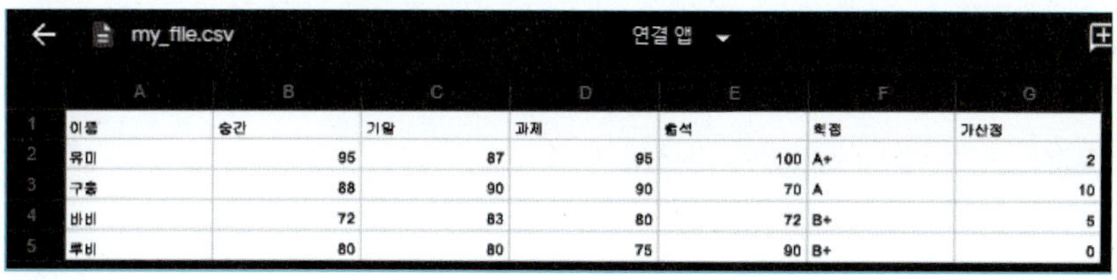
my_file.csv 연결 앱

	A	B	C	D	E	F	G
1	이름	중간	기말	과제	출석	학점	가산점
2	유미	95	87	95	100	A+	2
3	구웅	88	90	90	70	A	10
4	바비	72	83	80	72	B+	5
5	루비	80	80	75	90	B+	0

3) 엑셀 파일 읽고 쓰기

판다스의 read_excel 함수를 이용하여 'my_addr.xlsx' 파일을 읽어 오고, my_addr에 저장한다. my_addr에 저장된 xlsx 파일의 내용은 데이터프레임 형태로 저장된다. head() 함수를 이용하여 상위 5개 행을 출력한다.

my_addr.xlsx

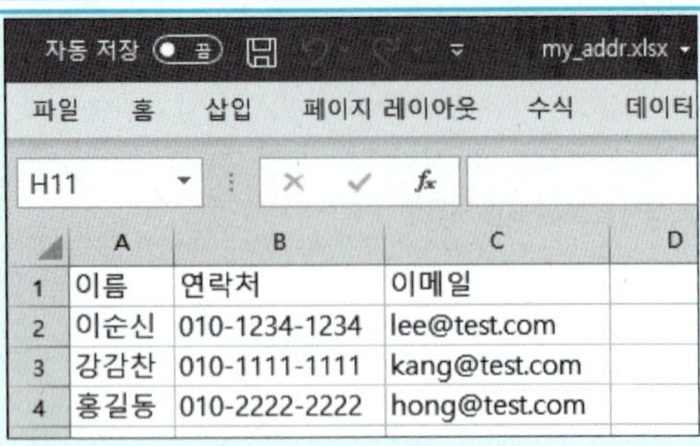

	A	B	C	D
1	이름	연락처	이메일	
2	이순신	010-1234-1234	lee@test.com	
3	강감찬	010-1111-1111	kang@test.com	
4	홍길동	010-2222-2222	hong@test.com	

xlsx 파일을 읽어 데이터프레임으로 저장하여 확인하기

```python
import pandas as pd
my_addr = pd.read_excel('my_addr.xlsx')
my_addr.head()
```

[실행결과]

	이름	연락처	이메일
0	이순신	010-1234-1234	lee@test.com
1	강감찬	010-1111-1111	kang@test.com
2	홍길동	010-2222-2222	hong@test.com

앞에서 데이터를 추가했던 방법은 새로운 데이터를 엑셀 파일에 바로 저장했다. 이번에는 데이터프레임에 새로운 데이터를 추가해 보자. 하나로 합쳐진 데이터프레임을 기존의 xlsx 파일에 저장한다.

데이터프레임 데이터를 생성하여 기존 데이터프레임에 추가하기

```python
my_addr = my_addr.append([{'이름':'유관순','연락처':'010-3333-3333','이메일':'you@test.com'}])
my_addr
```

[실행결과]

	이름	연락처	이메일
0	이순신	010-1234-1234	lee@test.com
1	강감찬	010-1111-1111	kang@test.com
2	홍길동	010-2222-2222	hong@test.com
0	유관순	010-3333-3333	you@test.com

to_excel() 함수를 이용하여 하나로 합쳐진 데이터프레임을 기존 'my_addr.xlsx' 파일에 저장한다. index 옵션은 False로 지정하여 기존 인덱스 형태가 유지되도록 한다. head() 함수를 이용하여 상위 5개 행을 출력하여 새로운 데이터가 추가되었는지 확인한다.

하나로 합쳐진 데이터프레임 데이터를 xlsx 파일에 저장하기

```
my_addr.to_excel('my_addr.xlsx',index=False)
my_addr = pd.read_excel('my_addr.xlsx')
my_addr.head()
```

[실행결과]

	이름	연락처	이메일
0	이순신	010-1234-1234	lee@test.com
1	강감찬	010-1111-1111	kang@test.com
2	홍길동	010-2222-2222	hong@test.com
0	유관순	010-3333-3333	you@test.com

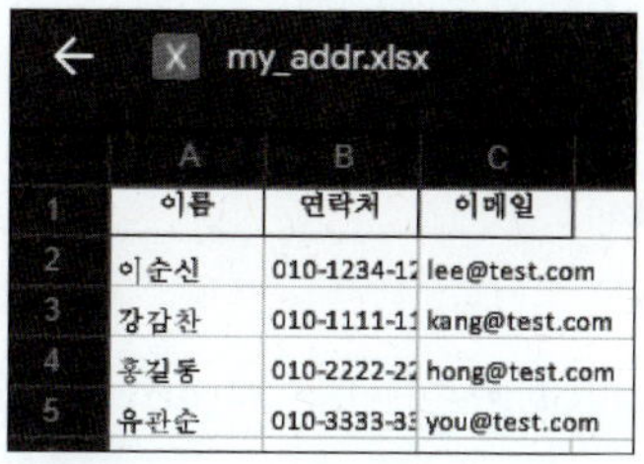

연습문제

문제 1 다음 파이썬 코드의 실행 결과가 나오도록 괄호 안을 채우시오.

```
spot=['힙지로','가로수길','홍대','대학로']

select= ( __________________________ )
```

[실행결과]

['홍대', '대학로']

문제 2 아래와 같은 실행 결과가 나오도록 밑줄에 적절한 함수로 채우시오.

```
person = {100:'yang',200:'jang',300:'oh'}
list(person.___________)
[100, 200, 300]
list(person.___________)
['yang', 'jang', 'oh']
list(person.___________)
[(100, 'yang'), (200, 'jang'), (300, 'oh')]
person.__________(200)
'jang'
__________(person[100])
person
{200: 'jang', 300: 'oh'}
```

문제 3 채팅 어플에서 친구를 등록하고, 친구를 이름으로 검색한 후 연락처를 출력하는 프로그램을 작성하시오. 실행결과를 참고하여 문제를 해결하시오.

[조건]

1) 딕셔너리 자료구조를 사용하여 친구의 이름와 연락처를 저장한다(임의대로).
2) 딕셔너리에서 전체 친구의 이름만 검색하여 리스트로 변환한 후 출력한다.
3) 찾는 친구가 있으면 연락처를 출력하고 없으면 에러 메시지를 출력한다.
4) 찾는 친구의 이름은 사용자로부터 입력받아 처리한다.
(변수명은 적절하게 사용하시오)

```
addr={}

addr['최재원']='010-1111-1234'
addr['최지윤']='010-2222-1234'
addr['김연수']='010-3333-1234'
addr['김연우']='010-4444-1234'
addr['김가현']='010-5555-1234'
addr['김혜현']='010-6666-1234'

print(addr)
print()
```

[실행결과]

```
['최재원', '최지윤', '김연수', '김연우', '김가현', '김혜현']
search name : 김연수
010-3333-1234
```

[실행결과]

```
['최재원', '최지윤', '김연수', '김연우', '김가현', '김혜현']
search name : 최재운
not Found
```

문제 4 동아리 A, B에 다음과 같이 학생들이 가입되어 있다. 실행결과를 참고하여 문제를 해결하시오.

```
clubA={'kim', 'park', 'hwang'}
clubB={'park', 'lee', 'choi'}
```

[조건]

1. 세트 자료구조를 사용한다.
2. 동아리에 가입한 학생들의 모든 명단을 ClubC에 저장한 후에 출력한다.
3. A, B 동아리에 둘 다 가입한 학생의 명단을 출력하시오.
4. A 동아리에서 B 동아리에 가입한 학생들의 명단을 제외하고 출력하시오.
5. B 동아리에서 A 동아리에 가입한 학생들의 명단을 제외하고 출력하시오.
6. A 동아리에 'yang' 회원이 새로 가입했다.
7. B 동아리 'lee' 회원이 탈퇴했다.
8. A, B 동아리 회원들을 각각 출력하시오.

[실행결과]

```
{'park', 'lee', 'hwang', 'kim', 'choi'}
{'park'}
{'hwang', 'kim'}
{'lee', 'choi'}
{'hwang', 'kim', 'yang', 'park'}
{'choi', 'park'}
```

연습문제

문제 5 MT 장소를 선정하기 위한 프로그램이다. 아래와 같이 사용자로부터 MT장소를 입력받아 딕셔너리 자료구조에 저장한 후 투표 결과 값을 화면에 출력해보자.

[실행결과]

```
{'가평': 0, '대성리': 0, '남이섬': 0, '청평': 0}
Best MT Spot
area:가평
area:대성리
area:남이섬
area:남이섬
area:
{'가평': 1, '대성리': 1, '남이섬': 2, '청평': 0}
```

문제 6 다음 빈 곳에 알맞은 파이썬 코드를 작성하시오.

– 문자열 길이가 5인 문자열들만 리스트 형태로 출력되도록 리스트 내포를 사용할 것

```
food=['apple','banana','chocolate','dessert','melon','grape']
result= ________________________________
print(result)
```

[실행결과]

['apple', 'melon', 'grape']

문제 7 다음 빈 곳에 알맞은 파이썬 코드를 작성하시오.

– 주어진 이메일 주소가 올바른지 판단하도록 정규 표현식을 사용할 것

```
import re

p = re.compile(________________________________________________)
emails = ['py@mail.exam.com','sky@exam.info','@exam.com']
for email in emails:
    print(p.match(email) != None, end=' ')
```

[실행결과]

```
True True False
```

문제 8 파일(weather.txt)에는 다음과 같은 형태로 상반기 기온에 대한 월, 월 최저기온과 월 최고기온이 저장되어 있다. 파일 내용을 읽어서 월의 평균기온(최저기온과 최고기온)을 계산한 후에 실행화면과 같이 출력해보자.

[읽을 파일명 : weather.txt]

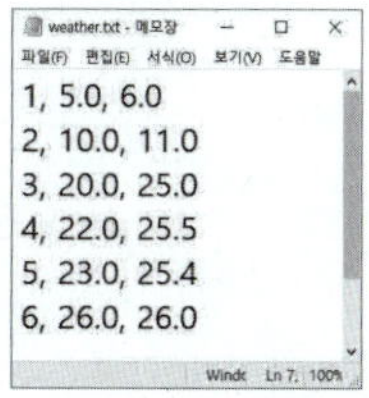

```
1, 5.0, 6.0
2, 10.0, 11.0
3, 20.0, 25.0
4, 22.0, 25.5
5, 23.0, 25.4
6, 26.0, 26.0
```

[실행결과]

```
1월 평균기온은 5.5입니다.
2월 평균기온은 10.5입니다.
3월 평균기온은 22.5입니다.
4월 평균기온은 23.75입니다.
5월 평균기온은 24.2입니다.
6월 평균기온은 26.0입니다.
```

문제 9 임의의 엑셀 파일을 이용하여 다음 작업을 수행해 보시오.

- xlsx 파일을 읽어 데이터프레임으로 저장하여 확인할 것
- 데이터프레임 데이터를 생성하여 기존 데이터프레임에 추가할 것
- 하나로 합쳐진 데이터프레임 데이터를 xlsx 파일에 저장할 것

Python for data analysis

PART 03

데이터 분석 관련 라이브러리

Python for data analysis

Python for data analysis

04

넘파이(Numpy) 라이브러리 기초

학습목표

- 배열과 리스트의 차이점을 알고 배열을 사용하는 이유를 이해한다.
- 배열을 생성하고 다루는 방법을 익힌다.
- 배열의 속성을 조회하고 인덱싱과 슬라이싱 개념을 익힌다.
- 배열의 연산 처리 개념을 익힌다.
- 배열을 다양한 형태로 변환하는 방법을 익힌다.

학습목차

4.1 넘파이 배열의 개념 및 특징

많은 숫자 데이터를 하나의 변수에 넣고 관리할 때 리스트는 속도가 느리고 메모리를 많이 차지하는 단점이 있다. 배열(array)을 사용하면 적은 메모리로 많은 데이터를 빠르게 처리할 수 있으며 파이썬 리스트 객체를 개선한 넘파이의 ndarray 객체를 사용하면 더 많은 데이터를 더 빠르게 처리할 수 있다. 파이썬은 자체적으로 배열 자료형을 제공하지 않기 때문에 배열을 구현한 다른 패키지를 임포트해야 한다. 파이썬에서 배열을 사용하기 위한 표준 패키지는 넘파이다. 넘파이는 C 언어로 구현된 파이썬 라이브러리로써, 고성능의 수치계산을 위해 제작되었다. Numerical Python의 줄임말이기도 한 넘파이는 벡터 및 행렬 연산에 있어서 매우 편리한 기능을 제공한다. 또한 이는 데이터분석을 할 때 사용되는 라이브러리인 pandas와 matplotlib의 기반으로 사용되기도 한다. 넘파이에서는 기본적으로 array라는 단위로 데이터를 관리하며 이에 대해 연산을 수행한다. 넘파이의 배열 연산은 C로 구현된 내부 반복문을 사용하기 때문에 파이썬 반복문에 비해 속도가 빠르며 벡터화 연산(vectorized operation)을 이용하여 간단한 코드로도 복잡한 선형 대수 연산을 수행할 수 있다. 또한 배열 인덱싱(array indexing)을 사용한 질의(Query) 기능을 이용하여 간단한 코드로도 복잡한 수식을 계산할 수 있다.

넘파이 특징

- 고성능 과학 계산용 패키지로 강력한 N차원 배열 객체
- 정교한 브로드캐스팅(Broadcast) 기능
- 파이썬 자료형 리스트와 비슷하지만, 더 빠르고 메모리를 효율적으로 관리
- 반복문 없이 데이터 배열에 대한 처리를 지원하여 빠르고 편리
- 데이터 과학 도구에 대한 생태계의 핵심을 이루고 있음
- 유용한 선형 대수학, 푸리에 변환 및 난수 기능
- 범용적 데이터 처리에 사용 가능한 다차원 컨테이너

먼저 넘파이를 사용하기 위해서는 아래의 명령문을 통해 패키지를 설치해야 한다. 구글 코랩과 같은 온라인 편집기는 이미 넘파이가 설치되어 있기 때문에 불러와서 사용할 수 있다.

```
pip install numpy
```

먼저 넘파이를 사용하기 위해서는 아래와 같은 코드로 넘파이를 import해야 한다. 넘파이는

np라는 이름으로 임포트하는 것이 관례이다.

```
import numpy as np
```

사실상, 넘파이를 설치하고 단순히 import numpy만 해도 되지만, 이를 코드에서 보다 편하게 사용하기 위해 as np를 붙임으로써 np라는 이름으로 넘파이를 사용한다.

4.2 넘파이 배열 생성

넘파이는 과학 연산을 위한 파이썬 핵심 라이브러리로 고성능 다차원 배열과 이런 배열을 처리하는 다양한 함수와 툴을 제공한다. 이 절에서는 넘파이 배열(numpy.ndarray 객체) 생성 방법을 소개한다. 넘파이 배열은 아래와 같이 다차원 배열을 지원한다. 다차원 배열은 입체적인 데이터 구조를 가지며, 데이터의 차원은 여러 갈래의 데이터 방향을 갖는다. 다차원 배열의 데이터 방향을 axis로 표현할 수 있다. 행방향(높이), 열방향(폭), 채널 방향은 각각 axis=0, axis=1 그리고 axis=2로 지정된다.

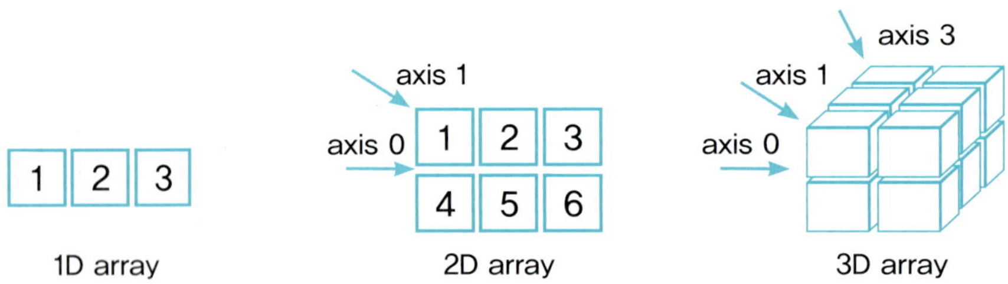

그림 4.1 축(axis) 이해

리스트로 배열 생성하기

넘파이의 array 함수에 리스트 또는 튜플을 넣으면 ndarray 클래스 객체, 즉 배열로 변환해 준다. 배열을 생성하는 방법은 다음과 같다.

1차원 배열(list)로 NumPy 배열 생성

```
import numpy as np
arr = np.array([1, 2, 3, 4, 5])
print(arr)
```

[실행결과]

```
[1 2 3 4 5]
```

2차원 배열(list)로 NumPy 배열 생성

```
arr=np.array([[1,2,3],[4,5,6]])
print(arr)
```

[실행결과]

```
[[1 2 3]
 [4 5 6]]
```

3차원 배열(list)로 NumPy 배열 생성

```
arr=np.array([[[1,2,3],[4,5,6],[7,8,9]],
              [[1,2,3],[4,5,6],[7,8,9]],
              [[1,2,3],[4,5,6],[7,8,9]]])
print(arr)
```

[실행결과]

```
[[[1 2 3]
  [4 5 6]
  [7 8 9]]

 [[1 2 3]
  [4 5 6]
  [7 8 9]]

 [[1 2 3]
  [4 5 6]
  [7 8 9]]]
```

배열 생성 및 초기화

배열이 만들어지는 시점에 배열의 크기는 알지만 요소의 값이 정해지지 않았을 수 있다. 넘파이는 초기 플레이스홀더(placeholder)를 이용해서 배열을 만들기 위한 다양한 함수를 제공한다. 이 함수들은 배열을 효과적으로 초기화하도록 한다.

표 4.1 배열 생성 및 초기화 함수

함수	설명
zeros()	주어진 형태와 타입을 갖는 0으로 채워진 배열을 반환 np.zeros(shape, dtype=float, order='C') 지정된 shape의 배열을 생성하고, 모든 요소를 0으로 초기화
ones()	주어진 형태와 타입을 갖는 1로 채워진 배열을 반환 np.ones(shape, dtype=None, order='C') 지정된 shape의 배열을 생성하고, 모든 요소를 1로 초기화
full()	모든 요소를 지정한 값으로 초기화 np.full(shape, fill_value, dtype=None, order='C') 지정된 shape의 배열을 생성하고, 모든 요소를 지정한 "fill_value"로 초기화
eye()	단위행렬(정사각형행렬) 생성 주대각선의 원소가 모두 1이고 나머지 원소는 모두 0인 정사각형 행렬 np.eye(N, M=None, k=0, dtype=<class 'float'>) (N, N) shape의 단위 행렬(Unit Matrix)을 생성 예) np.eye(n크기)

```
a=np.zeros(10)
print(a)
```

[실행결과]

```
[0. 0. 0. 0. 0. 0. 0. 0. 0. 0.]
```

```
b=np.zeros((3,3))
print(b)
```

[실행결과]

```
[[0. 0. 0.]
 [0. 0. 0.]
 [0. 0. 0.]]
```

```
a=np.ones(10)
print(a)
```

[실행결과]

```
[1. 1. 1. 1. 1. 1. 1. 1. 1. 1.]
```

```
b=np.ones((3,3))
print(b)
```

[실행결과]

```
[[1. 1. 1.]
 [1. 1. 1.]
 [1. 1. 1.]]
```

```
a=np.full((3,3),1.5)
print(a)
```

[실행결과]

```
[[1.5 1.5 1.5]
 [1.5 1.5 1.5]
 [1.5 1.5 1.5]]
```

```
a=np.eye(3)
print(a)
```

[실행결과]

```
[[1. 0. 0.]
 [0. 1. 0.]
 [0. 0. 1.]]
```

생성한 값으로 배열 생성

넘파이는 주어진 조건으로 데이터를 생성한 후, 배열을 만드는 데이터 생성 함수를 제공한다. 연속적인 숫자들을 만들어내기 위해 넘파이는 파이썬의 range()와 유사한 함수인 np.arange()를 제공한다. 넘파이는 시작과 끝값을 지정하고 그 사이의 값을 균등하게 배분하는 기능을 하는 linspace()와 logspace()를 제공한다.

1) np.arange() 함수

함수설명

numpy.arange([start,] stop[, step,], dtype=None)
- start부터 stop 미만까지 step 간격으로 데이터 생성한 후 배열을 만듦
- 범위 내에서 간격을 기준 균등 간격의 배열
- 요소의 개수가 아닌 데이터의 간격을 기준으로 배열 생성

arange() : 정수 범위로 배열 생성

```
a=np.arange(1,21)
print(a)
```

[실행결과]

```
[ 1  2  3  4  5  6  7  8  9 10 11 12 13 14 15 16 17 18 19 20]
```

2) np.linspace() 함수

함수설명

- numpy.linspace(start, stop, num=50, endpoint=True, retstep=False, dtype=None)
- start부터 stop의 범위에서 num개를 균일한 간격으로 데이터를 생성하고 배열을 만드는 함수
- 요소 개수를 기준으로 균등 간격의 배열을 생성

linspace() : 범위 내에서 균등 간격의 배열 생성

```
a=np.linspace(0,10,5)
print(a)
```

[실행결과]

```
[ 0.   2.5  5.   7.5 10. ]
```

3) np.logspace 함수

함수설명

```
- numpy.logspace(start, stop, num=50, endpoint=True, base=10.0, dtype=None)
- 로그 스케일의 linspace 함수
- 로그 스케일로 지정된 범위에서 num 개수만큼 균등 간격으로 데이터 생성한 후 배열 만듦
```

logspace() : 범위 내에서 균등 간격으로 로그 스케일로 배열 생성

```
a=np.logspace(np.log10(10),np.log10(100),5)
print(a)
```

[실행결과]

```
[ 10.          17.7827941   31.6227766   56.23413252 100.        ]
```

```
a=np.logspace(1,2,5)
print(a)
```

[실행결과]

```
[ 10.          17.7827941   31.6227766   56.23413252 100.        ]
```

난수 기반으로 배열 생성하기

넘파이는 난수 발생 및 배열을 생성하는 numpy.random 모듈을 제공한다. numpy.random 모듈은 다음과 같은 함수를 제공한다.

표 4.2 난수(랜덤) 함수

함수명	설명
seed	난수 발생을 위한 시드(seed) 지정
shuffle	리스트나 배열의 순서를 섞음
random	랜덤한 수의 배열 생성
randint	일정 구간의 랜덤 정수 배열 생성
rand	균등분포에서 표본 추출
randn	표준편차가 1, 평균값 0인 정규분포의 표본 추출
normal	정규분포를 고려한 랜덤한 수의 배열 생성

1) random() 함수

함수설명
np.random.random(size=None) - 난수: [0., 1.]의 균등 분포(Uniform Distribution)에서 표본 추출

random : 랜덤한 수의 배열 생성

```
a=np.random.random()
print(a)
```

[실행결과]

```
0.38106243437430776
```

```
a=np.random.random((4,4))
print(a)
```

[실행결과]

```
[[0.56611774 0.43869224 0.59967091 0.28460428]
 [0.88891737 0.45654037 0.39968146 0.42149914]
 [0.11235447 0.85252051 0.76067407 0.85206147]
 [0.23948174 0.13362393 0.74631404 0.77856926]]
```

2) randint() 함수

함수설명

numpy.random.randint(low, high=None, size=None, dtype='l')
- 지정된 shape으로 배열을 만들고 low 부터 high 미만의 범위에서 정수 표본 추출

randint : 랜덤한 정수의 배열 생성

```
a=np.random.randint(1,10)
print(a)
```

[실행결과]

```
7
```

```
a=np.random.randint(1,10,(4,4))
print(a)
```

[실행결과]

```
[[4 3 5 3]
 [9 7 3 4]
 [6 6 8 5]
 [1 1 2 7]]
```

3) rand() 함수

함수설명

numpy.random.rand(d0, d1, ..., dn)
- Shape이 (d0, d1, ..., dn) 인 배열 생성 후 난수로 초기화
- 난수: [0. 1]의 균등 분포(Uniform Distribution) 형상으로 표본 추출

rand : 균등분포를 고려한 랜덤한 수의 배열 생성

```
a=np.random.rand(3,3)
print(a)
```

[실행결과]

```
[[0.65196273 0.22268638 0.4100056 ]
[0.32182384 0.74909368 0.34848859]
[0.92806017 0.33672181 0.82752128]]
```

4) randn() 함수

함수설명
numpy.random.randn(d0, d1, ..., dn) - (d0, d1, ..., dn) shape 배열 생성 후 난수로 초기화 - 난수: 표준 정규 분포(standard normal distribution)에서 표본 추출

randn : 표준 정규분포를 고려한 랜덤한 수의 배열 생성

```
a=np.random.randn(3,3)
print(a)
```

[실행결과]

```
[[-1.01615161  0.04366704  0.16808196]
 [ 1.35233181 -0.3245635  -0.81957937]
 [-1.02578405 -0.16054881  0.90137109]]
```

4.3 넘파이 배열 조회

넘파이 표준 데이터 타입

넘파이는 다음과 같은 다양한 데이터 타입을 지원한다. 배열을 생성할 때 dtype속성으로 다음과 같은 데이터 타입을 지정할 수 있다.

표 4.3 데이터 타입

데이터 타입	설명
np.int32/64	32/64비트 정수 타입
np.float32/64	32/64비 부동 소수 타입
np.bool	불린 타입 (True, False)
np.object	파이썬 객체 타입
np.complex	복소수 (128 float)

넘파이 배열 속성 정보

넘파이는 배열의 속성을 검사하는 다음과 같은 방법을 제공한다.

표 4.4 배열 속성

데이터 타입	설명
ndim	배열 차원 수 또는 배열의 축 수
shape	배열 각 차원의 크기를 튜플 형태로 표현
size	배열 원소의 개수
dtype	배열 내의 원소의 데이터형
itemsize	배열 내의 원소의 크기를 바이트 단위로 기술
nbytes	배열 전체 바이트

배열의 속성 알아보기

```
arr=np.arange(1,6)
print(arr)
print('ndim:',arr.ndim)
print('shape:',arr.shape)
print('dtype:',arr.dtype)
print('size:',arr.size)
print('itemsize:',arr.itemsize)
print('nbytes:',arr.nbytes)
```

[실행결과]

```
[1 2 3 4 5]
ndim: 1
shape: (5,)
dtype: int64
size: 5
itemsize: 8
nbytes: 40
```

배열의 인덱싱(Indexing)

배열의 각 요소는 axis 인덱스 배열로 참조할 수 있으며, 1차원 배열은 1개 인덱스, 2차원 배열은 2개 인덱스, 3차원 인덱스는 3개 인덱스로 요소를 참조할 수 있다. 인덱스로 참조한 요소는 값 참조, 값 수정이 모두 가능하다.

1차원 배열의 인덱싱 및 변경

```
a1 = np.arange(9) # 1차원 배열
print(a1)
print(a1[0])
print(a1[-1])
a1[0]=10 # 요소 변경
print(a1)
```

[실행결과]

```
[0 1 2 3 4 5 6 7 8]
0
8
[10  1  2  3  4  5  6  7  8]
```

2차원 배열의 인덱싱 및 변경

```
a2 = np.arange(9).reshape((3, 3)) #2차원 배열
print(a2)
print(a2[0,1]) # 1행 두 번째 컬럼 요소 참조
print(a2[1,2]) # 2행 세 번째 컬럼 요소 참조
a2[0,0]=10 # 1행 첫 번째 컬럼 업데이트
print(a2)
```

[실행결과]

```
[[0 1 2]
 [3 4 5]
 [6 7 8]]
1
5
[[10  1  2]
 [ 3  4  5]
 [ 6  7  8]]
```

배열의 슬라이싱(Slicing)

여러 개의 배열 요소를 참조할 때 슬라이싱을 사용한다. 슬라이싱은 축(axis)별로 범위를 지정하여 실행하는데 범위는 시작 인덱스(from_index)와 종료 인덱스(to_index)형태로 지정한다. 요소 범위를 지정할 때 종료 인덱스(to_index)는 포함되지 않는다. 범위 지정에서 시작인덱스가 생략될 경우 0으로 간주되며, 종료 인덱스가 생략이 될 경우 마지막 인덱스(-1)로 설정된다. 따라서 ':'형태로 지정된 범위는 전체 범위를 의미한다. 시작 인덱스(from_index)와 종료 인덱스(to_index)에 음수를 지정하면 이것은 반대 방향을 의미한다.

슬라이싱은 원본 배열의 뷰이기 때문에 슬라이싱 결과의 요소를 업데이트하면 원본에 반영된다.

1차원 배열의 슬라이싱

```
a1= np.arange(6)
print(a1)
print(a1[0:3])
print(a1[1:])
print(a1[-2:])
print(a1[:-3])
print(a1[::2])
print(a1[::-1])
```

[실행결과]

```
[0 1 2 3 4 5]
```

```
[0 1 2]
[1 2 3 4 5]
[4 5]
[0 1 2]
[0 2 4]
[5 4 3 2 1 0]
```

2차원 배열의 슬라이싱

```
a2 = np.arange(1, 25).reshape((4, 6))
print(a2[1])
print(a2[1:3,1:5])
print(a2[2,:])
print(a2[:3,:3])
print(a2[2:,::-1])
print(a2[::-1,::-1])
```

```
[[ 1  2  3  4  5  6]
 [ 7  8  9 10 11 12]
 [13 14 15 16 17 18]
 [19 20 21 22 23 24]]
```

[실행결과]

```
[ 7  8  9 10 11 12]
[[ 8  9 10 11]
 [14 15 16 17]]
[13 14 15 16 17 18]
[[ 1  2  3]
 [ 7  8  9]
 [13 14 15]]
[[18 17 16 15 14 13]
 [24 23 22 21 20 19]]
[[24 23 22 21 20 19]
 [18 17 16 15 14 13]
 [12 11 10  9  8  7]
 [ 6  5  4  3  2  1]]
```

논리(Boolean) 인덱싱

불린 인덱싱은 배열 각 요소의 선택 여부를 불린(True or False)으로 지정하는 방식이다. 해당 인덱스의 True 만을 조회한다.

불린 인덱싱 개념

```
a=np.arange(1,6)
print(a)
```

```
b=[True,False,False,True,False]
print(a[b])
```

[실행결과]

```
[1 2 3 4 5]
[1 4]
```

불린 인덱싱 : 비교 연산자 사용

```
a=np.arange(11)
print(a[a<5])
five_up=(a>=5)
five_up
print(a[five_up])
divide_by_2=a[a%2==0]
print(divide_by_2)
```

[실행결과]

```
[0 1 2 3 4]
[ 5  6  7  8  9 10]
[ 0  2  4  6  8 10]
```

불린 인덱싱 : 논리 연산자 사용

```
# 논리 연산자 사용( &, | ~)
c = a[(a > 5) & (a < 11)] # and
print(c)
d=a[(a > 9) | (a < 5)]  # or
print(d)
e=a[~(a%3==0)] # not
print(e)
```

[실행결과]

```
[ 6  7  8  9 10]
[ 0  1  2  3  4 10]
[ 1  2  4  5  7  8 10]
```

4.4 배열의 연산

배열의 일반 연산

넘파이는 기본 연산자를 연산자 재정의하여 배열(행렬) 연산에 대해 직관적으로 표현을 강화하였다.

1) 산술 연산(Arithmetic Operations)

모든 산술 연산 함수는 np 모듈에 포함되어 있다.

산술 연산 : 사칙연산 연산자와 함수 활용

```
a=np.arange(1,11)
b=np.arange(1,11)
print(a+b)
print(np.add(a,b)) # 덧셈 함수
print(a-b)
print(np.subtract(a,b)) # 뺄셈 함수
print(a*b)
print(np.multiply(a,b)) # 곱셈 함수
print(a/b)
print(np.divide(a,b)) # 나눗셈 함수
```

[실행결과]

```
[ 2  4  6  8 10 12 14 16 18 20]
[ 2  4  6  8 10 12 14 16 18 20]
[0 0 0 0 0 0 0 0 0 0]
[0 0 0 0 0 0 0 0 0 0]
[  1   4   9  16  25  36  49  64  81 100]
[  1   4   9  16  25  36  49  64  81 100]
[1. 1. 1. 1. 1. 1. 1. 1. 1. 1.]
[1. 1. 1. 1. 1. 1. 1. 1. 1. 1.]
```

기타 연산 : 지수/제곱근/sin/cos/tan/log

```
a=np.arange(1,11)
print(np.exp(a))
print(np.sqrt(a))
```

```
print(np.sin(a))
print(np.cos(a))
print(np.tan(a))
print(np.log(a))
```

[실행결과]

```
[2.71828183e+00 7.38905610e+00 2.00855369e+01 5.45981500e+01
 1.48413159e+02 4.03428793e+02 1.09663316e+03 2.98095799e+03
 8.10308393e+03 2.20264658e+04]
[1.         1.41421356 1.73205081 2.         2.23606798 2.44948974
 2.64575131 2.82842712 3.         3.16227766]
[ 0.84147098  0.90929743  0.14112001 -0.7568025  -0.95892427 -0.2794155
  0.6569866   0.98935825  0.41211849 -0.54402111]
[ 0.54030231 -0.41614684 -0.9899925  -0.65364362  0.28366219  0.96017029
  0.75390225 -0.14550003 -0.91113026 -0.83907153]
[ 1.55740772 -2.18503986 -0.14254654  1.15782128 -3.38051501 -0.29100619
  0.87144798 -6.79971146 -0.45231566  0.64836083]
[0.         0.69314718 1.09861229 1.38629436 1.60943791 1.79175947
 1.94591015 2.07944154 2.19722458 2.30258509]
```

2) 집계 함수

넘파이의 모든 집계 함수는 축(axis)을 기준으로 계산된다. 집계 함수에 axis를 지정하지 않으면 axis=None이 axis=None, 0, 1은 다음과 같은 기준으로 생각할 수 있다.

- case 1: axis=None
  - axis=None은 전체 행렬을 하나의 배열로 간주하고 집계 함수의 범위를 전체 행렬로 정의한다.

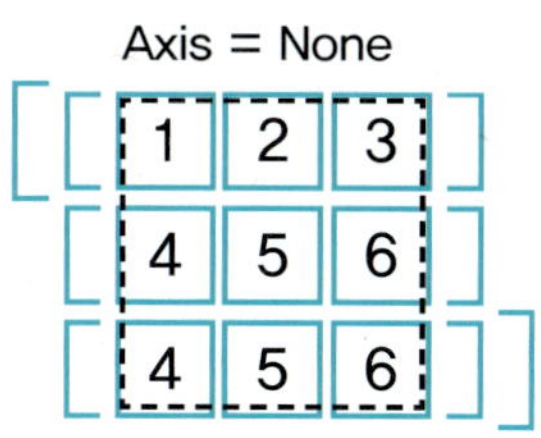

그림 4.2 Axis=None

- case 2: axis=0
  - axis=0은 행을 기준으로 각 행의 동일 인덱스의 요소를 그룹으로 한다.
  - 각 그룹을 집계 함수의 범위로 정의한다.

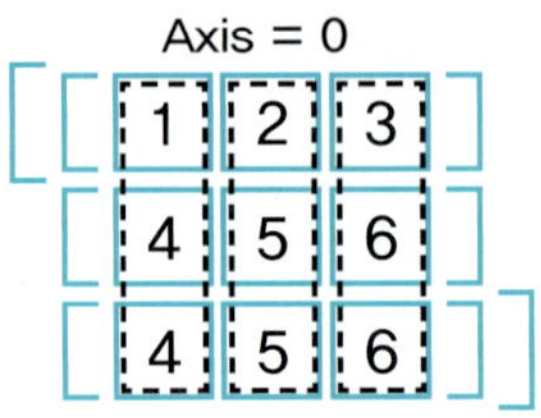

그림 4.3 Axis=0

- case 3: axis=1

axis=1은 열을 기준으로 각 열의 요소를 그룹으로 한다.

– 각 그룹을 집계 함수의 범위로 정의한다

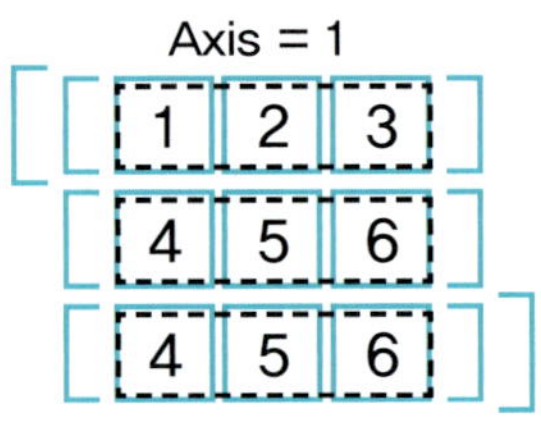

그림 4.4 Axis=none

합계 : [ndarray 배열 객체].sum(), np.sum()

```
a=np.arange(1,10).reshape(3,3)
print(a.sum())
print(np.sum(a))
print(a)
b=a.sum(axis=0)
print(b)
c=a.sum(axis=1)
print(c)
```

[실행결과]

```
45
45
[[1 2 3]
 [4 5 6]
 [7 8 9]]
[12 15 18]
[ 6 15 24]
```

최대값 : [ndarray 배열 객체].max(), np.max()

```
a=np.arange(1,10).reshape(3,3)
print(a)
print(a.max(),np.max(a))
print(a.max(axis=0), np.max(a,axis=0))
print(a.max(axis=1),np.max(a,axis=1))
```

[실행결과]

```
[[1 2 3]
 [4 5 6]
 [7 8 9]]
9 9
[7 8 9] [7 8 9]
[3 6 9] [3 6 9]
```

최소값 : [ndarray 배열 객체].min(), np.min()

```
# 최소값 : [ndarray 배열 객체].min(), np.min()
a=np.arange(1,10).reshape(3,3)
print(a)
print(a.min(),np.min(a))
print(a.min(axis=0), np.min(a,axis=0))
print(a.min(axis=1),np.min(a,axis=1))
```

[실행결과]

```
[[1 2 3]
 [4 5 6]
 [7 8 9]]
1 1
[1 2 3] [1 2 3]
[1 4 7] [1 4 7]
```

평균과 중앙값 : [ndarray 배열 객체].mean(), np.mean() / np.median()

```
a=np.arange(1,10).reshape(3,3)
print(a)
print(a.mean(),np.mean(a))
print(a.mean(axis=0),np.mean(a,axis=0))
print(a.mean(axis=1),np.mean(a,axis=1))
print(np.median(a)) # 중앙값
```

[실행결과]

```
[[1 2 3]
 [4 5 6]
```

```
 [7 8 9]]
5.0 5.0
[4. 5. 6.] [4. 5. 6.]
[2. 5. 8.] [2. 5. 8.]
5.0
```

표준편차 : [ndarray 배열 객체].std(), np.std()

```
# 표준편차
a=np.arange(1,10).reshape(3,3)
print(a)
print(a.std(), np.std(a))
print(a.std(axis=0), np.std(a,axis=0))
print(a.std(axis=1), np.std(a,axis=1))
```

[실행결과]

```
[[1 2 3]
 [4 5 6]
 [7 8 9]]
2.581988897471611 2.581988897471611
[2.44948974 2.44948974 2.44948974] [2.44948974 2.44948974 2.44948974]
[0.81649658 0.81649658 0.81649658] [0.81649658 0.81649658 0.81649658]
```

브로드캐스팅 연산

Shape이 같은 두 배열에 대한 이항 연산은 배열의 요소별로 수행된다. 두 배열 간의 Shape이 다를 경우 두 배열 간의 형상을 맞추는 아래와 같이 Broadcasting 과정을 거친다. 브로드캐스팅은 어떤 조건만 만족한다면 모양이 다른 배열끼리의 연산도 가능하게 해주며 모양이 부족한 부분은 확장하여 연산을 수행할 수 있도록 한다는 것이라고 생각할 수 있다.

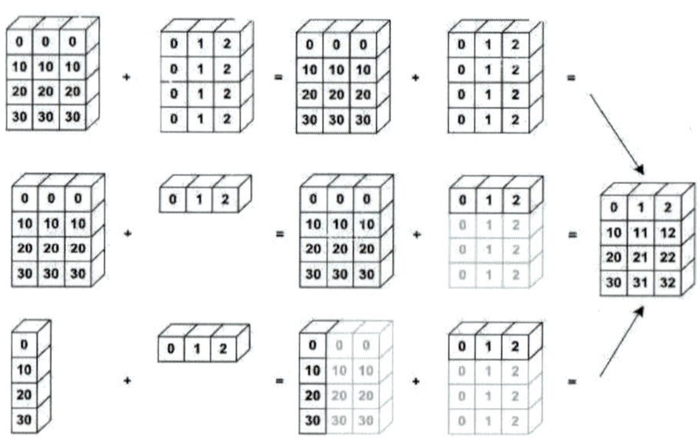

그림 4.5 브로드캐스팅

브로드캐스팅 개념

```
# 브로드캐스팅 사용하지 않은 경우
x=np.array([1,2,3,4,5])
y=np.array([1,1,1,1,1])
print(x+y)
# 브로드캐스팅을 사용한 경우
y=1
print(x+y)
```

[실행결과]

```
[2 3 4 5 6]
[2 3 4 5 6]
```

Shape이 다른 두 배열의 연산

- Shape이 다른 두 배열 사이의 이항 연산에서 브로드캐스팅 발생
- 두 배열을 같은 Shape으로 만든 후 연산을 수행

1) Case 1 : 배열과 스칼라

shape 다른 두 배열의 연산

```
a=np.arange(1,25).reshape(4,6)
print(a+100) # 브로드캐스팅
-------------------------------------
# step1 : 스칼라 배열 변경
new_arr=np.full_like(a,100)
print(new_arr)
# step2 : 배열 이항 연산
print(a+new_arr)
```

[실행결과]

```
[[101 102 103 104 105 106]
 [107 108 109 110 111 112]
 [113 114 115 116 117 118]
 [119 120 121 122 123 124]]
```

2) Case 2: Shape이 다른 배열들의 연산

shape 다른 두 배열의 연산

```
a = np.arange(5).reshape((1, 5))
print(a)
b = np.arange(5).reshape((5, 1))
print(b)
print(a+b) # 브로드캐스팅
```

[실행결과]

```
[[0 1 2 3 4]]
[[0]
 [1]
 [2]
 [3]
```

```
 [4]]
[[0 1 2 3 4]
 [1 2 3 4 5]
 [2 3 4 5 6]
 [3 4 5 6 7]
 [4 5 6 7 8]]
```

벡터 연산

넘파이는 벡터 연산을 지원한다. 넘파이의 집합 연산에는 Vectorization이 적용되어 있다. 배열 처리에 대한 벡터 연산을 적용할 경우 처리 속도가 100배 이상 향상된다. 머신러닝에서 선형대수 연산을 처리할 때 매우 높은 효과가 있을 수 있다. 아래 테스트에서 천만 개의 요소를 갖는 배열의 요소를 합산하는 코드를 반복문으로 처리하면 3.2초가 소요된다. 이 연산을 벡터 연산으로 처리하면 10밀리세컨드로 단축된다.

벡터 연산 수행시간 비교

```
import numpy as np
import time
a = np.arange(10000000)
result = 0
s=time.time()
for v in a:
  result += v
e=time.time()
print(result, e-s) # 반복문 연산 수행시간
s=time.time()
result=np.sum(a)
e=time.time()
print(result, e-s) # 벡터 연산 수행시간
```

[실행결과]

```
49999995000000 3.2174816131591797
49999995000000 0.010171651840209961
```

4.5 배열 변환

배열을 변환하는 방법으로는 전치, 배열 shape 변환, 배열 요소 추가와 삭제, 배열 결합, 배열 분리 등이 있다.

전치(Transpose)

Tranpose는 행렬의 인덱스가 바뀌는 변환이다. 행렬의 Tranpose의 예는 다음과 같다.

$$[1\ \ 2]^T = \begin{bmatrix} 1 \\ 2 \end{bmatrix}$$

$$\begin{bmatrix} 1 & 2 \\ 3 & 4 \end{bmatrix}^T = \begin{bmatrix} 1 & 3 \\ 2 & 4 \end{bmatrix}$$

$$\begin{bmatrix} 1 & 2 \\ 3 & 4 \\ 5 & 6 \end{bmatrix}^T = \begin{bmatrix} 1 & 3 & 5 \\ 2 & 4 & 6 \end{bmatrix}$$

그림 4.6 전치행렬

다음은 넘파이에서 행렬을 전치하기 위하여 [numpy.ndarray 객체].T 속성을 사용한다. 이 속성은 전치된 행렬을 반환한다.

전치행렬

```
a = np.random.randint(1,10,(3,3))
print(a)
print(a.T) # 전치행렬
```

[실행결과]

```
[[9 2 2]
 [9 7 5]
 [9 7 8]]
[[9 9 9]
 [2 7 7]
 [2 5 8]]
```

배열 형태 변경

[numpy.ndarray 객체]는 배열의 Shape을 변경하는 ravel 메소드와 reshape 메소드를 제공한다. ravel은 배열의 shape을 1차원 배열로 만드는 메소드이고, reshape은 데이터 변경없이 지정된 shape으로 변환하는 메소드이다. 머신러닝이나 딥러닝을 하다보면 데이터의 구조를 바꿔서 처리할 때가 많은데 이때 넘파이 reshape을 많이 사용한다.

1) [numpy.ndarray 객체].ravel()

배열을 1차원 배열로 반환하는 메소드로 numpy.ndarray 배열 객체의 뷰를 반환한다. ravel 메소드가 반환하는 배열은 원본 배열이 뷰이다. 따라서 ravel 메소드가 반환하는 배열의 요소를 수정하면 원본 배열 요소에도 반영된다.

배열을 1차원 배열로 반환

```
a = np.array([[1,2,3],[4,5,6]])
print(a)
a.ravel()
b=a.ravel()
b[0]=10
print(b)
print(a) # b 배열 변경이 a 행렬에 반영됨
```

[실행결과]

```
[[1 2 3]
 [4 5 6]]
[10 2 3 4 5 6]
[[10 2 3]
 [4 5 6]]
```

2) [numpy.ndarray 객체].reshape()

[numpy.ndarray 객체]의 shape을 변경한다. 데이터의 개수와 형태의 크기는 같아야 한다. reshape() 함수에서 변환된 배열은 원래 배열과 동일한 메모리를 공유하기 때문에 한 배열에서 데이터를 변경하면 다른 배열의 해당 데이터도 수정된다. ndarray가 아닌 다른 자료(list, tuple, range)를 바로 reshape하려면 오류가 발생한다. 이럴 때는, np.array() 함수를 이용하여 numpy npdarray로 바꾸어 reshape 할 수 있다.

shape 변경하기 : reshape함수

```
x=np.arange(20)
```

```
y=x.reshape(4,5)
print(y)
x[0]=10
print(x)
print(y)
```

[실행결과]

```
[[ 0  1  2  3  4]
 [ 5  6  7  8  9]
 [10 11 12 13 14]
 [15 16 17 18 19]]
[10  1  2  3  4  5  6  7  8  9 10 11 12 13 14 15 16 17 18 19]
[[10  1  2  3  4]
 [ 5  6  7  8  9]
 [10 11 12 13 14]
 [15 16 17 18 19]]
```

다차원 list data를 reshape 하기 : np.array()

```
list_data = [1,2,3,4,5,6]
list_data.reshape(3,2)
```

[실행결과]

```
---------------------------------------------------------------------------
Attribute Error Traceback (most recent call last)
<ipython-input-55-e7806ada173d> in <module>()
      1 list_data = [1,2,3,4,5,6]
----> 2 list_data.reshape(3,2)
Attribute Error: 'list' object has no attribute 'reshape'
```

```
list_data = [1,2,3,4,5,6]
#list_data.reshape(3,2)
data=np.array(list_data)
type(data)
print(data.reshape(3,2))
print(list_data)
```

[실행결과]

```
[[1 2]
 [3 4]
 [5 6]]
[1, 2, 3, 4, 5, 6]
```

배열 요소 추가/삭제

배열의 요소를 변경, 추가, 삽입 및 삭제하는 resize, append, insert, delete 함수를 제공한다.

1) [numpy.ndarray 객체].resize()

np.resize와 np.reshape 함수는 배열의 shape을 변경한다는 부분에서 유사하다. 차이점은 reshape 함수는 배열 요소 수를 변경하지 않기 때문에 reshape 전후 배열의 요소 수는 같다. 반면에 resize는 shape을 변경하는 과정에서 배열 요소 수를 줄이거나 늘린다.

함수설명

np.resize(a, new_shape)
– np.ndarray.resize(new_shape, refcheck=True)
– 배열의 shape과 크기를 변경한다.

shape 변경하기 : resize 함수 - 요소 수가 동일한 경우는 reshape()과 같다

```
x=np.arange(20)
y=np.resize(x,(5,4))
y
```

[실행결과]

```
array([[ 0,  1,  2,  3],
       [ 4,  5,  6,  7],
       [ 8,  9, 10, 11],
       [12, 13, 14, 15],
       [16, 17, 18, 19]])
```

shape 변경하기 : resize 함수 - 요소 수가 더 많은 경우

```
x=np.arange(20)
y=np.resize(x,(5,6))
y
```

[실행결과]

```
array([[ 0,  1,  2,  3,  4,  5],
       [ 6,  7,  8,  9, 10, 11],
       [12, 13, 14, 15, 16, 17],
       [18, 19,  0,  1,  2,  3],
       [ 4,  5,  6,  7,  8,  9]])
```

새 배열에 요소 수가 많으면 원래 배열의 데이터는 반복되지만 오류는 발생하지 않는다.

shape 변경하기 : resize 함수 - 요소 수가 더 적은 경우

```
x=np.arange(20)
y=np.resize(x,(5,3))
y
```

[실행결과]

```
array([[ 0,  1,  2],
       [ 3,  4,  5],
       [ 6,  7,  8],
       [ 9, 10, 11],
       [12, 13, 14]])
```

새 배열에 요소 수가 적으면 새 배열을 채우는 데 필요한 요소 수를 행 순서대로 가져온다. resize() 함수는 원래 배열과 동일한 메모리를 공유하지 않기 때문에 한 배열의 데이터 변경은 다른 배열에 매핑되지 않는다.

shape 변경하기 : resize 함수와 reshape 함수의 차이점

```
x=np.arange(20)
y=np.resize(x,(4,5))
print(y)
x[0]=10
print(x)
print(y)
```

[실행결과]

```
[[ 0  1  2  3  4]
 [ 5  6  7  8  9]
 [10 11 12 13 14]
 [15 16 17 18 19]]
[10  1  2  3  4  5  6  7  8  9 10 11 12 13 14 15 16 17 18 19]
[[ 0  1  2  3  4]
 [ 5  6  7  8  9]
 [10 11 12 13 14]
 [15 16 17 18 19]]
```

2) [numpy.ndarray 객체].append()

np.append 함수는 배열의 끝에 요소(값 또는 배열)를 추가한다. axis로 배열이 추가되는 방향을 지정할 수 있다.

함수설명

```
np.append(arr, values, axis=None)
- 배열의 끝에 값을 추가
```

값 추가하기

```
a = np.arange(3)
b = np.append(a, 3)
print(b)
```

[실행결과]

```
[0 1 2 3]
```

배열 [0, 1, 2]의 끝에 값 3을 추가한다. 값 또는 배열에 추가된 새로운 배열을 반환한다.

배열 추가하기

```
a = np.array([[1, 2, 3], [4, 5, 6]])
b = np.array([[7, 8, 9]])
c = np.append(a, b)
print(c)
```

[실행결과]

```
[1 2 3 4 5 6 7 8 9]
```

배열을 추가할 때 세 번째 파라미터에 축(axis)을 지정하지 않으면, 1차원 배열로 변환(flatten)되어서 추가된다.

축(axis) 추가하기

```
a = np.array([[1, 2, 3], [4, 5, 6]])
b = np.array([[7, 8, 9]])
c = np.append(a, b, axis=0)
print(c)
```

[실행결과]

```
[[1 2 3]
 [4 5 6]
 [7 8 9]]
```

첫 번째 축(axis=0)을 기준으로 추가해서 2차원 배열을 반환한다.

3) [numpy.ndarray 객체].insert()

주어진 축에 대해 주어진 인덱스 앞에 값을 삽입한다.

함수설명

```
np.insert(arr, obj, values, axis=None)
- axis를 지정하지 않으며 1차원 배열로 변환
- 추가할 방향을 axis로 지정
```

값 추가하기 : 1차원 배열

```python
a = np.array([1, 2, 3])
b = np.insert(a, 1, 5)
print(a)
print(b)
```

[실행결과]

```
[1 2 3]
[1 5 2 3]
```

값 추가하기 : 2차원 배열

```python
a = np.array([[1, 1], [2, 2], [3, 3]])
b = np.insert(a, 1, 5)
print(a)
print(b)
```

[실행결과]

```
[[1 1]
 [2 2]
 [3 3]]
[1 5 1 2 2 3 3]
```

축(axis)를 지정하지 않았기 때문에 1차원 배열로 변환한 후 값을 삽입한다.

값 추가하기 : 축 지정하기

```python
a = np.array([[1, 1], [2, 2], [3, 3]])
b = np.insert(a, 1, 5, axis=0)
c = np.insert(a, 1, 5, axis=1)
print(a)
print(b)
print(c)
```

[실행결과]

```
[[1 1]
 [2 2]
 [3 3]]
[[1 1]
 [5 5]
 [2 2]
 [3 3]]
[[1 5 1]
 [2 5 2]
 [3 5 3]]
```

배열 b는 axis=0으로 지정한 후 값을 삽입한 배열로 첫 번째 축을 따라 5가 삽입되었다. 배열 c는 axis=1으로 지정한 후 값을 삽입한 배열 두 번째 축을 따라 5가 삽입되었다.

4) [numpy.ndarray 객체].delete()

인덱스를 이용해서 배열의 요소 또는 서브배열(sub-array)을 제거한다. 축을 지정하면 지정한 축에 대해 서브배열이 제거된 배열을 반환한다.

함수설명

```
np.delete(arr, obj, axis=None)
- axis를 지정하지 않으며 1차원 배열로 변환
- 삭제할 방향을 axis로 지정
- delete 함수는 원본 배열을 변경하지 않으며 새로운 배열을 반환
```

값 삭제하기

```
a = np.arange(12).reshape(3,4)
print(a)
print(np.delete(a, 5))
```

[실행결과]

```
[[ 0  1  2  3]
 [ 4  5  6  7]
 [ 8  9 10 11]]
[ 0  1  2  3  4  6  7  8  9 10 11]
```

np.delete(a, 5)와 같이 축이 지정되지 않으면 1차원으로 변환된(flattened) 배열에서 지정한 인덱스의 값을 제거한다.

값 삭제하기 : 축 지정하기

```
a = np.arange(12).reshape(3,4)
print(a)
print(np.delete(a, 1, axis=0))
print(np.delete(a, 1, axis=1))
```

[실행결과]

```
[[ 0  1  2  3]
 [ 4  5  6  7]
 [ 8  9 10 11]]
[[ 0  1  2  3]
 [ 8  9 10 11]]
[[ 0  2  3]
 [ 4  6  7]
 [ 8 10 11]]
```

np.delete(a, 1, axis=1)과 같이 축을 지정하면, 축을 따라 지정한 인덱스의 서브배열을 제거한 배열을 반환한다.

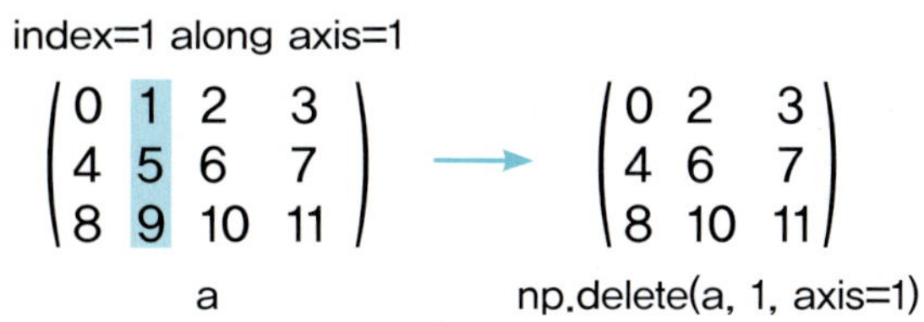

배열 결합

배열과 배열을 결합하는 np.concatenate, np.vstack, np.hstack 함수를 제공한다.

1) [numpy.ndarray 객체].concatenate()

배열의 시퀀스를 지정한 축을 따라 연결한다.

함수설명

```
concatenate((a1, a2, ...), axis=0)
- a1, a2....: 배열
```

배열 결합하기

```
a1 = np.array([1, 2, 3])
a2 = np.array([4, 5, 6])
arr = np.concatenate((a1, a2))
print(arr)
```

[실행결과]

```
[1 2 3 4 5 6]
```

np.concatenate((arr1, arr2))은 파이썬 리스트의 더하기 연산과 같이 두 배열을 연결한 배열을 반환한다.

배열 결합하기 : 축 지정하기

```
a1 = np.array([[1, 2, 3]])
a2 = np.array([[4, 5, 6]])
axis0 = np.concatenate((a1, a2), axis=0)
axis1 = np.concatenate((a1, a2), axis=1)
print(axis0)
print(axis1)
```

[실행결과]

```
[[1 2 3]
 [4 5 6]]
[[1 2 3 4 5 6]]
```

axis=0으로 지정하면 첫 번째 축을 따라 배열을 연결하고, axis=1로 지정하면 두 번째 축을 따라 배열을 연결한다.

2) [numpy.ndarray 객체].vstack()

배열의 시퀀스를 지정한 축을 따라 연결한다.

함수설명

```
np.vstack(tup)
- tup: 튜플
- 튜플로 설정된 여러 배열을 수직 방향으로 연결 (axis=0 방향)
- np.concatenate(tup, axis=0)와 동일
```

수직 방향 배열 결합하기

```
a1 = np.array([1, 2, 3])
a2 = np.array([4, 5, 6])
np.vstack((a1,a2))
```

[실행결과]

```
array([[1, 2, 3],
       [4, 5, 6]])
```

3) [numpy.ndarray 객체].hstack()

배열의 시퀀스를 지정한 축을 따라 연결한다.

- np.hstack(tup)
- tup: 튜플
- 튜플로 설정된 여러 배열을 수평 방향으로 연결 (axis=1 방향)
- np.concatenate(tup, axis=1)와 동일

수평 방향 배열 결합하기

```
a1 = np.array([1, 2, 3])
a2 = np.array([4, 5, 6])
np.hstack((a1,a2))
```

[실행결과]

```
array([1, 2, 3, 4, 5, 6])
```

배열 분리

넘파이는 배열을 수직, 수평으로 분할하는 함수를 제공한다.

- np.hsplit(): 지정한 배열을 수평(행) 방향으로 분할
- np.vsplit(): 지정한 배열을 수직(열) 방향으로 분할

1) [numpy.ndarray 객체].hsplit()

배열을 수평 방향으로 여러 개의 서브배열로 나눈다.

수평 방향 배열 분리하기

```
a = np.arange(16).reshape(4, 4)
a_hsplit = np.hsplit(a, 2)
```

```
print(a)
print(a_hsplit)
```

[실행결과]

```
[[ 0  1  2  3]
 [ 4  5  6  7]
 [ 8  9 10 11]
 [12 13 14 15]]
[array([[ 0,  1],
       [ 4,  5],
       [ 8,  9],
       [12, 13]]), array([[ 2,  3],
       [ 6,  7],
       [10, 11],
       [14, 15]])]
```

np.hsplit(a, 2)는 배열 a를 수평 방향으로(열 단위로) 쪼개서 리스트의 형태로 반환한다.

2) [numpy.ndarray 객체].vsplit()

배열을 수직 방향으로 여러 개의 서브배열로 나눈다.

수직 방향 배열 분리하기

```
a = np.arange(16).reshape(4, 4)
a_vsplit = np.vsplit(a, 2)
print(a)
print(a_vsplit)
```

[실행결과]

```
[[ 0  1  2  3]
 [ 4  5  6  7]
 [ 8  9 10 11]
 [12 13 14 15]]
[array([[0, 1, 2, 3],
       [4, 5, 6, 7]]), array([[ 8,  9, 10, 11],
       [12, 13, 14, 15]])]
```

np.vsplit(a, 2)는 배열 a를 수직 방향으로(행 단위로) 쪼개서 리스트의 형태로 반환한다.

연습문제

문제 1 다음은 1부터 10까지 1차원 배열을 생성하고 배열의 속성을 알아보는 프로그램이다. 실행결과를 보고 빈칸에 가장 알맞은 속성을 쓰시오.

```
arr=np.__________(1,11)
print(arr)
print('ndim:',arr.ndim)
print(__________)
print(__________)
print('size:',arr.size)
```

[실행결과]

```
[ 1  2  3  4  5  6  7  8  9 10]
ndim: 1
(10,)
int64
size:10
```

문제 2 다음 각각의 문제들을 넘파이를 활용하여 해결해 보시오.

1) 값이 10~50인 벡터를 만들고 벡터를 반전시켜 출력해보시오

[실행결과]

```
array([49, 48, 47, 46, 45, 44, 43, 42, 41, 40, 39, 38, 37, 36, 35, 34, 33, 32, 31, 30,
       29, 28, 27, 26, 25, 24, 23, 22, 21, 20, 19, 18, 17, 16, 15, 14, 13, 12, 11, 10])
```

2) 랜덤 값이 있는 10x10 배열을 만들고 최대값과 최대값을 찾아보시오

3) 0-8범위위 값을 사용하여 3x3 배열을 생성해보시요

[실행결과]

```
[[0 1 2]
 [3 4 5]
 [6 7 8]]
```

4-1) 다음과 같이 1에서 24까지의 값을 가지는 4x6 크기의 2차원 행렬 arr을 생성하시오

[실행결과]

```
array([[ 1,  2,  3,  4,  5,  6],
       [ 7,  8,  9, 10, 11, 12],
       [13, 14, 15, 16, 17, 18],
       [19, 20, 21, 22, 23, 24]])
```

4-2) arr배열에 슬라이싱을 적용하여 다음과 같은 값을 가지는 배열을 생성하시오.

[실행결과]

```
[[ 8  9 10 11]
 [14 15 16 17]]
```

4-3) arr배열에 슬라이싱을 적용하여 다음과 같은 값을 가지는 배열을 생성하시오.

[실행결과]

```
[[18 17 16 15 14 13]
 [24 23 22 21 20 19]]
```

4-4) arr배열에서 2의 배수만 출력해보시오.

[실행결과]

```
array([ 2,  4,  6,  8, 10, 12, 14, 16, 18, 20, 22, 24])
```

4-5) arr배열에서 10부터 20까지의 값만 출력해보시오.

[실행결과]

```
array([10, 11, 12, 13, 14, 15, 16, 17, 18, 19, 20])
```

문제 3 넘파이 배열을 사용하여 1부터 20까지의 연속된 정수값을 가지는 1차원 배열을 생성하여 실행결과와 같이 출력되기 위해서 밑줄에 들어갈 알맞은 코드를 쓰시오.

```
import numpy as np
arr=______________________
print('마지막 원소:', __________)
print('모든원소의 합:',__________)
print('모든원소의 평균:',__________)
new_arr=___________________
print(new_arr)
```

[실행결과]

```
마지막 원소: 20
모든원소의 합: 210
모든원소의 평균: 10.5
[[ 1 2 3 4 5]
 [ 6 7 8 9 10]
 [11 12 13 14 15]
 [16 17 18 19 20]]
```

문제 4 학생들의 근로 장학금이 넘파이 배열에 저장되어 있다. 이번 학기 학생들의 근로장학금을 1.5배 올려주려고 한다. 다음은 인상된 근로장학금을 출력하고 근로장학금이 평균 근로장학금보다 많은 학생들의 근로장학금을 출력하고 원소의 수를 출력하는 프로그램이다. 실행결과를 보고 빈칸에 가장 알맞은 답을 쓰시오.

```
import numpy as np
salary=[200,150,180,220,250]
new_salary=np.array(salary,dtype='float64') * 1.5
print('인상된 금액 : ',new_salary)
avg_salary=___________________
print('평균 금액 : ', avg_salary)
result=___________________
print('평균이상인 원소 : ', new_salary[result])
print('평균이상인 원소의 개수 : ',___________________)
```

[실행결과]

```
인상된 금액 : [300.
225. 270. 330. 375.]
평균 금액 : 300.0
평균이상인 원소 : [300.
330. 375.]
평균이상인 원소의 개수 :
3
```

Python for data analysis

05

판다스(Pandas) 라이브러리 기초

학습목표

- 판다스의 개념 및 특징을 익힌다.
- 판다스 객체를 생성하는 방법을 익힌다.
- 데이터를 확인하는 다양한 방법을 익힌다.
- 데이터를 가공하고 그룹핑하는 방법을 익힌다.
- 결측 데이터를 처리하는 방법을 익힌다.
- 데이터를 병합하는 방법을 익힌다.

학습목차

5.1 판다스 개념 및 특징

판다스는 고수준의 자료구조와 빠르고 쉬운 데이터 분석 도구를 제공하는 파이썬의 라이브러리이다. 넘파이 기반에서 개발되어 넘파이 사용하는 애플리케이션에서 쉽게 사용이 가능 하고 여러 형태의 데이터들을 분석하고 정리하는데 유용하게 사용 가능하다. 온전히 통계 분석을 위해 고안된 R과는 다르게 파이썬은 일반적인 프로그래밍 언어이며, 데이터 분석을 하기 위해서는 여러가지 라이브러리를 사용할 수 밖에 없다. 이 패키지들 중 R의 데이터프레임 데이터 타입을 참고하여 만든 것이 바로 판다스 데이터프레임이다. 판다스는 데이터프레임을 주로 다루기 위한 라이브러리이며, 데이터프레임을 자유롭게 가공하는 것은 데이터 과학자들에게 중요하다. 물론 판다스의 문법을 외우지 않고, 필요할 때마다 책이나 웹에서 찾아가면서 해도 좋지만 자주 사용하는 조작법을 외운다면 귀찮은 데이터 핸들링 작업을 빠르게 할 수 있다.

판다스 특징

- 자동적/명시적으로 축의 이름에 따라 데이터를 정렬할 수 있는 데이터구조
- 잘못 정렬된 데이터에 의한 오류를 방지하고, 다양한 방식으로 색인된 데이터를 다룰 수 있는 기능
- 통합된 시계열 기능
- 시계열 데이터와 비시계열 데이터를 함께 다룰 수 있는 통합 자료구조
- 산술 연산과 한 축의 모든 값을 더하는 등 데이터 축약 연산은 축의 이름같은 메타데이터로 전달될 수 있어야 함
- 누락된 데이터를 유연하게 처리할 수 있는 기능
- SQL 같은 일반 데이터베이스처럼 데이터를 합치고 관계 연산을 수행하는 기능

먼저 판다스를 사용하기 위해서는 아래의 명령문을 통해 패키지를 설치해야 한다. 구글 코랩과 같은 온라인 편집기는 이미 판다스가 설치되어 있기 때문에 불러와서 사용할 수 있다.

```
pip install pandas
```

먼저 판다스를 사용하기 위해서는 아래와 같은 코드로 판다스를 import 해야 한다. 판다스는 pd라는 이름으로 임포트하는 것이 관례이다.

```
import pandas as pd
```

사실상, 판다스를 설치하고 단순히 import pandas 만 해도 되지만, 이를 코드에서 보다 편하게 사용하기 위해 as pd를 붙임으로써 pd라는 이름으로 판다스를 사용한다.

5.2 판다스 객체 생성

Pandas의 기본 객체인 Series와 DataFrame을 생성하는 다양한 방법에 대해 알아본다.

- 시리즈(Series): 레이블을 갖는 1차원 배열
- 데이터프레임(DataFrame): 레이블을 갖는 행과 열을 갖는 2차원 배열

Pandas 모듈 데이터는 Series(1개 변수)와 DataFrame 2개 이상의 변수로 나뉜다. 외부 데이터를 pandas 모듈로 읽어 들이면 자동으로 dataFrame으로 된다. pandas 데이터프레임을 행, 열, 그리고 형식 기준으로 다룬다.

Series와 DataFrame

Series는 다양한 자료형을 담을 수 있는 1차원의 배열이며, 엑셀 문서의 하나의 열(column)과 같다. Series는 Index라고 하는 레이블을 가진다. DataFrame은 행과 열을 갖는 2차원의 자료형으로 여러 개의 Series가 모이면 DataFrame을 구성할 수 있다.

	Brand
0	Samsung
1	LG
2	Apple
3	Apple

Series

\+

	Color
0	Black
1	Gold
2	Silver
3	Gray

Series

=

	Brand	Color
0	Samsung	Black
1	LG	Gold
2	Apple	Silver
3	Apple	Gray

DataFrame

아래 그림과 같이 DataFrame은 Index와 Key 그리고 Value들로 구성된다.

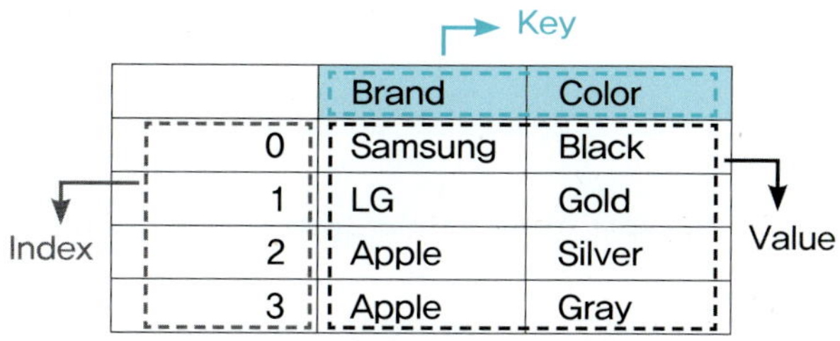

Series 만들기

Series는 동일한 유형의 데이터를 저장하는 1차원 배열이다. Series()에 값들의 리스트를 입력해서 Series를 만들면, Pandas가 정수 인덱스를 자동으로 만들어준다.

정수형 Series 만들기

```
import pandas as pd
score = pd.Series([95, 90, 85, 90, 95])
score
```

[실행결과]

```
0     95
1     90
2     85
3     90
4     95
dtype: int64
```

실수형 Series 만들기

```
s = pd.Series([4, 3.5, 3.8, 3, 3.7])
s
```

[실행결과]

```
0     4.0
1     3.5
2     3.8
3     3.0
4     3.7
dtype: float64
```

정수와 실수가 함께 있는 리스트를 입력하면 두 자료형을 모두 표현할 수 있는 실수 자료형의 Series가 하나 만들어진다.

인덱스 지정하기

```
s=pd.Series([90,80,95],index=['A','B','C'])
s
```

[실행결과]

```
A     90
B     80
```

```
C     95
dtype: int64
```

Series()의 index 키워드를 사용해서 인덱스를 자유롭게 설정할 수 있다.

DataFrame 만들기

시리즈들을 모아 하나의 데이터프레임을 만들 수 있다. 넘파이 배열과 딕셔너리 구조를 이용하여 데이터프레임을 생성할 수 있다.

넘파이로 배열 생성하기

```python
import numpy as np
import pandas as pd
arr = np.arange(12).reshape(4,3)
print(arr)
print()
df = pd.DataFrame(arr)
print(df)
```

[실행결과]

```
[[ 0  1  2]
 [ 3  4  5]
 [ 6  7  8]
 [ 9 10 11]]

   0   1   2
0  0   1   2
1  3   4   5
2  6   7   8
3  9  10  11
```

딕셔너리로 배열 생성하기

```python
df = pd.DataFrame({'name':['장은실','오경선','양숙희'],
                   'score':[90,80,95],
                   'dept':['com','eng','math']})
df
```

[실행결과]

	name	score	dept
0	장은실	90	com
1	오경선	80	eng
2	양숙희	95	math

딕셔너리의 키가 그대로 DataFrame의 키가 되며,그 결과로 만들어지는 DataFrame의 열(column)은 서로 다른 자료형 (dtypes)을 갖는다.

csv 활용하기

Pandas가 제공하는 read_csv() 함수를 이용하여 데이터를 DataFrame으로 불러올 수 있다.
[준비파일:mobile.csv]

csv 파일 불러오기

```
df = pd.read_csv('mobile.csv')
df
```

[실행결과]

csv 파일 불러오기

```
df = pd.read_csv('mobile.csv')
df
```

[실행결과]

	Brand	Color	price
0	Samsung	Black	100
1	LG	Gold	70
2	Apple	Silver	150
3	Apple	Gray	120

csv 파일 불러오기 : 인덱스 지정하기

```
df = pd.read_csv('mobile.csv', index_col=0)
df
```

[실행결과]

	Color	price
Brand		
Samsung	Black	100
LG	Gold	70
Apple	Silver	150
Apple	Gray	120

index_col는 인덱스로 사용할 열을 지정하도록 한다. index_col=0으로 지정해서 첫 번째 열이 인덱스가 되었다.

5.3 판다스 데이터 확인하기

판다스에는 데이터 분석에 유용한 여러 가지 함수(메소드)와 속성이 미리 정의되어 있다. 판다스 객체의 데이터를 확인하는 다양한 방법을 소개한다.

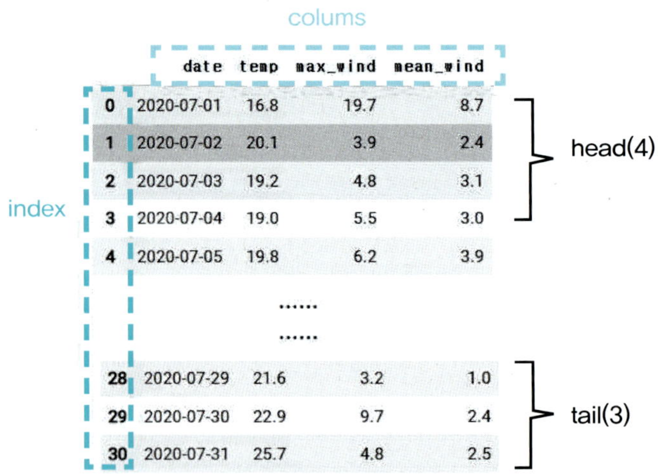

1) DataFrame 만들기

[준비파일:weather.csv]

csv파일을 불러와서 데이터프레임을 생성한다.

csv 파일 불러오기

```
df = pd.read_csv('weather.csv')
df
```

[실행결과]

	date	temp	max_wind	mean_wind
0	2010-08-01	28.7	8.3	3.4
1	2010-08-02	25.2	8.7	3.8
2	2010-08-03	22.1	6.3	2.9
3	2010-08-04	25.3	6.6	4.2
4	2010-08-05	27.2	9.1	5.6

...	...	...	...	...
3648	2020-07-27	22.1	4.2	1.7
3649	2020-07-28	21.9	4.5	1.6
3650	2020-07-29	21.6	3.2	1.0
3651	2020-07-30	22.9	9.7	2.4
3652	2020-07-31	25.7	4.8	2.5

3653 rows × 4 columns

2) df.shape

.shape 속성을 이용하면 데이터의 (행, 열) 크기를 확인할 수 있다.

(행, 열) 크기 확인하기

```
df.shape
```

[실행결과]

```
(3653, 4)
```

3) df.info()

.info() 함수는 데이터에 대한 전반적인 정보를 나타낸다. df를 구성하는 행과 열의 크기, 컬럼명, 컬럼을 구성하는 값의 자료형 등을 출력해준다.

데이터 전체적인 구조 출력

```
df.info()
```

[실행결과]

```
<class 'pandas.core.frame.DataFrame'>
RangeIndex: 3653 entries, 0 to 3652
Data columns (total 4 columns):
 #   Column     Non-Null Count  Dtype
---  ------     --------------  -----
 0   date       3653 non-null   object
 1   temp       3653 non-null   float64
 2   max_wind   3649 non-null   float64
 3   mean_wind  3647 non-null   float64
dtypes: float64(3), object(1)
memory usage: 114.3+ KB
```

- 데이터 개수 n= 3653 entry, 행 인덱싱 번호 0 to 3652
- 열 변수 형식 출력 : 실수 float, 문자열 object
- 결측치 개수가 나타남 : max_wind, mena_wind 변수에는 결측치가 있음

4) df.head() / df.tail()

데이터를 잘 불러왔는지 확인하기 위해 앞부분과 마지막 부분을 확인한다.

상위 N행 살펴보기

```
df.head()
```

[실행결과]

	date	temp	max_wind	mean_wind
0	2010-08-01	28.7	8.3	3.4
1	2010-08-02	25.2	8.7	3.8
2	2010-08-03	22.1	6.3	2.9
3	2010-08-04	25.3	6.6	4.2
4	2010-08-05	27.2	9.1	5.6

하위 N행 살펴보기

```
df.tail(3)
```

[실행결과]

	date	temp	max_wind	mean_wind
3650	2020-07-29	21.6	3.2	1.0
3651	2020-07-30	22.9	9.7	2.4
3652	2020-07-31	25.7	4.8	2.5

.head() 함수는 불러온 데이터의 상위 5개의 행을 출력한다. 비슷하게 .tail()의 경우 하위 5개의 행을 출력한다. 괄호 () 안에 원하는 숫자를 넣으면 그 숫자만큼 행을 출력한다.

5) df.index / df.columns

인덱스(행 이름)와 열의 레이블(컬럼 이름)을 출력하려면, index와 columns을 사용한다.

인덱스 출력

```
df.index
```

[실행결과]

```
RangeIndex(start=0, stop=3653, step=1)
```

데이터프레임의 인덱스(행 이름)를 반환한다. 인덱스를 따로 지정하지 않았기 때문에 0부터 시작하는 인덱스가 부여되었다.

컬럼 출력

```
df.columns
```

[실행결과]

```
Index(['date', 'temp', 'max_wind', 'mean_wind'], dtype='object')
```

.columns 속성을 이용하면 해당 데이터프레임을 구성하는 컬럼명을 확인할 수 있다. 이 기능은 컬럼명을 변경할 때도 유용하게 사용된다.

6) df.describe()

.describe() 함수는 데이터의 컬럼별 요약 통계량을 나타낸다. 또한 mean(), max(), median() 등 개별 함수를 사용하여 통계량을 계산할 수도 있다.

요약 통계량 확인하기

```
df.describe()
```

[실행결과]

	temp	max_wind	mean_wind
count	3653.000000	3649.000000	3647.000000
mean	12.942102	7.911099	3.936441
std	8.538507	3.029862	1.888473
min	-9.000000	2.000000	0.200000
25%	5.400000	5.700000	2.500000
50%	13.800000	7.600000	3.600000
75%	20.100000	9.700000	5.000000
max	31.300000	26.000000	14.900000

기온(temp) 컬럼의 평균 출력하기

```
df['temp'].mean()
```

[실행결과]

```
12.942102381604148
```

7) df.sort_values()

.sort_values()를 사용해서 데이터 크기 순으로 정렬할 수 있다. 예제에서는 두 번째 열의 값의 크기에 따라 DataFrame을 정렬했다.

함수형식

DataFrame.sort_values(by=['정렬변수','정렬변수2',], ascending=False, inplace=True)
- by=[ ] : by=을 사용하지 않아도 된다.
- inplace=True : 정렬 결과가 동일 데이터프레임 이름으로 저장된다.
- ascending=True : 디폴트이므로 오름차순 정렬이면 사용하지 않아도 된다. 단지 내림차순이면 ascending=False을 사용한다

최대풍속(max_wind) 컬럼의 값의 크기에 따라 오름차순 정렬

```
df.sort_values(by='max_wind')
```

[실행결과]

	date	temp	max_wind	mean_wind
1514	2014-09-23	20.7	2.0	1.0
1134	2013-09-08	20.4	2.1	0.8
421	2011-09-26	18.7	2.1	0.3
1512	2014-09-21	20.4	2.2	1.2
1005	2013-05-02	7.1	2.2	0.8
...	...	...	...	...
2988	2018-10-06	19.4	26.0	7.0
559	2012-02-11	-0.7	NaN	NaN
560	2012-02-12	0.4	NaN	NaN
561	2012-02-13	4.0	NaN	NaN
3183	2019-04-19	7.8	NaN	2.3

3653 rows × 4 columns

최대풍속(max_wind) 컬럼 값의 크기에 따라 내림차순 정렬

```
df.sort_values(by='max_wind', ascending=False)
```

[실행결과]

	date	temp	max_wind	mean_wind
2988	2018-10-06	19.4	26.0	7.0
3340	2019-09-23	15.0	25.8	11.0
1850	2015-08-25	20.1	25.3	14.9
3339	2019-09-22	15.7	23.1	11.9
1851	2015-08-26	17.4	22.6	8.1
...	...	...	...	...
1514	2014-09-23	20.7	2.0	1.0
559	2012-02-11	-0.7	NaN	NaN
560	2012-02-12	0.4	NaN	NaN
561	2012-02-13	4.0	NaN	NaN
3183	2019-04-19	7.8	NaN	2.3

3653 rows × 4 columns

8) df.value_counts()

범주형 변수의 빈도분석 결과를 출력한다. 즉 어떤 컬럼의 unique value들의 개수를 구한다.

[준비파일 : bank.csv]

빈도 분석 출력하기

```
bank=pd.read_csv('bank.csv')
bank['job'].value_counts()  # 내림차순
bank['job'].value_counts(ascending=True) # 오름차순
```

[실행결과]

```
management       1560
blue-collar      1499
technician       1206
admin.            834
services          661
retired           351
self-employed     256
entrepreneur      239
unemployed        223
housemaid         208
student           153
Name: job, dtype: int64
```

```
student           153
housemaid         208
unemployed        223
entrepreneur      239
self-employed     256
retired           351
services          661
admin.            834
technician       1206
blue-collar      1499
management       1560
Name: job, dtype: int64
```

9) df.unique()

데이터가 무엇으로 구성되어있는지 보고 싶다면 .unique()로 열의 고유값을 볼 수 있다.

column의 고유값 출력하기

```
bank['job'].unique()
```

[실행결과]

```
array(['management', 'technician', 'blue-collar', 'retired', 'services',
       'admin.', 'entrepreneur', 'self-employed', 'unemployed', 'student',
       nan, 'housemaid'], dtype=object)
```

5.4 판다스 데이터 선택하기

Pandas DataFrame로부터 데이터를 선택하는 다양한 방법에 대해 알아본다.

	date	temp	max_wind	mean_wind
0	2020-07-01	16.8	19.7	8.7
1	2020-07-02	20.1	3.9	2.4
2	2020-07-03	19.2	4.8	3.1
3	2020-07-04	19.0	5.5	3.0
4	2020-07-05	19.8	6.2	3.9

df[1:3]

df['temp'] or df.temp

1) 열 선택하기

DataFrame의 하나의 열을 선택하면 하나의 Series를 만든다. df['컬럼명']는 df.컬럼명과 같다. 단, 이 방법에서는 열 이름이 숫자로 시작하지 않고 공백이나 특수 문자 등을 포함하지 않는 등의 조건을 만족해야 한다. iloc() 및 loc() 메소드를 사용하여 여러 열을 선택할 수도 있다.

단일 컬럼 선택하기

```
df['temp'] # df.temp
#type(df['temp'])
```

[실행결과]

```
0       28.7
1       25.2
2       22.1
3       25.3
4       27.2
        ...
3648    22.1
3649    21.9
3650    21.6
3651    22.9
3652    25.7
Name: temp, Length: 3653, dtype: float64
```

여러 컬럼 선택하기

```
df[['date','temp']]
```

[실행결과]

	date	temp
0	2010-08-01	28.7
1	2010-08-02	25.2
2	2010-08-03	22.1
3	2010-08-04	25.3
4	2010-08-05	27.2
...	...	...

추출할 열 이름을 목록에 저장한 다음 []에 전달하면 DataFrame에서 여러 열을 선택할 수 있다.

여러 컬럼 선택하기 : loc()

```
df.loc[:,['date','temp']]
```

[실행결과]

	date	temp
0	2010-08-01	28.7
1	2010-08-02	25.2
2	2010-08-03	22.1
3	2010-08-04	25.3
4	2010-08-05	27.2
...	...	...

열 이름을 사용하여 열을 선택하려는 경우 loc()을 사용할 수 있다. 열 인덱스를 사용하여 추출하려면 아래 예제와 같이 iloc()을 사용할 수 있다.

여러 컬럼 선택하기 : iloc()

```
df.iloc[:,[0,1]]
```

[실행결과]

	date	temp
0	2010-08-01	28.7
1	2010-08-02	25.2
2	2010-08-03	22.1
3	2010-08-04	25.3
4	2010-08-05	27.2
...	...	...

2) 행 선택하기

특정 행 범위 선택하기

```
df[0:3]
```

[실행결과]

	date	temp	max_wind	mean_wind
0	2010-08-01	28.7	8.3	3.4
1	2010-08-02	25.2	8.7	3.8
2	2010-08-03	22.1	6.3	2.9

인덱스 숫자를 사용하면 행을 슬라이싱할 수 있다.

3) 레이블로 선택하기 (df.loc)

특정 날짜에 해당하는 열 선택

```
df.index=df['date']
df.loc['2010-08-01',['temp','mean_wind']]
```

[실행결과]

```
temp            28.7
mean_wind        3.4
Name: 2010-08-01, dtype: object
```

4) 위치로 선택하기 (df.iloc)

iloc[n]과 같이 정수를 입력하면 해당 행을 선택한다. iloc 이후에 붙은 숫자 3은(위에서 0부터 셀 때) 3번째 행이라는 뜻이다

특정 행 선택

```
df.iloc[3]
```

[실행결과]

```
date            2010-08-04
temp                  25.3
max_wind               6.6
mean_wind              4.2
Name: 2010-08-04, dtype: object
```

특정 행과 열 선택 : 슬라이싱

```
df.iloc[1:3,0:2]
```

[실행결과]

date	date	temp	max_wind	mean_wind
2010-08-01	2010-08-01	28.7	8.3	3.4
2010-08-02	2010-08-02	25.2	8.7	3.8
2010-08-03	2010-08-03	22.1	6.3	2.9
2010-08-04	2010-08-04	25.3	6.6	4.2
2010-08-05	2010-08-05	27.2	9.1	5.6

date	date	temp
2010-08-02	2010-08-02	25.2
2010-08-03	2010-08-03	22.1

5) 불 인덱싱

하나의 열의 값을 기준으로 데이터를 선택할 수 있다. df[df.A > 0]은 df로부터 A열이 0보다 큰 데이터를 보여준다.

조건에 맞는 데이터 추출

```
w=df['temp']>=30
df[w]
```

[실행결과]

	date	temp	max_wind	mean_wind
date				
2013-08-08	2013-08-08	31.3	7.8	4.6
2013-08-09	2013-08-09	30.6	9.9	6.4
2013-08-10	2013-08-10	30.6	7.4	3.8
2018-07-23	2018-07-23	30.5	6.5	1.6
2018-08-04	2018-08-04	30.3	5.8	3.0

기온(temp)이 30도 이상인 모든 데이터를 추출한다. 넘파이의 불 인덱싱과 동일한 문법이다.

조건에 맞는 데이터 추출

```
# 최고로 더웠던 날의 모든 정보를 출력하시오
w=df['temp']==df['temp'].max()
df[w]
```

[실행결과]

	date	temp	max_wind	mean_wind
date				
2013-08-08	2013-08-08	31.3	7.8	4.6

조건이 2개 이상인 경우

```
# 기온이 30도 이상이고 최대 풍속이 9이상인 데이터
w=(df['temp']>=30) & (df['max_wind']>=9)
df[w]
```

[실행결과]

	date	temp	max_wind	mean_wind
date				
2013-08-09	2013-08-09	30.6	9.9	6.4

조건이 2개 이상인 경우에는 ()로 묶는다. | = or, & = and 의미이다.

5.5 판다스 결측 데이터 처리하기

Pandas는 누락된 데이터를 표시할 때 NaN(Not a Number) 으로 표기하며, 연산에는 포함되지 않는다. 이번에는 DataFrame에서 누락된 데이터를 처리하는 방법에 대해 다룬다.

1) 결측 데이터 확인

결측데이터 확인

```
# 최고풍속이 측정되지 않은 모든 데이터 출력
df[df['max_wind'].isna()]
```

[실행결과]

	date	temp	max_wind	mean_wind
date				
2012-02-11	2012-02-11	-0.7	NaN	NaN
2012-02-12	2012-02-12	0.4	NaN	NaN
2012-02-13	2012-02-13	4.0	NaN	NaN
2019-04-19	2019-04-19	7.8	NaN	2.3

isna() 함수는 값이 nan일때 True, 그렇지 않으면 False가 된다.

결측 데이터 개수 확인 : 컬럼별 결측 데이터 개수 확인

```
df.isnull().sum()
```

[실행결과]

```
date         0
temp         0
max_wind     4
mean_wind    6
dtype: int64
```

isnull() 함수는 결측 데이터이면 True값을 반환하고, 유효한 데이터가 존재하면 False를 반환한다. notnull() 함수는 유효한 데이터가 존재하면 True를 반환하고, 결측 데이터면 False를 반환한다.

2) 결측 데이터 삭제하기

결측 데이터를 다루는 가장 간단한 방법은 결측 데이터를 가진 행이나 열을 삭제하는 것이다. 판다스에서 dropna() 함수를 이용하여 삭제할 수 있다.

함수 설명

```
DataFrame.dropna(axis, how, thresh, subset, inplace)
```

매개변수	설명
axis	– 축을 행 또는 열로 결정한다. – 0 또는'index'이면 누락된 값이 포함된 행을 삭제한다. – 1 또는'columns'이면 누락된 값이 포함된 열을 삭제한다. – 기본적으로 값은 0이다.
how	– any는 null 값이 있는 경우 행 또는 열을 삭제한다. – all은 모든 값이 누락된 경우 행 또는 열을 삭제한다. – 기본적으로 any로 설정
inplace	– 실제 데이터프레임에 나온 값을 저장할 것인지를 설정하는 변수로 기본적으로 값은 False이다.

결측 데이터가 있는 행 삭제 후 확인

```
df2=df.dropna()
df2.isnull().sum()
```

[실행결과]

```
date         0
temp         0
max_wind     0
mean_wind    0
dtype: int64
```

행 데이터 중 어느 한 변수에도 결측치가 있는 경우 삭제되므로 향후 제거한 데이터프레임을 사용하려면 다른 이름으로 저장해야 한다.

3) 결측 데이터 대체하기

결측 데이터 대체하기 : 평균값으로 대체

```
df.fillna(df.mean(),inplace=True)
```

fillna()는 결측 데이터를 특정 값으로 채운다. inplace를 True로 설정해 원본 데이터를 수정한다.

결측 데이터 대체 후 확인

```
df.isnull().sum()
```

[실행결과]

```
date          0
temp          0
max_wind      0
mean_wind     0
dtype: int64
```

5.6 판다스 데이터 가공하기

[준비파일 : dust1.xlsx]

엑셀(.xlsx)파일을 불러와서 데이터프레임을 생성한다.

엑셀 파일 불러오기

```
dust = pd.read_excel('dust1.xlsx')
dust.head()
```

[실행결과]

	지역	망	측정소코드	측정소명	측정일시	SO2	CO	O3	NO2	PM10	PM25	주소
0	서울 송파구	도시대기	111273	송파구	2021040101	0.004	1.0	0.002	0.066	50	18	서울 송파구 백제고분로 236
1	서울 송파구	도시대기	111273	송파구	2021040102	0.004	0.8	0.002	0.058	48	20	서울 송파구 백제고분로 236
2	서울 송파구	도시대기	111273	송파구	2021040103	0.004	0.8	0.002	0.055	44	20	서울 송파구 백제고분로 236
3	서울 송파구	도시대기	111273	송파구	2021040104	0.003	0.8	0.002	0.055	40	20	서울 송파구 백제고분로 236
4	서울 송파구	도시대기	111273	송파구	2021040105	0.004	0.8	0.002	0.053	38	17	서울 송파구 백제고분로 236

1) 컬럼(변수) 삭제/생성하기

데이터 분석에 필요 없는 '지역','망','측정소코드' 컬럼을 삭제하고 특정값으로 새로운 컬럼을 생성한다.

컬럼 삭제하기

```
dust=dust.drop(['지역','망','측정소코드'], axis=1)
dust.head()
```

[실행결과]

	측정소명	측정일시	SO2	CO	O3	NO2	PM10	PM25	주소
0	송파구	2021040101	0.004	1.0	0.002	0.066	50	18	서울 송파구 백제고분로 236
1	송파구	2021040102	0.004	0.8	0.002	0.058	48	20	서울 송파구 백제고분로 236
2	송파구	2021040103	0.004	0.8	0.002	0.055	44	20	서울 송파구 백제고분로 236
3	송파구	2021040104	0.003	0.8	0.002	0.055	40	20	서울 송파구 백제고분로 236
4	송파구	2021040105	0.004	0.8	0.002	0.053	38	17	서울 송파구 백제고분로 236

axis의 기본값이 axis = 0으로 행 삭제가 된다. 컬럼을 삭제하기 위해서는 axis=1을 반드시 사용해야 한다.

컬럼 생성하기

```
dust['city']='서울'
dust.head()
```

[실행결과]

	측정소명	측정일시	SO2	CO	O3	NO2	PM10	PM25	주소	city
0	송파구	2021040101	0.004	1.0	0.002	0.066	50	18	서울 송파구 백제고분로 236	서울
1	송파구	2021040102	0.004	0.8	0.002	0.058	48	20	서울 송파구 백제고분로 236	서울
2	송파구	2021040103	0.004	0.8	0.002	0.055	44	20	서울 송파구 백제고분로 236	서울
3	송파구	2021040104	0.003	0.8	0.002	0.055	40	20	서울 송파구 백제고분로 236	서울
4	송파구	2021040105	0.004	0.8	0.002	0.053	38	17	서울 송파구 백제고분로 236	서울

2) 컬럼 이름 변경

DataFrame.columns=['새이름1', '새이름2', ...]
– 전체 변수 이름을 재설정한다.
– 변수명을 차례로 재설정한다. 변수가 많은 경우 적절하지 않다.
DataFrame.rename(columns={'기존이름':'새이름'}, inplace=True)
– 원하는 변수이름만 수정할 수 있다.
– 딕셔너리 구조로 정의한다. 즉 이전 열 이름을 키로 지정하고 새 이름을 값으로 지정한다.

컬럼 이름 변경하기

```
dust.rename(columns={'측정소명':'name',
                     '측정일시':'date',
                     '주소':'addr'}, inplace=True)
dust.columns
```

[실행결과]

```
Index(['name', 'date', 'SO2', 'CO', 'O3', 'NO2', 'PM10', 'PM25', 'addr',
       'city'],
      dtype='object')
```

3) 데이터 형변환

데이터형으로 확인하기

```
dust.dtypes
```

[실행결과]

```
name        object
date         int64
SO2        float64
CO         float64
O3         float64
NO2        float64
PM10         int64
PM25         int64
addr        object
city        object
dtype: object
```

date 컬럼이 숫자형(int)으로 저장되어 있다. 숫자 형식은 문자 형식으로 변환해야 한다. astype(str)으로 문자열 형식으로 변환하고 데이터 길이 날짜 형식에 8자리에 적합하도록 str.slice()를 사용하여 첫 8자리만 지정한다(문자열 데이터를 숫자로 바꾸는 경우.astype(int)).

숫자 int형을 문자열형으로 변환

```
dust['date']=dust['date'].astype(str)
dust['date']=dust['date'].str.slice(0,8)
dust.dtypes
```

[실행결과]

```
name        object
date        object
SO2        float64
CO         float64
O3         float64
NO2        float64
PM10         int64
PM25         int64
addr        object
city        object
dtype: object
```

문자열형을 날짜형으로 변환

```
dust['date']=pd.to_datetime(dust['date'])
dust.dtypes
```

[실행결과]

```
name                object
date        datetime64[ns]
SO2                float64
CO                 float64
O3                 float64
NO2                float64
PM10                 int64
```

```
PM25           int64
addr          object
city          object
dtype: object
```

문자열형을 날짜형으로 변환

```
dust['date']=pd.to_datetime(dust['date'])
dust.dtypes
```

[실행결과]

```
name              object
date      datetime64[ns]
SO2              float64
CO               float64
O3               float64
NO2              float64
PM10               int64
PM25               int64
addr              object
city              object
dtype: object
```

날짜 형식 활용 : Series.dt.형식

```
dust['year']=dust['date'].dt.year
dust['month']=dust['date'].dt.month
dust['day']=dust['date'].dt.day
dust.head()
```

[실행결과]

	name	date	SO2	CO	O3	NO2	PM10	PM25	addr	city	year	month	day
0	송파구	2021-04-01	0.004	1.0	0.002	0.066	50	18	서울 송파구 백제고분로 236	서울	2021	4	1
1	송파구	2021-04-01	0.004	0.8	0.002	0.058	48	20	서울 송파구 백제고분로 236	서울	2021	4	1
2	송파구	2021-04-01	0.004	0.8	0.002	0.055	44	20	서울 송파구 백제고분로 236	서울	2021	4	1
3	송파구	2021-04-01	0.003	0.8	0.002	0.055	40	20	서울 송파구 백제고분로 236	서울	2021	4	1
4	송파구	2021-04-01	0.004	0.8	0.002	0.053	38	17	서울 송파구 백제고분로 236	서울	2021	4	1

4) 데이터 병합하기

	국적코드	성별	입국객수	증가수
0	A01	남성	125000	8000
1	A01	여성	130000	10000
2	A05	남성	300	10
3	A05	여성	200	50
4	A06	남성	158912	24486
5	A06	여성	325000	63466

\+

	국적코드	국적명
0	A01	필리핀
1	A02	일본
2	A03	미국
3	A04	중국
4	A05	호주
5	A06	베트남
6	A07	스위스
7	A99	기타

➡

	국적코드	성별	입국객수	증가수	국적명
0	A01	남성	125000	8000	필리핀
1	A01	여성	130000	10000	필리핀
2	A05	남성	300	10	호주
3	A05	여성	200	50	호주
4	A06	남성	158912	24486	베트남
5	A06	여성	325000	63466	베트남

merge() 함수는 두 데이터프레임을 각 데이터에 존재하는 고유값(key)을 기준으로 병합할 때 사용한다.

함수형식

pd.merge(df_left, df_right, how='inner', on=None)

- 아무 옵션을 적용하지 않으면, on=None이므로 두 데이터의 공통 열이름(id)을 기준으로 inner(교집합) 조인을 하게 된다.
- outer 옵션을 줘서 id를 기준으로 합치되, 어느 한쪽에라도 없는 데이터가 있는 경우 NaN값이 지정된다.
- 왼쪽에 입력한 데이터프레임 기준(how='left')으로, 각각의 key값에 해당하는 열을 지정한다.
- 오른쪽에 입력한 데이터프레임 기준(how='right')으로, 각각의 key값에 해당하는 열을 지정한다.

[준비파일 : nation.xlsx/ code.xlsx]

병합할 원본 데이터 확인하기

```
s1=pd.read_excel('nation.xlsx')
s2=pd.read_excel('code.xlsx')
```

[실행결과]

	국적코드	성별	입국객수	증가수
0	A01	남성	125000	8000
1	A01	여성	130000	10000
2	A05	남성	300	10
3	A05	여성	200	50
4	A06	남성	158912	24486
5	A06	여성	325000	63466

	국적코드	국적명
0	A01	필리핀
1	A02	일본
2	A03	미국
3	A04	중국
4	A05	호주
5	A06	베트남
6	A07	스위스
7	A99	기타

데이터 병합하기 : 공통 컬럼을 기준

```
pd.merge(s1,s2,on='국적코드')
```

[실행결과]

	국적코드	성별	입국객수	증가수	국적명
0	A01	남성	125000	8000	필리핀
1	A01	여성	130000	10000	필리핀
2	A05	남성	300	10	호주
3	A05	여성	200	50	호주
4	A06	남성	158912	24486	베트남
5	A06	여성	325000	63466	베트남

5.7 판다스 데이터 그룹핑하기

데이터 그룹핑은 데이터를 특정한 값에 기반에 묶는 기능으로 groupby() 함수를 사용하여 통계량을 요약할 수 있다. 통계량에 관련된 함수에는 mean(평균), std(표준편차), var(분산), max(최대값), min(최소값), mode(최빈값) 함수 등이 있다.

한 열을 기준으로 그룹화하기

```
s1=pd.read_excel('nation.xlsx')
s1.groupby('국적코드').sum()
```

[실행결과]

	입국객수	증가수
국적코드		
A01	255000	18000
A05	500	60
A06	483912	87952

groupby()를 사용해서 '국적코드' 열을 기준으로 그룹화하고, sum() 함수를 적용한다.

여러 열을 기준으로 그룹화하기

```
s1=pd.read_excel(nation.xlsx)
s1.groupby(['국적코드','성별']).sum()
```

[실행결과]

		입국객수	증가수
국적코드	**성별**		
A01	남성	125000	8000
	여성	130000	10000
A05	남성	300	10
	여성	200	50
A06	남성	158912	24486
	여성	325000	63466

여러 열을 그룹으로 묶어서 계층적인 인덱스를 구성한다. 그리고 sum() 함수를 사용해서 인덱스별 합을 구한다.

문제 1 본인이 태어난 지역의 출생연도의 모든 기온데이터(1월~12월)를 다운받아 판다스를 이용하여 읽고 다음과 같은 문제를 해결해보자.

1) 데이터를 수집한 후 불러와서 확인해보자.
2) 태어난 날짜의 최고기온과 최저기온을 나타내보자.
3) 평균기온이 20도를 넘는 날들을 찾아, 모든 기상 데이터를 나타내보자.
4) 가장 무더웠던 날이 언제인지 확인하고 이 날의 평균기온, 최저기온, 최고기온을 나타내보자.

[실행결과]

문제 2 [코로나 이후 국민들의 매체기기 이용량 변화]에 대한 정보를 가지고 있는 데이터파일(covid.csv)을 이용하여 다음 문제를 해결해보자

1) csv파일을 불러와서 데이터를 확인해보자.
2) 사례수가 가장 높은 항목의 모든 정보를 출력해보자.
3) 증가율이 높은 3개의 항목을 출력해보자.

1) [실행결과]

항목	사례수	증가	감소	변화없음
스마트폰	999	78.9	1.7	19.4
텔레비전	965	68.5	3.9	27.6
개인용 PC	973	65.7	3.7	30.6
태블릿 PC	662	46.8	4.2	49.0
라디오	687	35.5	12.5	52.0
잡지·책	776	31.3	17.8	50.9
종이신문	552	17.6	23.2	59.2

2) [실행결과]

항목	사례수	증가	감소	변화없음
스마트폰	999	78.9	1.7	19.4

3) [실행결과]

항목	사례수	증가	감소	변화없음
스마트폰	999	78.9	1.7	19.4
텔레비전	965	68.5	3.9	27.6
개인용 PC	973	65.7	3.7	30.6

연습문제

문제 3 [서울특별시 코로나19 백신 예방접종현황]에 대한 정보를 가지고 있는 데이터 파일(vaccine.csv)을 이용하여 다음 문제를 해결해보자. 모든 문제를 차례대로 수행하시오.

<필드설명>

필드명	설명
date	접종일
subject	접종대상자
day1num	당일 1차 접종자 수
day1sum	1차 접종 누계
day1rate	1차 접종률
day2num	당일 2차 접종자 수
day2sum	2차 접종 누계
day2rate	2차 접종률

1) csv파일을 불러와서 하위 5행의 데이터를 확인해보자.
2) 필요 없는 열을 삭제한 후 출력한다.
   삭제할 열 : day1sum, day1rate, day2sum, day2rate
3) 데이터프레임의 기초통계량을 확인해보자.
4) 새로운 열('월')을 생성한 후 월별 평균을 출력해보자.

1) [실행결과]

	date	subject	day1num	day1sum	day1rate	day2num	day2sum	day2rate
174	2021.04.25	1023346	23323	350631	34.2	3411	18513	1.8
175	2021.04.24	1023346	200	350427	34.2	0	18513	1.8
176	2021.04.23	1027740	10195	345764	33.6	119	18376	1.8
177	2021.04.22	1023538	27074	317386	31.0	2479	15901	1.6
178	2021.04.21	1019322	22501	291857	28.6	2358	13543	1.3

2) [실행결과]

	date	subject	day1num	day2num
0	2021.10.16	9505868	10673	66910
1	2021.10.15	9505868	14556	133580
2	2021.10.14	9505868	9609	94569
3	2021.10.13	9505868	9804	77503
4	2021.10.12	9505868	17274	110204
...	...	...	...	...
174	2021.04.25	1023346	23323	3411
175	2021.04.24	1023346	200	0
176	2021.04.23	1027740	10195	119
177	2021.04.22	1023538	27074	2479
178	2021.04.21	1019322	22501	2358

179 rows × 4 columns

3) [실행결과]

	subject	day1num	day2num
count	1.790000e+02	179.000000	179.000000
mean	5.086644e+06	40078.150838	34096.636872
std	3.324235e+06	44231.469656	40745.688278
min	1.019322e+06	0.000000	0.000000
25%	2.279241e+06	4385.000000	4794.500000
50%	3.943320e+06	23323.000000	16581.000000
75%	9.505868e+06	71634.500000	50950.000000
max	9.795426e+06	169036.000000	200186.000000

4) [실행결과]

	subject	day1num	day1sum	day1rate	day2num	day2sum	day2rate
month							
4	1.054686e+06	22060.100000	3.860085e+05	36.440000	2304.600000	2.276060e+04	2.140000
5	1.289918e+06	18225.548387	6.451063e+05	51.435484	9734.000000	1.661513e+05	12.529032
6	3.167106e+06	55957.200000	2.234760e+06	69.240000	20147.300000	6.229332e+05	19.276667
7	3.819340e+06	25807.870968	3.064527e+06	80.232258	9934.903226	1.167138e+06	30.467742
8	6.702049e+06	57667.258065	4.430462e+06	72.509677	55575.000000	1.984530e+06	31.080645
9	9.556825e+06	65715.000000	6.466827e+06	67.620000	62162.000000	3.887544e+06	40.663333
10	9.505868e+06	9406.312500	7.486763e+06	78.762500	79900.750000	5.541498e+06	58.343750

문제 4 수강과 교수 데이터파일을 이용하여 다음 문제를 해결해보자.

	수강코드	과목명	담당교수
0	111	파이썬	양숙희
1	222	데이터분석	오경선
2	333	인공지능	장은실
3	444	선형대수	황복동
4	555	이산수학	정명식
5	666	컴퓨터개론	최봉수
6	777	자료구조	김진영
7	888	정보통신	김진호

<수강테이블 : signup.csv>

	담당교수	학과
0	양숙희	컴퓨터공학
1	장은실	정보통신
2	오경선	인공지능
3	황복동	컴퓨터공학
4	정명식	인공지능

<교수테이블 : professor.csv>

1) 두 데이터프레임을 merge()함수를 사용하여 다음과 같이 결합하고 출력해보시오.

[실행결과]

	수강코드	과목명	담당교수	학과
0	111	파이썬	양숙희	컴퓨터공학
1	222	데이터분석	오경선	인공지능
2	333	인공지능	장은실	정보통신
3	444	선형대수	황복동	컴퓨터공학
4	555	이산수학	정명식	인공지능

2) 교수테이블에서 학과별 인원수를 출력해보시오.

<Hint : count() 함수 사용>

[실행결과]

	담당교수
학과	
인공지능	2
정보통신	1
컴퓨터공학	2

[실행결과]

Python for data analysis

Python for data analysis

06

판다스(Pandas) 라이브러리 활용

학습목표

- 판다스로 데이터를 처리하는 과정을 익힌다.
- 판다스 라이브러리를 활용하여 붓꽃 데이터셋을 분석하는 방법을 익힌다.
- 판다스 라이브러리를 활용하여 타이타닉 데이터셋을 분석하는 방법을 익힌다.
- 판다스로 데이터 시각화하는 방법을 익힌다.

학습목차

6.1 붓꽃 데이터 분석하기

1) 데이터 설명

통계학자(Fisher)가 정리한 아이리스(붓꽃) 데이터는 붓꽃의 3가지 종(Setosa, Versicolor, Virginica)을 각각의 특성에 맞게 분류되어 있다. 꽃잎의 각 부분의 너비와 길이 등을 측정한 데이터이며 150개의 레코드로 구성되어 있다. 아이리스 꽃은 아래의 그림과 같다.

그림 6.1 붓꽃의 3가지 종

2) 필드의 이해

데이터의 이해를 돕기 위해 포함된 6개의 변수에 대하여 간략하게 설명한다. 총 6개의 필드로 구성되어 있다.

표 6.1 데이터 정보
붓꽃(iris) 정보에 관한 데이터 파일

변수명	변수 설명
Sepal Length	꽃받침의 길이 정보이다.
Sepal Width	꽃받침의 너비 정보이다.
Petal Length	꽃잎의 길이 정보이다.
Petal Width	꽃잎의 너비 정보이다.
Species	꽃의 종류 정보이다. setosa / versicolor / virginica 의 3종류로 구분된다.

	SepalLength	SepalWidth	PetalLength	PetalWidth	Species
0	5.1	3.5	1.4	0.2	setosa
1	4.9	3.0	1.4	0.2	setosa
2	4.7	3.2	1.3	0.2	setosa
3	4.6	3.1	1.5	0.2	setosa
4	5.0	3.6	1.4	0.2	setosa
...	...	...	...	...	...
145	6.7	3.0	5.2	2.3	virginica
146	6.3	2.5	5.0	1.9	virginica
147	6.5	3.0	5.2	2.0	virginica
148	6.2	3.4	5.4	2.3	virginica
149	5.9	3.0	5.1	1.8	virginica

그림 6.2 원본 데이터 형태

[준비파일: iris.csv]

데이터 읽어 와서 확인하기

붓꽃 데이터를 가져오기 위해 csv 파일을 읽어 들이고, 처음 5줄 데이터를 출력하여 필요 데이터를 확인한다.

❶ 1행에서는 파이썬 라이브러리 판다스(pandas)를 임포트(import)하고, 3행에서는 판다스의 read_csv를 사용하여 "iris.csv" 파일을 읽어와 데이터프레임 변수 iris에 저장한다. 4행에서는 iris의 처음 5행을 출력한다. head() 함수에 숫자를 입력하면, 숫자만큼의 행을 추출할 수 있다.

"붓꽃" 파일 읽어오기

```
1    import pandas as pd
2    filename='iris.csv'
3    iris=pd.read_csv(filename)
4    iris.head()
```

[실행결과]

	SepalLength	SepalWidth	PetalLength	PetalWidth	Species
0	5.1	3.5	1.4	0.2	setosa
1	4.9	3.0	1.4	0.2	setosa
2	4.7	3.2	1.3	0.2	setosa
3	4.6	3.1	1.5	0.2	setosa
4	5.0	3.6	1.4	0.2	setosa

❷ 데이터의 전체적인 구조를 확인한다. info() 함수는 데이터프레임의 기본 정보를 보여준다. 현

재 모든 열에 150개의 유효한 값(non-null)이 있고, 64비트 실수형과 문자열형으로 구성되어 있음을 알 수 있다.

데이터의 기본 정보 출력하기

```
iris.info()
```

[실행결과]

```
<class 'pandas.core.frame.DataFrame'>
RangeIndex: 150 entries, 0 to 149
Data columns (total 5 columns):
 #   Column       Non-Null Count  Dtype
---  ------       --------------  -----
 0   SepalLength  150 non-null    float64
 1   SepalWidth   150 non-null    float64
 2   PetalLength  150 non-null    float64
 3   PetalWidth   150 non-null    float64
 4   Species      150 non-null    object
dtypes: float64(4), object(1)
memory usage: 6.0+ KB
```

❸ 데이터 기초 통계량을 확인한다. describe() 함수는 150개 샘플의 평균값, 표준편차, 최소값, 최대값 등 통계 정보를 요약해준다.

데이터의 기초 통계량 출력하기

```
iris.describe()
```

[실행결과]

	SepalLength	SepalWidth	PetalLength	PetalWidth
count	150.000000	150.000000	150.000000	150.000000
mean	5.843333	3.057333	3.758000	1.199333
std	0.828066	0.435866	1.765298	0.762238
min	4.300000	2.000000	1.000000	0.100000
25%	5.100000	2.800000	1.600000	0.300000
50%	5.800000	3.000000	4.350000	1.300000
75%	6.400000	3.300000	5.100000	1.800000
max	7.900000	4.400000	6.900000	2.500000

❹ value_counts()를 적용하여 품종별 데이터 개수를 구한다.

품종별 개수 구하기

```
count=pd.DataFrame(iris['Species'].value_counts())
count
```

[실행결과]

	Species
setosa	50
versicolor	50
virginica	49

데이터 전처리

결측 데이터와 중복 데이터를 확인하고 처리하는 방법을 알아본다. 데이터를 수집하는 과정에서 결측데이터 또는 데이터가 종종 중복되는 경우가 있다. 중복된 데이터가 분석에 사용이 된다면 문제가 발생될 수 있으므로 중복 데이터를 확인하고 처리하는 과정이 필요하다.

1) 결측치 확인하기

결측치 확인하기

```
iris.isnull().sum()
```

[실행결과]

```
SepalLength    0
SepalWidth     0
PetalLength    0
PetalWidth     0
Species        0
dtype: int64
```

데이터프레임에 isnull()을 적용하면, 각 원소가 결측값(null)인지 아닌지 체크한다. 결측값이면 True, 정상 데이터면 False를 반환한다. 그리고 그 상태에서 sum()을 적용해주면, 각 열의 결측값의 개수를 계산해준다. 현재 우리는 모두 유효값이었기 때문에, 결측값이 없음을 알 수 있다.

2) 중복 데이터 확인하기

중복 데이터 확인하기

```
iris.duplicated().sum()
```

[실행결과]

```
1
```

데이터프레임에 duplicated()를 적용하면 동일한 샘플이 중복되어 존재하는지 체크한다. 중복되면 True, 아니면 False를 반환한다. 우리는 현재 1개의 행이 중복된 상태임을 알 수 있다.

실제 중복 데이터 확인하기

```
index=iris.duplicated()
iris.loc[index, :]
```

[실행결과]

	SepalLength	SepalWidth	PetalLength	PetalWidth	Species
142	5.8	2.7	5.1	1.9	virginica

실제 어느 행의 데이터가 중복인지 확인해볼 수 있다. loc 인덱서의 행 위치에 중복 데이터인지 여부를 표시하는 bool 값을 입력한다. 중복인 행을 True이므로 출력된다.
현재 142번 데이터가 중복됨을 알 수 있다.

3) 중복된 데이터를 모두 확인

중복 데이터 모두 확인하기

```
result=(iris['SepalLength']==5.8) & (iris['PetalWidth']==1.9)
iris.loc[result,:]
```

[실행결과]

	SepalLength	SepalWidth	PetalLength	PetalWidth	Species
101	5.8	2.7	5.1	1.9	virginica
142	5.8	2.7	5.1	1.9	virginica

duplicated() 결과를 갖고 어떤 데이터행끼리 중복되는지 확인할 수 있다. 현재 142번과 101번의 데이터가 중복됨을 알 수 있다.

4) 중복된 데이터를 삭제

중복 데이터에서 단일한 1개의 키만 남기고 drop_duplibcates()를 이용하여 나머지 중복 데이터를 제거한다.

중복 데이터 삭제하기

```
iris=iris.drop_duplicates()
#iris.duplicated().sum()
result=(iris['SepalLength']==5.8) & (iris['PetalWidth']==1.9)
iris.loc[result,:]
```

[실행결과]

	SepalLength	SepalWidth	PetalLength	PetalWidth	Species
101	5.8	2.7	5.1	1.9	virginica

중복으로 나타났던 142번 행이 제거됨을 확인할 수 있다.

데이터 그룹핑하기

'품종'열을 기준으로 합계 구하기

```
iris.groupby('Species').sum()
```

[실행결과]

	SepalLength	SepalWidth	PetalLength	PetalWidth
Species				
setosa	250.3	171.4	73.1	12.3
versicolor	296.8	138.5	213.0	66.3
virginica	323.6	146.0	272.5	99.4

'품종'열을 기준으로 평균 구하기

```
iris.groupby('Species').mean()
```

[실행결과]

	SepalLength	SepalWidth	PetalLength	PetalWidth
Species				
setosa	5.006000	3.428000	1.462000	0.246000
versicolor	5.936000	2.770000	4.260000	1.326000
virginica	6.604082	2.979592	5.561224	2.028571

【Note】

– sklearn(사이킷런) 패키지는 붓꽃(iris) 데이터셋을 내장하고 있다. load_iris() 함수로 붓꽃 데이터를 불러올 수 있다.

sklearn(사이킷런) 패키지에서 붓꽃 데이터셋 불러오기

```
from sklearn.datasets import load_iris
iris_dataset = load_iris()
#iris_dataset.keys()
df=pd.DataFrame(iris_dataset['data'], columns=iris_dataset['feature_names'])
df.head()
```

[실행결과]

	sepal length (cm)	sepal width (cm)	petal length (cm)	petal width (cm)
0	5.1	3.5	1.4	0.2
1	4.9	3.0	1.4	0.2
2	4.7	3.2	1.3	0.2
3	4.6	3.1	1.5	0.2
4	5.0	3.6	1.4	0.2

– seaborn(시본) 모듈도 붓꽃(iris) 데이터셋을 내장하고 있다. load_dataset() 함수로 붓꽃 데이터를 불러올 수 있다.

시본 모듈에서 붓꽃 데이터셋 불러오기

```
import seaborn as sns
df=sns.load_dataset('iris')
df.head()
```

[실행결과]

	sepal_length	sepal_width	petal_length	petal_width	species
0	5.1	3.5	1.4	0.2	setosa
1	4.9	3.0	1.4	0.2	setosa
2	4.7	3.2	1.3	0.2	setosa
3	4.6	3.1	1.5	0.2	setosa
4	5.0	3.6	1.4	0.2	setosa

판다스의 데이터 시각화

Pandas의 시리즈나 데이터프레임은 'plot'이라는 시각화 메소드를 내장하고 있다. plot은 matplotlib를 내부에서 임포트하여 사용한다. plot 메소드의 kind라는 인수를 바꾸면 여러 가지 플롯을 그릴 수 있다. 다음과 같은 인수값을 지원한다.

표 6.2 plot 메소드의 인수값

옵션	종류	옵션	종류
line	선 그래프	kde	커널 밀도 그래프
bar	막대 그래프 – 수직	area	면적 그래프
barh	막대 그래프 – 수평	pie	원형 그래프
his	히스토그램 그래프	scatter	산점도 그래프
box	박스 그래프	hexbin	고밀도 산점도 그래프

1) 막대그래프 그리기

수직 막대 그래프는 kind='bar' 옵션을 통해 구현한다.

꽃받침 길이의 시각화

```
import matplotlib.pyplot as plt
import pandas as pd
filename='iris.csv'
iris=pd.read_csv(filename)
iris.head()
iris.SepalLength[:10].plot(kind='bar', rot=0)
plt.title("꽃받침의 길이 시각화")
plt.xlabel("Data")
plt.ylabel("꽃받침의 길이")
plt.show()
```

[실행결과]

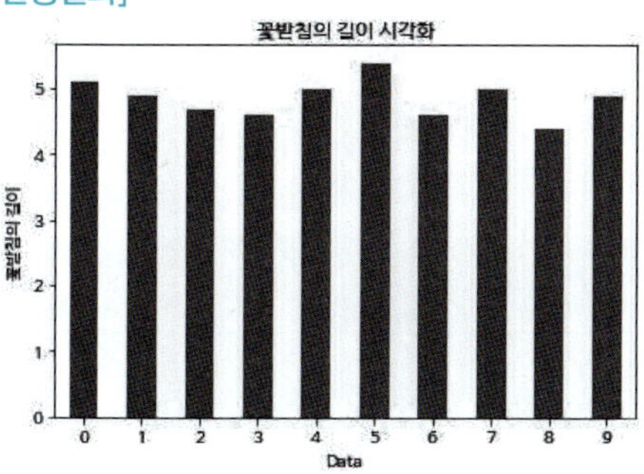

matplotlib가 제공하는 다양한 함수에 대해 접근하기 위해서는 matplotlib 외부모듈이 설치되어있어야 한다.

붓꽃 종류별 꽃받침 길이의 평균에 대한 시각화

```
df2 = iris.groupby(iris['Species']).mean()
df2
```

[실행결과]

Species	SepalLength	SepalWidth	PetalLength	PetalWidth
setosa	5.006	3.428	1.462	0.246
versicolor	5.936	2.770	4.260	1.326
virginica	6.588	2.974	5.552	2.026

```
df2.SepalLength[:].plot(kind='bar', rot=0)
plt.title('품종별 SelpalLength 그래프')
plt.xlabel('Data')
plt.ylabel('꽃받침 길이의 평균값')
plt.show()
```

[실행결과]

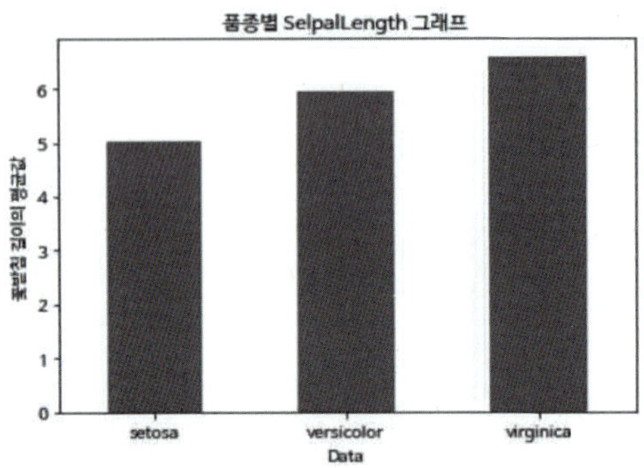

2) 히스토그램 그래프 그리기

데이터 값을 일정 구간으로 나누고, 구간에 속하는 데이터의 개수를 막대 그래프 형태로 나타낸다. 히스토그램 그래프는 kind='hist' 옵션을 통해 구현한다.

각 특징 값들의 빈도수 그래프 그리기

```
iris.plot(kind='hist') #iris.plot.hist()
plt.title('각 특징 값들의 빈도수 히스토그램')
plt.show()
```

[실행결과]

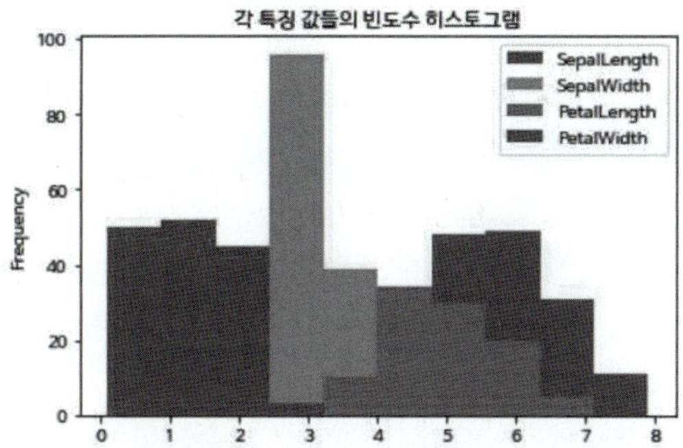

3) 상자그래프 그리기

사분위수 범위를 확인해 데이터의 분포 파악하고 이상치(Outlier) 유무를 확인할 때 사용할 수도 있다. 상자 그래프는 kind='box' 옵션을 통해 구현한다.

각 특징 값들의 빈도수 그래프 그리기

```
iris.plot(kind='box')
plt.title('각 특징 값들의 빈도수에 대한 Box Plot')
plt.xlabel('특징')
plt.ylabel('데이터 값')
plt.show()
```

[실행결과]

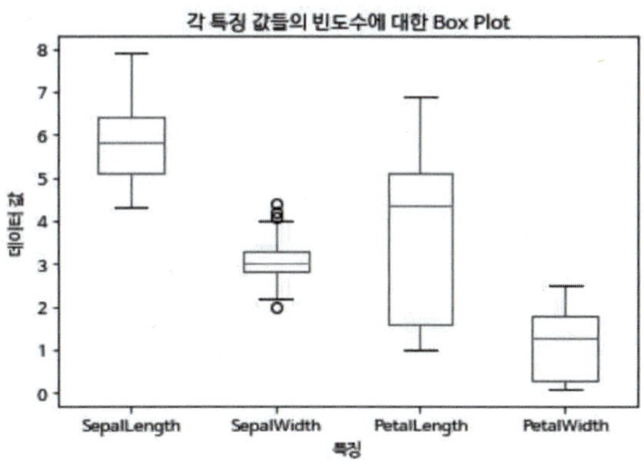

4) 산점도 그래프 그리기

산점도 그래프는 두 변수 간의 관계를 나타내는 그래프이다. 산점도 그래프는 kind='scatter' 옵션을 통해 구현한다.

산점도 그래프 그리기

```
iris.plot(x='SepalLength', y='PetalLength', kind='scatter')
plt.show()
```

[실행결과]

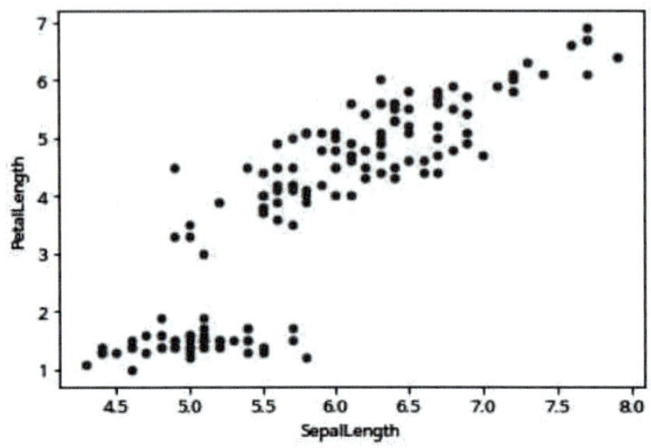

X축의 꽃받침의 길이(SepalLength)가 증가할 때 Y축의 꽃잎의 길이(PetalLength) 값이 점점 증가하는 경향을 띄고 있다.

6.2 타이타닉 데이터 분석하기

1) 데이터 설명

타이타닉 데이터는 데이터 사이언스나 머신러닝 분야의 데이터분석 경연 사이트인 캐글(Kaggle)에서 입문자용으로 가장 많이 사용하는 예제이다. 가장 많이 사용되는 데이터이므로 다양한 사람들이 다양한 방법으로 다양한 관점에서 데이터를 분석 하고 있기 때문에 이 데이터를 가지고 공부를 해보면 데이터 분석의 전반적인 과정을 습득하는데 도움이 된다. 타이타닉호 침몰 사건 당시의 사망자와 생존자를 구분하는 요인 분석을 통해 승객들의 생존 여부를 예측해본다.

2) 필드의 이해

데이터의 이해를 돕기 위해 포함된 타이타닉 데이터셋에 포함된 12개의 변수에 대하여 간략하게 설명한다.

표 6.3 데이터 정보
타이타닉(titanic) 정보에 관한 데이터 파일

변수명	변수 설명
PassengerId	승객번호
Survived	생존여부 : 0=사망, 1=생존
Pclass	객실등급 : 1=등급, 2=등급, 3=등급
Name	승객이름
Sex	성별
Age	나이
SibSp	함께 탑승한 형제와 배우자의 수
Parch	함께 탑승한 부모, 아이의 수
Ticket	티켓 번호
Fare	탑승 요금
Cabin	객실 번호
Embarked	탑승 항구 : C = Cherbourg/Q = Queenstown/S = Southampton

	PassengerId	Survived	Pclass	Name	Sex	Age	SibSp	Parch	Ticket	Fare	Cabin	Embarked
0	1	0	3	Braund, Mr. Owen Harris	male	22.0	1	0	A/5 21171	7.2500	NaN	S
1	2	1	1	Cumings, Mrs. John Bradley (Florence Briggs Th...	female	38.0	1	0	PC 17599	71.2833	C85	C
2	3	1	3	Heikkinen, Miss. Laina	female	26.0	0	0	STON/O2. 3101282	7.9250	NaN	S
3	4	1	1	Futrelle, Mrs. Jacques Heath (Lily May Peel)	female	35.0	1	0	113803	53.1000	C123	S
4	5	0	3	Allen, Mr. William Henry	male	35.0	0	0	373450	8.0500	NaN	S
...	...	...	...	...	...	...	...	...	...	...	...	...
886	887	0	2	Montvila, Rev. Juozas	male	27.0	0	0	211536	13.0000	NaN	S
887	888	1	1	Graham, Miss. Margaret Edith	female	19.0	0	0	112053	30.0000	B42	S
888	889	0	3	Johnston, Miss. Catherine Helen "Carrie"	female	NaN	1	2	W./C. 6607	23.4500	NaN	S
889	890	1	1	Behr, Mr. Karl Howell	male	26.0	0	0	111369	30.0000	C148	C
890	891	0	3	Dooley, Mr. Patrick	male	32.0	0	0	370376	7.7500	NaN	Q

891 rows × 12 columns

그림 6.3 원본 데이터 형태

[준비파일 : train.csv]

데이터 읽어 와서 확인하기

타이타닉 데이터를 가져오기 위해 train.csv 파일을 읽어 들이고, 처음 5줄 데이터를 출력하여 필요 데이터를 확인한다.

❶ 1행에서는 파이썬 라이브러리 판다스(pandas)를 임포트(import)하고, 3행에서는 판다스의 read_csv를 사용하여 "train.csv" 파일을 읽어와 데이터프레임 변수 titanic에 저장한다. 3행에서는 titanic의 처음 5행을 출력한다.

"타이타닉" 파일 읽어오기

```
1   import pandas as pd
2   titanic = pd.read_csv('train.csv')
3   titanic.head()
```

[실행결과]

	PassengerId	Survived	Pclass	Name	Sex	Age	SibSp	Parch	Ticket	Fare	Cabin	Embarked
0	1	0	3	Braund, Mr. Owen Harris	male	22.0	1	0	A/5 21171	7.2500	NaN	S
1	2	1	1	Cumings, Mrs. John Bradley (Florence Briggs Th...	female	38.0	1	0	PC 17599	71.2833	C85	C
2	3	1	3	Heikkinen, Miss. Laina	female	26.0	0	0	STON/O2. 3101282	7.9250	NaN	S
3	4	1	1	Futrelle, Mrs. Jacques Heath (Lily May Peel)	female	35.0	1	0	113803	53.1000	C123	S
4	5	0	3	Allen, Mr. William Henry	male	35.0	0	0	373450	8.0500	NaN	S

❷ 데이터 전체적인 구조를 확인한다. 자료의 샘플수는 891개이고, 결측데이터를 포함한 컬럼들도 존재한다. 자료형은 int, float, object로 구성되어 있다.

데이터의 기본 정보 출력하기

```
titanic.info()
```

[실행결과]

```
<class 'pandas.core.frame.DataFrame'>
RangeIndex: 891 entries, 0 to 890
Data columns (total 12 columns):
 #   Column       Non-Null Count  Dtype
---  ------       --------------  -----
 0   PassengerId  891 non-null    int64
 1   Survived     891 non-null    int64
 2   Pclass       891 non-null    int64
 3   Name         891 non-null    object
 4   Sex          891 non-null    object
 5   Age          714 non-null    float64
 6   SibSp        891 non-null    int64
 7   Parch        891 non-null    int64
 8   Ticket       891 non-null    object
 9   Fare         891 non-null    float64
 10  Cabin        204 non-null    object
 11  Embarked     889 non-null    object
dtypes: float64(2), int64(5), object(5)
memory usage: 83.7+ KB
```

❸ 데이터 기초 통계량을 확인한다. describe() 함수는 891개 샘플의 평균값, 표준편차, 최소값, 최대값 등 통계 정보를 요약해준다.

데이터의 기초 통계량 출력하기

```
titanic.describe()
```

[실행결과]

	PassengerId	Survived	Pclass	Age	SibSp	Parch	Fare
count	891.000000	891.000000	891.000000	714.000000	891.000000	891.000000	891.000000
mean	446.000000	0.383838	2.308642	29.699118	0.523008	0.381594	32.204208
std	257.353842	0.486592	0.836071	14.526497	1.102743	0.806057	49.693429
min	1.000000	0.000000	1.000000	0.420000	0.000000	0.000000	0.000000
25%	223.500000	0.000000	2.000000	20.125000	0.000000	0.000000	7.910400
50%	446.000000	0.000000	3.000000	28.000000	0.000000	0.000000	14.454200
75%	668.500000	1.000000	3.000000	38.000000	1.000000	0.000000	31.000000
max	891.000000	1.000000	3.000000	80.000000	8.000000	6.000000	512.329200

생존율(Survived)이 38.4%임을 알 수 있다(mean의 Survived=0.383838).

❹ 요금 기준으로 내림차순 정렬한 결과를 확인한다.

요금(Fare) 기준 내림차순 정렬하기

```
titanic.sort_values('Fare',ascending=False)
```

[실행결과]

	PassengerId	Survived	Pclass	Name	Sex	Age	SibSp	Parch	Ticket	Fare	Cabin	Embarked
258	259	1	1	Ward, Miss. Anna	female	35.0	0	0	PC 17755	512.3292	NaN	C
737	738	1	1	Lesurer, Mr. Gustave J	male	35.0	0	0	PC 17755	512.3292	B101	C
679	680	1	1	Cardeza, Mr. Thomas Drake Martinez	male	36.0	0	1	PC 17755	512.3292	B51 B53 B55	C
88	89	1	1	Fortune, Miss. Mabel Helen	female	23.0	3	2	19950	263.0000	C23 C25 C27	S
27	28	0	1	Fortune, Mr. Charles Alexander	male	19.0	3	2	19950	263.0000	C23 C25 C27	S
...	...	...	...	...	...	...	...	...	...	...	...	...

❺ 생존자별 인원수를 확인한다.

생존자별 인원수 출력하기

```
pd.DataFrame(titanic['Survived'].value_counts())
```

[실행결과]

	Survived
0	549
1	342

데이터 전처리

결측 데이터를 확인하고 처리하는 방법을 알아본다. 결측 데이터가 포함된 컬럼을 삭제하고 결측 데이터를 다른 값으로 대체하는 방법을 알아본다.

1) 결측치 확인하기

결측치 확인하기

```
titanic.isnull().sum()
```

[실행결과]

```
PassengerId      0
Survived         0
Pclass           0
Name             0
Sex              0
Age            177
SibSp            0
Parch            0
Ticket           0
Fare             0
Cabin          687
Embarked         2
```

Age, Cabin, Embarked 컬럼에 결측 데이터가 존재함을 확인할 수 있다.

2) 객실번호(Cabin) 컬럼 삭제

결측 데이터가 너무 많기 때문에 삭제한다.

결측 데이터가 포함된 컬럼 삭제

```
titanic.drop(['Cabin'],axis=1,inplace=True)
titanic.columns
```

[실행결과]

```
Index(['PassengerId', 'Survived', 'Pclass', 'Name', 'Sex', 'Age', 'SibSp',
       'Parch', 'Ticket', 'Fare', 'Embarked'],
      dtype='object')
```

3) 결측 데이터 최빈값으로 대체하기

탑승항구는 2개의 결측치가 있으므로 어느 값으로 채워도 문제는 없다고 판단되어 최빈값으로 대체한다.

최빈값 찾기

```
titanic['Embarked'].value_counts()
```

[실행결과]

```
S    644
C    168
Q     77
```

최빈값 대체하기

```
titanic['Embarked']=titanic['Embarked'].fillna('S')
titanic.isnull().sum()
```

[실행결과]

```
PassengerId      0
Survived         0
Pclass           0
Name             0
Sex              0
Age            177
SibSp            0
Parch            0
Ticket           0
Fare             0
Embarked         0
```

titanic.Embarked.dropna().mode()[0] 명령어로도 최빈값으로 대체할 수 있다.

4) 결측 데이터 평균값으로 대체하기

나이는 결측치가 많고 생존 여부와 상관이 있을 것으로 판단되어 데이터를 평균으로 대체한다.

평균값으로 대체하기

```
avg=titanic['Age'].mean()
titanic['Age']=titanic['Age'].fillna(avg)
titanic.isnull().sum()
```

[실행결과]

```
PassengerId    0
Survived       0
Pclass         0
Name           0
Sex            0
Age            0
SibSp          0
Parch          0
Ticket         0
Fare           0
Embarked       0
dtype: int64
```

데이터 그룹핑하기

항구별(Emparked) Pclass컬럼의 평균값을 출력하기

```
titanic['Pclass'].groupby(titanic["Embarked"]).mean()
```

[실행결과]

```
Embarked
C    1.886905
Q    2.909091
S    2.346749
Name: Pclass, dtype: float64
```

Pclass, Sex 컬럼열을 기준으로 평균 구하기

```
titanic.groupby(["Pclass", "Sex"]).mean()
```

[실행결과]

		PassengerId	Survived	Age	SibSp	Parch	Fare
Pclass	Sex						
1	female	469.212766	0.968085	34.141405	0.553191	0.457447	106.125798
	male	455.729508	0.368852	39.287717	0.311475	0.278689	67.226127

2	female	443.105263	0.921053	28.748661	0.486842	0.605263	21.970121
	male	447.962963	0.157407	30.653908	0.342593	0.222222	19.741782
3	female	399.729167	0.500000	24.068493	0.895833	0.798611	16.118810
	male	455.515850	0.135447	27.372153	0.498559	0.224784	12.661633

판다스의 데이터 시각화

1) 좌석 등급별 생존자 확인

시본 모듈로 막대 그래프 그리기

```
import seaborn as sns
sns.countplot('Pclass',hue='Survived',data=titanic)
```

[실행결과]

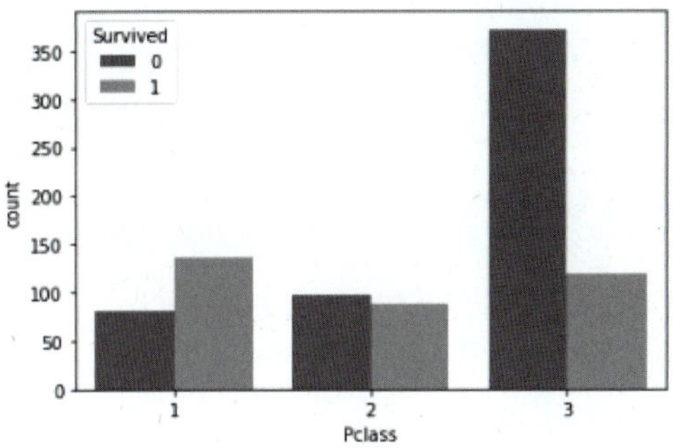

좌석등급별 생존자는 1등급일 경우 생존자 비율이 높았으며 3등급일 경우 사망자 비율이 훨씬 높았음을 확인할 수 있다. 즉 객실 등급이 좋을수록 생존율이 높았다.

2) 상관관계 확인

시본 모듈로 히트맵 그래프 그리기

```
sns.heatmap(data=titanic.corr(),annot=True,cmap='Blues')
```

[실행결과]

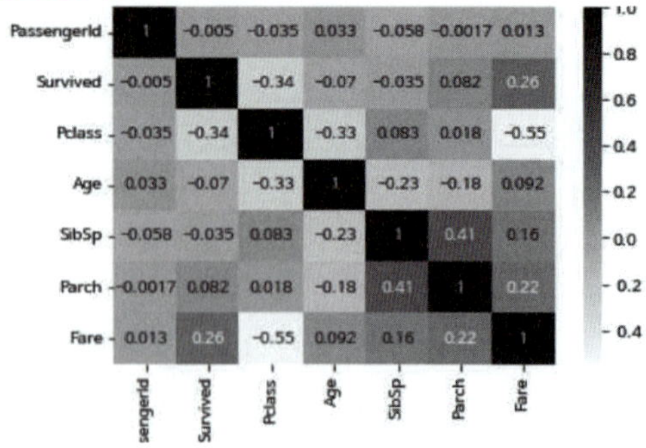

【Note】

상관분석에 대한 이해

- 상관 분석 개념

– 두 변수가 어떤 선형적 관계에 있는지를 분석하는 방법 – 두 변수는 서로 독립적이거나 상관된 관계일 수 있는데, 두 변수의 관계의 강도를 상관관계라고함

– 단순 상관 분석 – 두 변수가 어느 정도 강한 관계에 있는지 측정

- 상관 계수

– 변수 간 관계의 정도(0~1)와 방향(+, –)을 하나의 수치로 요약해주는 지수로 –1에서 +1 사이의 값을 가짐

– 상관 계수가 +이면 양의 상관관계이며 한 변수가 증가하면 다른 변수도 증가

– 상관 계수가 –이면 음의 상관관계이며 한 변수가 증가할 때 다른 변수는 감소

– 상관 계수는 데이터프레임.corr() 함수로 구한다.

- 상관 분석 결과의 시각화

– 두 변수의 관계를 보여주는 산점도나 히트맵을 많이 사용

문제 1 본문의 붓꽃 데이터 셋에서 다음 문제를 해결해보자.

1) '품종' 열을 기준으로 최대값과 최소값을 구한 후 아래와 같이 출력해보자.

[실행결과]

```
[            SepalLength  SepalWidth  PetalLength  PetalWidth
 Species
 setosa              5.8         4.4          1.9         0.6
 versicolor          7.0         3.4          5.1         1.8
 virginica           7.9         3.8          6.9         2.5,
             SepalLength  SepalWidth  PetalLength  PetalWidth
 Species
 setosa              4.3         2.3          1.0         0.1
 versicolor          4.9         2.0          3.0         1.0
 virginica           4.9         2.2          4.5         1.4]
```

2) 아래와 같이 컬럼명을 변경한 후 상위 5개의 데이터를 출력해보자.

[실행결과]

	SL	SW	PL	PW	SP
0	5.1	3.5	1.4	0.2	setosa
1	4.9	3.0	1.4	0.2	setosa
2	4.7	3.2	1.3	0.2	setosa
3	4.6	3.1	1.5	0.2	setosa
4	5.0	3.6	1.4	0.2	setosa

연습문제

문제 2 다음 tips 데이터는 미국 레스토랑의 매출과 웨이터에게 지불한 팁을 나타내는 데이터이다. 아래의 코드와 실행결과를 참고하여 다음 문제를 해결해보자.

```
import seaborn as sns
tips = sns.load_dataset('tips')
tips.head()
```

[실행결과]

	total_bill	tip	sex	smoker	day	time	size
0	16.99	1.01	Female	No	Sun	Dinner	2
1	10.34	1.66	Male	No	Sun	Dinner	3
2	21.01	3.50	Male	No	Sun	Dinner	3
3	23.68	3.31	Male	No	Sun	Dinner	2
4	24.59	3.61	Female	No	Sun	Dinner	4

1) total_bill과 tip에 대한 오름차순 정렬을 한 후 상위 10개만 출력하시오.
2) size를 기준으로 내림차순, tip을 기준으로는 오름차순 정렬한 후 상위 10개의 데이터만 출력하시오.

[실행결과]

	total_bill	tip	sex	smoker	day	time	size
67	3.07	1.00	Female	Yes	Sat	Dinner	1
92	5.75	1.00	Female	Yes	Fri	Dinner	2
111	7.25	1.00	Female	No	Sat	Dinner	1
172	7.25	5.15	Male	Yes	Sun	Dinner	2
149	7.51	2.00	Male	No	Thur	Lunch	2
195	7.56	1.44	Male	No	Thur	Lunch	2
218	7.74	1.44	Male	Yes	Sat	Dinner	2
145	8.35	1.50	Female	No	Thur	Lunch	2
135	8.51	1.25	Female	No	Thur	Lunch	2
126	8.52	1.48	Male	No	Thur	Lunch	2

	total_bill	tip	sex	smoker	day	time	size
125	29.80	4.20	Female	No	Thur	Lunch	6
143	27.05	5.00	Female	No	Thur	Lunch	6
156	48.17	5.00	Male	No	Sun	Dinner	6
141	34.30	6.70	Male	No	Thur	Lunch	6
187	30.46	2.00	Male	Yes	Sun	Dinner	5
216	28.15	3.00	Male	Yes	Sat	Dinner	5
142	41.19	5.00	Male	No	Thur	Lunch	5
185	20.69	5.00	Male	No	Sun	Dinner	5
155	29.85	5.14	Female	No	Sun	Dinner	5
153	24.55	2.00	Male	No	Sun	Dinner	4

문제 3 본문의 붓꽃 데이터셋에서 다음 문제를 해결해보자.

1) 꽃 받침 너비의 값을 내림차순으로 정렬해보자.

[실행결과]

	sepal_length	sepal_width	petal_length	petal_width	species
15	5.7	4.4	1.5	0.4	setosa
33	5.5	4.2	1.4	0.2	setosa
32	5.2	4.1	1.5	0.1	setosa
14	5.8	4.0	1.2	0.2	setosa
16	5.4	3.9	1.3	0.4	setosa
...	...	...	...	...	...
87	6.3	2.3	4.4	1.3	versicolor
62	6.0	2.2	4.0	1.0	versicolor
68	6.2	2.2	4.5	1.5	versicolor
119	6.0	2.2	5.0	1.5	virginica
60	5.0	2.0	3.5	1.0	versicolor

150 rows × 5 columns

2) 1)의 결과 상위 10개의 데이터를 막대그래프로 나타내보자.

[실행결과]

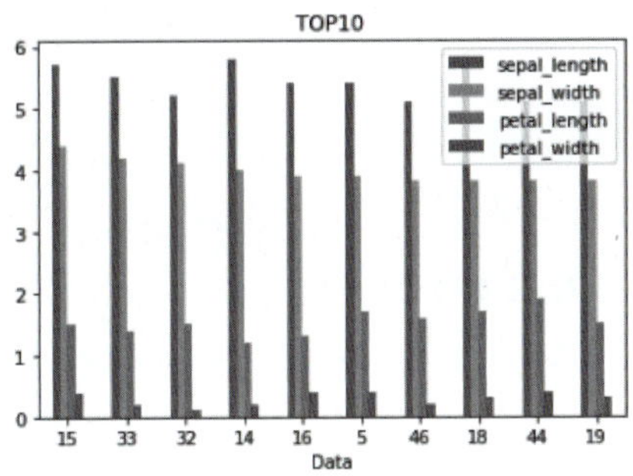

3) 꽃잎의 길이와 꽃잎의 너비의 산점도 그래프를 그려보자.

[실행결과]

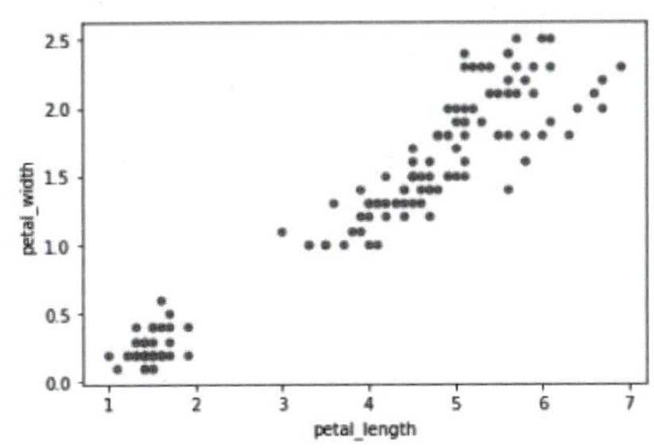

연습문제

문제 4 본문의 타이타닉 데이터셋에서 다음 문제를 해결해보자.

1) 성별(Sex)에 따른 생존율(Survived)을 비교해보자.

[실행결과]

Sex	Survived
female	0.742038
male	0.188908

2) 함께 승선한 부모(Parch)와 자식 수(Parch)에 따른 생존율을 비교해보자.

[실행결과]

	Parch	Survived
3	3	0.600000
1	1	0.550847
2	2	0.500000
0	0	0.343658
5	5	0.200000
4	4	0.000000
6	6	0.000000

3) 객실등급(Pclass), 성별(Sex) 컬럼 별로 titanic 내 전체 데이터의 평균값을 출력해보자.

[실행결과]

Pclass	Sex	PassengerId	Survived	Age	SibSp	Parch	Fare
1	female	469.212766	0.968085	34.141405	0.553191	0.457447	106.125798
	male	455.729508	0.368852	39.287717	0.311475	0.278689	67.226127
2	female	443.105263	0.921053	28.748661	0.486842	0.605263	21.970121
	male	447.962963	0.157407	30.653908	0.342593	0.222222	19.741782
3	female	399.729167	0.500000	24.068493	0.895833	0.798611	16.118810
	male	455.515850	0.135447	27.372153	0.498559	0.224784	12.661633

4) 항구(Embarked)별 생존자(Survived) 데이터를 막대 그래프로 나타내보자.

[실행결과]

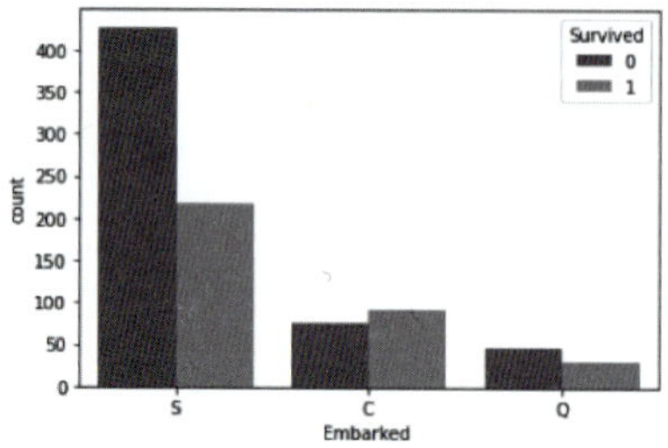

Python for data analysis

07 시각화 라이브러리

학습목표

- 데이터 시각화 필요성을 이해하고 사용할 수 있다.
- 데이터 시각화에 효율적인 맷플롯립(Matplotlib) 라이브러리를 이해하고 사용할 수 있다.
- 맷플롯립(Matplotlib) 라이브러리로 표현한 그래프에 시본(Seaborn) 라이브러리를 활용하여 손쉽게 입체적이고 실용적인 그래프로 표현할 수 있다.

학습목차

7.1 데이터 시각화 이해

수많은 데이터 자체를 눈으로 보고 의미를 파악하는 것에는 어려움이 있다. 보다 효과적으로 데이터의 의미를 전달하기 위해서는 데이터 시각화를 수단으로 사용할 수 있다. 이미 데이터 시각화를 통해 데이터 분석 결과를 보다 효과적으로 전달하고 데이터만으로 파악하기 어려웠던 인사이트 도출과 정확한 분석 결과를 도출하는 사례는 많이 있다. 7장에서는 데이터 시각화 라이브러리를 이용한 다양한 형태의 데이터 시각화 방법을 학습한다. 먼저 데이터 시각화 장점과 활용 사례들에 대하여 살펴본다.

데이터 시각화 장점

기술적인 데이터 분석도 중요하지만 분석 결과 기반의 가치 창출이 데이터 분석의 핵심이다. 가치 창출을 위해서는 데이터 시각화를 적극적으로 활용하면 된다. 데이터 분석 역량은 데이터 수집, 가공, 분석 기법을 활용한 데이터 분석 기술이 필요하다. 반면 데이터 시각화에는 데이터 분석 결과를 시각적으로 표현해서 스토리텔링 하는 역량이다. 최근에는 데이터 시각화 활용이 쉬워지면서 고도의 전문 역량이 없더라도 데이터를 활용하여 인사이트를 발견하고, 스토리텔링을 할 수 있게 되었다. 이러한 데이터 시각화의 장점은 다음과 같다.

1) 많은 양의 데이터를 시각적으로 요약

컴퓨터 모니터 화면을 벗어날 정도로 많은 양의 데이터는 그 특징을 전달하기 어렵다. 데이터 시각화는 많은 양의 데이터를 도형, 선, 색 등의 시각적 요소들을 활용하여 요약 표현하는 것이다. 한눈에 보기 어려운 많은 양의 데이터도 한 번에 볼 수 있게 된다. 의료, 금융, 교통 등 데이터가 생성되는 대부분의 분야에서 시각화 없이는 현상을 파악하고 예측하기 어렵기 때문에 데이터 시각화가 강조되고 있다.

데이터 시각화 유형에는 선, 막대, 원 차트 등 셀 수 없이 많은 시각화 유형이 있다. 시각화 유형은 어떤 데이터를 어떻게 표현할 것인지에 따라 구분된다. 차트에 활용되는 도형의 종류, 크기, 위치, 색 등으로 데이터의 크기를 비교하거나 분포를 파악하여 데이터의 의미를 찾는다.

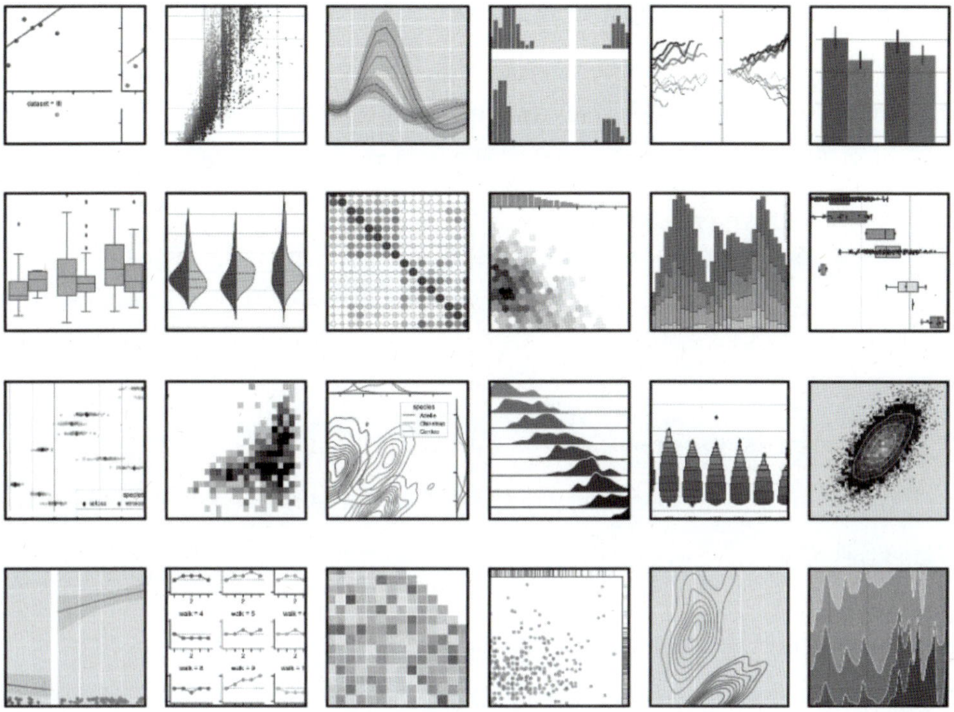

그림 7.1 데이터 시각화 유형 예

2) 시각을 통한 데이터 인사이트 도출

시각화 차트를 볼 때 시각적 패턴을 확인하기 위해 시각화 요소인 도형의 형태, 크기, 위치, 색 정보 등으로 시각적 패턴을 찾는다. 선 차트에서는 선의 높낮이 변화 형태로 데이터의 변화 추세를 파악하고, 다른 값들과 구별되는 이상치가 있는지 등을 빠르게 파악한다. 막대 차트, 원 차트 등 다른 시각화 차트들도 대부분 시각화 요소의 시각적 패턴으로 데이터의 의미를 파악하게 된다.

데이터 시각화에서 주의할 점은 데이터 인사이트의 정확한 전달을 위해 시각화 형태를 잘 선택해야 한다는 것이다. 데이터 인사이트에 적합한 시각화 유형을 선택하고 해석에 오류가 발생하지 않도록 시각화 차트를 작성해야 한다. 즉, 시각화 유형을 선택할 때는 데이터 시각화의 목적을 명확히 해야 한다.

데이터 시각화의 기본적인 목적은 데이터의 크기를 비교하는 것이다. 데이터 비교 시각화 차트에는 누적 막대 차트, 그룹 막대 차트, 선 차트, 영역 차트 등이 있다. 구성의 비중을 보는 차트에는 파이 차트, 100% 누적 막대 차트, 폭포 차트 등이 있다. 구성 비중 차트는 항목이 많은 경우 비교가 어렵기 때문에 비교 항목이 4~5개 정도일 때 적합하다. 데이터 분포를 확인하는 차트에는 산점도, 히스토그램 등이 있다. 데이터 관계를 보기 위한 차트에는 산점도, 버블 차트 등이 있다.

3) 더 정확한 데이터 분석 결과 도출

데이터 시각화는 데이터 분석 결과를 전달하기 위한 목적으로도 사용된다. 즉, 데이터 분석에서 시각화는 데이터의 정확한 이해를 돕고, 쉽고 빠른 데이터 인사이트 발견을 위해 필수 요소인 것이다. 이 외에도 시각화는 더욱더 정확한 분석을 위한 데이터 탐색 방법으로 시각화가 중요한 역할을 하는데, 시각화를 활용하여 데이터를 분석하는 시각적 분석으로도 활용된다. 즉, 시각화 차트를 만들 때 활용하는 데이터 변수, 수치 계산 방식, 차트 유형 등의 조건을 변경하면서 다양한 형태로 표현되는 시각화 차트의 시각적 패턴을 근거로 데이터 분석을 하는 것이다.

데이터 시각화 활용 사례

데이터 시각화는 대부분의 분야에서 활용될 수 있다. 다양한 분야에서 활용되는 데이터 시각화 사례는 다음과 같다.

1) 시각화 대시보드를 통한 공동의 데이터 활용

데이터 시각화는 데이터 인사이트를 전달 및 공유할 때 효과적이다. 보고서, 프레젠테이션 등에 삽입되는 시각화 차트는 전달하고자 하는 메시지를 효과적으로 전달할 수 있게 된다. 이러한 시각화 차트는 빠르게 인지되어 전달하고자 하는 데이터 스토리텔링에 큰 공감을 일으킬 수 있다.

시각화 대시보드는 데이터 시각화를 공유하는 방식 중에 하나이다. 데이터 시각화 대시보드는 시각화 차트와 표 등으로 구성된 하나의 보드이다. 데이터 시각화 대시보드를 이용하면 주요한 데이터 지표를 모니터링하고 탐색할 때 유용하다. 대부분의 데이터 시각화 대시보드는 데이터 조회 기간을 선택하거나 특정 기준으로 데이터를 조회할 수 있는 필터와 같은 상호작용 기능을 제공한다. 이러한 기능을 이용하면 복잡한 데이터 분석 기술 없이도 편리하게 데이터를 조회하고 탐색할 수 있게 된다.

데이터 시각화 대시보드는 기업 및 조직에서 유용하게 활용되는데, 전문 데이터 분석가가 아니어도 쉽게 데이터를 활용할 수 있다. 개인마다 서로 다른 관점에서 데이터를 탐색할 수 있기 때문에 더욱 다양한 데이터 인사이트를 도출할 수 있고, 이는 조직 전체의 관점에서 중요 의사결정의 근거로 활용되어 새로운 기회 도출 및 가치 창출에 큰 역할을 한다.

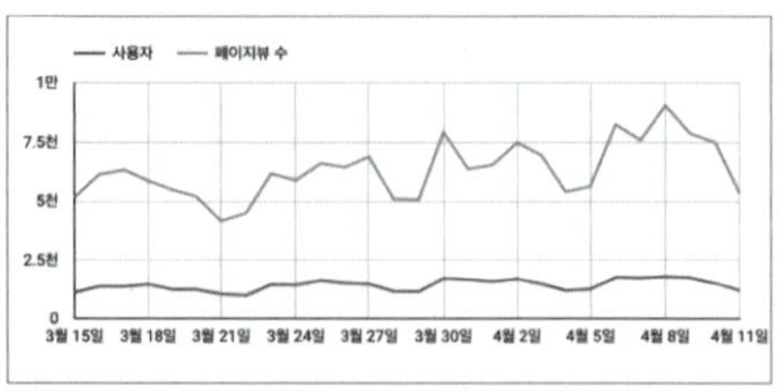

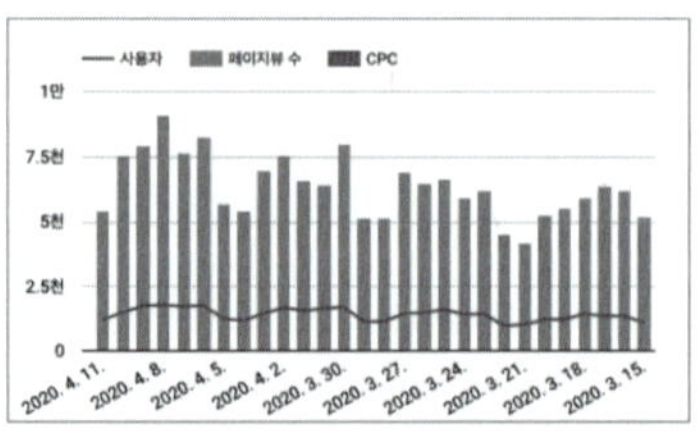

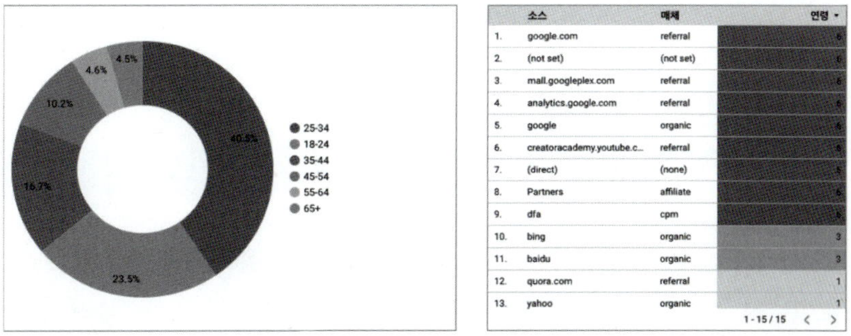

그림 7.2 데이터 시각화 대시보드 예

2) 다양한 분야에서의 시각화 활용

데이터 시각화는 데이터가 존재하는 모든 분야에서 활용되는데, 공공데이터 개방 정책과 함께 데이터 활용의 활성화를 위해 제공하는 정부의 시각화 서비스가 있다. 대표 사례로 공공데이터 포털 시각화 서비스, 지자체별 공공데이터를 개방하는 다수의 사이트가 있다. 공공 부문 외에 민간 부문에서도 데이터 시각화를 활용하고 있다. 다양한 산업의 여러 기업들은 각자 보유한 데이터의 활용도를 높이기 위해 데이터 시각화를 적극적으로 도입했는데, 의사결정 목적의 데이터 시각화 대시보드를 구축하여 활용하고 있다.

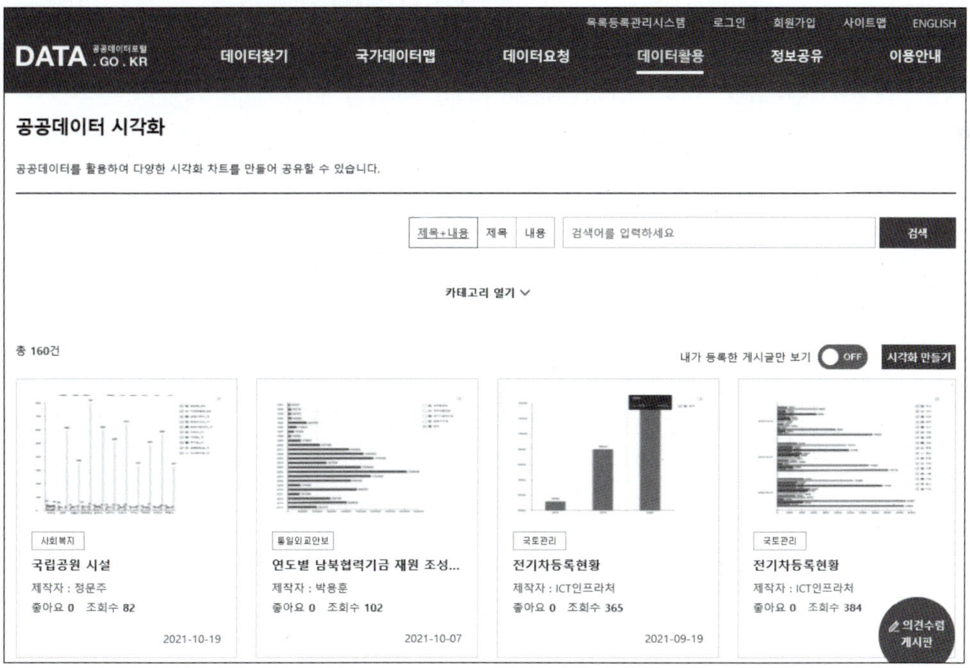

그림 7.3 공공데이터 포털의 시각화 화면 예

금융권 분야에서도 데이터 분석을 활용하는 사례가 점점 늘고 있다. 데이터 분석을 활용하여 수익 창출을 위한 고객 분석에 점점 비중이 증가하고 있는 추세이다. 즉, 고객 행동 예측을 위해 데이터 분석을 활용하여 보다 나은 고객 만족과 마케팅에 높은 기대를 갖고 있다는 것이다. KEB 하나은행의 경우 "하나 빅 인사이트"를 구축하여 은행 핵심 경영지표, 조직 단위별 영업실적 모니터링, 고객 특성에 따른 비정형 분석 같은 은행 내부 데이터를 그래프로 시각화하여 확인할 수 있다.

인공지능 분야에서도 데이터 시각화를 활용하여 시각적 분석을 시도하고 복잡한 인공지능 학습 결과를 보여주고 있다. 데이터 과학자가 활용하는 시각적 분석 도구 "클러스터 비전"은 화가 밥 로스 그림 400점의 데이터 셋을 클러스터 비전을 이용하여 시각적으로 분석하였다.

언론 분야에서도 데이터를 기반으로 스토리텔링 기사를 내보낼 때 시각화 차트를 이용하고 있다. 단순히 수치를 활용하는 것 외에도 데이터 분석을 통해 찾아낸 새로운 사실을 보도하는 데이터 저널리즘을 실현하는데 데이터 시각화를 적극적으로 활용하고 있다.

파이썬으로 하는 데이터 시각화

파이썬으로 데이터 시각화를 할 때는 시각화 관련 기능을 모아 놓은 시각화 라이브러리를 임포트(import)하여 사용한다. 시각화 라이브러리에는 특징이 다른 다양한 종류의 라이브러리들이 있는데, 주요한 파이썬 시각화 라이브러리 종류 및 특징은 다음과 같다.

1) 시각화 라이브러리

각 라이브러리마다 특징이 다르기 때문에 데이터 분석 목적에 따라 선택적으로 사용한다.

표 7.1 시각화 라이브러리

시각화 라이브러리	특징
맷플롯립(Matplotlib)	파이썬에서 가장 많이 사용하며, 데이터를 차트나 플롯으로 시각화하는 라이브러리이다. 판다스의 데이터프레임을 바로 시각화 할 때도 내부적으로 맷플롯립을 사용한다. 맷플롯립은 데이터 분석 이전의 데이터 이해를 위한 시각화 또는 데이터 분석 이후의 결과를 시각화하기 위해 사용된다.
시본(Seaborn)	맷플롯립을 기반으로 색 테마, 차트 기능 등을 추가해 주는 라이브러리이다. 맷플롯립과 함께 사용하며 히트맵, 카운트플롯 등을 제공한다.
폴리움(Folium)	지도 데이터를 이용하여 위치 정보를 시각화하는 라이브러리이다. 자바스크립트 기반으로 상호작용의 그래프를 그릴 수 있다.
파이차트(Pyecharts)	바이두(Baidu)에서 데이터 시각화를 위해 만든 파이썬 버전의 라이브러리이다. 다양한 그래프들이 내장되어 있고 자바스크립트 기반으로 상호작용의 그래프를 그릴 수 있다.

플로트나인(Plotnine)	R의 ggplot2에 기반을 두어 그래프를 그려주는 라이브러리이다. R 시각화 경험이 있다면 편리하게 사용할 수 있다.
플로틀리(Plotly)	상호작용의 그래프를 그려주는 라이브러리이다. R, 스칼라, 파이썬, 자바스크립트, 매트랩 등에서 사용할 수 있다. 사용이 쉽고 세련된 도구이며 온라인과 오프라인 버전이 따로 존재한다.

2) 시각화 단계

판다스의 시리즈와 데이터프레임에는 plot()이라는 시각화 함수를 내장하고 있다. plot() 함수도 맷플롯립을 임포트(import)하여 사용해야 한다. 일반적인 시각화 단계를 정리하면 다음과 같다.

① 1단계: 시각화 라이브러리 불러오기
② 2단계: x축, y축에 표시할 데이터 정하기
③ 3단계: plot() 함수에 데이터 입력하기
④ 4단계: 그래프 보여주기

기본적인 시각화 문법

```
import matplotlib.pyplot as plt   #1단계
xdata = [2, 4, 6, 8]              #2단계
ydata = [1, 3, 5, 7]
plt.plot(xdata, ydata)            #3단계
plt.show()                        #4단계
```

[실행결과]

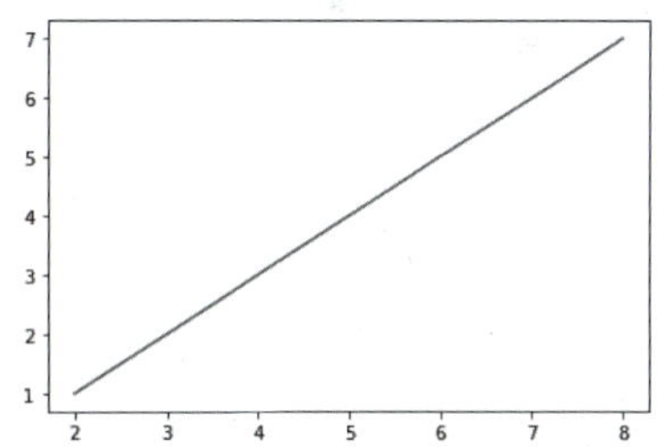

7.2 맷플롯립(Matplotlib) 라이브러리

맷플롯립 라이브러리는 그래프를 그릴 때 가장 많이 사용하는 파이썬 라이브러리 중에 하나이다. 맷플롯립을 활용하면 다양한 유형의 그래프를 간편하게 그릴 수 있다. 시각화할 때 데이터로 리스트나 딕셔너리 자료형도 가능하지만 데이터프레임을 이용하면 새로운 그래프에 적용하는 것이 더 쉽기 때문에 대부분 데이터프레임 자료형을 이용한다.

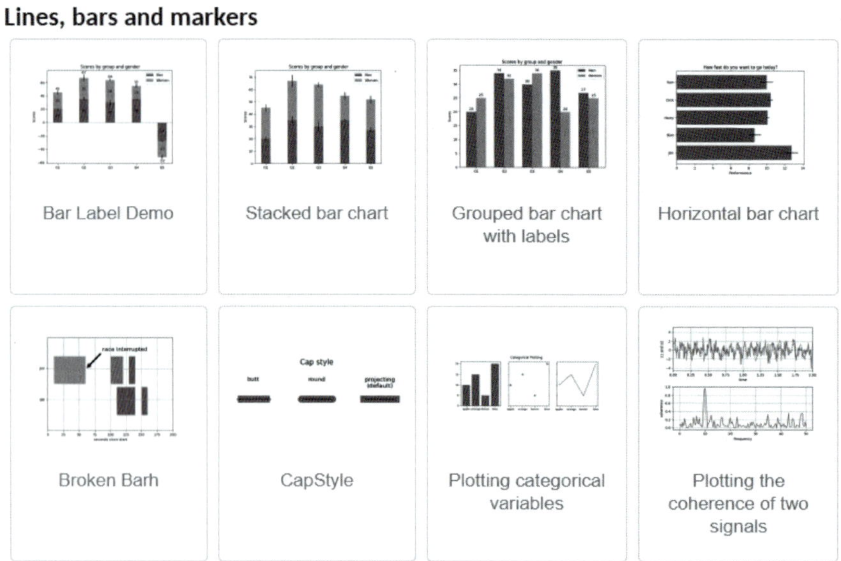

그림 7.4 맷플롯립 시각화 예

시각화 옵션

그래프를 표현하다 보면 그래프 제목, x축 및 y축 이름 등의 그래프에 대한 추가 옵션을 지정할 때가 많다. 대표 시각화 옵션들은 다음과 같다.

1) 제목

그래프 제목은 title() 함수를 사용하여 표현한다. 제목은 기본적으로 영어를 사용하는데, 한글을 사용하려면 별도의 설정을 해야 한다. 한글 폰트 설정은 12장에서 자세히 다룬다.

제목 지정

```
import matplotlib.pyplot as plt
plt.title('Line Graph')
xdata = [2, 4, 6, 8]
ydata = [1, 3, 5, 7]
plt.plot(xdata, ydata)
plt.show()
```

[실행결과]

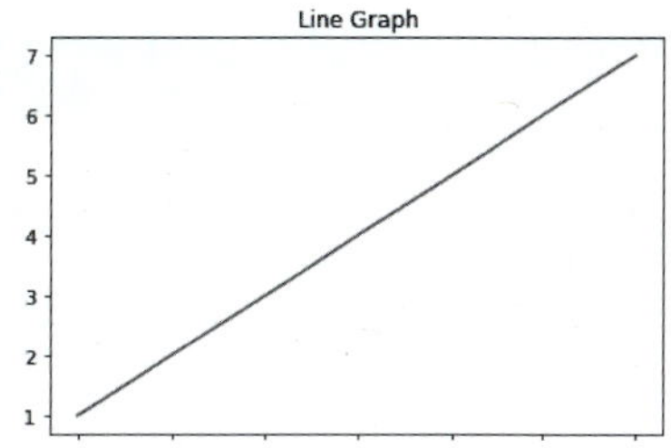

2) 범례

그래프 범례는 두 개 이상의 데이터를 표현할 때 사용한다. 범례 추가는 plot() 함수를 활용하여 표현하는데, plot() 함수의 label 속성값에 원하는 문자열을 작성하고 그래프를 그리기 전에 legend() 함수를 실행한다.

범례 지정

```
import matplotlib.pyplot as plt
plt.title('Legend')
data1 = [2, 4, 6, 8]
data2 = [8, 6, 4, 2]
plt.plot(data1, label='asc')
plt.plot(data2, label='desc')
plt.legend()
plt.show()
```

[실행결과]

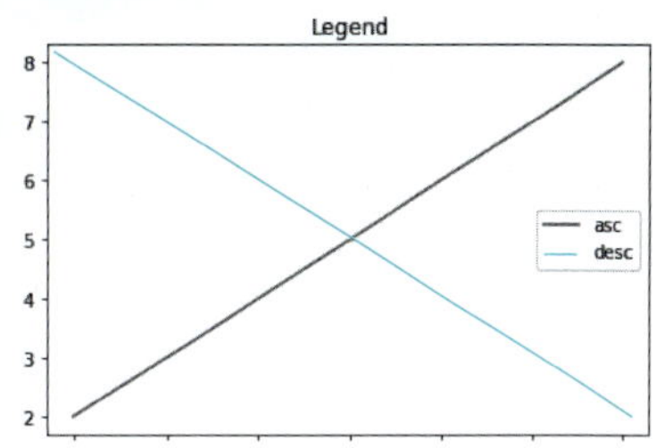

3) 색상

그래프 색상은 plot() 함수에 color 속성을 추가하여 표현한다.

색상 지정

```
import matplotlib.pyplot as plt
xdata = [2, 4, 6, 8]
ydata = [1, 3, 5, 7]
plt.plot(xdata, ydata, color='red')
plt.show()
```

[실행결과]

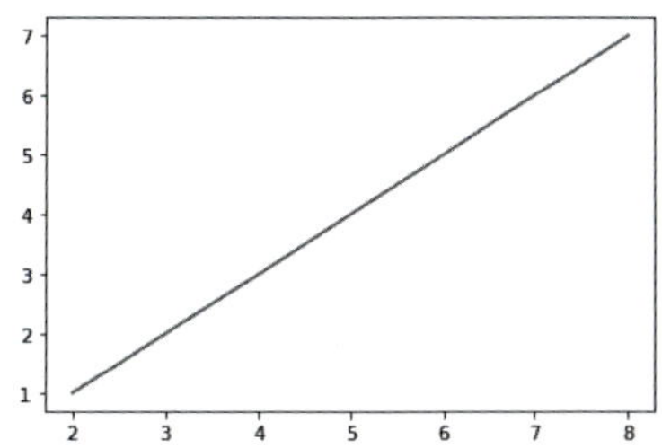

4) x축 및 y축 이름

x축 이름은 xlabel() 함수를 사용하고 y축 이름은 ylabel() 함수를 사용하여 표현한다.

x축 및 y축 이름 지정

```
import matplotlib.pyplot as plt
xdata = [2, 4, 6, 8]
ydata = [1, 3, 5, 7]
plt.plot(xdata, ydata)
plt.xlabel('X value')
plt.ylabel('Y value')
plt.show()
```

[실행결과]

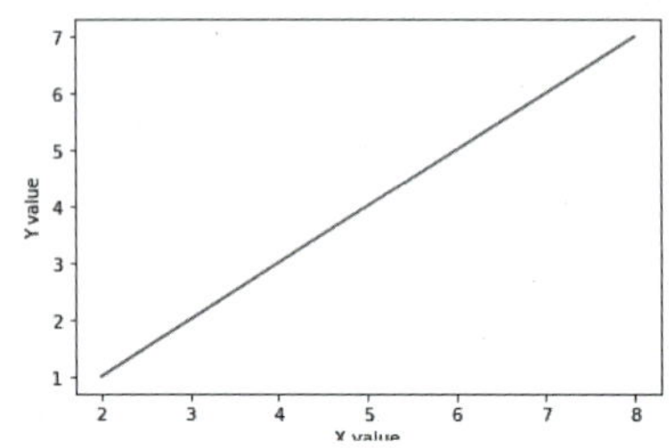

5) 그래프 선 모양

그래프 선 모양은 plot() 함수의 linestyle 속성을 이용하여 표현한다. linestyle 속성으로 실선은 '-', 파선은 '--', 점쇄선 '-.', 점선은 ':' 기호로 지정한다.

그래프 선 모양 지정

```
import matplotlib.pyplot as plt
data1 = [2, 4, 6, 8]
data2 = [8, 6, 4, 2]
plt.plot(data1, color='r', label='dashed', linestyle='--')
plt.plot(data2, color='g', label='dotted', linestyle=':')
plt.legend()
plt.show()
```

[실행결과]

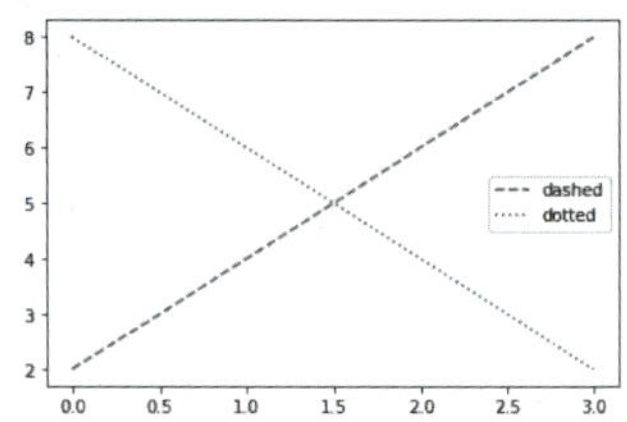

6) 그림 범위 지정

plot() 함수를 사용하여 그래프를 표현하다 보면 몇몇 점들은 그림의 범위 경계선에 있어서 잘 보이지 않을 때가 있다. xlim() 함수와 ylim() 함수를 사용하여 그림의 범위를 수동으로 지정할 수 있다. xlim() 함수는 x축의 최솟값과 최댓값을 지정하고, ylim() 함수는 y축의 최솟값과 최댓값을 지정한다. plot() 함수의 marker 속성을 지정하면 선에 점 모양을 다양하게 변경할 수 있다.

그림 범위 지정

```
import matplotlib.pyplot as plt
plt.title('X, Y range')
xdata = [10, 20, 30, 40]
ydata = [1, 3, 5, 7]
plt.plot(xdata, ydata, color='b', linestyle='--', marker='o', markersize='10')
plt.xlim(0,50)
plt.ylim(-5,15)
plt.show()
```

[실행결과]

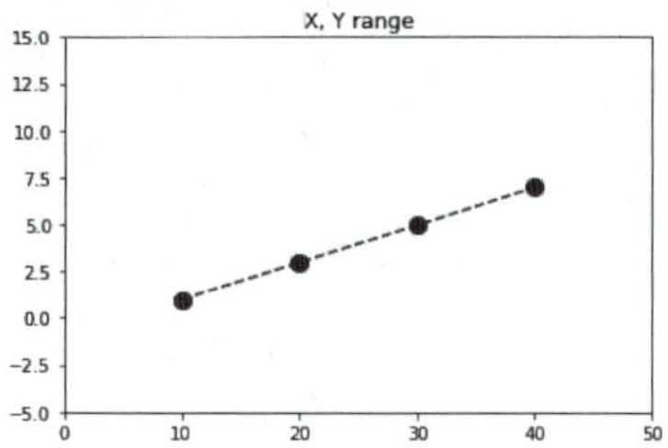

【Note】 마커 및 색상 속성

마커 속성	마커 의미
o	원형
v	역삼각형
^	삼각형
s	사각형
+	더하기
.	점

색상 속성	색상 의미
b	파랑색
g	녹색
r	빨강색
c	청록색
m	마젠타색
y	노랑색
k	검정색
w	흰색

7) 내장 시각화 옵션

판다스를 이용하면 시각화 라이브러리를 임포트 하지 않아도 내장 그래프 도구를 이용하여 기본적인 시각화를 할 수 있다. plot() 함수의 kind 속성을 지정하면 다양한 종류의 그래프를 표현할 수 있다. 그래프 속성값은 다음과 같다.

표 7.2 그래프 속성값

속성값	그래프	속성값	그래프
line	선 그래프	kde	커널 밀도 그래프
bar	수직 막대 그래프	area	면적 그래프
barh	수평 막대 그래프	pie	파이 그래프
hist	히스토그램	scatter	산점도 그래프
box	상자수염 그래프	hexbin	고밀도 산점도 그래프

```
import pandas as pd
my_score = [[60,90,95],[80,75,100],[65,85,90],[85,70,90],[95,90,85],[75,85,90],[85,80,75]]
subject = ['kor', 'math', 'eng']
df = pd.DataFrame(my_score, columns=subject)
```

df.plot(kind='line')	df.plot(kind='hist')	df.plot(kind='box')

[실행결과]

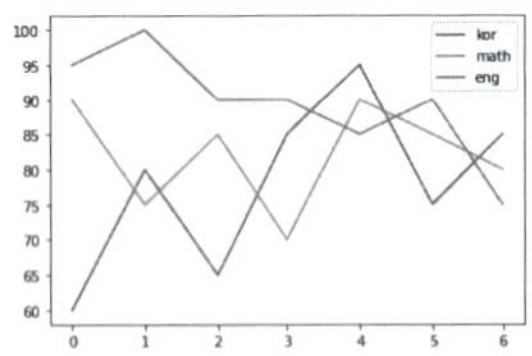

[실행결과]

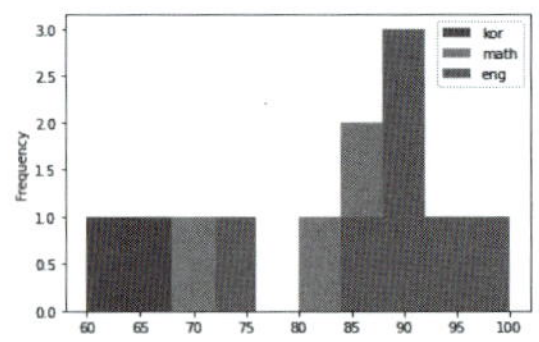

[실행결과]

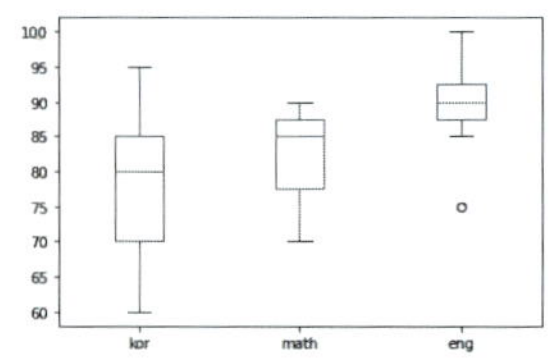

선 그래프

연속적으로 변하는 데이터를 시각화할 때는 선 그래프가 가장 적당하다. 일반적으로 선 그래프는 시간에 따라 데이터의 연속적인 변화량을 관찰할 때 자주 사용한다. 예를 들어 시간에 따른 온도 변화량, 수출액 변화량, 교통 사고량 등을 시각화할 때 유용하게 사용된다. 선 그래프는 수량을 점으로 표시하면서 선으로 이어 그리기 때문에 증가와 감소 상태를 쉽게 확인할 수 있다.

선 그래프는 plot() 함수에 x축, y축 데이터를 선택하여 그린다. x축에 시간 변수를 지정하여 시간 변화량을 나타내는 시계열 데이터를 표현하는 그래프에도 많이 사용한다.

에어코리아(https://www.airkorea.or.kr/)에서 다운로드 한 2001년부터 2019년까지의 미세먼지 데이터 "fine_dust.xlsx"를 이용하여 선 그래프로 표현하려고 한다. 선 그래프 표현을 위해 필요한 엑셀 파일은 다음 과정을 거쳐 구글 드라이브에 업로드하고 연결한다.

1) 구글 드라이브에 업로드 및 연결하기

코랩에서 엑셀 파일로 데이터 분석을 하기 위해서는 엑셀 파일들을 구글 드라이브에 업로드하고 연결해야 한다. 구글 드라이브에 업로드 된 엑셀 파일을 코랩에서 읽어 오려면 구글 드라이브를 연결해 줘야 한다. 이를 마운트라고 하는데, 마운트하는 여러 가지 방법 중에 다음 과정을 거쳐 마운트하기로 한다.

① 구글 드라이브에서 마우스 오른쪽 버튼을 클릭하여 메뉴가 나타나면 [파일 업로드] 메뉴를 선택한다. 열기 대화상자가 나타나면 미세먼지 데이터 "fine_dust.xlsx" 엑셀 파일을 선택하여 업로드 한다.

② 엑셀 파일을 읽어 오기 위해 구글 드라이브에 마운트 한다. 왼쪽 폴더 모양의 "파일" 아이콘을 클릭한다. 파일 화면이 열리면 [드라이브 마운트] 아이콘을 클릭한다. 이 과정은 코랩의 해당 새 노트 파일에서 한 번만 해주면 된다.

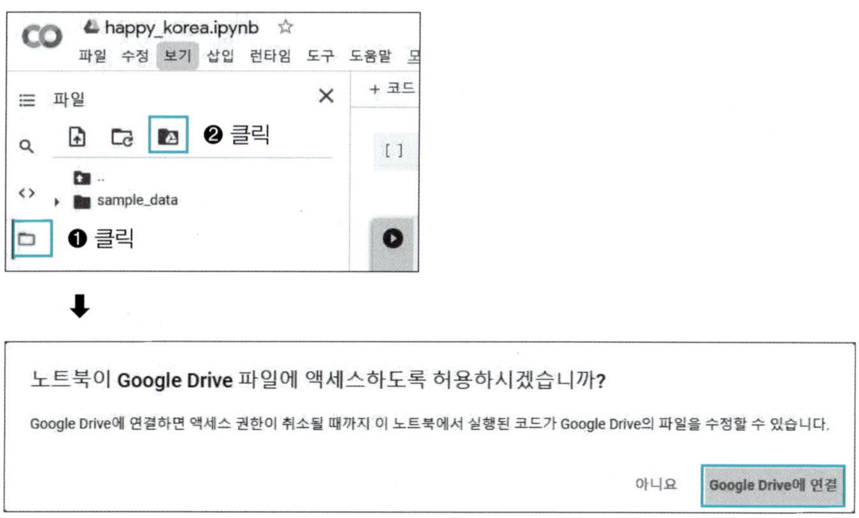

③ 구글 드라이브에 마운트하면 기본 경로는 "sample_data"가 된다. cd 경로 명령어를 사용하여 원하는 경로로 이동한다. "../content/drive/MyDrive/"까지는 동일하게 작성하고 그 뒤의 경로는 독자 여러분이 원하는 경로에 맞게 작성한다. 만약 마운트가 되지 않는다면 ②의 과정을 다시 한 후 마운트 하면 정상적으로 동작하게 된다.

구글 드라이브에 마운트하기

```
%cd '../content/drive/MyDrive/BOOK/DS'
```

[실행결과]

```
%cd '../content/drive/MyDrive/BOOK/DS'
```

2) 데이터 읽어와서 선 그래프 그리기

1행과 2행에서 판다스와 맷플롯립 라이브러리를 임포트한다. 4행에서는 판다스의 read_excel을 사용하여 "fine_dust.xlsx" 엑셀 파일을 읽어와 데이터프레임 변수 data에 저장한다. data에는 2001년부터 2019년까지의 지역별 미세먼지 데이터가 있는데, 5행에서 2019년 데이터만 가져와 data2019에 저장한다.

"미세먼지" 엑셀 파일 읽어오기

```
1  import pandas as pd
2  import matplotlib.pyplot as plt
3
4  data = pd.read_excel('fine_dust.xlsx', index_col='area')
5  data2019 = data[2019]
```

1행에서 그래프 크기를 지정하고, 2행에서 원형 마커를 지정한다. 3행과 4행에서는 x축 및 y축 이름을 지정한다. 5행에서 그래프 제목을 지정하고 6행에서 격차 표시를 활성 시킨 후 7행에서 그래프를 출력한다.

2019년 지역별 미세먼지 선 그래프

```
1  plt.figure(figsize=(15,4))
2  plt.plot(data2019, color='b', marker='o')
3  plt.xlabel('area')
4  plt.ylabel('micrometer')
5  plt.title('2019 Fine Dust Line Graph')
6  plt.grid()
7  plt.show()
```

[실행결과]

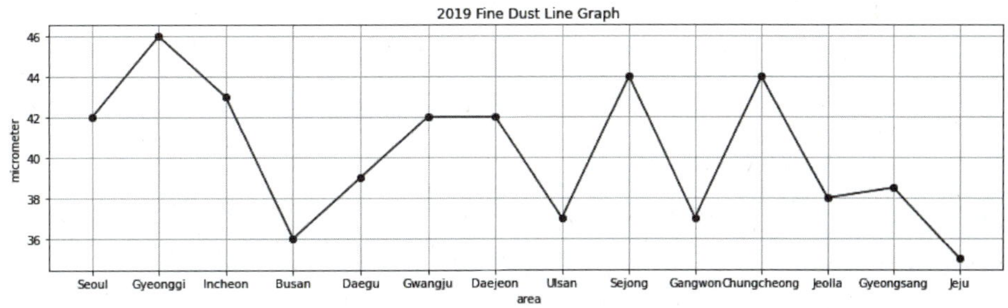

앞에서 미세먼지 엑셀 파일을 읽어와 데이터프레임 변수 data에 저장했었는데, data에는 2001년부터 2019년까지의 지역별 미세먼지 데이터가 있다. 아래의 코드 3행에서 5행까지 for 문을 이용하여 data에서 2016년 데이터를 가져와 chartdata에 저장하고 마커 및 이름을 지정하는 과정을 2019년까지 반복한다. 이런 과정을 통해 다중 선 그래프를 그리게 된다.

2016년 ~ 2019년 지역별 미세먼지 선 그래프

```
1   plt.figure(figsize=(15,4))
2
3   for year in range(2016, 2020):
4     chartdata = data[year]
5     plt.plot(chartdata, marker='o', label=year)
6
7   plt.xlabel('area')
8   plt.ylabel('micrometer')
9   plt.title('2001~2019 Fine Dust Line Graph')
10  plt.legend()
11  plt.grid()
12  plt.show()
```

[실행결과]

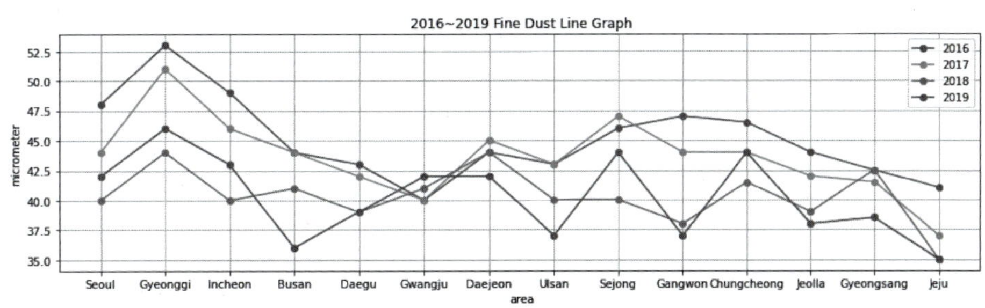

막대 그래프

집단별 차이를 표현할 때 막대 그래프가 적당하다. 시간에 따른 변화를 표현할 때는 선 그래프가 좋지만, 크고 작음의 차이를 한눈에 파악할 때는 막대 그래프를 많이 사용한다. 예를 들어 수량의 많고 적음 비교, 변화된 양에 대한 일별, 월별, 연별 통계 등의 비교, 우리 반 학생들이 좋아하는 연예인과 좋아하는 인원 등을 시각화할 때 유용하게 사용된다. 가독성 면에서 막대 그래프는 일반적으로 항목의 개수가 적으면 가로 막대가 좋고 항목이 많으면 세로 막대가 보기 편하다. 막대 그래프는 bar() 함수에 x축, y축 데이터를 지정하여 그린다.

1) 세로 막대 그래프 그리기

앞에서 설명한 구글 드라이브에 엑셀 파일 업로드와 구글 드라이브 마운트 과정은 생략한다. 여기서부터 실습을 하게 된다면 선 그래프 앞부분 설명을 참고하여 구글 드라이브에 파일 업로드와 마운트 과정을 거치고 오기를 권한다.

1행과 2행에서 판다스와 맷플롯립 라이브러리를 임포트한다. 4행에서는 판다스의 read_excel을 사용하여 "fine_dust.xlsx" 엑셀 파일을 읽어와 데이터프레임 변수 data에 저장한다. data에는 2001년부터 2019년까지의 지역별 미세먼지 데이터가 있는데, 5행에서 2016년 데이터만 가져와 data2016에 저장한다.

7행에서 그래프 크기를 지정하고, 8행에서는 bar() 함수로 x축 데이터에 data2016의 인덱스를, y축 데이터에 data2016을 지정한다. 9행에서 ylim() 함수로 y축의 최솟값과 최댓값을 지정한다. 10행과 11행에서는 x축 및 y축 이름을 지정한다. 12행에서 그래프 제목을 지정하고 13행에서 격자 표시를 활성 시킨 후 14행에서 그래프를 출력한다.

2016년 지역별 미세먼지 세로 막대 그래프

```
1   import pandas as pd
2   import matplotlib.pyplot as plt
3
4   data = pd.read_excel('fine_dust.xlsx', index_col='area')
5   data2016 = data[2016]
6
7   plt.figure(figsize=(15,4))
8   plt.bar(data2016.index, data2016, color='g')
9   plt.ylim(35,55)
10  plt.xlabel('area')
11  plt.ylabel('micrometer')
12  plt.title('2016 Fine Dust Bar Graph')
13  plt.grid()
14  plt.show()
```

[실행결과]

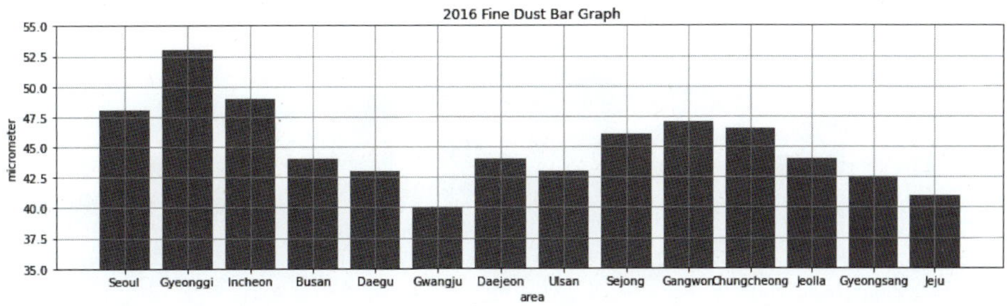

2) 그룹 세로 막대 그래프 그리기

앞에서 미세먼지 엑셀 파일을 읽어와 데이터프레임 변수 data에 저장했었는데, data에는 2001년부터 2019년까지의 지역별 미세먼지 데이터가 있다. 아래의 코드 6행은 data에서 서울, 경기, 인천, 부산 지역의 2016년~2019년 데이터만 추출하여 data4에 저장한다. 7행에서 10행까지 for문을 이용하여 data4에서 2016년 데이터를 가져와 chartdata에 저장하고 두께 0.2의 막대 그래프를 지정하는 과정을 2019년까지 반복한다. 이때 index를 이용하여 막대 그래프가 출력되는 위치를 0.2씩 이동한다. 이런 과정을 통해 그룹 막대 그래프가 그려진다. 15행에서는 x축 눈금을 가운데로 지정하기 위해 막대 그래프를 0.2씩 오른쪽으로 이동했던 마지막 위치에서 0.5를 빼주고, x축 눈금 이름을 지정한다.

2016년 ~ 2019년 지역별 미세먼지 그룹 세로 막대 그래프

```
1   import numpy as np
2   index = np.arange(4)
3
4   plt.figure(figsize=(15,4))
5
6   data4 = data.loc['Seoul':'Busan', 2016:2019]
7   for year in range(2016, 2020):
8     chartdata = data4[year]
9     plt.bar(index, chartdata, width=0.2, label=year)
10    index = index + 0.2
11
12  plt.ylim(35,55)
13  plt.xlabel('area')
14  plt.ylabel('micrometer')
15  plt.xticks(index-0.5, ['Seoul', 'Gyeonggi', 'Incheon', 'Busan'])
16  plt.title('2016~2019 Fine Dust Group Bar Graph')
17  plt.legend()
18  plt.show()
```

[실행결과]

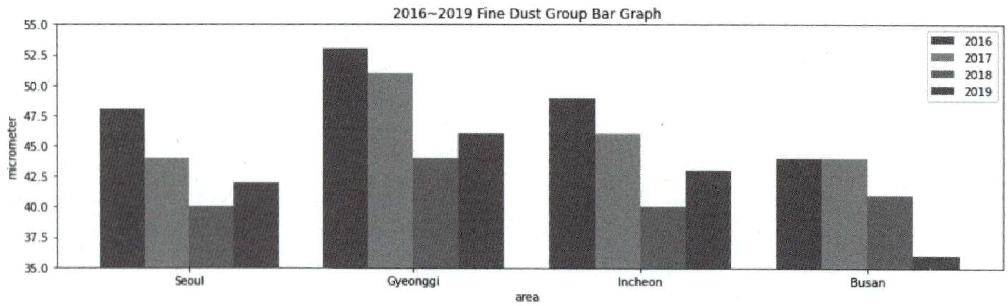

3) 그룹 누적 가로 막대 그래프 그리기

앞에서 확인했던 "2016년 ~ 2019년 지역별 미세먼지 그룹 막대 그래프"를 누적하여 가로 방향으로 변경하여 표현했다. 누적 막대 그래프를 그리는 것은 기존 막대 그래프 위에 막대 그래프를 하나 더 그리는 형식이다. 이를 위해 index의 위치를 변경하지 않으면 된다. 가로 방향으로 바꾸는 것은 bar() 함수 대신 barh() 함수를 사용하면 된다. 막대 그래프를 가로 방향으로 변경했으므로 x축 및 y축 이름, x축 및 y축 눈금도 가로 방향에 맞게 변경한다.

2016년 ~ 2019년 지역별 미세먼지 그룹 누적 가로 막대 그래프

```
import numpy as np
index = np.arange(4)

plt.figure(figsize=(10,4))

data4 = data.loc['Seoul':'Busan', 2016:2019]
for year in range(2016, 2020):
  chartdata = data4[year]
  plt.barh(index, chartdata, label=year)

plt.xlim(30,55)
plt.ylabel('area')
plt.xlabel('micrometer')
plt.yticks(index, ['Seoul', 'Gyeonggi', 'Incheon', 'Busan'])
plt.title('2016~2019 Fine Dust Group Barh Graph')
plt.legend()
plt.show()
```

[실행결과]

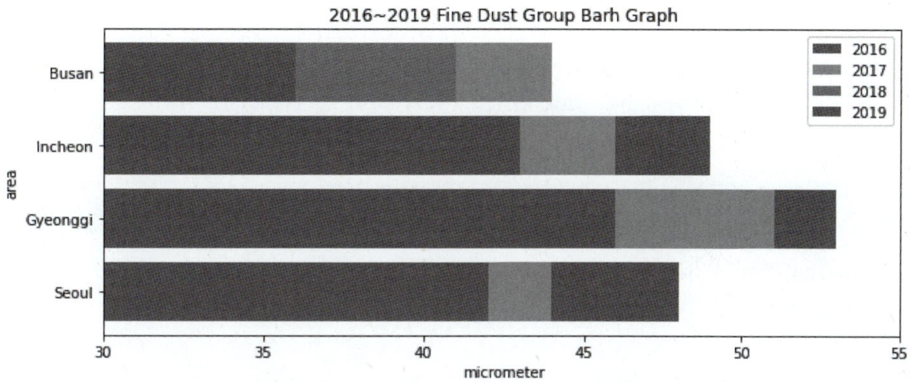

산점도 그래프

서로 다른 두 연속형 변수 사이의 관계를 나타내며 연속형 변수의 상관성을 확인할 때 산점도 그래프를 사용한다. 예를 들어 나이와 소득에 대한 상호 관련성 파악 등에 유용하게 사용되는데, 두 변수 간의 상관관계를 개략적으로 파악할 수 있기 때문이다. 산점도에 표시되는 각 점들은 자료의 관측값을 의미하고, 각 점의 위치는 관측값이 가지는 x축, y축 변수의 값으로 결정된다.

1) 산점도 그래프 그리기

공공데이터포털(https://www.data.go.kr/)에서 다운로드한 2020년 건강검진 일부 데이터 "health_screenings_2020.xlsx"를 이용하여 산점도 그래프를 표현하려고 한다. 산점도 그래프 표현을 위해 필요한 엑셀 파일은 앞에서 설명한 과정을 거쳐 구글 드라이브에 업로드하고 마운트 과정을 거친다.

1행과 2행에서 판다스와 맷플롯립 라이브러리를 임포트한다. 3행에서는 판다스의 read_excel을 사용하여 "health_screenings_2020.xlsx" 엑셀 파일을 읽어와 데이터프레임 변수 data에 저장한다.

"2020년 건강검진" 엑셀 파일 읽어오기

```
1    import pandas as pd
2    import matplotlib.pyplot as plt
3    data = pd.read_excel('health_screenings_2020.xlsx')
```

data에는 2020년 건강검진 데이터가 저장되어 있는데, 다음 코드의 1행에서 키 데이터만 가져와 heightdata에 저장하고, 2행에서는 몸무게 데이터만 가져와 weightdata에 저장한다. 4행에서 그래프 크기를 지정하고, 5행에서는 scatter() 함수로 x축 데이터에 heightdata, y축 데이터에 weightdata를 지정한다. 7행과 8행에서는 x축 및 y축 이름을 지정한다. 9행에서 그래프 제목을 지정하고 10행에서 격자 표시를 활성 시킨 후 11행에서 그래프를 출력한다

키 및 몸무게 산점도 그래프

```
1   heightdata = data['height']
2   weightdata = data['weight']
3
4   plt.figure(figsize=(10,4))
5   plt.scatter(heightdata, weightdata)
6
7   plt.xlabel('height')
8   plt.ylabel('weight')
9   plt.title('2020 Health Screenings Scatter Graph')
10  plt.grid()
11  plt.show()
```

[실행결과]

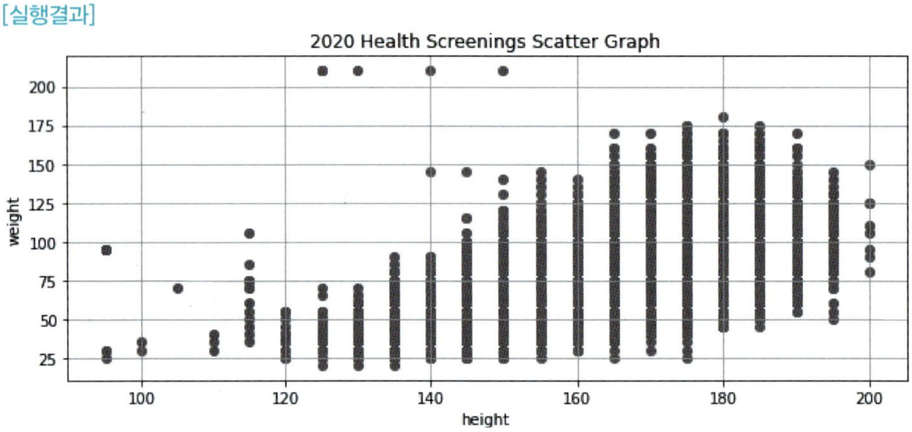

2) 그룹 산점도 그래프 그리기

누적 산점도 그래프를 그리는 것은 기존 산점도 그래프 위에 산점도 그래프를 하나 더 그리는 형식이다.

앞에서 2020년 건강검진 엑셀 파일을 읽어와 데이터프레임 변수 data에 저장했었다. 다음 코드의 1행~3행에서는 data에서 HDL, LDL, cholesterol 데이터를 가져와 각각의 변수에 저장한다. 5행에서 그래프 크기를 지정하고, 7행~9행에서 scatter() 함수로 x축 데이터와 y축 데이터를 지정하고 점 색상과 점 테두리 색상을 지정한다. 11행과 12행에서 xlim() 함수와 ylim() 함수로 x축 및 y축의 최솟값과 최댓값을 지정한다. 13행과 14행에서는 x축 및 y축 이름을 지정한다.

15행에서 그래프 제목 지정, 16행에서 범례 지정, 17행에서 격차 표시, 18행에서는 그래프를 출력한다.

HDL, LDL, 콜레스테롤 그룹 산점도 그래프

```
1   HDLdata = data['HDL']
2   LDLdata = data['LDL']
3   cholesteroldata = data['cholesterol']
4
5   plt.figure(figsize=(10,6))
6
7   plt.scatter(cholesteroldata, LDLdata, color='r', edgecolor='w', label='Cholesterol*LDL')
8   plt.scatter(HDLdata, cholesteroldata, color='g', edgecolor='w', label='HDL*Cholesterol')
9   plt.scatter(HDLdata, LDLdata, color='b', edgecolor='w', label='HDL*LDL')
10
11  plt.xlim(-50,1000)
12  plt.ylim(-50,1000)
13  plt.xlabel('HDL')
14  plt.ylabel('LDL')
15  plt.title('2020 Health Screenings Group Scatter Graph')
16  plt.legend()
17  plt.grid()
18  plt.show()
```

[실행결과]

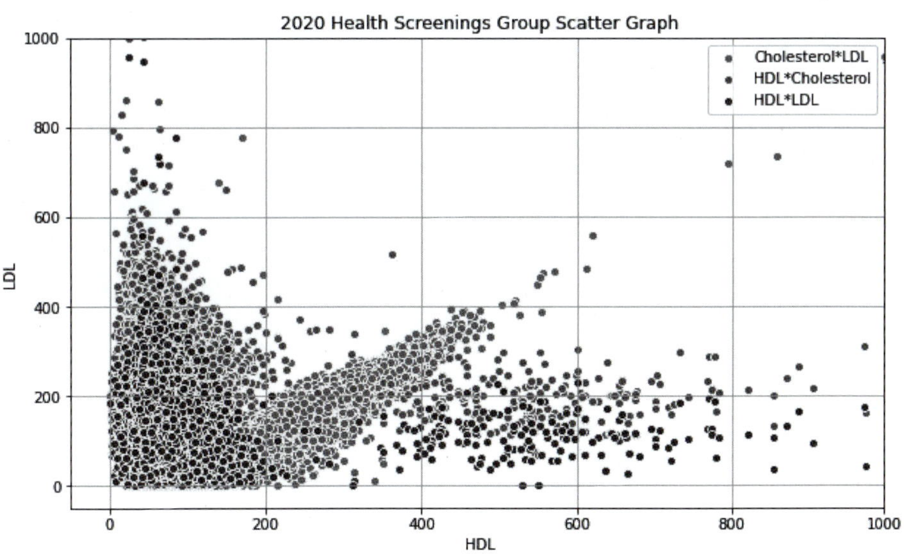

히스토그램

변수가 하나인 데이터의 빈도수를 막대 모양으로 나타낼 때 히스토그램이 적당하다. 통계분석에서 도수분포표와 히스토그램은 가장 많이 사용되는 도구이고, 데이터의 분석 및 분포를 파악하는 역할을 한다. x축에는 계급, y축에는 해당 도수 및 비율(개수)을 지정한다. 계급은 변수의 구간을 의미하는데 서로 겹치지 않아야 하고 계급(막대)들과는 서로 붙어 있어야 한다.

1) 히스토그램 그리기

앞에서 2020년 건강검진 엑셀 파일을 읽어와 데이터프레임 변수 data에 저장했었다. 다음 코드의 1행에서는 data에서 남성(data.gender==1.0)의 성별, 키 데이터만 가져와 mandata에 저장한다.

3행에서 그래프 크기를 지정하고, 4행에서 hist() 함수로 mandata 데이터의 키를 지정하고 계급 개수 20개 등의 속성을 지정한다. 6행에서 xlim() 함수로 x축의 최솟값과 최댓값을 지정한다. 7행과 8행에서는 x축 및 y축 이름을 지정한다. 9행에서 그래프 제목 지정, 10행에서 범례 지정, 11행에서 격차 표시, 12행에서는 그래프를 출력한다.

남성 키 히스토그램

```
1   mandata = data.loc[data.gender==1.0,['gender','height']]
2
3   plt.figure(figsize=(10,6))
4   plt.hist(mandata['height'], bins=20, label='Man')
5
6   plt.xlim(140,200)
7   plt.xlabel('height')
8   plt.ylabel('frequency')
9   plt.title('2020 Health Screenings Man Height Histogram')
10  plt.legend()
11  plt.grid()
12  plt.show()
```

[실행결과]

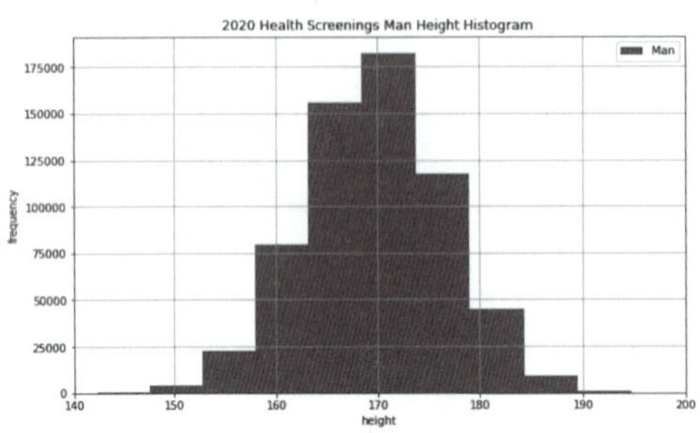

2) 그룹 히스토그램 그리기

그룹 히스토그램을 그리는 것은 기존 히스토그램 위에 히스토그램을 하나 더 그리는 형식이다. 앞에서 2020년 건강검진 엑셀 파일을 읽어와 데이터프레임 변수 data에 저장했었다. 다음 코드의 1행에서는 data에서 남성(data.gender==1.0)의 성별, 키 데이터만 가져와 mandata에 저장하고, 2행에서는 data에서 여성(data.gender==2.0)의 성별, 키 데이터만 가져와 womandata에 저장한다.

4행에서 그래프 크기를 지정하고, 5행과 6행에서 hist() 함수로 mandata 및 womandata 데이터의 키를 지정하고 계급 개수 20개 등의 속성을 지정한다. 8행에서 xlim() 함수로 x축의 최솟값과 최댓값을 지정한다. 9행과 10행에서는 x축 및 y축 이름을 지정한다. 11행에서 그래프 제목 지정, 12행에서 범례 지정, 13행에서 격차 표시, 14행에서는 그래프를 출력한다.

남성 및 여성 키 그룹 히스토그램

```
1   mandata = data.loc[data.gender==1.0,['gender','height']]
2   womandata = data.loc[data.gender==2.0,['gender','height']]
3
4   plt.figure(figsize=(10,6))
5   plt.hist(mandata['height'], bins=20, alpha=0.5, label='Man')
6   plt.hist(womandata['height'], bins=20, alpha=0.5, label='Woman')
7
8   plt.xlim(120,200)
9   plt.xlabel('height')
10  plt.ylabel('frequency')
11  plt.title('2020 Health Screenings Man & woman Height Group Histogram')
12  plt.legend()
13  plt.grid()
14  plt.show()
```

[실행결과]

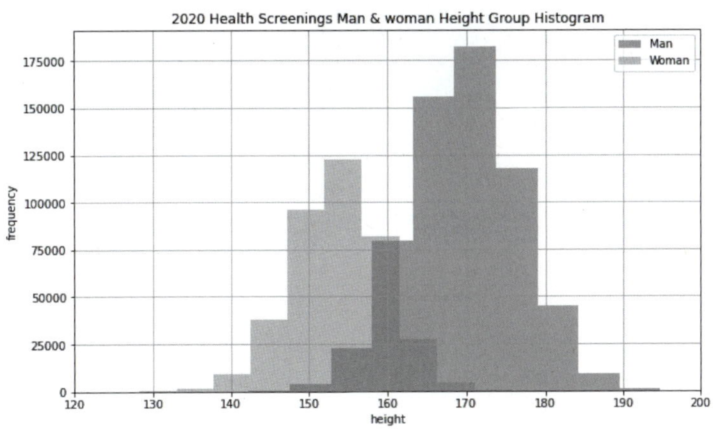

3) 그룹 누적 히스토그램 그리기

1행에서 넘파이 라이브러리를 임포트한다. 2행에서는 앞에서 저장한 2020년 건강검진 정보의 남성 데이터 mandata와 여성 데이터 womandata에서 각각의 키 데이터를 가져와 넘파이 형태의 배열 x에 저장한다.

4행에서 그래프 크기를 지정하고, 5행에서 hist() 함수로 배열 x 데이터를 지정하고 계급 개수 20개 등의 속성을 지정하며, stacked로 누적 속성을 지정한다. 7행에서 xlim() 함수로 x축의 최솟값과 최댓값을 지정한다. 8행과 9행에서는 x축 및 y축 이름을 지정한다. 10행에서 그래프 제목 지정, 11행에서 범례 지정, 12행에서는 그래프를 출력한다.

남성 및 여성 키 그룹 누적 히스토그램

```
1   import numpy as np
2   x = np.array([mandata['height'], womandata['height']])
3
4   plt.figure(figsize=(10,6))
5   plt.hist(x, bins=20, label=['Man','Woman'], stacked=True)
6
7   plt.xlim(120,200)
8   plt.xlabel('height')
9   plt.ylabel('frequency')
10  plt.title('2020 Health Screenings Man & woman Height Stacked Histogram')
11  plt.legend()
12  plt.show()
```

[실행결과]

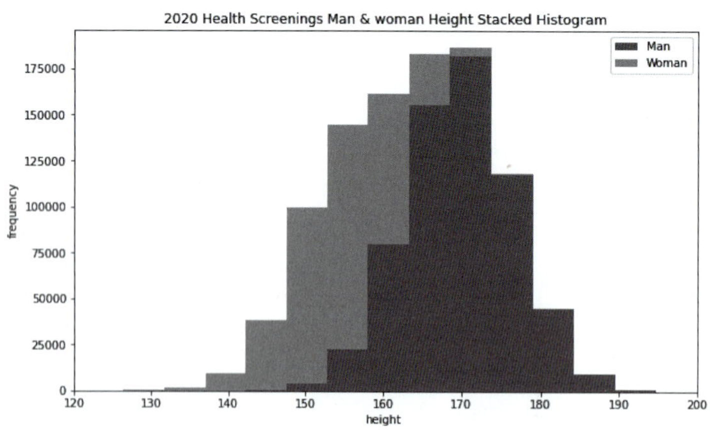

상자수염(Box Plot) 그래프

데이터 분포를 시각화하여 탐색하는 방법으로 상자수염 그래프가 있다. 사람의 나이가 500살, 키가 5미터 등은 표현은 가능하지만 현실적으로 불가능한 값들이다. 이를 이상치, 극단치라고 하는데, 이상치는 효과적인 데이터 분석을 위해 제거해야 한다. 이상치를 제거하기 위해 값의 정상 범위를 정하는 방법이 있다. 나이의 경우 0살에서 120살까지를 정상 범위로 정한다면 121살은 이상치로 보는 것이다. 또 다른 방법으로 통계적인 기법을 사용하는 것인데, 정규 분포에서 상하위 0.2% 밖의 데이터를 극단적인 값으로 가정하여 제거하는 것이다.

아래의 그림은 상자수염 그래프의 예로 25%(제1사분위)에서 75%(제3사분위) 사이의 범위는 상자 몸통에 해당되고, 근접값들은 수염으로 꼬리에 해당된다. 위와 아래에 있는 점은 정상보다 많거나 적은 값으로 최댓값을 넘거나 최솟값보다 적은 경우에 해당되는 이상치로 바깥 영역(아웃라이어)이 된다.

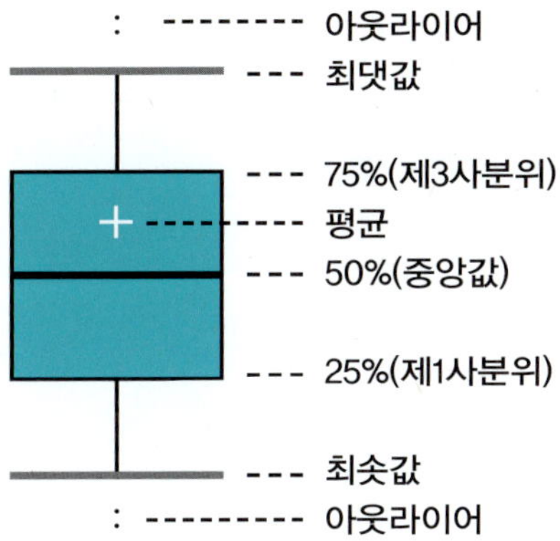

그림 7.5 상자수염 예

1) 상자수염 그래프 그리기

1행과 2행에서 앞에서 저장한 2020년 건강검진 정보의 남성 데이터 mandata와 여성 데이터 womandata에서 각각의 키 데이터 10,000개씩 가져와 넘파이 형태의 배열 male과 female에 각각 저장한다.

4행에서 그래프 크기를 지정한다. 5행에서는 boxplot() 함수로 배열 male과 female 데이터를 지정하고 x축 눈금 이름을 지정한다. 7행에서 ylim() 함수로 y축의 최솟값과 최댓값을 지정한다. 8행과 9행에서는 x축 및 y축 이름을 지정한다. 10행에서 그래프 제목을 지정하고 12행에서는 그래프를 출력한다.

남성 및 여성 키 상자수염 그래프

```
male = np.array(mandata['height'].head(10000))
female = np.array(womandata['height'].head(10000))

plt.figure(figsize=(8,5))
plt.boxplot([male,female], labels=['Man','Woman'])

plt.ylim(120,200)
plt.xlabel('gender')
plt.ylabel('height')
plt.title('2020 Health Screenings Man & woman Height Box Plot')
plt.show()
```

[실행결과]

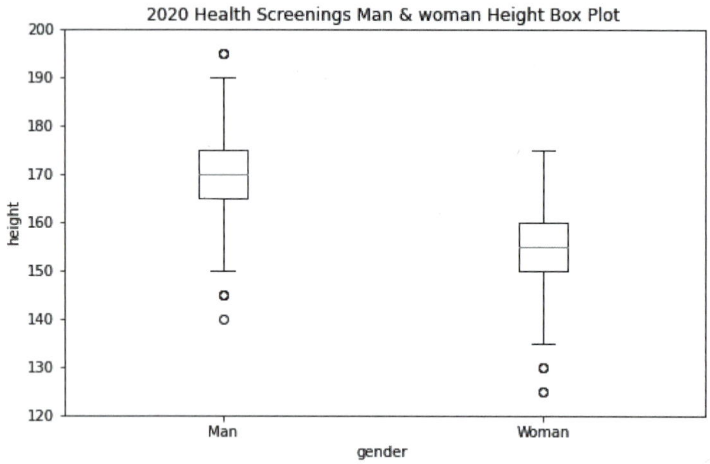

2) 가로 상자수염 그래프 그리기

앞에서 저장한 넘파이 형태의 배열 male과 female로 가로 상자수염 그래프를 그리기 위해서는 2행의 plot() 함수에 vert 속성을 False로 지정한다.

바뀐 가로 방향에 맞게 4행에서는 xlim() 함수로 x축의 최솟값과 최댓값을 지정하고 5행과 6행에서 x축과 y축 이름을 바꿔준다.

남성 및 여성 키 가로 상자수염 그래프

```
1   plt.figure(figsize=(8,5))
2   plt.boxplot([male,female], labels=['Man','Woman'], vert=False)
3
4   plt.xlim(120,200)
5   plt.ylabel('gender')
```

```
plt.xlabel('height')
plt.title('2020 Health Screenings Man & woman Height Box Plot')
plt.show()
```

[실행결과]

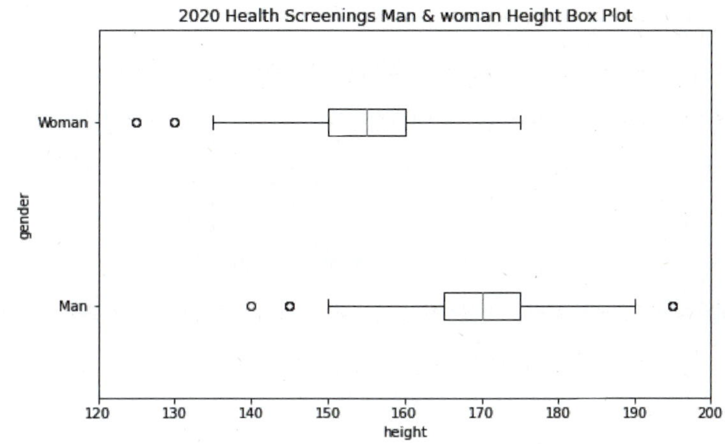

7.3 시본(Seaborn) 라이브러리

시본 라이브러리는 맷플롯립을 기반으로 다양한 테마와 통계용 차트 등의 동적인 기능을 추가한 시각화 라이브러리이다. 시본 라이브러리는 맷플롯립과 다르게 통계와 관련된 차트를 제공하기 때문에 데이터프레임으로 다양한 통계 지표를 낼 수 있으며 데이터 분석에 활발히 사용되고 있다. 실제 분석에서는 맷플롯립과 시본 라이브러리 두 가지를 함께 사용한다. 시본 라이브러리를 사용할 때 주의할 점은 시본이 맷플롯립에 의존적이기 때문에 맷플롯립 라이브러리도 반드시 함께 임포트해야 한다는 것이다. 시본 라이브러리의 주요 특징 및 시각화 단계는 다음과 같다.

표 7.3 시본 라이브러리의 특징 및 단계

시본 주요 특징	시본 시각화 단계
뛰어난 시각화 효과	① 데이터 준비
간결한 구문 제공	② 배경 설정
판다스 데이터프레임에 최적화	③ 시각화
쉬운 데이터프레임 집계 및 차트 요약	④ 개별 그래프 상세 설정

시본 라이브러리는 기본적으로 맷플롯립보다 제공하는 색상이 더 많기 때문에 색 표현력이 좋다. 맷플롯립으로 그래프를 표현하더라도 시본의 set() 함수를 미리 선언해 주면 자동으로 시본 팔레트로 출력된다. 시본은 "deep, muted, pastel, bright, dark, colorblind"의 6개 기본 팔레트를 제공하고 있다.

맷플롯립 배경	시본 배경

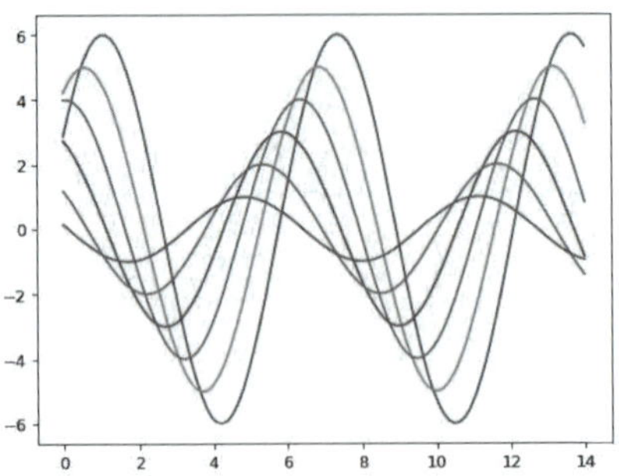

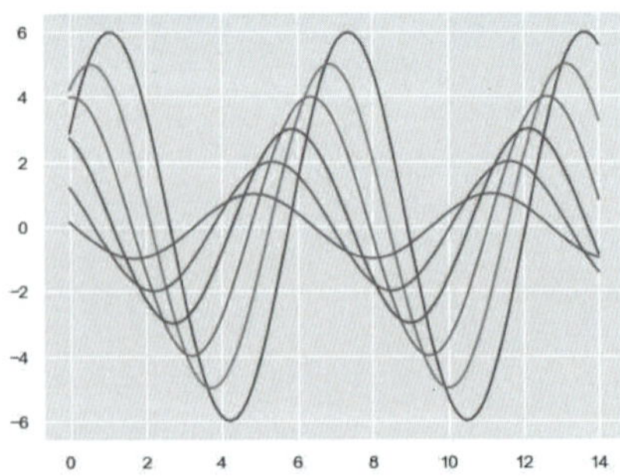

데이터 시각화 준비하기

1) 라이브러리 및 데이터 읽어오기

2020년 건강검진 일부 데이터 "health_screenings_2020.xlsx" 엑셀 파일을 읽어와 시본 라이브러리를 이용하여 동적인 시각화를 표현하려고 한다. 시본 라이브러리를 이용한 그래프 표현을 위해 엑셀 파일은 앞에서 설명한 과정을 거쳐 구글 드라이브에 업로드하고 마운트 과정을 거친다.

1행~3행에서는 판다스, 넘파이, 맷플롯립 라이브러리를 임포트하고, 4행에서는 시본 라이브러리를 임포트한다. 6행에서는 read_excel을 사용하여 2020년 건강검진 일부 데이터 "health_screenings_2020.xlsx" 엑셀 파일을 읽어와 데이터프레임 변수 data에 저장한다.

라이브러리 임포트 및 "2020년 건강검진" 엑셀 파일 읽어오기

```
1   import pandas as pd
2   import numpy as np
3   import matplotlib.pyplot as plt
4   import seaborn as sns
5
6   data = pd.read_excel('health_screenings_2020.xlsx')
```

2) 데이터 전처리

다음은 성별, 음주여부, 흡연여부에 대하여 1 또는 2로 저장되어 있는 숫자값을 데이터 분석의 가독력을 높이기 위하여 'Man', 'Woman', 'Non-drinking', 'Drinking', 'Non-smoking', 'Smoking'의 문자열로 변경하여 데이터 전처리하는 과정이다.

1행에서 데이터프레임 변수 data에 저장되어 있는 성별, 키, 몸무게, 허리둘레, 음주여부, 흡연여부 데이터를 가져와 data6에 저장한다. 3행과 4행에서 성별 데이터를 'Man'과 'Woman'으로 변경하고, 6행과 7행에서 음주여부 데이터를 'Non-drinking'과 'Drinking'으로 변경하며, 9행과 10행에서 흡연여부 데이터를 'Non-smoking'과 'Smoking'으로 변경한다.

"2020년 건강검진" 정보에서 성별, 음주여부, 흡연여부 데이터 전처리

```
1   data6 = data.loc[:,['gender','height','weight', 'waist','drinking','smoking']]
2
3   data6.loc[data6['gender']==1,['gender']]='Man'
4   data6.loc[data6['gender']==2,['gender']]='Woman'
5
6   data6.loc[data6['drinking']==1,['drinking']]='Non-drinking'
```

```
data6.loc[data6['drinking']==2,['drinking']]='Drinking'

data6.loc[data6['smoking']==1,['smoking']]='Non-smoking'
data6.loc[data6['smoking']==2,['smoking']]='Smoking'
```

시본 막대 그래프

시본에서 사용하는 막대 그래프는 barplot() 함수로 속성 3개를 지정하여 범주별 그룹을 쉽게 표현할 수 있다. 시본 막대 그래프는 기본적으로 오차 막대가 표시되는데, 오차 막대를 그리는 범위를 신뢰구간이라고 한다. 오차 막대 신뢰구간을 표준편차로 하고 싶다면 ci 속성을 "sd"(ci="sd")로 지정한다.

데이터 분석은 대부분 평균을 보지만, 데이터에 극단치가 많을 때 중앙값을 확인하거나 범주형 데이터인 경우 그룹별 개수를 계산할 수 있다. estimator 속성을 지정하여 원하는 그룹의 집계를 쉽고 간편하게 할 수 있다.

1) 데이터 준비하기

1행과 2행에서는 data6에서 성별, 음주여부의 그룹별 개수(인원)를 구하여 drinking에 저장한다. 3행에서는 reindex() 함수를 이용하여 Drinking, Non-drinking 순서로 저장되어 있는 drinking 데이터를 Non-drinking, Drinking 순서로 변경한다. 5행과 6행에서는 data6에서 성별, 흡연여부의 그룹별 개수(인원)를 구하여 smoking에 저장한다.

음주여부 및 흡연여부 데이터 준비하기

```
1  drinking = data6.groupby(['gender','drinking'], as_index=False)['smoking'].count()
2  drinking = drinking.rename(columns={'smoking':'drinking_count'})
3  drinking = drinking.reindex(index=[1,0,3,2])
4
5  smoking = data6.groupby(['gender','smoking'], as_index=False)['drinking'].count()
6  smoking = smoking.rename(columns={'drinking':'smoking_count'})
```

2) 기본 막대 그래프 그리기

1행에서는 그래프 크기 지정과 함께 figure() 함수로 그림 객체를 생성하고, 2행에서 그래프 제목을 지정한다. 3행에서는 x축 눈금 개수를 배열로 생성하여 index에 저장한다. 5행에서 add_subplot() 함수를 이용하여 1행 2열의 서브플롯 중 첫 번째 서브플롯을 생성한다. 7행~10행에서는 첫 번째 서브플롯에 그려질 음주여부 데이터 개수(인원)를 bar() 함수를 이용하여 지정하고, 첫 번째 그래프 제목 지정, y축 이름 지정, x축 눈금 이름을 지정한다.

12행에서 add_subplot() 함수를 이용하여 1행 2열의 서브플롯 중 두 번째 서브플롯을 생성한다. 14행~17행에서는 두 번째 서브플롯에 그려질 흡연여부 데이터 개수(인원)를 bar() 함수를 이용하여 지정하고, 두 번째 그래프 제목 지정, y축 이름 지정, x축 눈금 이름을 지정한다.

성별 음주여부 및 흡연여부 막대 그래프

```
1   fig = plt.figure(figsize=(17,6))
2   fig.suptitle('2020 Health Screenings Drinking & Smoking Type Bar Graph',fontweight='bold')
3   index = np.arange(4)
4
5   fig.add_subplot(1,2,1)
6
7   plt.bar(index, drinking['drinking_count'])
8   plt.title('Drinking Type')
9   plt.ylabel('Count')
10  plt.xticks(index, ['Man Non-drinking','Man Drinking','Woman Non-drinking','Woman Drinking'])
11
12  fig.add_subplot(1,2,2)
13
14  plt.bar(index, smoking['smoking_count'])
15  plt.title('Smoking Type')
16  plt.ylabel('Count')
17  plt.xticks(index, ['Man Non-smoking', 'Man Smoking','Woman Non-smoking','Woman Smoking'])
18
19  plt.show()
```

[실행결과]

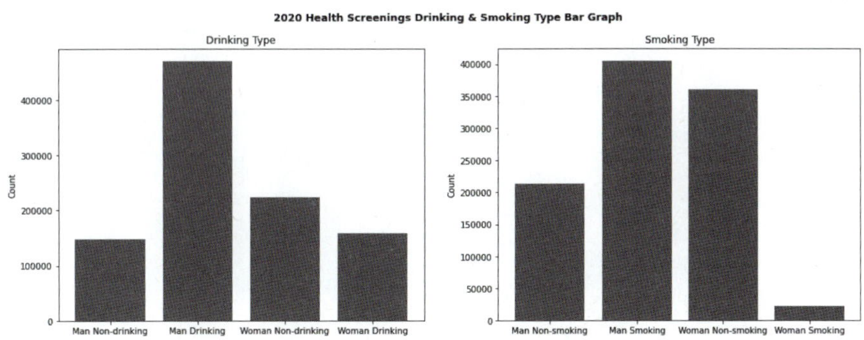

【Note】

add_subplot() 함수 : add_subplot() 함수의 인자를 통해 서브플롯 개수를 조정한다. add_subplot(1, 2, 1)은 1x2(행x열)의 서브플롯을 생성한다는 의미이고, 세 번째 인자 1은 생성된 두 개의 서브플롯 중 첫 번째 서브플롯을 의미한다. 마찬가지로 (1, 2, 2)는 1x2 서브플롯에서 두 번째 서브플롯을 의미한다.

3) 시본 막대 그래프 그리기

1행에서는 그래프 크기 지정과 함께 figure() 함수로 그림 객체를 생성하고, 3행과 4행에서는 add_subplot() 함수를 이용하여 1행 2열의 서브플롯 중 첫 번째 서브플롯과 두 번째 서브플롯을 생성한다. 6행에서 barplot() 함수로 x축 데이터에 성별, y축 데이터에 음주여부 개수(인원), hue 속성에는 성별 음주여부 그룹별 데이터를 지정하여 첫 번째 서브플롯에 배치한다. 7행에서 barplot() 함수로 x축 데이터에 성별, y축 데이터에 흡연여부 개수(인원), hue 속성에는 성별 흡연여부 그룹별 데이터를 지정하여 두 번째 서브플롯에 배치한다.

9행에서 그래프 제목을 지정하고, 10행과 11행에서는 첫 번째 서브플롯과 두 번째 서브플롯의 제목을 지정하며, 13행에서는 그래프를 출력한다.

성별 음주여부 및 흡연여부 시본 막대 그래프

```
1   fig = plt.figure(figsize=(17,6))
2
3   area1 = fig.add_subplot(1,2,1)
4   area2 = fig.add_subplot(1,2,2)
5
6   ax1=sns.barplot(x='gender',y='drinking_count',hue='drinking',data=drinking,ax=area1)
7   ax2=sns.barplot(x='gender',y='smoking_count',hue='smoking',data=smoking,ax=area2)
8
9   fig.suptitle('2020 Health Screenings Drinking & Smoking Type Seaborn Bar Graph',fontweight='bold')
10  area1.set_title('Drinking Type')
11  area2.set_title('Smoking Type')
12
13  plt.show()
```

[실행결과]

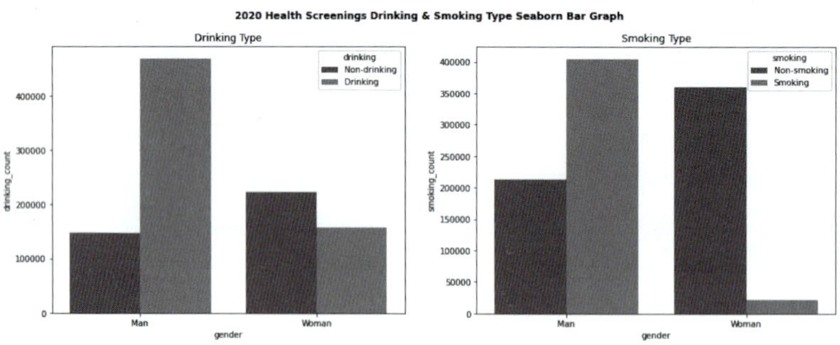

시본 산점도 그래프

시본 산점도 그래프는 스트립 플롯(Strip Plot) 그래프, 스웜 플롯(Swarm Plot) 그래프 등이 있다. 맷플롯립의 산점도 그래프처럼 모든 데이터를 점으로 표현하는데, 맷플롯립의 산점도보다 범주에 따른 각 분포의 실제 데이터나 전체 형상 등을 보여준다는 장점이 있다.

1) 데이터 준비하기

data6에서 남성 및 여성의 성별, 키, 몸무게, 허리둘레, 음주여부, 흡연여부 데이터를 가져와 mandata와 womandata에 각각 저장한다.

남성 및 여성의 성별, 키, 몸무게, 허리둘레, 음주여부, 흡연여부 데이터 가져오기

```
mandata=data6.loc[data6.gender=='Man',['gender','height','weight','waist','drinking','smoking']]
womandata=data6.loc[data6.gender=='Woman',['gender','height','weight','waist','drinking','smoking']]
```

2) 시본 스트립 플롯 그래프 그리기

스트립 플롯 그래프는 데이터 분포를 요약하여 간략히 띠 형태로 보여주는 그래프이다. 일반적으로 작은 데이터를 다루는 용도로 사용되는데, 큰 데이터를 다룰 때는 주로 히스토그램 등을 많이 사용한다.

1행에서 그래프 크기를 지정하고 2행에서는 그래프 제목을 지정한다. 4행과 5행에서는 stripplot() 함수로 mandata와 womandata의 키 데이터를 x축에 지정, 몸무게 데이터를 y축에 각각 지정하고 8행에서는 그래프를 출력한다.

남성과 여성의 키 및 몸무게 시본 스트립 플롯 그래프

```
1  plt.figure(figsize=(10,5))
2  plt.title('Seaborn Strip Plot Graph')
3
4  sns.stripplot(x='height', y='weight', data=mandata)
5  sns.stripplot(x='height', y='weight', data=womandata)
6  plt.show()
```

[실행결과]

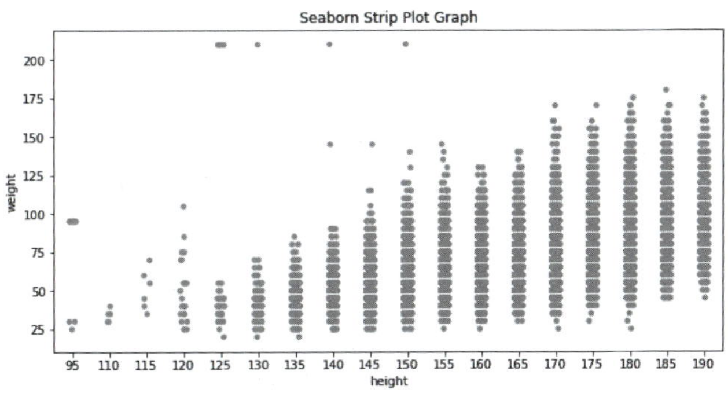

【Note】

stripplot() 함수 : 데이터 개수가 1개이고 변수의 종류가 연속적이거나 범주형인 데이터에 대하여 간단히 요약한 그래프이다. 상자수염 또는 바이올린 그래프를 보충하는 그래프로 많이 사용된다.

3) 시본 스트립 플롯 그래프의 팔레트 속성으로 색상 지정하기

1행에서 그래프 크기를 지정하고 2행에서는 그래프 제목을 지정한다. 4행과 5행에서는 stripplot() 함수로 mandata와 womandata의 키 데이터를 x축에 지정, 몸무게 데이터를 y축에 지정, 성별을 hue 속성에 지정, 팔레트 색상 “dark”와 “Set1”을 palette 속성에 각각 지정한 후 6행에서는 그래프를 출력한다.

남성과 여성의 키 및 몸무게 시본 스트립 플롯 그래프 - 색상 팔레트 지정

```
1  plt.figure(figsize=(10,5))
2  plt.title('Seaborn Strip Plot Graph - Color Palette')
3
4  sns.stripplot(x='height',y='weight',data=mandata,hue='gender',palette='dark')
5  sns.stripplot(x='height',y='weight',data=womandata,hue='gender',palette='Set1')
6  plt.show()
```

[실행결과]

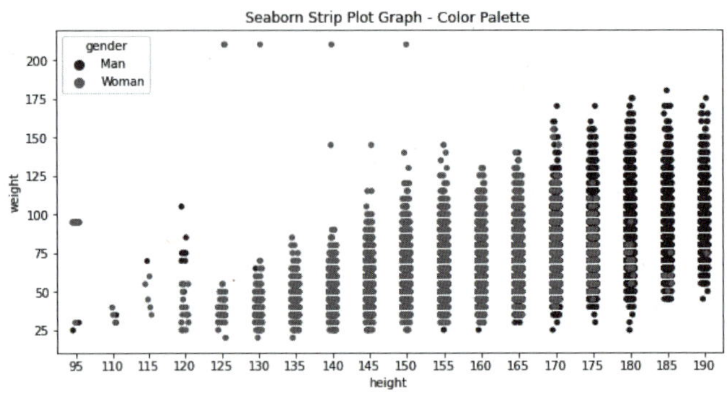

【Note】

시본의 색상 표현 : 다음 사이트에 방문하면 그래프에 색상을 사용하는 원칙과 6개의 기본 팔레트 외에도 다양한 색상 팔레트를 확인할 수 있다.
https://seaborn.pydata.org/tutorial/color_palettes.html#palette-tutorial

4) 시본 스웜 플롯 그래프 그리기

스웜 플롯 그래프는 스트립 플롯 그래프와 유사하지만 스웜 플롯 그래프에서는 점들이 보정되기 때문에 서로 겹쳐지지 않는다. 이러한 기능은 값의 분포를 표현할 때는 좋지만 큰 수 관찰값의 양을 어림잡을 때는 좋지 않다.

스웜 플롯 그래프로 표현하기 위해 앞에서 준비한 남성 데이터 mandata와 여성 데이터 womandata에서 100개씩만 가져와 mandata100과 womandata100에 각각 저장한다.

남성 및 여성 데이터 100개 가져오기

```
mandata100 = mandata.head(100)
womandata100 = womandata.head(100)
```

1행에서 그래프 크기를 지정하고 2행에서는 그래프 제목을 지정한다. 4행과 5행에서는 swarmplot() 함수로 mandata100과 womandata100의 키 데이터를 x축에 지정, 몸무게 데이터를 y축에 지정, 성별을 hue 속성에 각각 지정한 후 6행에서는 그래프를 출력한다.

남성과 여성의 키 및 몸무게 시본 스웜 플롯 그래프

```
1  plt.figure(figsize=(10,5))
2  plt.title('Seaborn Swarm Plot Graph')
3
4  sns.swarmplot(x='height',y='weight',data=mandata100,hue='gender',palette='dark')
5  sns.swarmplot(x='height',y='weight',data=womandata100,hue='gender',palette='Set1')
6  plt.show()
```

[실행결과]

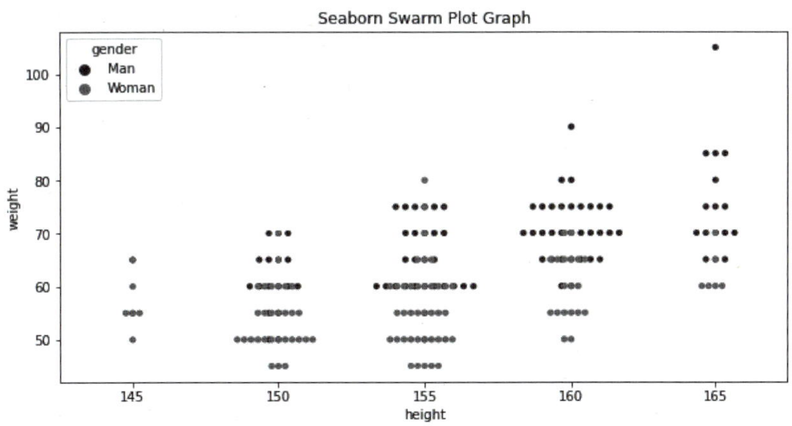

시본 히스토그램

시본에서 사용하는 히스토그램은 histplot() 함수로 데이터의 빈도수를 막대 모양으로 나타낼 때 많이 사용하는데, histplot() 함수는 데이터 분포와 밀도를 확인할 수 있어 hist() 함수보다 많이 사용한다. 시본에서는 histplot()와 distplot() 함수를 이용하여 히스토그램을 표현할 수 있는데, distplot() 함수는 향후 버전에서 사라질 예정이기 때문에 histplot() 사용을 권장한다.

1) 시본 히스토그램 그리기

1행에서 그래프 크기를 지정하고, 2행과 3행에서 histplot() 함수로 mandata와 womandata의 몸무게 지정, 계급 개수 20개, 투명도 0.5 등의 속성을 각각 지정한다. 5행에서 xlim() 함수로 x축의 최솟값과 최댓값을 지정한다. 6행과 7행에서는 x축 및 y축 이름을 지정한다. 8행에서 그래프 제목 지정, 9행에서 범례 지정, 10행에서 격차 표시, 11행에서는 그래프를 출력한다.

남성과 여성의 몸무게 히스토그램

```
1   plt.figure(figsize=(10,6))
2   sns.histplot(mandata['weight'], bins=20, alpha=0.5, label='Man')
3   sns.histplot(womandata['weight'], bins=20, alpha=0.5, label='Woman',color='r')
4
5   plt.xlim(20,150)
6   plt.xlabel('weight')
7   plt.ylabel('count')
8   plt.title('Weight Seaborn Histogram')
9   plt.legend()
10  plt.grid()
11  plt.show()
```

[실행결과]

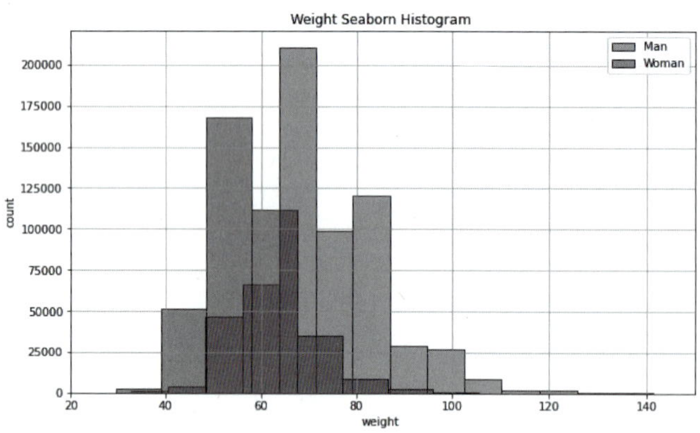

2) 시본 히스토그램의 커널 밀도 추정(KDE) 속성 지정하기

1행에서 그래프 크기를 지정하고, 2행과 3행에서 histplot() 함수로 mandata와 womandata의 몸무게 지정, 계급 개수 20개, 투명도 0.5, kde(커널 밀도 추정) 활성 등의 속성을 각각 지정한다. kde 속성을 True로 활성 시키면 히스토그램보다 부드러운 형태의 분포 곡선을 추가로 보여준다. 5행에서 xlim() 함수로 x축의 최솟값과 최댓값을 지정한다. 6행과 7행에서는 x축 및 y축 이름을 지정한다. 8행에서 그래프 제목 지정, 9행에서 범례 지정, 10행에서 격차 표시, 11행에서는 그래프를 출력한다.

남성과 여성의 허리둘레 히스토그램 – 커널 밀도 추정(KDE) 속성 지정

```
1   plt.figure(figsize=(10,6))
2   sns.histplot(mandata['waist'], bins=20, alpha=0.5, label='Man',kde=True)
3   sns.histplot(womandata['waist'], bins=20, alpha=0.5, label='Woman',color='r',kde=True)
4
5   plt.xlim(40,160)
6   plt.xlabel('waist')
7   plt.ylabel('count')
8   plt.title('Waist Seaborn Histogram - KDE(Kernel Density Estimator)')
9   plt.legend()
10  plt.grid()
11  plt.show()
```

[실행결과]

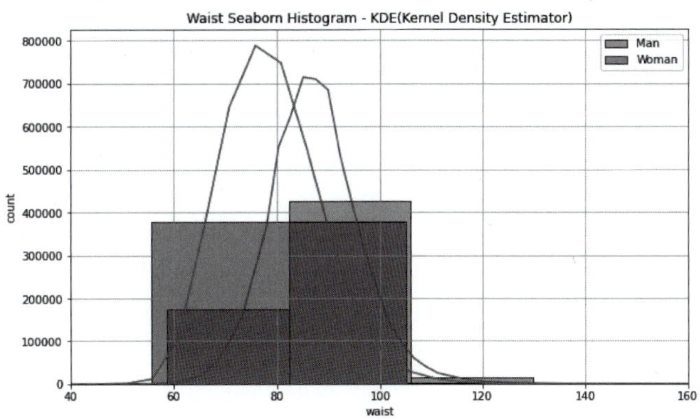

시본 상자수염(Box Plot) 그래프

시본 상자수염 그래프는 hue 속성으로 매우 쉽게 비교 상자수염 그래프를 그릴 수 있다. 데이터프레임 데이터를 이용할 때는 시본 상자수염 그래프를 많이 사용한다.

1) 시본 상자수염 그래프 그리기

1행에서 그래프 크기를 지정하고 2행에서는 그래프 제목을 지정한다. 4행에서는 boxplot() 함수로 data6의 음주여부 데이터를 x축에 지정, 몸무게 데이터를 y축에 지정, 성별을 hue 속성에 지정한다. 5행에서 ylim() 함수로 y축의 최솟값과 최댓값을 지정하고 6행에서는 그래프를 출력한다.

음주여부와 몸무게 상자수염 그래프

```
1   plt.figure(figsize=(10,6))
2   plt.title('Drinking & Weight Seaborn Box Plot Graph')
3
4   sns.boxplot(x='drinking',y='weight',hue='gender',data=data6)
5   plt.ylim(30,100)
6   plt.show()
```

[실행결과]

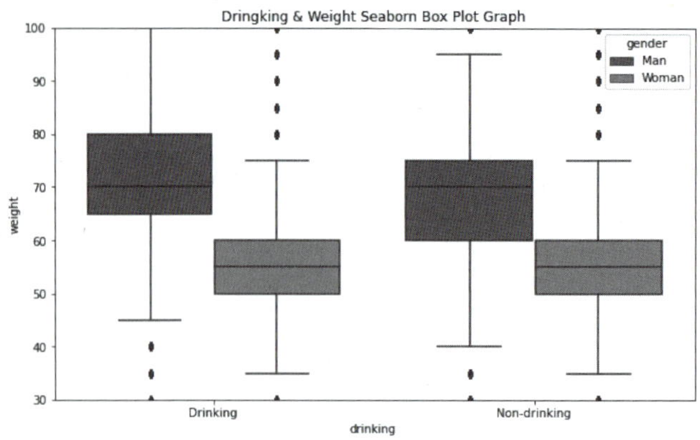

2) 시본 가로 상자수염 그래프 그리기

1행에서 그래프 크기를 지정하고 2행에서는 그래프 제목을 지정한다. 4행에서는 boxplot() 함수로 data6의 몸무게 데이터를 x축에 지정, 흡연여부 데이터를 y축에 지정, 성별을 hue 속성에 지정, orient 속성에 가로 방향을 지정한다. 5행에서 xlim() 함수로 x축의 최솟값과 최댓값을 지정하고 6행에서는 그래프를 출력한다.

흡연여부와 몸무게 가로 상자수염 그래프

```
1   plt.figure(figsize=(10,7))
2   plt.title('Smoking & Weight Seaborn Box Plot Graph - Horizontal')
3
4   sns.boxplot(x='weight',y='smoking',hue='gender',data=data6,orient='h')
5   plt.xlim(30,100)
6   plt.show()
```

[실행결과]

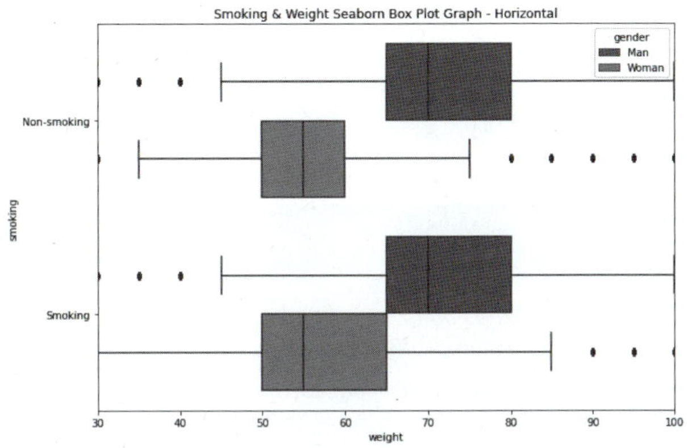

카운트 플롯(Count Plot) 그래프

카운트 플롯 그래프는 범주형 데이터에 대하여 항목별 개수를 세어 막대 그래프로 표현한다. 카운트 플롯 그래프를 이용하여 각 범주별로 데이터가 얼마나 있는지 표현할 수 있으며 해당 열을 구성하고 있는 값들을 구분하여 보여준다.

1) 카운트 플롯 그래프 그리기

1행에서 그래프 크기를 지정하고 2행에서는 그래프 제목을 지정한다. 3행에서는 countplot() 함수로 data6의 음주여부 데이터를 x축에 지정하고 성별을 hue 속성에 지정한다.

성별 음주여부 카운트 플롯 그래프

```
1  plt.figure(figsize=(10,6))
2  plt.title('Drinking Count Plot Graph')
3  sns.countplot(x='drinking',hue='gender',data=data6)
```

[실행결과]

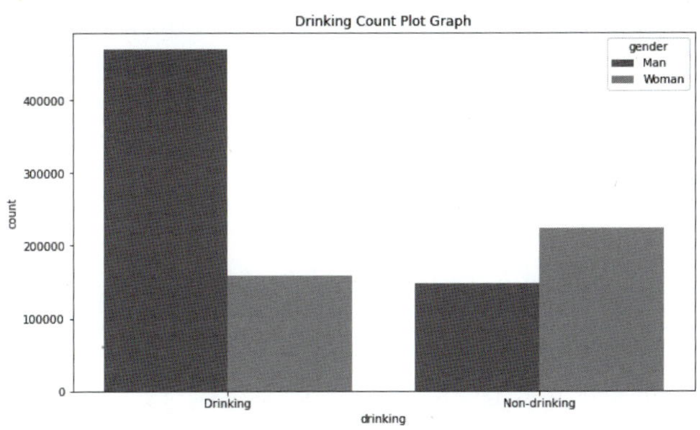

2) 가로 카운트 플롯 그래프 그리기

1행에서 그래프 크기를 지정하고 2행에서는 그래프 제목을 지정한다. 3행에서는 countplot() 함수로 data6의 흡연여부 데이터를 x축 대신 y축으로 가로 막대 지정, 성별을 hue 속성에 지정, 막대 출력 순서를 order 속성에 지정한다.

성별 음주여부 카운트 플롯 그래프

```
1   plt.figure(figsize=(10,6))
2   plt.title('Smoking Count Plot Graph - Horizontal')
3   sns.countplot(y='smoking',hue='gender',data=data6,order=['Smoking','Non-smoking'])
```

[실행결과]

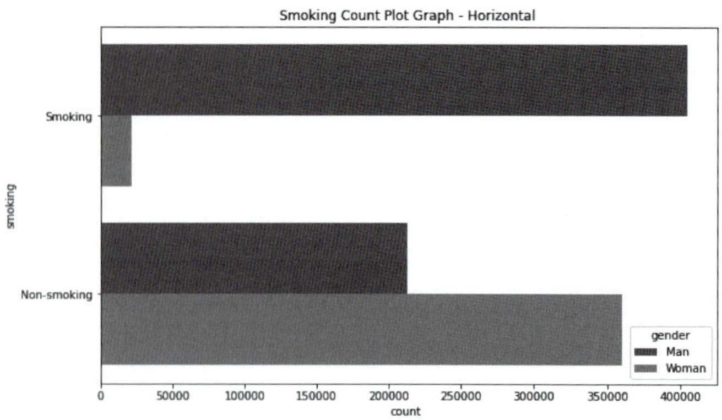

바이올린 플롯(Violin Plot) 그래프

바이올린 플롯 그래프는 바이올린처럼 생겼다고 붙여진 이름이다. 상자수염 그래프와 달리 커널 밀도 추정치를 이용하여 그래프를 그려주고 분포에 대한 결과를 보일 때 효과적이지만, 작은 샘플 크기로 보여주는 경우 분석에 오해의 소지가 있을 수 있다.

1) 바이올린 플롯 그래프 그리기

1행에서 그래프 크기를 지정하고 2행에서는 그래프 제목을 지정한다. 3행에서는 violinplot() 함수로 data6 데이터 중에서 몸무게가 120 미만인 성별 데이터를 x축에 지정, 몸무게 데이터를 y축에 지정, 음주여부를 hue 속성에 지정한다.

성별 몸무게를 음주여부로 분리하여 그린 바이올린 플롯 그래프

```
1   plt.figure(figsize=(10,6))
2   plt.title('Gender Weight Violin Plot Graph - Drinking category')
```

```
sns.violinplot(x='gender',y='weight',hue='drinking',data=data6[data6.weight<120])
```

[실행결과]

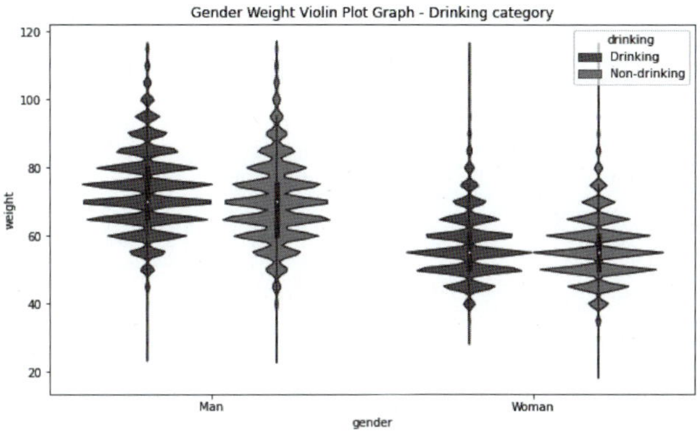

2) 가로 바이올린 플롯 그래프 그리기

1행에서 그래프 크기를 지정하고 2행에서는 그래프 제목을 지정한다. 3행에서는 violinplot() 함수로 data6 데이터 중에서 허리둘레가 150 미만인 성별 데이터를 x축 대신 y축으로 가로 형태 지정, 허리둘레 데이터를 x축에 지정, 음주여부를 hue 속성에 지정한다.

성별 허리둘레를 음주여부로 분리하여 그린 가로 바이올린 플롯 그래프

```
1   plt.figure(figsize=(7,8))
2   plt.title('Gender Waist Violin Plot Graph - Drinking category')
3   sns.violinplot(y='gender',x='waist',hue='drinking',data=data6[data6.waist<150])
```

[실행결과]

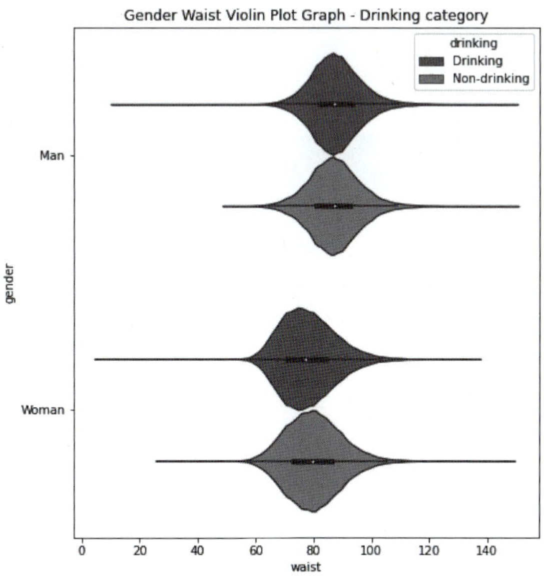

시본 히트맵(Heat Map) 그래프

데이터가 2차원이고 모든 값이 범주형 값이면 히트맵 그래프로 표현하기 좋다. 히트맵은 색상으로 표현된 행렬 정보를 이용하여 사각형의 그래프를 그려주고, 두 개의 범주형 값에 의한 실수값의 변화를 확인할 수 있다. 색상으로 표현할 수 있는 다양한 정보를 일정한 이미지 위에 열 분포 형태의 시각적 그래픽으로 출력하는 것이 특징이다.

corr() 함수로 상관관계 정도를 수치로 나타난 계수를 구하여 히트맵 그래프로 표현하는데, 상관계수는 1에 가까울수록 상관관계가 높다는 것을 의미하고 −1에 가까울수록 상관관계가 낮다는 것을 의미하지만, 인과관계를 의미하는 것은 아니다.

1) 데이터 준비하기

1행에서 데이터프레임 변수 data에서 성별, 음주여부, 흡연여부 데이터를 가져와 data3에 저장한다. 2행에서는 데이터프레임 변수 data에서 성별, 몸무게, 허리둘레, 음주여부, 흡연여부, 콜레스테롤, HDL, LDL 데이터를 가져와 data8에 저장한다.

데이터 준비하기

```
1    data3 = data.loc[:,['gender','drinking','smoking']]
2    data8 = data.loc[:,['gender','weight','waist','drinking','smoking','cholesterol','HDL','LDL']]
```

2) 3×3 히트맵 그래프 그리기

1행에서 그래프 크기를 지정하고 2행에서는 그래프 제목을 지정한다. 4행에서 corr() 함수로 data3 데이터의 상관계수를 구하여 correlation_data3에 저장한다. 5행에서는 heatmap() 함수의 annot 속성을 True로 활성시켜 correlation_data3의 상관계수 수치 표시, cmap 속성에 색상을 지정한다.

3×3 히트맵 그래프

```
1    plt.figure(figsize=(10,6))
2    plt.title('3x3 Heat Map Graph')
3
4    correlation_data3 = data3.corr()
5    sns.heatmap(correlation_data3, annot=True, cmap='YlGnBu')
```

[실행결과]

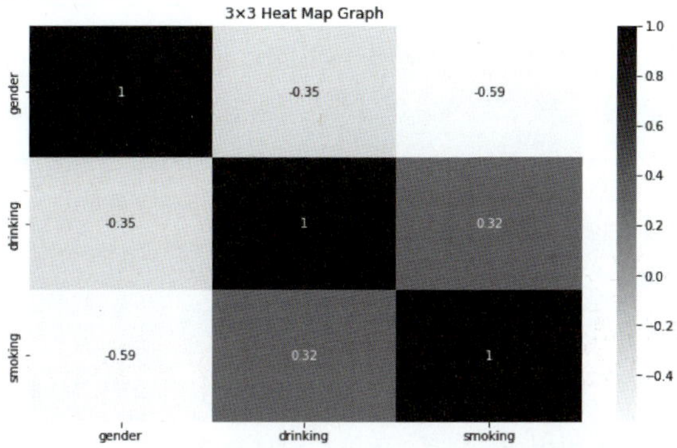

3) 8×8 히트맵 그래프 그리기

1행에서 그래프 크기를 지정하고 2행에서는 그래프 제목을 지정한다. 4행에서 corr() 함수로 data8 데이터의 상관계수를 구하여 correlation_data8에 저장한다. 5행에서는 triu() 함수로 correlation_data8에서 보이지 않기 원하는 오른쪽 상단 영역을 지정하여 upp_mat에 저장한다. 7행에서는 heatmap() 함수의 annot 속성을 True로 활성시켜 correlation_data8의 상관계수 수치 표시, cmap 속성에 색상 지정, mask 속성에 마스크 영역 upp_mat를 지정한다.

8×8 히트맵 그래프

```
1  plt.figure(figsize=(13,10))
2  plt.title('8×8 Heat Map Graph')
3
4  correlation_data8= data8.corr()
5  upp_mat = np.triu(correlation_data8)
6
7  sns.heatmap(correlation_data8, annot=True, cmap='RdYlGn', mask=upp_mat)
```

[실행결과]

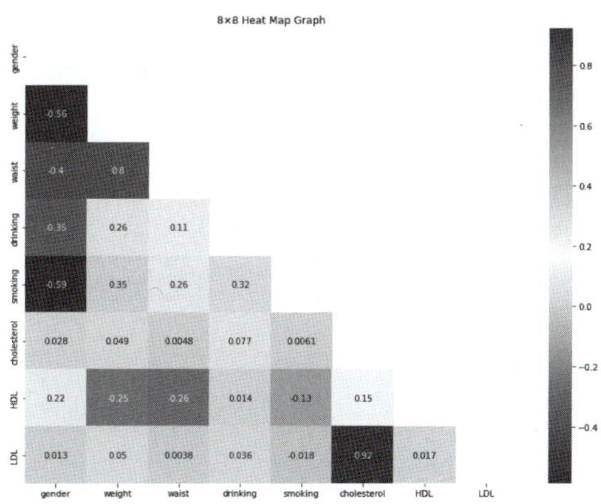

【Note】

triu() 함수 : 히트맵 그래프에서 1로 표시된 대각선을 중심으로 오른쪽 상단의 삼각형 영역을 보이지 않도록 한다.
tril() 함수 : 히트맵 그래프에서 1로 표시된 대각선을 중심으로 왼쪽 하단의 삼각형 영역을 보이지 않도록 한다.

다중 플롯 그리드 그래프

다중 플롯 그리드 그래프는 다양한 범주의 값을 가지는 데이터에 대하여 다양한 형태의 그래프를 다차원 그리드로 시각화하기에 좋은 방법이다. 다중 플롯 그리드 그래프에는 패싯 그리드(Facet Grid), 페어 플롯(Pair Plot), 조인 플롯(Join Plot) 그래프 등이 있다. 다중 플롯 그리드 그래프를 이용하면 시각화에 대한 제어력을 높이고 간단한 코드로 다양한 그래프를 한번에 표현할 수 있다.

1) 데이터 준비하기

데이터프레임 변수 data6에서 10000개의 데이터를 가져와 data10000에 저장한다.

데이터 준비하기

```
data10000 = data6.head(10000)
```

2) 패싯 그리드(Facet Grid) 그래프

패싯 그리드 그래프는 어떠한 조건에 따라 그래프를 각각 확인해 보고 싶을 때 사용한다. 행과 열 방향으로 서로 다른 조건을 적용하여 여러 개의 서브플롯을 만들고 각 서브플롯에 적용할 그래프 종류를 map() 함수를 이용하여 그리드 객체에 전달한다.

① 열 기준으로 나눈 패싯 그리드 그래프 그리기

1행에서 FacetGrid() 함수로 data10000의 음주여부 데이터를 열 기준으로 나눌 속성에 지정, height 속성에 높이 지정, aspect 속성에 세로 대비 가로 비율을 지정한다. 2행에서는 map() 함수로 서브플롯에 그릴 히스토그램 histplot() 함수를 지정하고, 서브플롯 데이터에 허리둘레 데이터 지정, 계급 개수 10개 지정, 색상 지정, kde(커널 밀도 추정) 활성을 지정한다.

열 기준으로 나눈 패싯 그리드 그래프

```
1  fg = sns.FacetGrid(data10000,col='drinking',height=5,aspect=1.3)
2  fg.map(sns.histplot,'waist',bins=10,color='g',kde=True)
```

[실행결과]

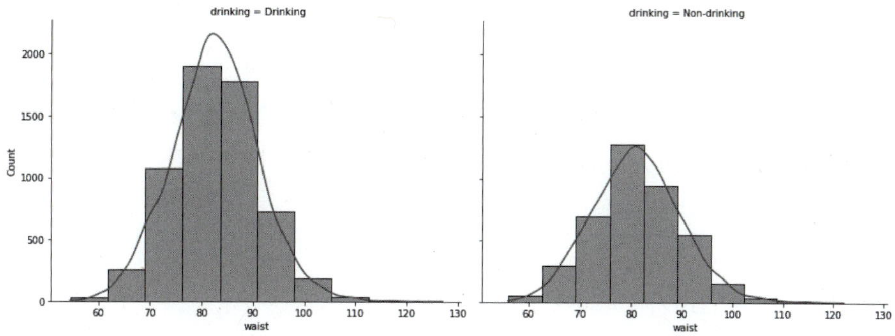

② 행과 열 기준으로 나눈 패싯 그리드 그래프 그리기

1행에서 FacetGrid() 함수로 data10000의 성별 데이터를 행 기준으로 나눌 속성에 지정, 음주 여부 데이터를 열 기준으로 나눌 속성에 지정, height 속성에 높이 지정, aspect 속성에 세로 대비 가로 비율을 지정한다. 2행에서는 map() 함수로 서브플롯에 그릴 히스토그램 histplot() 함수를 지정하고, 서브플롯 데이터에 허리둘레 데이터 지정, 계급 개수 10개 지정, 색상 지정, kde(커널 밀도 추정) 활성을 지정한다.

행과 열 기준으로 나눈 패싯 그리드 그래프

```
1   fg = sns.FacetGrid(data10000,row='gender',col='drinking',height=4.5,aspect=1.5)
2   fg.map(sns.histplot,'waist',bins=10,color='deeppink',kde=True)
```

[실행결과]

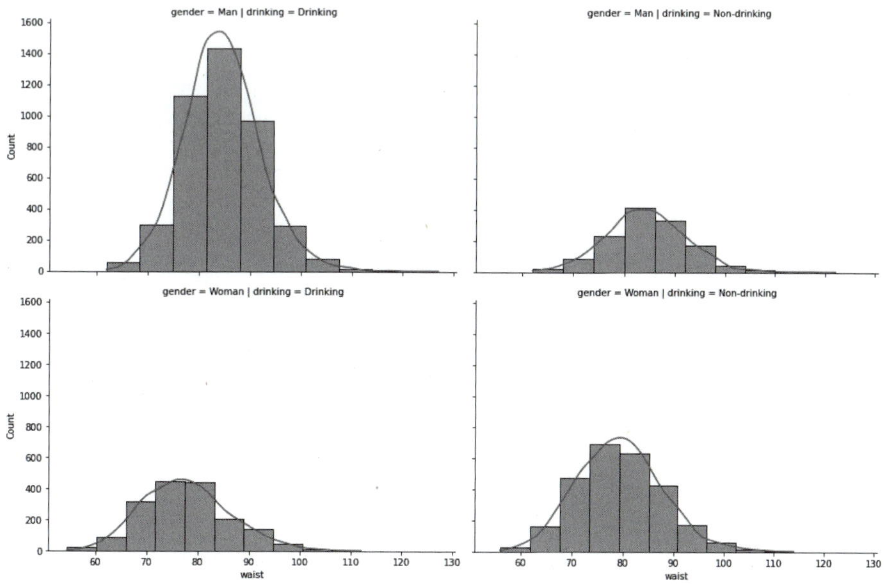

3) 페어 플롯(Pair Plot) 그래프

3차원 이상의 다차원 실수형 데이터를 시각화할 때 페어 플롯 그래프가 적당하다. 페어 플롯 그래프는 데이터에서 각각 2개 열(컬럼) 간의 관계를 그래프로 표현한다. 그리드 형태로 각 데이터 열 조합은 산점도 그래프로 표현하고, 동일한 데이터가 만나는 대각선 영역에는 히스토그램으로 표현한다. 페어 플롯 그래프의 열(컬럼)에는 숫자형 데이터만 가능하다. 다양한 기능이나 세부적인 설정을 원할 때는 PairGrid() 함수를 이용한다.

① 페어 플롯 그래프 그리기

pairplot() 함수로 data10000 데이터를 지정하고, height 속성에 높이 지정, aspect 속성에 세로 대비 가로 비율을 지정한다. data10000에 숫자형 데이터가 아닌 열(컬럼)은 페어 플롯 그래프에 나타나지 않는다.

페어 플롯 그래프

```
pp = sns.pairplot(data10000,height=3.3,aspect=1.3)
```

[실행결과]

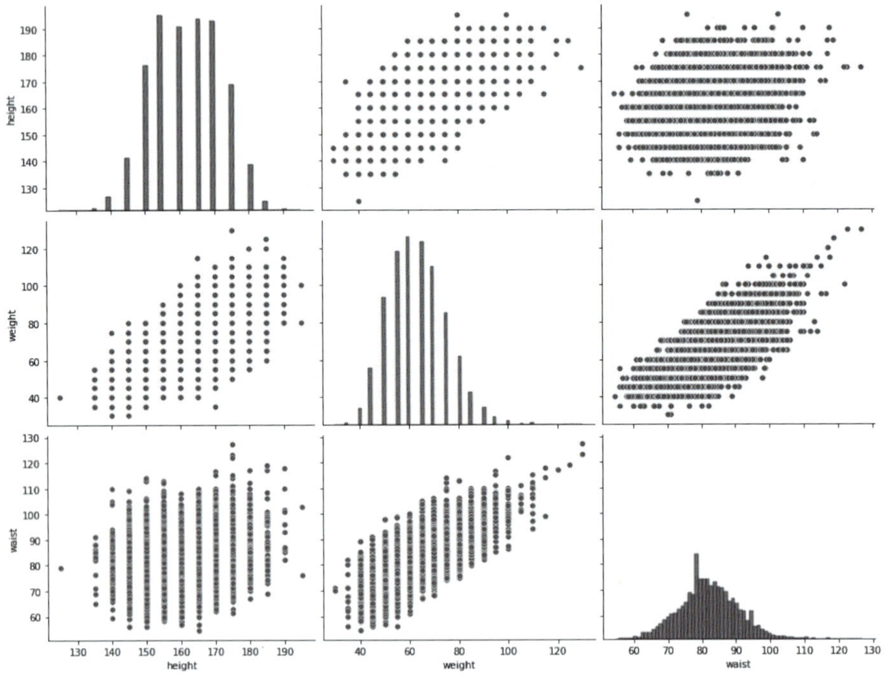

② PairGrid() 함수로 페어 플롯 그래프 그리기

1행에서 페어 플롯 그래프에 적용할 색상을 선언한다. 2행에서는 PairGrid() 함수로

data10000 데이터 지정, hue 속성에 성별 데이터 지정, 색상 팔레트 속성에 1행에서 선언한 색상 지정, height 속성에 높이 지정, aspect 속성에 세로 대비 가로 비율을 지정한다. 3행에서 map_diag() 함수로 대각선에 그릴 히스토그램 및 계급 개수 10개를 지정한다. 4행에서는 map_offdiag() 함수로 대각선 외에 그릴 산점도 그래프를 지정한다. 5행에서는 범례를 지정한다. data10000에 숫자형 데이터가 아닌 열(컬럼)은 페어 플롯 그래프에 나타나지 않는다.

PairGrid() 함수로 그린 페어 플롯 그래프

```
1    color = ['#00994C', '#FF007F']
2    pp = sns.PairGrid(data10000,hue='gender',palette=color,height=3.3,aspect=1.3)
3    pp.map_diag(sns.histplot,bins=10)
4    pp.map_offdiag(sns.scatterplot)
5    pp.add_legend()
```

[실행결과]

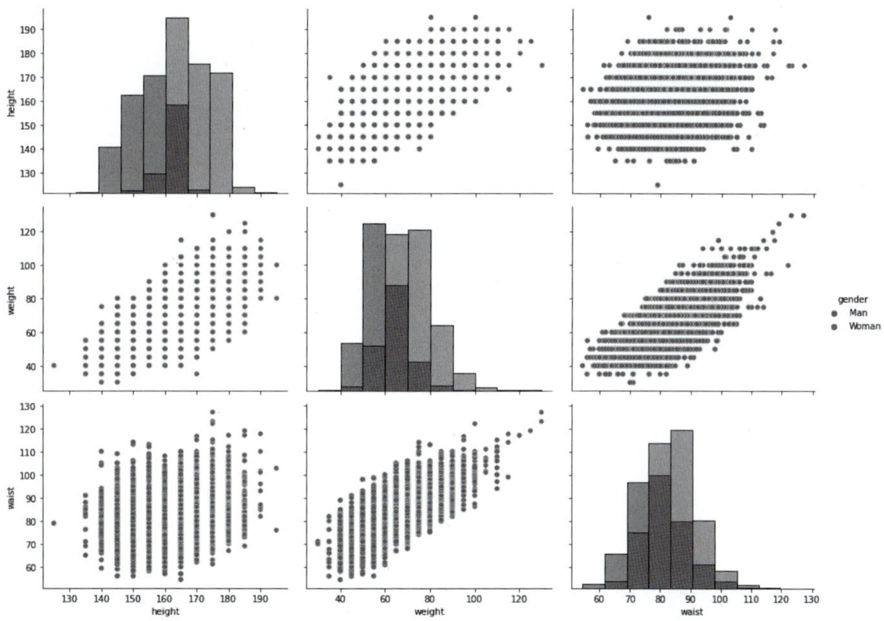

연습문제

문제 1 데이터 시각화의 필요성에 대하여 작성하시오.

문제 2 시각화 라이브러리 종류를 나열하고 차이점을 작성하시오.

문제 3 시각화하는 과정을 단계별로 작성하시오.

문제 4 미세먼지 데이터 또는 2020년 건강검진 데이터를 이용하여 선 그래프, 막대 그래프, 산점도 그래프를 작성하시오.

문제 5 미세먼지 데이터 또는 2020년 건강검진 데이터를 이용하여 히스토그램, 상자 수염, 카운트 플롯, 바이올린 플롯, 히트맵 그래프를 작성하시오.

문제 6 미세먼지 데이터 또는 2020년 건강검진 데이터를 이용하여 다중 플롯 그리드 그래프를 작성하시오.

Python for data analysis

PART 04

데이터 전처리와 정형화

Python for data analysis

08

데이터 전처리

학습목표

- 데이터 전처리 과정이 필요한 이유를 알고, 전처리 과정에 필요한 작업이 무엇인지 설명할 수 있다.
- 데이터에서 결측치를 찾아 처리하여 가공할 수 있다.
- 데이터에서 통계량과 시각화를 이용하여 이상치를 찾아 제거할 수 있다.
- 데이터의 값 오류를 찾아 처리하여 가공할 수 있다.
- 시각화 기법을 사용하여 중요한 특성을 추출할 수 있다.
- 분석에 용이하도록 데이터 타입을 변환할 수 있다.

학습목차

8.1 데이터 전처리의 이해

실제로 수집한 데이터를 곧바로 분석하는 것은 불가능하다. 따라서 분석이 가능하도록 데이터 추출, 결측치 처리, 이상치 제거, 분포 변환, 표준화, 카테고리화, 차원 축소와 같은 작업을 수행해야 한다. 이러한 과정을 데이터 전처리라고 한다. 전처리를 어떻게 했느냐에 따라 분석결과가 의미가 있을 수도 있고 없을 수도 있으며 좋은 성능의 모델을 만들 수도 없을 수도 있다. 전처리는 수작업으로 진행해야 하며, 자동화하는 것이 어렵기 때문에 일반적으로 분석프로세스의 전체 실행시간 중 60%~70%(많게는 90%)를 차지한다.

8장에서는 전처리가 필요한 상황과 그에 따른 전처리 방법을 학습하고, 이를 바탕으로 다양한 전처리 방법을 활용하는데 초점을 맞춘다.

데이터 전처리가 필요한 이유

분석프로세스는 문제를 정의하고, 데이터 수집, 데이터 처리, 데이터 분석, 보고서 작성 및 피드백 단계를 거친다. 여기서 전처리(데이터 처리)는 데이터 분석을 용이하게 하는 과정이기 때문에 데이터의 결측 및 오류, 이상치, 분석목적에 맞지 않은 변수가 있는지 파악하고 처리해야 한다. 만약 문제가 있는 데이터를 처리하지 않고 분석을 진행한다면 결과에 치명적인 오류가 발생할 수밖에 없다.

1) 여러 데이터 소스 활용

여러 데이터 소스를 활용 시 데이터 소스마다 데이터 타입 등이 다르기 때문에 일괄적으로 통합 또는 변환이 필요하다.

2) 데이터 결측치 또는 오류

실제로 수집한 데이터는 누락이 있고, 때에 따라서는 입력된 값이 지정된 범위를 넘는 경우가 발생하기도 한다. 분석을 위해 결측치를 처리하고, 오류를 처리하는 것이 필요하다.

3) 이상치

수집한 데이터에서 다른 관측치와 상당히 다른 이상치가 존재할 경우 이상치의 원인을 분석하고, 처리를 해야 한다.

4) 분석 목적에 맞지 않는 변수

분석 목적에 맞는 변수를 추출하여 분석을 했을 때 의미있는 결과를 얻거나 모델의 성능을 향상시킬 수 있다. 이를 위해 분석 목적에 맞는 변수를 추출하기 위한 처리가 필요하다.

데이터 전처리 방법

1) 데이터 타입의 일관성

함수를 통해 일괄적으로 데이터 타입을 변경한다.

datetime()으로 타입 일괄변경의 예

```
import pandas as pd
d=pd.DataFrame({'date':['2019-01-03',
'2021-11-22', '2023-01-05'],
'name':['J', 'Y', 'O']})
d=pd.to_datetime(d.date,format='%Y-%m-%d')
d
```

[실행결과]

```
0    2019-01-03
1    2021-11-22
2    2023-01-05
Name: date, dtype: datetime64[ns]
```

2) 결측값

① 결측값을 제거하거나, 특정값으로 채울 수 있다(fillna()).

결측값을 0으로 채우기

```
import pandas as pd
import numpy as np
df = pd.DataFrame(np.random.randn(8,
3),columns=['C1', 'C2', 'C3'])
 df.loc[2, 'C2'] = np.nan
 df.loc[3, 'C2'] = np.nan
df
df = df.fillna(0)
df
```

[실행결과]

	C1	C2	C3
0	-0.921033	-0.111850	0.967854
1	-1.092710	-1.861011	-0.339103
2	0.811045	NaN	0.548229
3	-0.623933	NaN	-0.301702
4	0.774541	0.369673	0.155755
5	-1.853592	-0.502216	-0.309894
6	-0.171543	-0.207175	0.746083
7	-0.771080	-1.089732	0.970274

	C1	C2	C3
0	-0.921033	-0.111850	0.967854
1	-1.092710	-1.861011	-0.339103
2	0.811045	0.000000	0.548229
3	-0.623933	0.000000	-0.301702
4	0.774541	0.369673	0.155755
5	-1.853592	-0.502216	-0.309894
6	-0.171543	-0.207175	0.746083
7	-0.771080	-1.089732	0.970274

② 수치형 데이터의 경우 평균, 중앙값 등 대푯값으로 대체한다.

결측값을 평균으로 채우기

```
import pandas as pd
import numpy as np
df=pd.DataFrame(np.random.randn(8,
3),columns=['C1', 'C2', 'C3'])
df.loc[2, 'C2'] = np.nan
df.loc[3, 'C2'] = np.nan
df
df2=df.fillna(df.mean())

df2
```

[실행결과]

	C1	C2	C3
0	-0.921033	-0.111850	0.967854
1	-1.092710	-1.861011	-0.339103
2	0.811045	NaN	0.548229
3	-0.623933	NaN	-0.301702
4	0.774541	0.369673	0.155755
5	-1.853592	-0.502216	-0.309894
6	-0.171543	-0.207175	0.746083
7	-0.771080	-1.089732	0.970274

	C1	C2	C3
0	1.043920	-0.795660	-0.872598
1	-0.750158	-0.075524	1.299507
2	-1.618065	0.057648	-0.388167
3	0.018679	0.057648	0.219533
4	0.314215	-0.535348	1.233875
5	0.825221	0.151232	-0.697160
6	0.884816	0.378915	-0.743240
7	0.566339	1.222274	-1.717725

③ 카테고리형 데이터의 경우 최빈값으로 대체할 수 있다. mode()를 사용할 경우 [0]을 입력해야 오류가 발생하지 않는다.

최빈값으로 결측값 채우기

```
import pandas as pd
import numpy as np
df=pd.DataFrame(np.random.randn(8,
3),columns=['C1', 'C2', 'C3'])
 df.loc[2, 'C2'] = np.nan
 df.loc[3, 'C3'] = np.nan
df3['location']=['서울','서울','경기','인
천','강원','경기','서울','경기']

df3.loc[3, 'location'] = np.nan
df3.loc[7, 'location'] = np.nan
df3['location']

df3=df3.fillna(df3['location'].mode()[0])
df3['location']
```

[실행결과]

```
0     서울
1     서울
2     경기
3    NaN
4     강원
5     경기
6     서울
7    NaN
Name: location, dtype: object
0    서울
1    서울
2    경기
3    서울
4    강원
5    경기
6    서울
7    서울
Name: location, dtype: object
```

④ 샘플 수가 많은 경우 결측치가 발생한 모든 행을 삭제할 수 있다. 만약, 목적변수(target)에 결측치가 있다면 삭제하도록 한다.

최빈값으로 결측값 채우기

```
import pandas as pd
import numpy as np
df=pd.DataFrame(np.random.randn(8,
3),columns=['C1', 'C2', 'C3'])
  df.loc[2, 'C2'] = np.nan
  df.loc[3, 'C3'] = np.nan
df4=df

df4=df4.dropna() # 결측치가 하나라도 있으면 제거
df4
```

[실행결과]

	C1	C2	C3
0	0.721220	1.124228	1.305734
1	-1.730858	-0.448654	0.905593
4	2.239025	0.670377	0.597142
5	1.700297	-0.877666	0.590795
6	-0.256632	0.552422	-2.466439
7	1.102288	2.863291	-0.470846

3) 동일한 컬럼값 대체

같은 의미를 지니는 컬럼으로 수집된 경우에, 해당 카테고리의 값을 동일하게 맞춰야한다. 이때, 딕셔너리를 사용하여 기존값을 킷값으로하고, 변경값을 값으로 지정한다. 또한 map()을 사용하면 일괄적으로 값을 대체 할 수 있다.

동일한 컬럼값으로 채우기

```
a = ['A','B','A','C','C','A','B','A','D',
'D','A','D']
a= pd.Series(a)
a_dict = {'A':1,'B':2,'C':3,'D':4}
b = a.map(a_dict)
pd.DataFrame({'변환 전':a, '변환 후':b})
```

[실행결과]

	변환 전	변환 후
0	A	1
1	B	2
2	A	1
3	C	3
4	C	3
5	A	1
6	B	2
7	A	1
8	D	4
9	D	4
10	A	1
11	D	4

4) 이상치

정규분포를 가정하고, 양끝의 데이터를 이상치로 판정한 후, 제거한다. 이는 시각화 방법(히스토그램, 박스플롯)을 활용하면 이상치 제거가 용이하다.

이상치 찾기

```
import pandas as pd
import numpy as np
import matplotlib.pyplot as plt
import seaborn as sns

df = pd.DataFrame(np.random.randn(8,
3),columns=['C1', 'C2', 'C3'])
df.loc[1,'C1']=11
df.loc[3,'C3']=-10
plt.boxplot([df['C1'],df['C3']])
```

[실행결과]

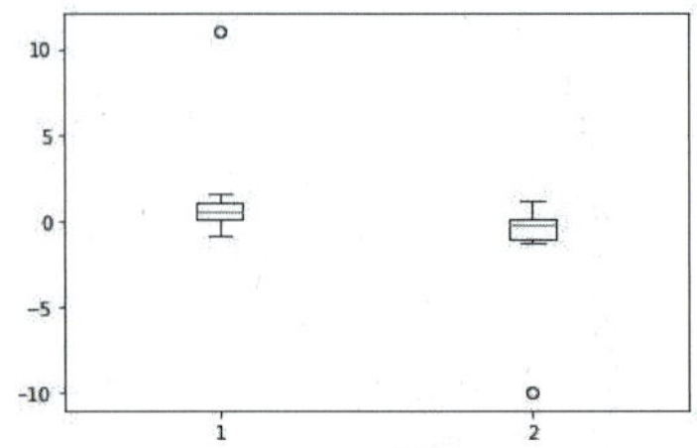

5) 목적에 맞는 변수 추출

상관관계 함수(corr())를 이용하면 변수간의 상관관계가 높은 것을 찾아낼 수 있다. 또는 주성분분석(PCA) 등으로 차원을 축소하여 변수를 추출할 수 있다.

변수간의 상관관계

```
import pandas as pd
import numpy as np
import matplotlib.pyplot as plt
import seaborn as sns

df = pd.DataFrame(np.random.randn(8,
3),columns=['C1', 'C2', 'C3'])
df.loc[1,'C1']=11
df.loc[3,'C3']=-10
plt.boxplot([df['C1'],df['C3']])
sns.heatmap(df.corr(), annot=True)
```

[실행결과]

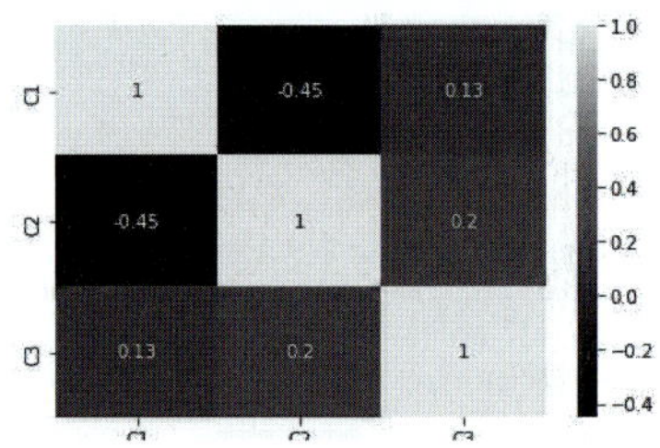

8.2 데이터 전처리 실습1

수집된 데이터는 정형 데이터와 비정형 데이터로 표현된다. 정형 데이터는 회원 데이터나 예약 데이터 등과 같이 표 형식으로 표현할 수 있는 데이터를 의미한다. 비정형 데이터는 이미지, 음성, 영상, 텍스트와 같이 크기가 크고 정해진 틀이 없는 데이터를 의미한다. 정형 데이터와 비정형 데이터에 따라 전처리 방법도 달라지게 된다. 8.2에서는 캐글에서 제공하는 예약환자 데이터셋을 활용하여 정형 데이터의 전처리 방법을 학습한다.

문제정의와 변수설명

최근 A병원에서는 환자들이 예약을 하고 오지 않는 경우가 발생해 진료에 차질을 빚는 일이 종종 발생된다. 예약을 하고 오지 않는 환자는 어떠한 특징을 가지고 있는지 살펴보고, 'No Show' 발생율을 줄일 수 있는 아이디어를 제시해 보자.

제공된 데이터셋의 변수는 총 14개이고, 각 변수는 다음과 같은 특징을 가지고 있다.

속성	값 형태	설명
PatienID	number	환자ID
AppointmentID	number	예약ID
Gender	F or M	성별
ScheduledDay	date	병원 예약을 한 날
AppointmentDay	date	실제 병원에 방문하는 날
Age	number	나이
Neighbourhood	string	병원위치
Scholarship	0 or 1	재정지원
Hipertension	0 or 1	고혈압
Diabetes	0 or 1	당뇨

Alcoholism	0 or 1	알콜중독
Handcap	0 or 1	장애
SMS_received	0 or 1	메시지 수락여부
No-show	Yes or No	노쇼여부

데이터 읽기와 확인

판다스를 사용해 데이터셋을 읽어온 후, 데이터를 확인한다.

판다스를 사용한 파일 업로드

```
import pandas as pd
import numpy as np
import matplotlib.pyplot as plt
import seaborn as sns

df=pd.read_csv('/content/medical.csv')
df.head()
```

[실행결과]

PatientId	AppointmentID	Gender	ScheduledDay	AppointmentDay	Age	Neighbourhood	Scholarship	Hipertension	Diabetes	Alcoholism	Handcap	SMS_received	No-show
2.987250e+13	5642903	F	2016-04-29T18:38:08Z	2016-04-29T00:00:00Z	62	JARDIM DA PENHA	0	1	0	0	0	0	No
5.589978e+14	5642503	M	2016-04-29T16:08:27Z	2016-04-29T00:00:00Z	56	JARDIM DA PENHA	0	0	0	0	0	0	No
4.262962e+12	5642549	F	2016-04-29T16:19:04Z	2016-04-29T00:00:00Z	62	MATA DA PRAIA	0	0	0	0	0	0	No
8.679512e+11	5642828	F	2016-04-29T17:29:31Z	2016-04-29T00:00:00Z	8	PONTAL DE CAMBURI	0	0	0	0	0	0	No
8.841186e+12	5642494	F	2016-04-29T16:07:23Z	2016-04-29T00:00:00Z	56	JARDIM DA PENHA	0	1	1	0	0	0	No

계속해서 컬럼명을 확인해 본다.

데이터의 컬럼명 확인

```
df.columns
```

[실행결과]

```
Index(['PatientId', 'AppointmentID', 'Gender', 'ScheduledDay',
       'AppointmentDay', 'Age', 'Neighbourhood', 'Scholarship', 'Hipertension',
       'Diabetes', 'Alcoholism', 'Handcap', 'SMS_received', 'No-show'],
      dtype='object')
```

컬럼명을 확인해 보면 'Hipertension','Handcap'이 오타임을 알 수 있다. 컬럼명은 rename()을 사용해 'Hypertension'과 'Handicap'으로 변경한다. 이때 변경한 컬럼명을 반영하기 위해 rename()의 파라미터 inplace를 True로 설정한다.

컬럼명 수정

```
df.rename(columns={'Hipertension':'Hypertension','Handcap':'Handicap'},inplac
e=True)
df.columns
```

[실행결과]

```
Index(['PatientId', 'AppointmentID', 'Gender', 'ScheduledDay',
       'AppointmentDay', 'Age', 'Neighbourhood', 'Scholarship', 'Hypertension',
       'Diabetes', 'Alcoholism', 'Handicap', 'SMS_received', 'No-show'],
      dtype='object')
```

이번에는 df를 구성하는 행과 열의 크기, 컬럼명, 컬럼을 구성하는 값의 자료형 등을 info()를 사용해 한번에 확인한다. info()는 데이터에 대한 전반적인 정보를 나타낸다.

전반적인 정보 확인

```
df.info()
```

[실행결과]

```
<class 'pandas.core.frame.DataFrame'>
RangeIndex: 110527 entries, 0 to 110526
Data columns (total 14 columns):
 #   Column          Non-Null Count   Dtype
---  ------          --------------   -----
 0   PatientId       110527 non-null  float64
 1   AppointmentID   110527 non-null  int64
 2   Gender          110527 non-null  object
 3   ScheduledDay    110527 non-null  object
 4   AppointmentDay  110527 non-null  object
 5   Age             110527 non-null  int64
 6   Neighbourhood   110527 non-null  object
 7   Scholarship     110527 non-null  int64
 8   Hypertension    110527 non-null  int64
 9   Diabetes        110527 non-null  int64
 10  Alcoholism      110527 non-null  int64
 11  Handicap        110527 non-null  int64
 12  SMS_received    110527 non-null  int64
 13  No-show         110527 non-null  object
dtypes: float64(1), int64(8), object(5)
memory usage: 11.8+ MB
```

info()를 사용해 확인한 결과, 데이터의 컬럼 수는 14개, 전체 데이터는 110527로 구성된 것을 알 수 있다. 또한 'Gender', 'ScheduledDay', 'AppointmentDay', 'Neighbourhood', 'No-show'는 string(object) 데이터 타입이라는 것을 확인할 수 있다(수치만 있는 항목은 int64, 문

자열을 포함한 항목은 object이다).

결손값 확인하기

앞에서 데이터의 전체크기를 확인하였고, 이번에는 데이터 내부를 상세하게 확인한다. 가장 먼저, isnull()을 사용해 데이터의 행과 열에 결손값이 하나 이상 포함되어 있는지 확인해 본다. 결손값이 포함되어 있으면 True, 그렇지 않으면 False가 출력된다.

2차원 데이터의 경우, axis=1로 설정하면 행별 열방향이라는 의미이기 때문에 결과는 행별로 출력이 된다.

결손값 유무 확인(axis=1)

```
print(df.isnull().any(axis=1))#행별 열방향 중 하나라도 널값이 있는지조사
```

[실행결과]

```
0         False
1         False
2         False
3         False
4         False
          ...
110522    False
110523    False
110524    False
110525    False
110526    False
Length: 110527, dtype: bool
```

axis=0으로 설정하면 컬럼(열)별 행방향이라는 의미이기 때문에 결과는 컬럼별로 출력이 된다.

결손값 유무 확인(axis=0)

```
print(df.isnull().any(axis=0))#각 칼럼별 행방향 중 하나라도 널값이 있는지 조사
```

[실행결과]

```
PatientId         False
AppointmentID     False
Gender            False
ScheduledDay      False
AppointmentDay    False
Age               False
```

```
Neighbourhood      False
Scholarship        False
Hypertension       False
Diabetes           False
Alcoholism         False
Handicap           False
SMS_received       False
No-show            False
dtype: bool
```

데이터의 결측값 포함 유무를 확인한 결과 df 데이터 프레임은 결측값이 없다는 것을 알 수 있다.

통계량 확인하기

수치형 데이터의 통계량은 describe()를 사용하면 손쉽게 알 수 있다.

통계량 확인

```
df.describe()
```

[실행결과]

	PatientId	AppointmentID	Age	Scholarship	Hypertension	Diabetes	Alcoholism	Handicap	SMS_received	No-show	waiting_day
count	1.103270e+05	1.103270e+05	110327.000000	110327.000000	110327.000000	110327.000000	110327.000000	110327.000000	110327.000000	110327.000000	110327.000000
mean	1.475245e+14	5.675298e+06	37.070753	0.098281	0.196833	0.071605	0.030382	0.018509	0.321182	0.201927	9.981854
std	2.561388e+14	7.129883e+04	23.098052	0.297695	0.397607	0.257834	0.171638	0.134782	0.466932	0.401440	15.610923
min	3.921784e+04	5.030230e+06	0.000000	0.000000	0.000000	0.000000	0.000000	0.000000	0.000000	0.000000	-223.000000
25%	4.174584e+12	5.640278e+06	18.000000	0.000000	0.000000	0.000000	0.000000	0.000000	0.000000	0.000000	0.000000
50%	3.175389e+13	5.680567e+06	37.000000	0.000000	0.000000	0.000000	0.000000	0.000000	0.000000	0.000000	4.000000
75%	9.439381e+13	5.725508e+06	55.000000	0.000000	0.000000	0.000000	0.000000	0.000000	1.000000	0.000000	15.000000
max	9.999816e+14	5.790484e+06	115.000000	1.000000	1.000000	1.000000	1.000000	1.000000	1.000000	1.000000	146.000000

결과에는 count(개수/건수), mean(평균), std(표준편차), min(최솟값), 25%(제1사분위값), 50%(제2사분위값), max(최댓값)이 출력된다.

1) 'Age' 이상치 제거

앞에서 살펴본 통계량에서 'Age'는 최소값이 –1이라는 것이 눈에 띈다. 나이는 0부터 시작하기 때문에 음수값이 나올 수 없다. 따라서 나이를 0보다 크거나 같은 값으로만 데이터를 추출하여 이상치를 제거한다.

이상치 제거

```
df=df[df.Age>=0]
df.Age.min()
```

[실행결과]

```
0
```

이상치가 잘 제거되었는지 확인한 결과, 'Age'의 최솟값은 0인 것을 알 수 있다.

2) 'Handicap' 이상치 제거

통계량에서 'Handicap'의 최댓값이 4라는 부분이 보인다. 'Handicap'은 장애유무를 0과 1로 나타내기 때문에 최댓값이 4라는 값은 나올 수 없다. 따라서 장애유무를 0과 1으로 표시한 데이터만을 추출하여 이상치를 제거한다.

이상치 제거

```
df=df[(df.Handicap==0) | (df.Handicap==1)]
df['Handicap'].value_counts()
```

[실행결과]

```
0    108285
1      2042
Name: Handicap, dtype: int64
```

이상치가 잘 제거되었는지 value_counts()를 사용하여 출력한 결과 'Handicap'은 0과 1로만 구성되었다는 것을 확인할 수 있다.

데이터 타입 변환

1) 수치형

데이터 분석은 머신러닝을 이용해 성능이 좋은 모델을 만드는 단계까지 진행하는 경우가 많다. 머신러닝에서는 주로 수치형 데이터를 사용하기 때문에 문자열 데이터를 수치형 데이터로 변환하는 것이 좋다.

'No-show'는 'Yes'와 'No'로 표시되었다. 이것을 map()을 사용하여 'Yes'는 1, 'No'는 0으로 변환한다.

수치형 데이터 변환

```
df["No-show"]=df['No-show'].map({'Yes':1,'No':0})
```

```
df['No-show'].value_counts()
```

[실행결과]

```
0     88049
1     22278
Name: No-show, dtype: int64
```

수치형 데이터 0과 1로 변환이 잘 되었는지 value_counts()를 사용하여 확인한 결과 'No-show'은 0과 1로만 구성되었다는 것을 알 수 있다.

2) datetime형으로 변환

문자열 타입으로 표현된 ScheduledDay, AppointmentDay는 datetime 타입으로 변환해야 시간차이, 요일 수 등 계산이 가능하다. 이때 판다스에서 제공하는 to_datetime()을 사용하여 변환한다.

datetime형으로 변환

```
df['AppointmentDay']=pd.to_datetime(df['AppointmentDay'])
df['ScheduledDay']=pd.to_datetime(df['ScheduledDay'])
df.info()
```

[실행결과]

```
<class 'pandas.core.frame.DataFrame'>
Int64Index: 110327 entries, 0 to 110526
Data columns (total 14 columns):
 #   Column          Non-Null Count   Dtype
---  ------          --------------   -----
 0   PatientId       110327 non-null  float64
 1   AppointmentID   110327 non-null  int64
 2   Gender          110327 non-null  object
 3   ScheduledDay    110327 non-null  datetime64[ns, UTC]
 4   AppointmentDay  110327 non-null  datetime64[ns, UTC]
 5   Age             110327 non-null  int64
 6   Neighbourhood   110327 non-null  object
 7   Scholarship     110327 non-null  int64
 8   Hypertension    110327 non-null  int64
 9   Diabetes        110327 non-null  int64
 10  Alcoholism      110327 non-null  int64
 11  Handicap        110327 non-null  int64
 12  SMS_received    110327 non-null  int64
 13  No-show         110327 non-null  int64
dtypes: datetime64[ns, UTC](2), float64(1), int64(9), object(2)
memory usage: 12.6+ MB
```

datetime형으로 변환이 잘 되었는지 info()를 사용하여 확인한 결과 'AppointmentDay', 'ScheduledDay'의 데이터 타입이 datetime형으로 변환된 것을 알 수 있다.

새로운 변수 추가

환자가 예약을 하고, 병원을 방문하는 기간이 어느 정도인지 알기 위해 'wating_day' 컬럼을 추가한다. 'wating_day' 컬럼은 'AppointmentDay', 'ScheduledDay'의 일수 차이로 구할 수 있다. 일수 차이를 구하기 위해 datetime이 제공하는 dayofyear 속성을 사용한다.

새로운 컬럼 추가

```
df['waiting_day']=df['AppointmentDay'].dt.dayofyear-df['ScheduledDay'].dt.dayofyear
df.info()
```

[실행결과]

```
<class 'pandas.core.frame.DataFrame'>
Int64Index: 110327 entries, 0 to 110526
Data columns (total 15 columns):
 #   Column          Non-Null Count   Dtype
---  ------          --------------   -----
 0   PatientId       110327 non-null  float64
 1   AppointmentID   110327 non-null  int64
 2   Gender          110327 non-null  object
 3   ScheduledDay    110327 non-null  datetime64[ns, UTC]
 4   AppointmentDay  110327 non-null  datetime64[ns, UTC]
 5   Age             110327 non-null  int64
 6   Neighbourhood   110327 non-null  object
 7   Scholarship     110327 non-null  int64
 8   Hypertension    110327 non-null  int64
 9   Diabetes        110327 non-null  int64
 10  Alcoholism      110327 non-null  int64
 11  Handicap        110327 non-null  int64
 12  SMS_received    110327 non-null  int64
 13  No-show         110327 non-null  int64
 14  waiting_day     110327 non-null  int64
dtypes: datetime64[ns, UTC](2), float64(1), int64(10), object(2)
memory usage: 13.5+ MB
```

info()를 통해 'waiting_day'가 추가된 것을 확인할 수 있다. 계속해서 새로 추가된 'waiting_day'에 이상치가 있는지 describe()를 사용하여 통계량을 확인한다.

새로운 컬럼의 이상치 확인

```
df.describe()
```

[실행결과]

	PatientId	AppointmentID	Age	Scholarship	Hypertension	Diabetes	Alcoholism	Handicap	SMS_received	No-show	waiting_day
count	1.103270e+05	1.103270e+05	110327.000000	110327.000000	110327.000000	110327.000000	110327.000000	110327.000000	110327.000000	110327.000000	110327.000000
mean	1.475245e+14	5.675298e+06	37.070753	0.098281	0.196833	0.071605	0.030382	0.018509	0.321182	0.201927	9.981854
std	2.561388e+14	7.129883e+04	23.098052	0.297695	0.397607	0.257834	0.171638	0.134782	0.466932	0.401440	15.610923
min	3.921784e+04	5.030230e+06	0.000000	0.000000	0.000000	0.000000	0.000000	0.000000	0.000000	0.000000	-223.000000
25%	4.174584e+12	5.640278e+06	18.000000	0.000000	0.000000	0.000000	0.000000	0.000000	0.000000	0.000000	0.000000
50%	3.175389e+13	5.680567e+06	37.000000	0.000000	0.000000	0.000000	0.000000	0.000000	0.000000	0.000000	4.000000
75%	9.439381e+13	5.725508e+06	55.000000	0.000000	0.000000	0.000000	0.000000	0.000000	1.000000	0.000000	15.000000
max	9.999816e+14	5.790484e+06	115.000000	1.000000	1.000000	1.000000	1.000000	1.000000	1.000000	1.000000	146.000000

'waiting_day'에서 최솟값이 −223인 것이 눈에 띈다. 예약은 방문일 당일에 하거나 먼저 하는 행동이기 때문에 음수값이 나올 수 없다. 따라서 'waiting_day'가 0과 같거나 큰 값만 추출하여 이상치를 제거한다.

새로운 컬럼의 이상치 제거

```
df=df[df.waiting_day>=0]
df['waiting_day'].min()
```

[실행결과]

```
0
```

값 확인

각 컬럼명에 표시된 값에 오류가 없는지 다시 한번 확인해 본다.

1) 'Age'

나이의 값에 이상이 없는지 확인하기 위해 unique()를 사용한다.

'Age' 값 확인

```
df.Age.unique()
```

[실행결과]

```
array([ 62,  56,   8,  76,  23,  39,  21,  19,  30,  29,  22,  28,  54,
        15,  50,  40,  46,   4,  13,  65,  45,  51,  32,  12,  61,  38,
        79,  18,  63,  64,  85,  59,  55,  71,  49,  78,  31,  58,  27,
         6,   2,  11,   7,   0,   3,   1,  69,  68,  60,  67,  36,  10,
        35,  20,  26,  34,  33,  16,  42,   5,  47,  17,  41,  44,  37,
        24,  66,  77,  81,  70,  53,  75,  73,  52,  74,  43,  89,  57,
        14,   9,  48,  83,  72,  25,  80,  87,  88,  84,  82,  90,  86,
        91,  98,  92,  94,  96,  93,  95,  97, 102, 115, 100,  99])
```

unique()로 출력된 결과는 한 눈에 이상치를 발견하기는 어렵다. 따라서 Boxplot()으로 시각화하여 이상치를 쉽게 발견한다.

'Age' 이상치 확인

```
plt.figure(figsize=(16,2))
sns.boxplot(x=df.Age)
```

[실행결과]

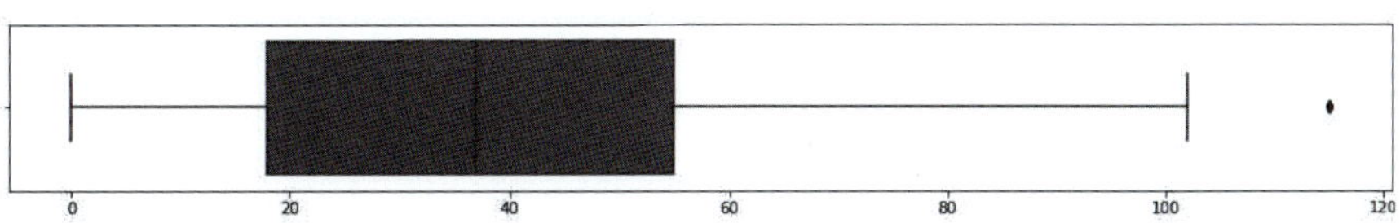

출력된 결과를 보면, 120 가까이에 이상치가 있음을 알 수 있다. 따라서 'Age'가 110보다 작거나 같은 범위만 추출하여 이상치를 제거한다.

'Age' 이상치 제거

```
df=df[df.Age<=110]
plt.figure(figsize=(16,2))
sns.boxplot(x=df.Age)
```

[실행결과]

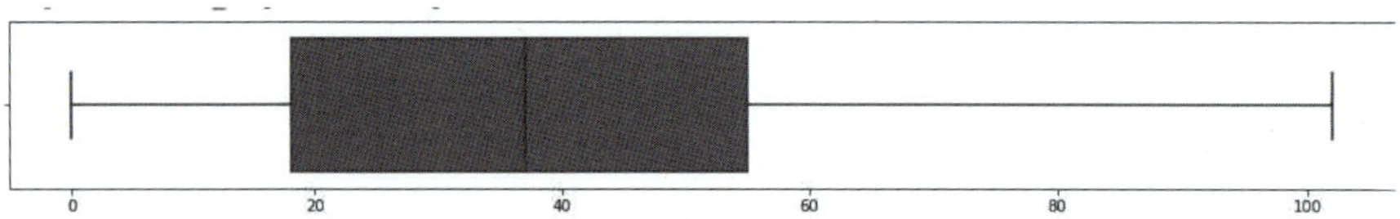

목적에 적합한 변수 추출

주어진 문제는 예약취소율을 줄이는 것이다. 따라서 예약취소 여부와 관련한 변수(컬럼)가 무엇인지 찾아내야 한다. 이때, 시각화를 사용하면 쉽게 찾아낼 수 있다. 'No-show'와 관련있는 변수를 찾아보자.

1) waiting_day과 'No-show'

예약을 하고 방문을 기다리는 기간과 노쇼를 하는 것은 상관이 있을까? 그것을 알아보기 위해 waiting_day과 'No-show' 간의 관계를 알아본다.

① waiting_day==0

당일 예약한 환자가 병원에 방문하지 않을 경우는 당일예약 건수에서 환자가 병원에 방문하지 않은 건수를 나누면 쉽게 구할 수 있다.

'Age' 이상치 제거

```
a=df[df.waiting_day==0]['waiting_day'].value_counts()
b=df[(df['waiting_day']==0)&(df['No-show']==1)]['waiting_day'].value_counts()
b/a
```

[실행결과]

```
0.04646
```

당일 예약에서는 약 4.6% 정도 노쇼가 발생하는 것을 알 수 있다.

② waiting_day>=10

당일을 포함하여 waiting_day가 10일 이하인 모든 경우에 대한 노쇼 건수와 노쇼가 아닌 건수는 어느 정도 차이가 날까? 이를 비교하기 위해 'No-show'가 0인 경우(노쇼가 아닌 경우)와 'No-show'가 1인 경우로 데이터를 분할한다.

데이터 분할

```
no_show=df[df['No-show']==1]
show=df[df['No-show']==0]
```

분할한 데이터에서 waiting_day가 10일 이내인 기간을 비교하기 위해 히스토그램으로 나타낸다.

데이터 분할

```
no_show[no_show['waiting_day']<=10]['waiting_day'].hist(alpha=0.7,label='no_show')
show[show['waiting_day']<=10]['waiting_day'].hist(alpha=0.3,label='show')
plt.legend()
```

[실행결과]

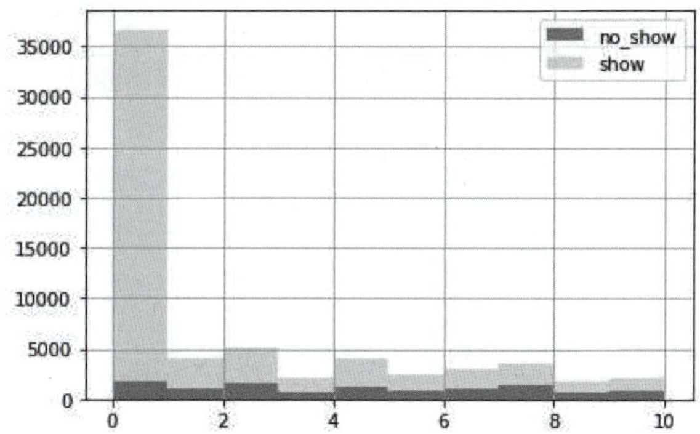

예약건수가 가장 많은 당일예약에서 노쇼는 다른 기간의 예약건수와 비슷한 수치를 유지하고 있는 것으로 보아 당일예약의 경우 노쇼가 거의 발생하지 않는다는 것을 알 수 있다.

2) ScheduledDay/AppointmentDay와 'No-show'

① ScheduledDay와 'No-show'

hist()를 사용하여 예약잡은 날에 따른 노쇼건수와 노쇼가 아닌 건수를 비교한다.

시각화로 특성 파악

```python
no_show['ScheduledDay'].hist(alpha=0.7,label='no_show')
show['ScheduledDay'].hist(alpha=0.3,label='show')
plt.legend()
```

[실행결과]

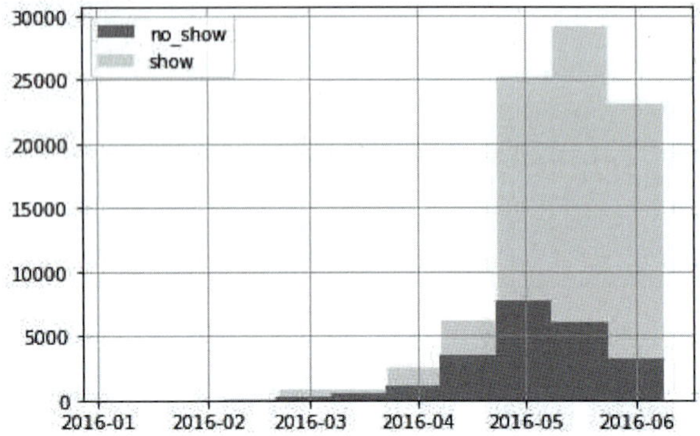

예약잡은 날에 실제 병원방문을 한 건수는 2016년 5월 초~5월 말 사이가 가장 많이 예약을 하였다. 예약잡은 날에 실제 병원방문을 하지 않은 건수는 2016년 4월 말과 5월 초반에 가장 많이 예약을 하였다.

② AppointmentDay와 'No–show'

hist()를 사용하여 병원방문일에 따른 노쇼가 발생한 건수와 그렇지 않은 건수를 비교한다.

시각화로 특성 파악

```python
no_show['AppointmentDay'].hist(alpha=0.7,label='no_show')
show['AppointmentDay'].hist(alpha=0.3,label='show')
plt.legend()
```

[실행결과]

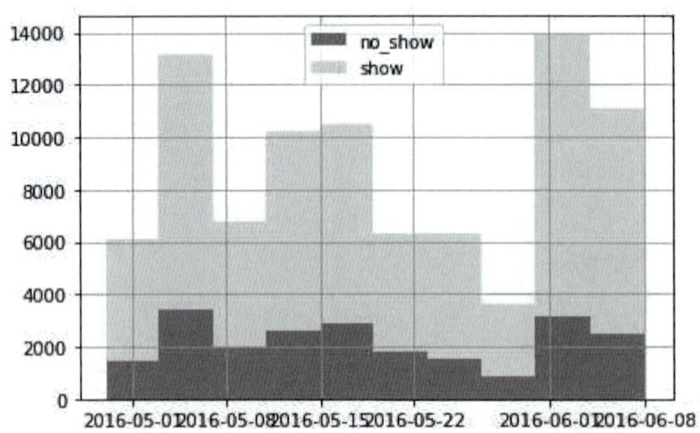

병원방문일에 따른 노쇼발생 건수와 실제방문이 일어난 건수에는 특이점이 보이지 않는다. 다만 병원에 방문이 가장 많은 달이 2016년 6월 1일~3일 정도라는 것을 알 수 있다.

3) 재방문 환자와 'No-show'

병원에 방문하는 환자 중에서 재방문하는 환자가 있는지 확인하고, 재방문하는 환자가 예약잡은 날 병원에 오는 건수와 그렇지 않은 건수를 비교한다.

① 재방문 환자 확인

PatientId를 가지고 value_counts()를 구하면 환자별 방문횟수를 알 수 있다.
환자의 수가 많이 있기 때문에 재방문이 가장 많은 10개만 확인해 본다.

특성 파악

```
df.PatientId.value_counts().iloc[0:10]
```

[실행결과]

```
8.221459e+14    88
9.963767e+10    84
2.688613e+13    70
3.353478e+13    65
2.584244e+11    62
6.264199e+12    62
8.713749e+14    62
7.579746e+13    62
6.684488e+13    57
8.722785e+11    55
Name: PatientId, dtype: int64
```

환자별로 재방문이 이루어지고 있으며, 재방문의 횟수가 가장 많은 경우는 88회라는 것을 알 수 있다. 전체 예약이 약 3개월간 이루어진 것을 생각해 볼 때, 재방문의 횟수가 많은 환자의 경우 평균 50회 정도 방문을 하는 것으로 보인다.

② 'PatientId'과 'waiting_day'

환자별로 기다리는 기간에 따른 노쇼발생 건수는? 이를 확인하기 위해 waiting_day를 50일이상으로 설정하고 PatientId의 value_counts()를 사용하여 확인한다.

특성 파악

```
df[(df['waiting_day']>=50) & (df['No-show']==1)].PatientId.value_counts().
iloc[0:10]
```

[실행결과]

```
3.384931e+14    6
5.673322e+12    3
5.443247e+12    3
1.545897e+11    3
2.145389e+13    3
4.176940e+12    3
2.439974e+13    2
9.529245e+10    2
7.263648e+13    2
8.459378e+12    2
Name: PatientId, dtype: int64
```

예약을 하고 병원에 방문하기까지 기다리는 기간이 길수록 여러 건의 노쇼가 발생되고 있음을 알 수 있다.

4) SMS_received, waiting_day와 'No-show'

알림메세지 허용여부와 기다리는 기간은 노쇼와 관련이 있을까? 이를 알아보기 위해 barplot()을 이용하여 확인한다.

특성 파악

```
sns.barplot(y='waiting_day', x='SMS_received', hue='No-show', data=df)
```

[실행결과]

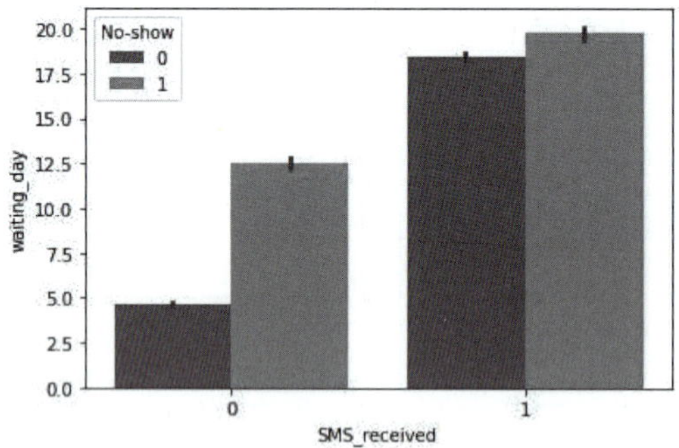

알림메세지를 허용하지 않는 경우 기다리는 기간이 길수록 노쇼 발생이 많은 것을 확인할 수 있다. 또한 알림메세지를 허용하는 경우 기다리는 기간이 길수록 노쇼가 발생하는 것을 알 수 있다.

5) 상관관계로 확인

위의 과정을 통해 노쇼여부와 관련있는 변수 'waiting_day','SMS_received'가 서로 영향이 있는 것을 알아냈다. 실제 어느정도 상관이 있는지 파악하기 위해 상관관계를 구한 후, heatmap()을 사용하여 확인한다.

특성 파악

```
temp=df[['waiting_day','SMS_received','No-show']].corr()
sns.heatmap(temp)
```

[실행결과]

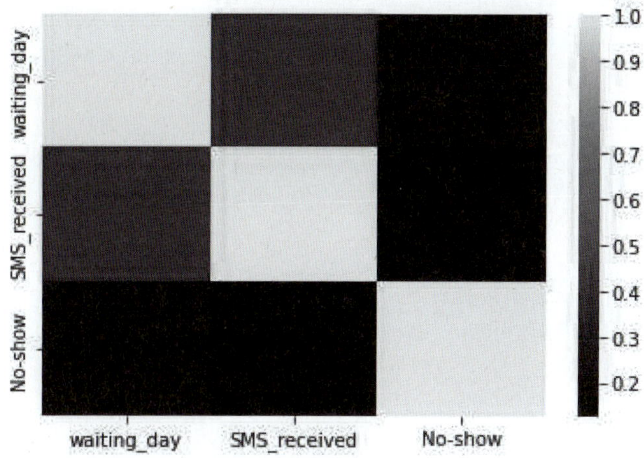

No-show와 관련이 가장 많은 변수는 'waiting_day'라는 것을 알 수 있다. 또한 'waiting_day'는 SMS_received와 서로 관련이 있다는 것도 알 수 있다.

6) 중요한 특성

'waiting_day'는 ScheduleDay, AppointmentDay로 얻어진 변수이다. 따라서 위의 모든 과정을 통해 목적에 적합한 변수가 ScheduleDay, AppointmentDay, SMS_received, PatientID라는 것을 파악할 수 있다.

노쇼의 특징 파악

앞에서 살펴본 데이터를 바탕으로 노쇼인 경우와 아닌 경우의 차이를 정리할 수 있다.

- 예약을 잡은 날과 실제 병원방문하는 날의 차이(대기 일수)가 많이 나면 노쇼가 발생한다.
- 특히 1월과 5월에 예약한 경우 대기 일 수가 길수록 노쇼가 발생한다.
- 병원에 재방문하는 횟수가 많은 환자는 3개월 안에 50회 이상의 병원을 방문하고 있다.

● 알림메세지를 받는다 할지라도 대기일수가 길면 노쇼가 발생하는 건수가 더 많다.

위의 내용을 바탕으로 찾은 특징은 대기기간이 노쇼에 영향을 줄 수 있다는 것과 재방문하는 환자들은 짧은 기간에 여러 번 병원방문을 해야하는 부담으로 노쇼가 발생할 수 있다는 것을 파악할 수 있다.

이처럼 행동 데이터를 풀어가면서 노쇼를 발생시키는 요인을 확인하였다. 추가적으로 방문일시에 시간과 분이 정확하게 나왔다면 조금 더 많은 요인을 찾을 수 있을 것으로 보인다.

※ 데이터 분석에서는 머신러닝을 바탕으로 컴퓨터가 예측하거나 분류한다. 이때, 어떤 데이터로 학습시킬 것인지 결정하는 것이 중요하기 때문에 중요한 특성을 파악할 필요가 있다.

8.3 데이터 전처리 실습2

노쇼에 영향을 주는 특성을 찾기 위해 더 많은 변수를 살펴보아야 한다. 실습을 통해 앞에서 다루지 않았던 변수의 특징을 No-show와 연결하여 파악해 보자.

1. 얼마나 많은 환자가 예정된 약속에 오지 않았는가?

```
sns.countplot(x='No-show',data=df)
```

[실행결과]

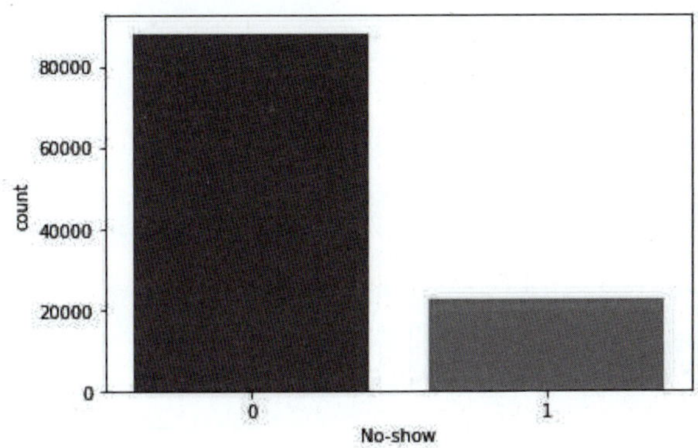

실행결과, 전체 예약환자 중 20% 정도 노쇼가 발생하는 것을 알 수 있다.

2. 성별에 따른 노쇼여부 차이

```
sns.countplot(x='Gender',hue='No-show',data=df)
```

[실행결과]

```
<matplotlib.axes._subplots.AxesSubplot at 0x7fdd30df71d0>
```

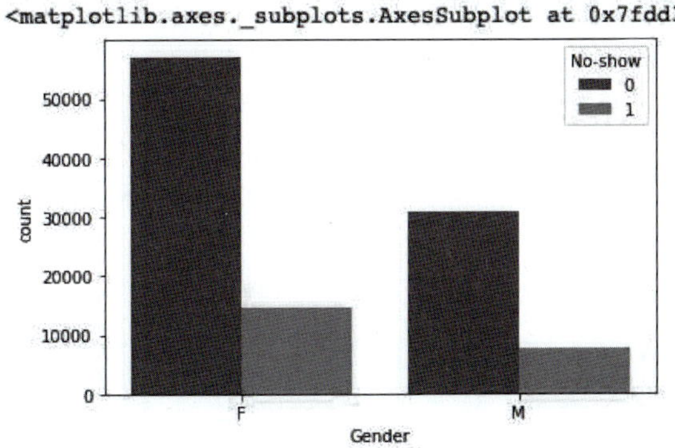

실행결과 남성 예약환자보다 여성 예약환자가 차지하는 비율이 더 높다는 것을 한 눈에 파악할 수 있다.

3. 노쇼의 여성과 남성비율은?

```
여성인원수= df[(df['Gender']=='F') & (df['No-show']==1)]['Gender'].value_counts()
남성인원수=df[(df['Gender']=='M') & (df['No-show']==1)]['Gender'].value_counts()
전체여성수=df[df["Gender"]=='F']['Gender'].value_counts()

전체남성수df[df["Gender"]=='M']['Gender'].value_counts()
print(여성인원수/전체여성수)
print(남성인원수/전체남성수)
```

[실행결과]

```
0.2030079383902786
0.19959562444916792
```

실행결과를 보면 여성의 경우 20% 정도 노쇼가 발생하고, 남성의 경우 22% 정도 노쇼가 발생하는 것으로 보아 성별이 노쇼에 영향을 주진 않는 것을 알 수 있다.

4. 재정지원여부에 따른 노쇼 발생 비교

```
sns.countplot(x='Scholarship',hue='No-show',data=df)
```

[실행결과]

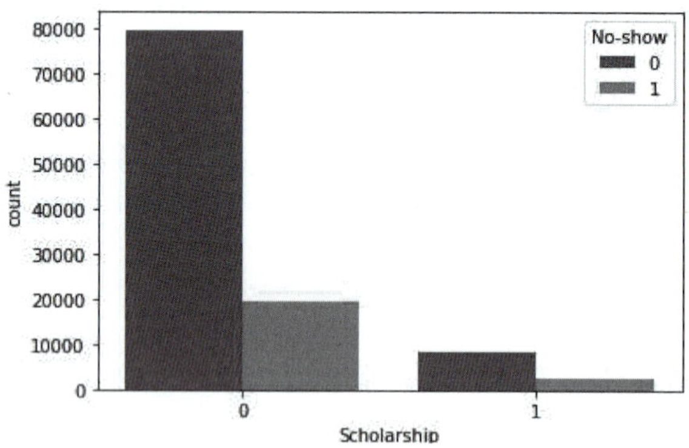

실행결과를 보면 재정지원여부와 상관없이 20% 정도의 노쇼가 발생한다. 재정지원여부가 노쇼에 영향을 주지 않는다는 것을 알 수 있다.

5. 알콜중독여부에 따른 노쇼 발생 비교

```python
sns.countplot(x='Alcoholism',hue='No-show',data=df)
a=no_show[no_show['Alcoholism']==0]['No-show'].value_counts()
b=no_show[no_show['Alcoholism']==1]['No-show'].value_counts()
print(a,b)
```

[실행결과]

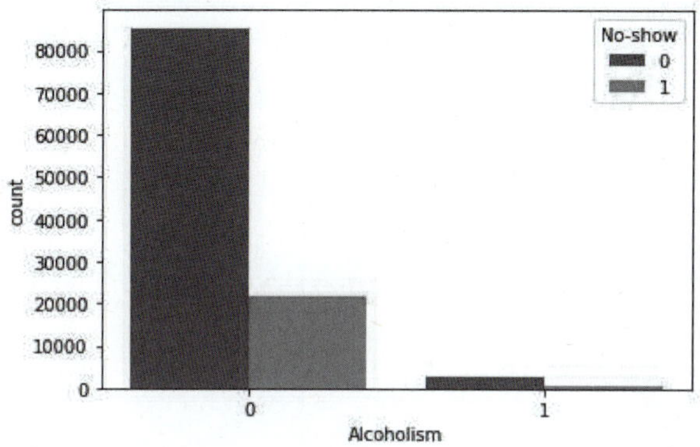

알콜중독 환자에게서 약 3% 정도 노쇼가 발생한다. 알콜중독이 노쇼를 발생시키기는 어려운 수치로 보인다.

6. 고혈압여부에 따른 노쇼 발생 비교

```python
a=no_show[no_show['Hypertension']==0]['No-show'].value_counts()
b=no_show[no_show['Hypertension']==1]['No-show'].value_counts()
print(a,b)
no_show['Hipertension'].hist(alpha=0.7,label='no_show')
show['Hipertension'].hist(alpha=0.3, label='show')
plt.legend()
```

[실행결과]

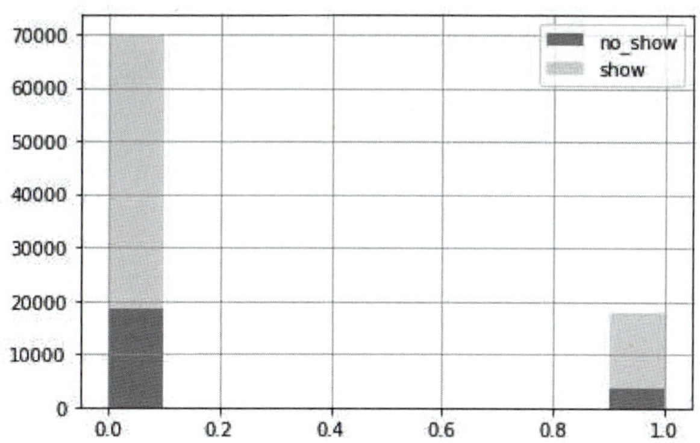

고혈압환자에게서 약 16.7% 정도 노쇼가 발생하는 것을 알 수 있다. 알콜중독에 비해 노쇼에

영향을 주지만 고혈압이 없는 환자에게서도 약 20% 정도 노쇼가 발생하는 것으로 보았을 때, 노쇼에 영향을 주지 않는 것으로 파악할 수 있다.

7. 장애여부에 따른 노쇼 발생 비교

```
sns.countplot(x='Handicap',hue='No-show',data=df)
```

[실행결과]

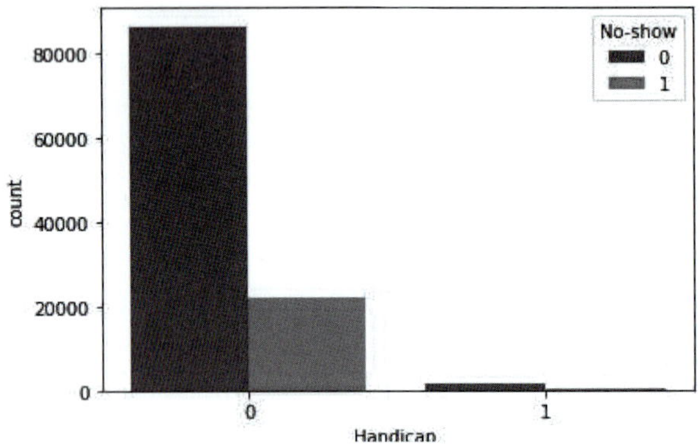

장애를 가지고 있는 환자는 전체 중에 약 0.1%로 노쇼에 영향을 주는지 파악하기 어려운 수치이다.

문제 1 전처리가 필요한 이유는 무엇인가?

문제 2 전처리를 처리하는 방법은 무엇인가?

문제 3

1.다음 데이터를 보고 df데이터 프레임을 생성하시오.
2.df의 모든 데이터 값을 수치형으로 변환하시오.(변경후)

	outlook	temp	humidity	windy	play
0	sunny	hot	high	False	no
1	sunny	hot	high	True	no
2	overcast	hot	high	False	yes
3	rainy	mild	high	False	yes
4	rainy	cool	normal	False	yes
5	rainy	cool	normal	True	no
6	overcast	cool	normal	True	yes
7	sunny	mild	high	False	no
8	sunny	cool	normal	False	yes
9	rainy	mild	normal	False	yes
10	sunny	mild	normal	True	yes
11	overcast	mild	high	True	yes
12	overcast	hot	normal	False	yes
13	rainy	mild	high	True	no

	outlook	temp	humidity	windy	play
0	0	3	6	8.0	10
1	0	3	6	1.0	10
2	1	3	6	8.0	11
3	2	4	6	8.0	11
4	2	5	7	8.0	11
5	2	5	7	1.0	10
6	1	5	7	1.0	11
7	0	4	6	8.0	10
8	0	5	7	8.0	11
9	2	4	7	8.0	11
10	0	4	7	1.0	11
11	1	4	6	1.0	11
12	1	3	7	8.0	11
13	2	4	6	1.0	10

연습문제

문제 4 연습문제8-4.csv

1. 데이터를 읽어오기

2. 결측치 확인과 처리
1) 각 컬럼별 널값의 개수
2) A컬럼과 C컬럼의 널값을 0으로 채우기
3) B컬럼의 널값은 B컬럼의 평균으로 채우기
4) D컬럼의 널값은 2021-01-06으로 채우기

3. 데이터의 정보 확인하기
1) B와 C컬럼의 데이터 타입을 정수형으로 변환하기
2) D컬럼의 데이터 타입을 datetime타입으로 변환하기

4.이상치 제거하기
1) G컬럼은 'F'와 'M'으로만 표시되어야 한다. 그 외의 값은 이상치로 보고 제거하시오.

5. 값 변경하기
1) G컬럼은 'F'와 'M'을 각각 0과 1로 변경하시오(map()).

	A	B	C	D	G
0	1	0.1	1.0	2021-01-01	F
1	2	NaN	NaN	2021-01-02	A
2	3	NaN	3.0	2021-01-03	F
3	<NA>	0.4	4.0	2021-01-04	M
4	5	0.5	5.0	2021-01-05	F
5	<NA>	NaN	NaN	2021-01-06	F
6	7	0.7	7.0	NaT	M
7	8	0.8	8.0	2012-01-08	M
8	9	0.9	NaN	2021-01-09	M

문제 5 실습8-4.csv

축구선수의 이적료와 관련된 데이터셋이다. 축구선수의 이적료와 관련 있는 변수는 무엇인가?

1. 데이터를 읽어오기
2. 데이터의 구성 확인하기(데이터 타입, 컬럼수)
3. 널값이 있는지 확인하기
4. 축구선수의 이적료와 관련이 있는 변수는 무엇인가? 그렇게 생각한 이유는?

Python for data analysis

Python for data analysis

09 시계열 데이터 전처리

학습목표

- 시계열 데이터의 특징과 전처리 방법을 익혀, 이를 바탕으로 실제 문제에서 결과를 예측할 수있다.

학습목차

9.1 시계열 데이터의 이해

샘플들이 a1, ..., an까지 있다고 가정할 때, 시계열 데이터란 각 샘플들이 특정한 시간에서 측정된 데이터를 말한다. 예를 들면 a1은 1초에 측정된 정보, a2는 2초에 측정된 정보, ..., an은 n초에 측정된 정보이다. 주식시세처럼 연속적인 시간에 따라 다르게 측정되는 데이터를 생각하면 이해하기 쉽다. 이러한 데이터를 분석하는 것을 시계 열데이터 분석이라 한다. 이것은 서열 데이터의 과거에서 의미있는 패턴을 찾아, 이것을 바탕으로 미래를 잘 예측하는 것을 전제로 하고 시작한다. 맥박처럼 일정시간 내에 일정하게 규칙성을 지닌 데이터를 분석하는 것과 주식시세를 예측하는 것처럼 불규칙성을 지닌 데이터를 분석하는 것으로 시계열 데이터를 분류할 수 있다.

9장에서는 시계열 데이터의 특징과 전처리 방법을 학습하여, 이를 바탕으로 어떻게 분석할 수 있는지 그 의미를 찾는 데 집중한다.

시계열 데이터 패턴

시계열 데이터는 일정한 시간 범위 내에 측정한 데이터를 의미한다. 그런 이유로 시간에 따라 순서가 매겨있고, 연속된 관측치는 서로 상관관계를 가지고 있는 특징을 지닌다. 이러한 데이터를 분석하는 목적은 시계열이 가지고 있는 패턴을 찾아, 이를 바탕으로 미래의 값을 예측하는데 있다. 시계열과 회귀분석의 차이는 시간을 고려한다는 데 있다.

1) 추세(Trend)

데이터가 장기적으로 상승하거나 하강할 때 추세가 존재한다. 여기서 추세는 반드시 선형적일 필요는 없다. 예를 들면 POS(Point of sales) 구매 데이터처럼 일정한 날짜 범위 안에서 구매 데이터가 상승했거나 하강한 것을 파악할 수 있는 데이터이다.

2) 주기성(Cycle)

일정하지 않은 빈도로 발생하는 변동이 보일 때 주기가 나타난다. 이러한 변동은 수년간의 간격을 두고 상승과 하강이 주기적으로 나타난다.

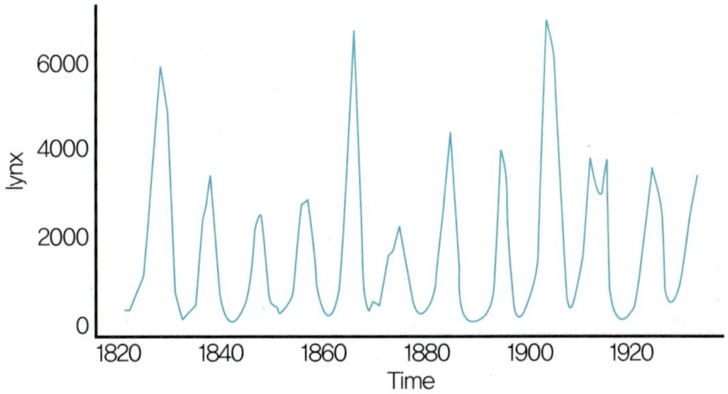

3) 계절성(Seasonlity)

수집한 시계열 데이터를 일년 단위 혹은 더 짧은 기간의 주기로 기록했을 때 일정한 빈도로 반복되는 패턴을 계절성이라 한다. 시계열 데이터에서 주기적인 패턴을 가지고 반복적으로 나타난다.

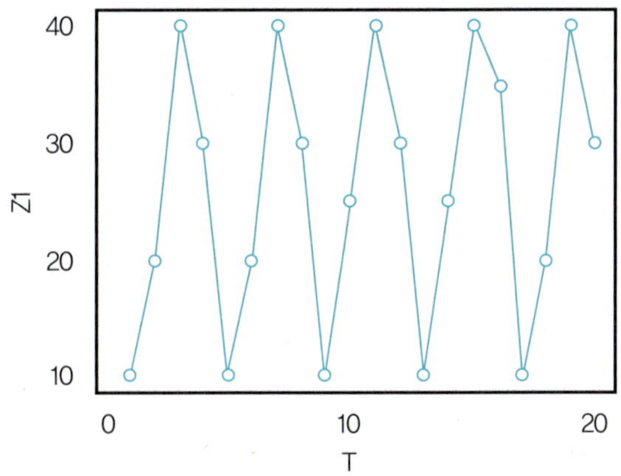

4) 불규칙성(Irregular)

지진, 홍수,파업, 코로나와 같은 특수한 요인에 의해 발생하는 불규칙한 패턴을 말한다.

시계열 데이터 분석

시계열 데이터 분석의 목적은 미래에 대한 예측이다. 예측을 하는 방법은 수집한 과거 데이터에 포함된 정보를 이용하여 예측에 필요한 경험적 규칙을 추정하여 예측한다. 과거의 규칙이

미래에도 지속될 것이라는 논리가 바탕이 되기에 과거에 대한 정보가 있어야 하고, 양적데이터로 존재해야 한다. 예측방법에는 전통적인 시계열 분석방법인 분해법과 확률적 시계열 분석인 시간영역분석(ARIMA:Autoregressive Integrated Moving Average)기법이 있다.

1) AR모형

AR이란 이전 값이 이후의 값에 영향을 미치고 있는 것을 의미하고 시계열의 시차값(lagged values) 사이의 선형관계를 측정한 것이다. 이것을 모형화한 것이 AR모형이다.

2) MA모형

시간이 지날수록 어떠한 관측값들의 평균값이 지속적으로 증가하거나 감소하는 추세가 생길 수 있다. 이때, 과거의 예측 오차를 활용하여 미래를 예측할 수 있도록 하는 모형이 MA모형이다.

3) ARMA모형

앞에서 말한 AR과 MA모형을 혼합한 모형이다.

4) ARIMA(Autoregressive Integrated Moving Average)

ARMA모형에서 Integrated 개념을 추가한 모형이다. ARMA모형은 과거의 상태와 오차값을 사용해 현재 상태를 예측하는 모형이다. 이 모형은 불규칙한 패턴을 가지고 있는 시계열 데이터에서는 예측을 할 수 없다. 이 부분을 극복하기 위해 관측값 사이의 차분(Difference)을 사용하여 불규칙한 시계열 데이터를 규칙적 시계열 데이터로 활용할 수 있도록 한다. 여기서 차분이란 현재 상태의 변수에서 바로 이전 상태의 변수를 빼주는 것을 말한다. 다시 말해 현재와 추세간의 관계를 활용하여 미래를 예측할 수 있도록 하는 모형이 ARIMA모형이다.

- 상관관계가 0보다 클 경우 x값이 크면 y값도 큰 값을 가진다.
- 상관관계가 0보다 작은 경우 x값이 크면 y값은 작은 값을 가진다.

- 추세관계가 0보다 클 경우 x값이 이전 값보다 증가하면 y값이 현재는 작은 값이지만 곧 증가하는 추세로 바뀐다.
- 추세관계가 0보다 작을 경우 x값이 이전 값보다 증가하면 y값이 현재는 큰 값이지만 곧 하강하는 추세로 바뀐다.

시계열 데이터 전처리 방법

1) datetime 변환

info()를 통해 데이터 형식을 확인하면, 날짜가 object형인지 datetime형인지 알 수 있다. 만약 object형이라면 datetime으로 변경한다.

info()로 데이터 살펴보기

```
import pandas as pd
d=pd.DataFrame({'date':['2019-01-03', '2021-11-22', '2023-01-05'],
'name':['J', 'Y', 'O']})
d.info()
```

[실행결과]

```
<class 'pandas.core.frame.DataFrame'>
RangeIndex: 3 entries, 0 to 2
Data columns (total 2 columns):
 #   Column  Non-Null Count  Dtype
---  ------  --------------  -----
 0   date    3 non-null      object
 1   name    3 non-null      object
dtypes: object(2)
memory usage: 176.0+ bytes
```

datetime()으로 변환하기

```
d['date']=pd.to_datetime(d.date,format='%Y-%m-%d')
d.info()
```

[실행결과]

```
<class 'pandas.core.frame.DataFrame'>
RangeIndex: 3 entries, 0 to 2
Data columns (total 2 columns):
 #   Column  Non-Null Count  Dtype
---  ------  --------------  -----
 0   date    3 non-null      datetime64[ns]
 1   name    3 non-null      object
dtypes: datetime64[ns](1), object(1)
memory usage: 176.0+ bytes
```

pd.to_datetime()을 활용하여 datetime형으로 변환하고 출력하면 date 컬럼이 datetime64형으로 변환된 것을 확인할 수 있다.

2) datetime형의 컬럼을 인덱스로 설정

시계열 데이터는 시간에 종속되기 때문에 시간컬럼이 인덱스로 설정되는 것이 좋다. 이때, set_index()를 이용하여 인덱스를 설정한다.

datetime()으로 변환하기

```
d.set_index(keys=['date'],inplace=True)
d
```

[실행결과]

```
<class 'pandas.core.frame.DataFrame'>
DatetimeIndex: 3 entries, 2019-01-03 to 2023-01-05
Data columns (total 1 columns):
 #   Column  Non-Null Count  Dtype
---  ------  --------------  -----
 0   name    3 non-null      object
dtypes: object(1)
memory usage: 48.0+ bytes
```

info()를 통해 확인해 보면, 인덱스가 DatetimeIndex로 변경된 것과 3개로 구성된 것, 그리고 2019-01-03 to 2023-01-05의 값을 가지고 있다는 것을 확인할 수 있다.

3) 결측치

결측치는 isnull().sum()을 이용하여 각 컬럼의 널값을 확인하고, isnull().sum().sum()을 이용하여 결측치의 총개수를 확인할 수 있다.

결측값 확인하기

```
import numpy as np
d=pd.DataFrame({'date':['2019-01-03', '2021-11-22','2021-12-01','2023-01-05'],
'x1':[0.1,2.0,np.nan,1.2]})
d['date']=pd.to_datetime(d.date,format='%Y-%m-%d')
d.set_index(keys=['date'],inplace=True)
print(d.isnull().sum())
print('=='*10)
print(d.isnull().sum().sum())
print('=='*10)
print(d)
```

[실행결과]

```
x1    1
dtype: int64
====================
1
====================
             x1
date
2019-01-03  0.1
2021-11-22  2.0
2021-12-01  NaN
2023-01-05  1.2
```

① 이전 값으로 결측값 채우기

만약 결측치가 존재한다면 결측치를 채우거나 삭제해야 한다. 결측치를 채울 때는 fillna()를 사용하여 특정한 값을 채울 수 있다. 시계열 데이터는 과거 데이터를 보고 미래를 예측하기 때문에 과거를 채우는 것이 더 의미가 있다. 따라서 fillna()의 파라미터인 method에 'ffill'값 또는 'pad'값을 대입하여 이전 값으로 채운다.

이전 값으로 결측치 채우기(1)

```
import numpy as np
d=pd.DataFrame({'date':['2019-01-03', '2021-11-22','2021-12-01','2023-01-05'],
'x1':[0.1,2.0,np.nan,1.2]})
d['date']=pd.to_datetime(d.date,format='%Y-%m-%d')
d.set_index(keys=['date'],inplace=True)
print(d)
d=d.fillna(method='ffill')
print('=='*10)
print(d)
```

[실행결과]

```
             x1
date
2019-01-03  0.1
2021-11-22  2.0
2021-12-01  NaN
2023-01-05  1.2
====================
             x1
date
2019-01-03  0.1
2021-11-22  2.0
2021-12-01  2.0
2023-01-05  1.2
```

이전 값으로 결측치 채우기(2)

```
import numpy as np
d=pd.DataFrame({'date':['2019-01-03', '2021-11-22','2021-12-01','2023-01-05'],
'x1':[0.1,2.0,np.nan,1.2]})
d['date']=pd.to_datetime(d.date,format='%Y-%m-%d')
d.set_index(keys=['date'],inplace=True)
print(d)
d=d.fillna(method='pad')
print('=='*10)
print(d)
```

[실행결과]

```
               x1
date
2019-01-03  0.1
2021-11-22  2.0
2021-12-01  NaN
2023-01-05  1.2
====================
               x1
date
2019-01-03  0.1
2021-11-22  2.0
2021-12-01  2.0
2023-01-05  1.2
```

② 결측치 제거

결측값을 제거할때는 drop()을 사용하여 해당 기간 데이터를 완전히 사용하지 않을 수 있다.

결측치 해당 행 삭제

```
d=d.fillna(method='pad')
```

③ 전후값의 평균치로 채우기

interpolate()를 사용해 결측값이 발생한 전후 관측치의 평균값으로 결측값을 채울 수 있다. interpolate()는 default값으로 선형보간법을 사용한다. 선형보간법은 시간에 따라 시스템이 동작하는 방식을 이미 알고 있을 때, 또는 연도에 따라 온도 변화에 대한 추세를 이미 알고있을 때 유용하다.

최빈값으로 결측값 채우기

```
import numpy as np
d=pd.DataFrame({'date':['2019-01-03', '2021-11-22','2021-12-01','2023-01-05'],
'x1':[0.1,2.0,np.nan,1.2]})
d['date']=pd.to_datetime(d.date,format='%Y-%m-%d')
d.set_index(keys=['date'],inplace=True)
print(d)
d=d.interpolate()
print('=='*10)
print(d)
```

[실행결과]

```
                x1
date
2019-01-03   0.1
2021-11-22   2.0
2021-12-01   NaN
2023-01-05   1.2
====================
                x1
date
2019-01-03   0.1
2021-11-22   2.0
2021-12-01   1.6
2023-01-05   1.2
```

4) 빈도 설정

빈도는 데이터 분석에서 설정하는 시간의 최소단위를 말한다. index 속성을 이용하면 빈도가 설정되었는지 아닌지를 알 수 있다.

빈도 확인

```
import numpy as np
d=pd.DataFrame({'date':['2019-01-03', '2021-11-22','2021-12-01','2023-01-05'],
'x1':[0.1,2.0,np.nan,1.2]})
d['date']=pd.to_datetime(d.date,format='%Y-%m-%d')
d.set_index(keys=['date'],inplace=True)
print(d)
d.index
```

[실행결과]

```
DatetimeIndex(['2019-01-03', '2021-11-22', '2021-12-01', '2023-01-05'],
dtype='datetime64[ns]', name='date', freq=None)
```

아직까지 빈도(주기)에 대해 설정한 것이 없기 때문에 freq가 None으로 되어있는 것을 알 수 있다. pd.asfreq()를 사용해서 빈도를 설정할 수 있다. 시간 범위내에 해당 주기의 날짜가 없다면 자동으로 NaN으로 채워진 행이 생성된다. 이때 method의 값을 'ffill'로 하면, 설정한 범위 내에서 이전 값으로 채워진다.

빈도 설정

```
import numpy as np
d=pd.DataFrame({'date':['2020-01-01', '2020-12-02', '2021-11-22','2022-03-07'],
'x1':[0.1,2.0,1.6,5.6]})
```

```
d['date']=pd.to_datetime(d.date)
d.set_index(keys=['date'],inplace=True)
print('=='*20)
print(d)
d2=d.asfreq('Y', method='ffill') #'Y' 매년 마지막 일
print('=='*20)
print(d2) #설정한 주기로 생성된 데이터
```

[실행결과]

```
========================================
              x1
date
2020-01-01  0.1
2020-12-02  2.0
2021-11-22  1.6
2022-03-07  5.6
========================================
              x1
date
2020-12-31  2.0
2021-12-31  1.6
========================================
```

asfreq()를 사용하여 빈도를 설정하는 경우 사용하는 옵션은 다음과 같다.

표 9.1 qsfreq() 옵션

옵션	설명	옵션	설명
B	공휴일과 주말을 제외한 매일(day)	QS	매 분기 시작일
		BQS	공휴일과 주말을 제외한 매 분기 시작일
D	매일(day)	A,Y	매년 마지막일
W	매주 일요일	BA,BY	공휴일과 주말을 제외한 매년 마지막일
M	매월 마지막일	AS,YS	매년 시작일
SM	매월 15일	BAS,BYS	공휴일과 주말을 제외한 매년 시작일
CBM	주말을 제외한 매월 마지막일	BH	공휴일과 주말을 제외한 시(hour)
MS	매월 시작일	H	매시간(hour)
SMS	매월 1일과 15일	T,min	매분(minute)
BMS	공휴일과 주말을 제외한 매월 시작일	S	매초(second)
CBMS	주말을 제외한 매월 시작일	L,ms	매밀리초
Q	매분기 마지막일	U,us	매마이크로초

BQ	공휴일과 주말을 제외한 매 분기 마지막일	N	매나노초

빈도(주기) 설정 예

```
import numpy as np
d=pd.DataFrame({'date':['2021-01-06', '2021-01-13', '2021-01-20', '2021-01-
27', '2021-02-03', '2021-02-10', '2021-02-17', '2021-02-24'],
'x1':[0.1,2.0,1.6,5.6,7.0,1,4.0,5.5]})
d['date']=pd.to_datetime(d.date)
d.set_index(keys=['date'],inplace=True)

print("원본")
print('=='*20)
print(d)

print('W')
print('=='*20)
print(d.asfreq('W')) #매주 일요일

print('M')
print('=='*20)
print(d.asfreq('M')) #매월 마지막 일
```

[실행결과]

```
원본
========================================
              x1
date
2021-01-06   0.1
2021-01-13   2.0
2021-01-20   1.6
2021-01-27   5.6
2021-02-03   7.0
2021-02-10   1.0
2021-02-17   4.0
2021-02-24   5.5
W
========================================
            x1
date
2021-01-10 NaN
2021-01-17 NaN
2021-01-24 NaN
2021-01-31 NaN
2021-02-07 NaN
2021-02-14 NaN
2021-02-21 NaN
M
========================================
            x1
date
2021-01-31 NaN
```

5) 특징량 만들기

시계 열데이터에서 범위를 크게 잡고 하나로 묶을 경우 본질이 묻혀 버릴 수 있다. 이것을 방지하기 위해 슬라이드 창을 사용해 좀 더 상세한 특징량을 생성할 수 있다. rolling()을 사용하여 데이터를 shift 하면서 부분 시계열을 추출해 그 부분의 통계량을 특징량으로 한다. 가령 rolling(2).mean()이라고 한다면 1번 shift 하면서 그 부분 시계열을 추출해 평균을 특징량으로 하는 것이다.

인덱스	0	1	2	3	4
rolling(1)	5	4	3	2	7
rolling(2)	Null	5	4	3	2
결과	Null	(4+5)/2(rolling수)	(3+4)/2	(2+3)/2	(7+2)/2

빈도(주기) 설정 예

```
import numpy as np
d=pd.DataFrame({'date':['2021-01-06', '2021-01-13', '2021-01-20', '2021-01-27', '2021-02-03'],
'x1':[5,4,3,2,7]})
d['date']=pd.to_datetime(d.date)
d.set_index(keys=['date'],inplace=True)
print("원본")
print('=='*20)
print(d)
print('=='*20)
tmp=d.rolling(1).mean()
print(tmp)
print()
print('=='*20)
tmp=d.rolling(2).mean()
print(tmp)
```

[실행결과]

```
원본
========================================
            x1
date
2021-01-06   5
2021-01-13   4
2021-01-20   3
2021-01-27   2
2021-02-03   7
========================================
```

```
               x1
date
2021-01-06  5.0
2021-01-13  4.0
2021-01-20  3.0
2021-01-27  2.0
2021-02-03  7.0

========================================
               x1
date
2021-01-06  NaN
2021-01-13  4.5
2021-01-20  3.5
2021-01-27  2.5
2021-02-03  4.5
```

6) 이전 값과 차이 계산

시간에 따라 종속변수의 값이 어떻게 변화하는지 나타내야 한다. 이런 경우는 현재값에서 이전 값의 차이를 diff()를 사용하여 구할 수 있다.

동일한 컬럼값으로 채우기

```
import numpy as np
d=pd.DataFrame({'date':['2021-01-06', '2021-01-13', '2021-01-20', '2021-01-27', '2021-02-03'],
'x1':[5,4,3,2,7]})
d['date']=pd.to_datetime(d.date)
d.set_index(keys=['date'],inplace=True)
print("원본")
print('=='*20)
print(d)
y_diff=d.diff() #이전값-이후값
y_diff.columns=['diff'] #컬럼명 만들기
temp=pd.concat([d,y_diff],axis=1) #데이터프레임 열끼리 합치기
print('=='*20)
print(temp)
```

[실행결과]

```
원본
========================================
            x1
date
2021-01-06   5
2021-01-13   4
2021-01-20   3
2021-01-27   2
2021-02-03   7
            x1
```

date	
2021-01-06	NaN
2021-01-13	-1.0
2021-01-20	-1.0
2021-01-27	-1.0
2021-02-03	5.0

7) 카테고리형 컬럼 생성

명확한 분류가 필요한 경우, 특정 범위로 구간을 나누어서 카테고리를 만들 수 있다. cut()를 사용하면 사용자가 지정한 개수만큼 동일한 간격으로 나누어 카테고리를 생성한다.

카테고리 생성

```
import numpy as np
d=pd.DataFrame({'date':['2021-01-06', '2021-01-13', '2021-01-20', '2021-01-27', '2021-02-03'],
'x1':[5,4,3,2,7]})
d['date']=pd.to_datetime(d.date)
d.set_index(keys=['date'],inplace=True)
print("원본")
print('=='*20)
print(d)
temp=pd.cut(d['x1'],2)
temp=pd.concat([d,temp],axis=1)
print('=='*20)
print(temp)
```

[실행결과]

```
원본
========================================
            x1
date
2021-01-06   5
2021-01-13   4
2021-01-20   3
2021-01-27   2
2021-02-03   7
========================================
            x1            x1
date
2021-01-06  5    (4.5, 7.0]
2021-01-13  4  (1.995, 4.5]
2021-01-20  3  (1.995, 4.5]
2021-01-27  2  (1.995, 4.5]
2021-02-03  7    (4.5, 7.0]
```

8) 지연값 추출

시계열 데이터의 경우 특정한 값이 미래의 값에 영향을 주는 경우가 있다. 이러한 특성을 반영하기 위해 shift()를 사용한다. shift(2)이라 하면 데이터가 2개씩 뒤로 밀리는 것을 의미한다.

지연값 추출

```
import numpy as np
d=pd.DataFrame({'date':['2021-01-06', '2021-01-13', '2021-01-20', '2021-01-27', '2021-02-03'],
'x1':[5,4,3,2,7]})
d['date']=pd.to_datetime(d.date)
d.set_index(keys=['date'],inplace=True)
print("원본")
print('=='*20)
print(d)
print('=='*20)
d['shift']=d['x1'].shift(2)
print(d)
print('=='*20)
d=d.fillna(method='bfill')
print(d)
```

[실행결과]

```
원본
========================================
            x1
date
2021-01-06   5
2021-01-13   4
2021-01-20   3
2021-01-27   2
2021-02-03   7
========================================
            x1  shift
date
2021-01-06   5    NaN
2021-01-13   4    NaN
2021-01-20   3    5.0
2021-01-27   2    4.0
2021-02-03   7    3.0
========================================
            x1  shift
date
2021-01-06   5    5.0
2021-01-13   4    5.0
2021-01-20   3    5.0
2021-01-27   2    4.0
2021-02-03   7    3.0
```

9) 원-핫 인코딩

데이터 분석에서는 카테고리형 컬럼을 해석하지 못해 문제가 발생할 수 있다. 컴퓨터가 1학년은 1, 2학년은 2, 3학년은 3으로 지정한 카테고리형 데이터를 분석할 때 1학년=3학년*3이 성립되는 숫자형 데이터로 인식을 한다. 이것은 모델 성능이 떨어져 예측결과가 매우 안 좋게 나오는 문제를 야기시킨다. 어떻게 문제를 해결할 수 있을까? get_dummies()를 사용하면 쉽게 해결할 수 있다. 카테고리형 데이터의 각 범주를 하나의 열로 만들어 해당 데이터에만 1을 표시하고, 그 외에는 0으로 표시하여 숫자형으로 인식할 수 있는 문제를 해결할 수 있다. 이것을 원-핫 인코딩이라 한다.

원-핫 인코딩

```
import numpy as np
d=pd.DataFrame({'date':['2021-01-06', '2021-01-13', '2021-01-20', '2021-01-
27', '2021-02-03'],
'x1':[5,4,3,2,7],'과목':['a','b','c','d','e']})
d['date']=pd.to_datetime(d.date)
d.set_index(keys=['date'],inplace=True)
print("원본")
print('=='*20)
print(d)
print('=='*20)
x=pd.get_dummies(d['과목'])
x=pd.concat([d,x],axis=1)
print('=='*20)
print(x)
```

[실행결과]

```
원본
========================================
            x1 과목
date
2021-01-06   5  a
2021-01-13   4  b
2021-01-20   3  c
2021-01-27   2  d
2021-02-03   7  e
========================================
========================================
            x1 과목  a  b  c  d  e
date
2021-01-06   5  a  1  0  0  0  0
2021-01-13   4  b  0  1  0  0  0
2021-01-20   3  c  0  0  1  0  0
2021-01-27   2  d  0  0  0  1  0
2021-02-03   7  e  0  0  0  0  1
```

9.2 시계열 데이터 전처리 실습

이번 절에서는 야후에서 제공하는 Apple 주식데이터를 다운받아 시계열 데이터 전처리 방법을 학습한다.

문제정의와 변수 설명

보라는 주식을 팔아야 할지, 팔지 말아야 할지 고민한 끝에 앞으로 상승한다면 계속 가지고 있기로 마음먹었다. 주식은 상승할 것인가 아니면 하강할 것인가?

번호	변수	설명
1	Date	날짜
2	open	거래가 시작되는 9시에 최초로 체결된 거래 가격
3	High	상한가(하루 중 주가 상승폭이 30%인 가격)
4	Low	하한가(하루 중 주가 하락폭이 30%인 가격)
5	Close	장이 마감하는 3시 30분에 마지막으로 체결된 가격
6	Adj Close	회사측의 영향을 계산해서 반영하는 조정종가
7	Volume	주식거래량

시계열 데이터 확인하기

파일 읽어서 내용 확인

```
import pandas as pd
import numpy as np
import matplotlib.pyplot as plt
import seaborn as sns
apple=pd.read_csv('/content/AAPL.csv')
apple.head()
```

[실행결과]

	Date	Open	High	Low	Close	Adj Close	Volume
0	2016-11-14	26.927500	26.952499	26.020000	26.427500	24.875727	204702000
1	2016-11-15	26.642500	26.920000	26.540001	26.777500	25.205175	129058000
2	2016-11-16	26.674999	27.557501	26.650000	27.497499	25.882898	235362000
3	2016-11-17	27.452499	27.587500	27.207500	27.487499	25.873484	110528000
4	2016-11-18	27.430000	27.635000	27.415001	27.514999	25.899368	113715600

파일을 읽어오면 2016년 11월 14일부터 주식 가격이 있는 것을 알 수 있다. info()를 사용하여 전체 컬럼에 대한 타입도 확인해 본다.

컬럼 구성 확인

```
apple.info()
```

[실행결과]

```
<class 'pandas.core.frame.DataFrame'>
RangeIndex: 1259 entries, 0 to 1258
Data columns (total 7 columns):
 #   Column     Non-Null Count  Dtype
---  ------     --------------  -----
 0   Date       1259 non-null   object
 1   Open       1259 non-null   float64
 2   High       1259 non-null   float64
 3   Low        1259 non-null   float64
 4   Close      1259 non-null   float64
 5   Adj Close  1259 non-null   float64
 6   Volume     1259 non-null   int64
dtypes: float64(5), int64(1), object(1)
memory usage: 69.0+ KB
```

컬럼은 총 7개로 구성되었고 날짜에 해당하는 Date가 String형인 것을 확인할 수 있다. 또한 거래량은 int64형인 것도 알 수 있다.

시계열 데이터 전처리

1) datetime형 변환

가장 먼저, String형인 Date를 datetime형으로 변환한다.

datetime형 변환

```
apple.Date=pd.to_datetime(apple.Date)
apple['Date'].head()
```

[실행결과]

```
0    2016-11-14
1    2016-11-15
2    2016-11-16
3    2016-11-17
4    2016-11-18
Name: Date, dtype: datetime64[ns]
```

to_datetime()을 사용한 결과, Date의 데이터형이 datetime64형으로 변환되었다는 것을 알 수 있다.

2) 날짜로 인덱스 설정하기

시계열 데이터 특성상 시간에 따른 종속변수를 관측하기에 날짜를 인덱스로 설정할 필요가 있다. set_index()를 사용하여 인덱스를 설정한다.

인덱스 설정

```
apple=apple.set_index('Date')
apple.head()
```

[실행결과]

Date	Open	High	Low	Close	Adj Close	Volume
2016-11-14	26.927500	26.952499	26.020000	26.427500	24.875727	204702000
2016-11-15	26.642500	26.920000	26.540001	26.777500	25.205175	129058000
2016-11-16	26.674999	27.557501	26.650000	27.497499	25.882898	235362000
2016-11-17	27.452499	27.587500	27.207500	27.487499	25.873484	110528000
2016-11-18	27.430000	27.635000	27.415001	27.514999	25.899368	113715600

3) 인덱스 중복 여부 확인

인덱스가 Date로 설정되었다면 인덱스에 중복이 있는지 확인한다. 중복이 없다는 것을 확인하였다면 Date를 기준으로 내림차순 정렬하여 최근 날짜를 확인한다.

인덱스 설정

```
print(apple.index.is_unique)
apple.sort_values(by=['Date'],ascending=False).head()
```

[실행결과]

Date	Open	High	Low	Close	Adj Close	Volume
2021-11-12	148.429993	150.399994	147.479996	149.990005	149.990005	63632600
2021-11-11	148.960007	149.429993	147.679993	147.869995	147.869995	41000000
2021-11-10	150.020004	150.130005	147.850006	147.919998	147.919998	65187100
2021-11-09	150.199997	151.429993	150.059998	150.809998	150.809998	56787900
2021-11-08	151.410004	151.570007	150.160004	150.440002	150.440002	55020900

인덱스에는 중복이 없고, 최근날짜는 2021년 11월 12일이라는 사실을 알 수 있다. 즉 제공된 데이터셋은 2016년 11월 14일~2021년 11월 12일까지의 데이터들로 구성되었다.

4) 다운샘플링

시계열 데이터는 시간간격을 재조정해야 할 경우가 있다. 분 단위 또는 초 단위로 샘플양을 증가시키는 것을 업샘플링이라 한다. 또한 며칠, 몇 달 단위로 샘플양을 감소시키는 것을 다운샘플링이라한다. 다운샘플링은 기존의 데이터를 집약하는 방법으로 데이터를 줄이는 것이다. 시간 간격을 재조정할 때 resample()을 사용한다. 주식 데이터셋은 2016년 11월 14일~2021년 11월 12일까지의 데이터들이 매일 기록되었기 때문에 실제 데이터의 흐름을 파악하기에는 너무 많다. resample('BM')을 사용하여 시간구간을 묶어서 다운샘플링을 하면 주말을 제외한 달 단위로 샘플 양을 감소시킬 수 있다. 시간옵션은 초(S), 분(M), 시(H), 주(W), 월(M), 분기(Q), 연(Y), 영업일(B)를 적절히 사용하면 된다.

다운샘플링

```
apple.Date=pd.to_datetime(apple.Date)
apple['Date'].head()
```

[실행결과]

Date	Open	High	Low	Close	Adj Close	Volume
2016-11-30	27.476666	27.731250	27.286458	27.560833	25.942512	1.281196e+08
2016-12-30	28.498928	28.756309	28.386309	28.583929	26.905532	1.159565e+08
2017-01-31	29.773375	29.970250	29.696375	29.892500	28.137267	1.126244e+08
2017-02-28	33.308684	33.540395	33.209210	33.428552	31.560215	1.210460e+08
2017-03-31	35.090544	35.299456	34.927283	35.154457	33.233716	9.767450e+07

5) 수익률 변수 추가하기

일반적으로 수익률은 (매도가격−매수가격)/매수가격이다. 판다스에서 제공하는 pct_change()

를 사용하면 수익률을 쉽게 구할 수 있다.

다운샘플링

```
apple_month['rtn']=apple_month['Close'].pct_change()
apple_month
```

[실행결과]

Date	Open	High	Low	Close	Adj Close	Volume	rtn
2016-11-30	27.476666	27.731250	27.286458	27.560833	25.942512	1.281196e+08	NaN
2016-12-30	28.498928	28.756309	28.386309	28.583929	26.905532	1.159565e+08	0.037121
2017-01-31	29.773375	29.970250	29.696375	29.892500	28.137267	1.126244e+08	0.045780
2017-02-28	33.308684	33.540395	33.209210	33.428552	31.560215	1.210460e+08	0.118292
2017-03-31	35.090544	35.299456	34.927283	35.154457	33.233716	9.767450e+07	0.051630
...	...	...	...	...	...	...	...
2021-07-30	144.570478	146.252383	143.538571	145.139524	144.711190	9.137983e+07	0.116813
2021-08-31	147.850909	149.225909	146.865454	148.177727	147.921933	6.639746e+07	0.020933
2021-09-30	149.001905	149.995239	147.220475	148.306190	148.090057	8.559361e+07	0.000867
2021-10-29	144.971428	146.418570	143.954761	145.563809	145.351675	7.451747e+07	-0.018491
2021-11-30	150.053001	151.082999	149.020000	149.974002	149.886354	6.056595e+07	0.030297

61 rows × 7 columns

6) 주가 흐름 파악하기

이동평균선은 과거 주식 가격 흐름을 바탕으로 앞으로의 주식 가격을 예측하는데 사용하는 선이다. 일정 기간 동안의 주식 가격 흐름을 평균을 내서 그 선을 연결하는 것으로 생각하면 이해하기 쉽다. 만약 5일 이동평균선이라고 하면 최근 5일간의 주가를 종가 기준으로 합하여 5로 나눠 평균을 구하는 것이다. 판다스에서 제공하는 rolling()을 사용하면 이러한 이동평균선을 쉽게 구할 수 있다. 여기서 apple_month 데이터프레임은 한 달 단위로 집약시킨 데이터이다. rolling(2).mean()을 사용해서 2달씩 종가의 평균을 구할 수 있다.

이동평균선

```
apple_month['MA']=apple_month['Close'].rolling(2).mean()
apple_month.head()
```

[실행결과]

Date	Open	High	Low	Close	Adj Close	Volume	rtn	MA
2016-11-30	27.476666	27.731250	27.286458	27.560833	25.942512	1.281196e+08	NaN	NaN
2016-12-30	28.498928	28.756309	28.386309	28.583929	26.905532	1.159565e+08	0.037121	28.072381
2017-01-31	29.773375	29.970250	29.696375	29.892500	28.137267	1.126244e+08	0.045780	29.238214
2017-02-28	33.308684	33.540395	33.209210	33.428552	31.560215	1.210460e+08	0.118292	31.660526
2017-03-31	35.090544	35.299456	34.927283	35.154457	33.233716	9.767450e+07	0.051630	34.291504

이번에는 iloc[]를 사용하여 종가와 이동평균선을 함께 시각화한다.

이동평균선

```
apple_month.iloc[:,[3,7]].plot(figsize=(15,8))
```

[실행결과]

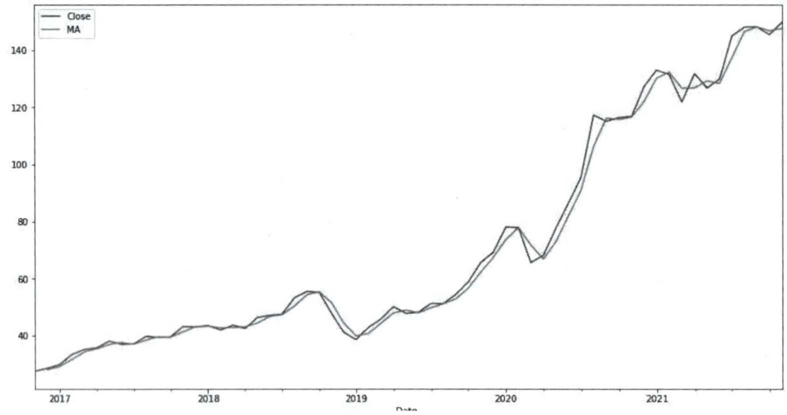

이번에는 90일(rolling(3))의 이동평균선을 구해 'MA1'컬럼에 추가하고, 그래프로 시각화하여 비교해 본다.

이동평균선

```
apple_month['MA1']=apple_month['Close'].rolling(3).mean()
apple_month.iloc[:,[3,7,8]].plot(figsize=(15,8))
```

[실행결과]

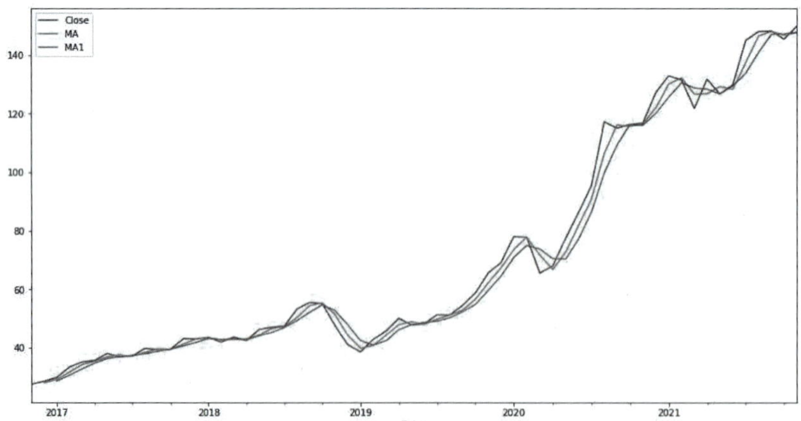

추가적으로 최근 종가를 가져와 이동평균선과 비교를 통해 상승장인지 하락장인지 판단해 보자.

이동평균선

```
last_close=apple_month['MA'].iloc[-2] #이동평균선 60일 전 종가
print(last_close)
price=apple_month['Close'].iloc[-1] #오늘 종가
print(price)
if price>last_close:
    print('상승 장')
elif price<last_close:
    print('하락 장')
else:
    print('변화없음')
```

[실행결과]

```
146.93499940476198
149.974002
상승장
```

실행결과 '상승장'이라는 것을 알 수 있다.

9.3 시계열 데이터 분석

시세예측 분석에서 사용할 ARIMA모형은 과거정보를 사용하고 현재상태의 변수에서 바로 이전 상태의 변수를 빼주어 상태를 추론하되, 추세 변동 경향성까지 반영하기 때문에 불규칙한 패턴이 섞여 있을 때도 분석이 가능하다. ARIMA모형을 통해 모델을 생성하기 위해서는 statsmodels모듈을 사용해야 한다. 사용방법은 다음과 같다.

ARIMA

```
from statsmodels.tsa.arima_model import ARIMA
import statsmodels.api as sm
ARIMA(데이터, order=(AR,Difference,MA))
```

예) order=(3,1,3): AR이 몇 번째 과거까지를 바라보는지에 대한 파라미터(3), 차분(Defference)에 대한 파라미터(1), MA가 몇 번째 과거까지를 바라보는지에 대한 파라미터(3)를 의미함. AR과 MA의 합이 2 미만인 경우, 혹은 곱이 0을 포함한 짝수인 경우가 좋은 파라미터 값으로 알려져있음

모델을 생성한 후, 모델을 학습시키기 위해 모델.fit()을 사용한다. 모델을 생성한다는 것은 '이 데이터에는 이런 알고리즘이 적용될거야!'라고 가르쳐주는 것이고, 모델을 학습시킨다는 것은 '아까 이야기한 데이터에 그 알고리즘을 적용해서 규칙을 찾아줘!'라는 의미로 이해하면 조금은 쉬울 듯하다.

ARIMA 모델 만들기

ARIMA 적용

```
from statsmodels.tsa.arima_model import ARIMA
import statsmodels.api as sm
model=ARIMA(apple_month['Close'].values,order=(1,1,1))
model_fit=model.fit()
print(model_fit.summary())
```

[실행결과]

```
                             ARIMA Model Results
==============================================================================
Dep. Variable:                    D.y   No. Observations:                   60
Model:                 ARIMA(2, 1, 2)   Log Likelihood                -182.359
Method:                       css-mle   S.D. of innovations              4.894
Date:                Wed, 17 Nov 2021   AIC                            376.717
Time:                        13:24:11   BIC                            389.283
Sample:                             1   HQIC                           381.633

==============================================================================
                 coef    std err          z      P>|z|      [0.025      0.975]
------------------------------------------------------------------------------
const          2.0744      0.753      2.754      0.008       0.598       3.550
ar.L1.D.y     -1.5070      0.131    -11.520      0.000      -1.763      -1.251
ar.L2.D.y     -0.6738      0.111     -6.074      0.000      -0.891      -0.456
ma.L1.D.y      1.7951      0.118     15.195      0.000       1.564       2.027
ma.L2.D.y      1.0000      0.122      8.227      0.000       0.762       1.238
                                    Roots
=============================================================================
                  Real          Imaginary           Modulus         Frequency
-----------------------------------------------------------------------------
AR.1           -1.1183           -0.4833j            1.2183           -0.4351
AR.2           -1.1183           +0.4833j            1.2183            0.4351
MA.1           -0.8975           -0.4409j            1.0000           -0.4273
MA.2           -0.8975           +0.4409j            1.0000            0.4273
-----------------------------------------------------------------------------
```

실행결과는 summary()를 사용하여 수치값으로 확인할 수 있다. 분석결과 상수항을 제외한 모든 계수의 p-value(P>|z|)가 0.05 이하로 유의미한 것으로 나타난다. 이것은 AR과 MA 모두 2로 설정하는 것이 의미 있는 분석결과임을 의미한다.

모델을 이용하여 예측하기

분석결과는 plot_predict()를 사용하여 시각화할 수 있다. 실제값인 y(apple_month['Close'])와 예측값을 비교하여 그래프로 나타낸다.

ARIMA 분석 결과 시각화

```python
model_fit.plot_predict()
```

[실행결과]

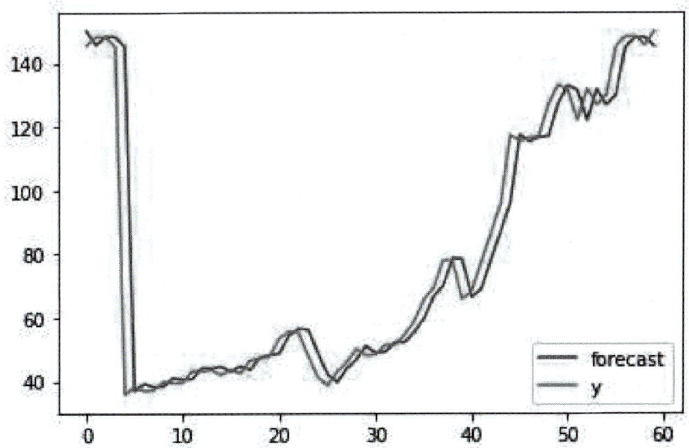

생성한 모델이 패턴을 찾았기 때문에 앞으로 어떻게 될 것인지 forecast()를 사용해서 예측할 수 있다. 이때 앞으로 8개월(여기서는 두 달을 하나로 묶었음)을 내다보기 위해 forecast()의 파라미터인 steps를 5로 설정한다.

예측

```
forecast_data=model_fit.forecast(steps=5)
forecast_data
```

[실행결과]

```
(array([154.49443296, 156.63758651, 156.96027589, 161.62814951,
        160.97450268]),
 array([ 4.89449631,  7.98147158,  9.85236435, 11.34371142, 12.93241236]),
 array([[144.90139648, 164.08746945],
        [140.99418968, 172.28098334],
        [137.6499966 , 176.27055519],
        [139.39488367, 183.86141535],
        [135.62744023, 186.32156513]]))
```

forecast_data는 총 3개의 요소로 구성되어 있다. forecast_data[0]에는 최소예측값과 최대예측값의 평균값 5개가 들어있다. forecast_data[1]에는 최소예측값과 최대예측값 차이의 값 5개가 들어있다. forecast_data[2]에는 최소예측값과 최대예측값이 하나의 쌍으로 구성된 배열 5개가 들어있다. 두 달을 하나로 묶었기 때문에 2개월 뒤에는 최소 144.90이고, 최대 164.08이라는 사실을 파악할 수 있다. 시간이 지남에 따라 최소와 최대 폭의 차이가 많이 나는 것을 알 수 있다.

예측결과 시각화하기

수치로 보는 것보다 시각화하여 나타내면 조금 더 직관적으로 해석하는데 용이하다.
forecast_data 첫 번째 요소인 예측평균값은 시리즈 형태이기 때문에 리스트로 변환해서 사용한다. 또한 반복문을 사용하여 세 번째 요소인 [최소예측값, 최대예측값]을 각각 pred_y_lower, pred_y_upper 리스트에 추가한다.

최대,최소값 저장

```
predict_y = forecast_data[0].tolist()

# 마지막 5일의 예측 데이터 최솟값
pred_y_lower = []
```

```
# 마지막 5일의 예측 데이터 최댓값
pred_y_upper = []
for lower,upper in forecast_data[2]:
    pred_y_lower.append(lower)
    pred_y_upper.append(upper)
```

plot()로 저장된 값을 사용하여 그래프를 그린다. 이때 함께 출력하기 위해 legend()를 사용한다.

시각화

```
# 모델이 예측한 최저 가격 그래프
plt.plot(pred_y_lower, color = 'red')
# 모델이 예측한 최고 가격 그래프
plt.plot(pred_y_upper, color = 'blue')
# 실제 가격 그래프
plt.plot(predict_y ,color='black')
plt.legend(['low', 'max','predict'])
```

[실행결과]

```
<matplotlib.legend.Legend at 0x7f87ac537b10>
```

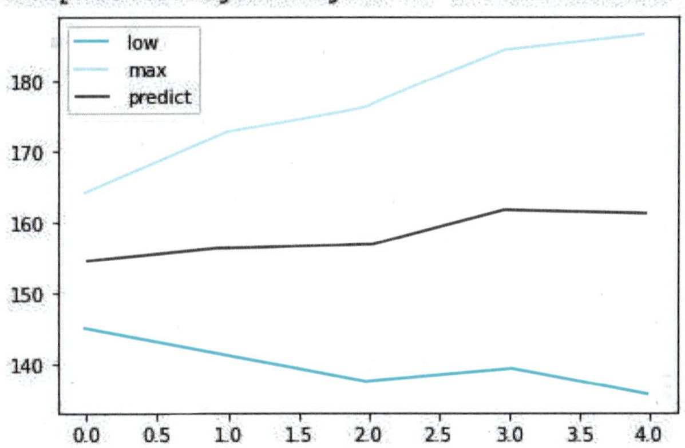

빨간색 선 그래프는 최소예측값을 의미하고, 파란색 선그래프는 최대예측값을 의미한다. 시각화를 통해 8개월 뒤에 최댓값과 최솟값의 차이가 많이 나는 것을 한눈에 알 수 있다. 그것의 평균값을 보면 서서히 증가되는 것을 알 수 있다. 이 결과를 보고 섣부르게 판단해서는 안 된다. 모델을 평가하여 정확도가 높을때 예측결과가 의미 있기 때문이다. 모델의 정확도를 판단하기 위해서는 테스트 데이터와 학습 데이터로 나누어 학습 데이터로 모델을 학습시키고, 테스트 데이터로 정확한 결과가 나오는지 판단할 수 있다. 이 부분은 우리가 다루는 내용에서 벗어나기 때문에 조금 더 자세히 공부하고 싶다면 머신러닝을 학습하기 바란다.

연습문제

문제 1-1 df 데이터프레임이 다음과 같을 때 순서대로 코드를 완성하시오.

1) date 컬럼을 date형으로 변환하시오.
2) date 컬럼을 인덱스로 설정하시오.
3) df[pd.DatetimeIndex(df.index).month > 5]의 출력결과는 무엇인가?
4) df[pd.DatetimeIndex(df.index).day > 5]의 출력결과는 무엇인가?

	date	price
0	2021-11-01	1200
1	2021-11-04	1100
2	2021-11-07	1210
3	2021-11-10	1190
4	2021-11-13	1201
5	2021-11-16	1200
6	2021-11-19	1220
7	2021-11-22	1100

[df 변경 전]

```
df=pd.DataFrame({'date':['2021-11-01', '2021-11-04', '2021-11-07', '2021-11-10',
'2021-11-13', '2021-11-16', '2021-11-19', '2021-11-22'],'pri
ce':[1200,1100,1210,1190,1201,1200,1220,1100]})
```

문제 1-2

1. df 시계열 데이터는 다음과 같이 생성된다.

```
df_idx = pd.date_range('2019-12-01 01:00', periods=40) #시계열 데이터 생성
df = pd.DataFrame(range(len(df_idx)),columns=['col'], index=df_idx)
```

1) 일 단위로 재조정하시오.
2) 주 단위로 재조정하시오.
3) df[pd.DatetimeIndex(df.index).month > 5]의 출력결과는 무엇인가?
4) df[pd.DatetimeIndex(df.index).day > 5]의 출력결과는 무엇인가?

문제 2 다음과 같이 데이터프레임을 생성할 때 월별 price의 합계를 구하시오.

```
df = pd.DataFrame({
    "date": pd.date_range("2022-12-25", periods=100, freq="D"),
    "value": np.random.randint(100, size=(100,))})
```

문제 3 다음과 같이 데이터프레임을 생성할 때 선 그래프로 시각화하시오.

```
np.random.seed(0)
df1 = pd.DataFrame(np.random.randn(100, 3),
                   index=pd.date_range('1/1/2018', periods=100),
                   columns=['A', 'B', 'C']).cumsum()
```

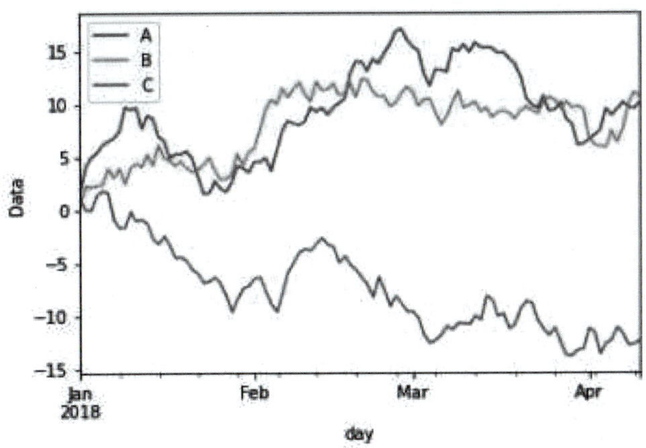

연습문제

문제 4 **자전거 대여 데이터셋을 불러와서 작업을 진행한다. 다음 물음에 순서대로 코드를 작성하여 결과를 확인해 보자. (파일명 : bike_train.csv)**

1) 파일을 읽어와 df 데이터프레임에 저장하기
2) 'datetime'의 데이터형 확인하여 datetime형이 아니면 datetime형으로 변환하기
3) 'datetime'을 인덱스로 설정하기
4) 월별 평균을 구하시오.
5) shift를 이용하여 1월 데이터는 3월에, 2월 데이터는 4월에 채워지는 방식으로 temp 데이터프레임을 생성하시오.
6) df와 temp를 하나의 그래프로 시각화 하시오.
7) 일 단위로 데이터를 재조정하여 평균값을 구하고, 결측치는 0으로 채워 temp_mean 데이터프레임을 생성하시오.
8) temp_mean 데이터프레임에서 30개씩 순차적으로 이동하면서 평균을 구하여 temp_moving 데이터프레임으로 만드시오. (30개씩 이동평균 구하기)
9) temp_moving과 temp_mean을 시각화하시오.

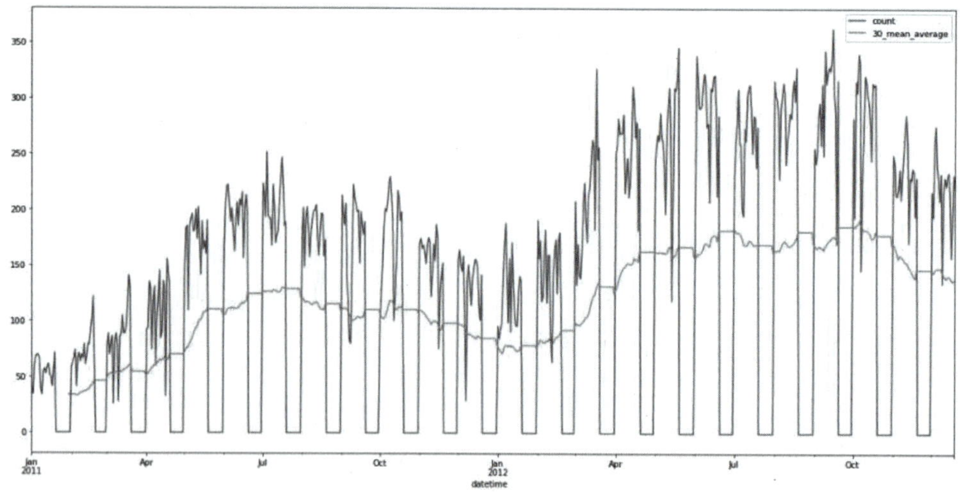

10
자연어 전처리

학습목표

- 자연어 처리를 위한 전처리 기법이 무엇인지 설명할 수 있다.
- 자연어 전처리에 필요한 라이브러리가 무엇인지 알고 설치할 수 있다.
- 자연어 전처리 기법을 학습하고, 실제 문제에 적용할 수 있다.
- 전처리 과정을 통해 얻은 결과를 워드클라우드로 시각화할 수 있다.

학습목차

10.1 자연어

자연어란 우리가 사용하는 언어이다. 자연어 처리란 컴퓨터가 처리할 수 있도록 자연어의 의미를 분석하는 것이다. 이러한 자연어 처리를 이용하여 내용 요약, 번역, 사람의 감성 분석, 텍스트 분류뿐 아니라 챗봇에서도 사용할 수 있다.

자연어 처리에서 용도에 알맞게 텍스트를 전처리하는 것이 중요하다. 텍스트 전처리를 제대로 하지 않으면 자연어 처리를 통해 결과를 얻을 수 없기 때문이다. 10장에서는 텍스트 전처리하는 기법을 학습하고, 이를 바탕으로 워드클라우드로 시각화하여 의미를 찾도록 한다.

단어 토큰화(Word Tokenization)

단어 토큰화란 토큰의 기준을 단어로 하는 경우이다. 일반적으로 영어는 띄어쓰기로 토큰화가 가능하다. 만약, 'I like python'이라는 문장을 토큰화하면 'I', 'like', 'python'이라는 결과를 얻게 된다.

그러나 한국어의 경우 띄어쓰기 단위인 어절로 토큰화를 하게 되면 단어 하나에 조사가 붙어서 다른 단어로 인식되기 때문에 처리가 힘들다. 예를 들면 '너는', '너에게', '너를', '너와', '너의'와 같이 '너'라는 단어 뒤에 조사가 붙어서 모두 다른 단어로 인식되는 것이다. 이것을 해결하기 위해 형태소(morpheme)를 이용한다. 형태소란 뜻을 가지는 가장 작은 단위의 말을 의미한다. 형태소를 이용하면 자립형태소(명사, 대명사, 수사, 관형사, 부사, 감탄사), 의존형태소(접사, 조사 등)으로 나누어 표현할 수 있다. 예를들면 '파이썬이 너무 좋다'를 형태소로 토큰화하면 '파이썬', '이', '너무', '좋다'로 나뉜다.

1) KoNLPy 설치하기

형태소 단위로 토큰화하기 위해 KoNLPy 패키지를 설치한다. KoNLPy를 통해 Okt(Open Korea Text), 메캅(Mecab), 코모란(Komoran), 한나눔(Hannanum), 꼬꼬마(Kkma) 형태소 분석기가 있다. 이 중에서 Okt를 사용하여 토큰화를 수행해 보자.

KoNLPy 설치

```
!pip install konlpy
!pip install wordcloud
```

[실행결과]

```
Requirement already satisfied: konlpy in /usr/local/lib/python3.7/dist-packages (0.5.2)
Requirement already satisfied: numpy>=1.6 in /usr/local/lib/python3.7/dist-packages (from konlpy) (1.19.5)
Requirement already satisfied: JPype1>=0.7.0 in /usr/local/lib/python3.7/dist-packages (from konlpy) (1.3.0)
Requirement already satisfied: lxml>=4.1.0 in /usr/local/lib/python3.7/dist-packages (from konlpy) (4.2.6)
Requirement already satisfied: beautifulsoup4==4.6.0 in /usr/local/lib/python3.7/dist-packages (from konlpy) (4.6.0)
Requirement already satisfied: tweepy>=3.7.0 in /usr/local/lib/python3.7/dist-packages (from konlpy) (3.10.0)
Requirement already satisfied: colorama in /usr/local/lib/python3.7/dist-packages (from konlpy) (0.4.4)
Requirement already satisfied: typing-extensions in /usr/local/lib/python3.7/dist-packages (from JPype1>=0.7.0->konlpy) (3.10.0.2)
Requirement already satisfied: requests-oauthlib>=0.7.0 in /usr/local/lib/python3.7/dist-packages (from tweepy>=3.7.0->konlpy) (1.3.0)
Requirement already satisfied: six>=1.10.0 in /usr/local/lib/python3.7/dist-packages (from tweepy>=3.7.0->konlpy) (1.15.0)
Requirement already satisfied: requests[socks]>=2.11.1 in /usr/local/lib/python3.7/dist-packages (from tweepy>=3.7.0->konlpy) (2.23.0)
Requirement already satisfied: oauthlib>=3.0.0 in /usr/local/lib/python3.7/dist-packages (from requests-oauthlib>=0.7.0->tweepy>=3.7.0-
Requirement already satisfied: certifi>=2017.4.17 in /usr/local/lib/python3.7/dist-packages (from requests[socks]>=2.11.1->tweepy>=3.7.
Requirement already satisfied: chardet<4,>=3.0.2 in /usr/local/lib/python3.7/dist-packages (from requests[socks]>=2.11.1->tweepy>=3.7.0-
Requirement already satisfied: idna<3,>=2.5 in /usr/local/lib/python3.7/dist-packages (from requests[socks]>=2.11.1->tweepy>=3.7.0->konl
Requirement already satisfied: urllib3!=1.25.0,!=1.25.1,<1.26,>=1.21.1 in /usr/local/lib/python3.7/dist-packages (from requests[socks]>=
Requirement already satisfied: PySocks!=1.5.7,>=1.5.6 in /usr/local/lib/python3.7/dist-packages (from requests[socks]>=2.11.1->tweepy>=
Requirement already satisfied: wordcloud in /usr/local/lib/python3.7/dist-packages (1.5.0)
Requirement already satisfied: pillow in /usr/local/lib/python3.7/dist-packages (from wordcloud) (7.1.2)
Requirement already satisfied: numpy>=1.6.1 in /usr/local/lib/python3.7/dist-packages (from wordcloud) (1.19.5)
```

KoNLPy 모듈이 제대로 설치되었는지 show 명령어를 이용하여 확인한다.

KoNLPy 확인

```
!pip show konlpy
```

[실행결과]

```
Name: konlpy
Version: 0.5.2
Summary: Python package for Korean natural language processing.
Home-page: http://konlpy.org
Author: Team KoNLPy
Author-email: konlpy@googlegroups.com
License: GPL v3
Location: /usr/local/lib/python3.7/dist-packages
Requires: colorama, JPype1, tweepy, beautifulsoup4, numpy, lxml
Required-by:
```

2) 형태소 토큰화하기

한국어 형태소 분석기 Okt를 사용하기 위해 'konlpy.tag'에 있는 Okt 클래스를 불러와서 분석기를 생성한다.

Okt 분석기 생성

```
from konlpy.tag import Okt
okt=Okt()
```

Okt 클래스가 가지고 있는 메소드는 phrases(), morphs(), nouns(), pos() 등이 있다.

표 10.1 OKt클래스의 메소드

메소드	설명
phrases(text)	어구 추출
morphs(text)	형태소 추출
nouns(text)	명사 추출
pos(text)	품사정보 추가하여 추출

① morphs()

morphs()를 사용하면 형태소를 추출할 수 있다.

morphs()

```
from konlpy.tag import Okt
okt=Okt()
token=okt.morphs('폐허가 된다 해도')
print(token)
```

[실행결과]

```
['폐허', '가', '된다', '해도']
```

② pos()

pos()는 품사 정보를 추가하여 형태소로 토큰화한 결과를 튜플로 쌍을 이루어 반환한다. 이때, 파라미터로 join=True로 설정하면 품사정보를 포함한 문자열로 반환하다.

pos()

```
from konlpy.tag import Okt
okt=Okt()
sentence_tag=okt.pos('폐허가 된다 할지라도')
print(sentence_tag)
sentence_tag=okt.pos('폐허가 된다 할지라도', join=True)
print(sentence_tag)
```

[실행결과]

```
[('폐허', 'Noun'), ('가', 'Josa'), ('된다', 'Verb'), ('할지라도', 'Verb')]
['폐허/Noun', '가/Josa', '된다/Verb', '할지라도/Verb']
```

③ phrases()

어구를 추출하여 반환한다.

pos()

```
from konlpy.tag import Okt
okt=Okt()
sentence=okt.phrases('한글 자연어 처리는 재밌다')
sentence
```

[실행결과]

```
['한글', '한글 자연어', '한글 자연어 처리', '자연어', '처리']
```

토큰화 실습

입력된 텍스트 중에서 가장 많이 언급되는 단어를 추출해 보자.

1) 형태소 분석

pos()로 형태소 분석

```
from konlpy.tag import Okt
okt=Okt()
text='저 허름한 폐가에서도 사랑이 있었겠지 폐허가 된다 해도 나는 너를 너를 너를 이제는 읽을 수가 없는 옛 글자들처럼 발음을 잃어 버린대도 나는 너를 너를 서기가 영원해도 난 마지막 나야 시간이 버릴 때까지 난 너로 가득 흐를거야 소멸해 버릴 진실은 거짓말인 걸까 시간은 나 역시 부숴 버리겠지 결국 어차피 사라져 버린다면 아무도 믿지 않을 거짓말쟁이가 된대도 나는 너를 너를 서기가 영원해도 난 마지막 나야 시간이 버릴 때까지 난 난 나라는 시대의 처음과 끝이야 난 나라는 인류의 기원과 종말이야 넌 나라는 마음의 유일한 무덤이야 넌 나라는 시계의 마지막 시침이야 난 나라는 우주의 빅뱅과 블랙홀이야 난 나라는 신화의 실체와 허구야 난 너의 이름을 닮은 집을 지을거야 폐허가 된대도 나는 너를 너를 서기가 영원해도 넌 마지막 나야 시간이 버릴 때까지 난 너로 가득 흐를거야'
sentece_tag=okt.pos(text)
sentece_tag
```

[실행결과]

```
[('저', 'Noun'),
 ('허름', 'Noun'),
 ('한', 'Josa'),
 ('폐가', 'Noun'),
 ('에서도', 'Josa'),
 ('사랑', 'Noun'),
 ('이', 'Josa'),
 ('있었겠지', 'Adjective'),
 ('폐허', 'Noun'),
 ('가', 'Josa'),
 ('된다', 'Verb'),
```

```
('해도', 'Noun'),
('나', 'Noun'),
('는', 'Josa'),
('너', 'Noun'),
('를', 'Josa'),
('너', 'Noun'),
('를', 'Josa'),
('너', 'Noun'),
('를', 'Josa'),
('이제', 'Noun'),
```

① collection

동일한 값의 자료가 몇 개인지 파악하는데 사용하는 모듈인 collection을 불러온다. 이때, collection에서 제공하는 counter() 메소드를 사용하면 동일한 값의 빈도수를 쉽게 구할 수 있다. 또한 most_common(n)을 사용하면 가장 빈도수가 많은 순서대로 n개를 추출할 수 있다.

collection.counter()로 빈도수 구하기

```
import collections

text='서기가 영원해도 난 마지막 나야 난 나라는 시대의 처음과 끝이야 난 나라는 인류의 기원과 종말이야 넌 나라는 마음의 유일한 무덤이야 넌 나라는 시계의 마지막 시침이야 난 나라는 우주의 빅뱅과 블랙홀이야 난 나라는 신화의 실체와 허구야 난 너의 이름을 닮은 집을 지을거야'
sentece_tag=okt.pos(text)

adj_list=[]
for word,tag in sentece_tag:
  if tag in ['Noun','Adjective']: #품사 중에서 명사, 형용사인것만 추출하기
    adj_list.append(word)
counts=collections.Counter(adj_list)
tag=counts.most_common(10)
print(tag)
```

[실행결과]

```
[('난',6),('나라',6),('마지막',2),('넌',2),('서기',1),('영원해도',1),('나야',1),('시대',1),('처음',1),('끝',1)]
```

pos()에서 품사와 단어가 하나의 쌍인 튜플로 반환되기 때문에 반복문에서 품사와 단어를 각각 tag와 word에 저장하여 tag가 '명사 또는 형용사'인 것만 추출하여 adj_list에 추가한다. sentence_tag를 모두 읽어온 후에 adj_list에 있는 단어의 빈도수는 Counter()를 사용하여 구할 수 있다.

10.2 워드클라우드

워드클라우드는 자연어 처리에서 언급된 단어들의 빈도수를 파악해서 빈도수가 가장 높은 단어의 크기를 크게 나타내고, 빈도수가 작은 단어의 크기는 작게 나타내는 시각화 기법이다.
필요한 라이브러리는 matplotlib, wordcloud이다.

라이브러리 설치하기

wordcloud 설치

```
!pip install wordcloud
```

matplotlib 설치

```
import matplotlib.pyplot as plt
```

한글 글꼴 설치

한글을 시각화하여 출력할 때, 글꼴이 설치가 되어있지 않으면 깨지는 현상이 발생할 수 있다.
따라서 font-nanum을 설치하고, 글꼴 위치를 설정해야 한다.

나눔글꼴 설치하기

```
! apt-get install fonts-nanum
font_path='/usr/share/fonts/truetype/nanum/NanumBarunGothic.ttf'
```

[실행결과]

```
Reading package lists... Done
Building dependency tree
Reading state information... Done
fonts-nanum is already the newest version (20170925-1).
0 upgraded, 0 newly installed, 0 to remove and 37 not upgraded.
```

텍스트 가져오기

text가져오기

text='저 허름한 폐가에서도 사랑이 있었겠지 폐허가 된다 해도 나는 너를 너를 너를 이제는 읽을 수가 없는 옛 글자들처럼 발음을 잃어 버린대도 나는 너를 너를 서기가 영원해도 난 마지막 나야 시간이 버릴 때까지 난 너로 가득 흐를거야 소멸해 버릴 진실은 거짓말인 걸까 시간은 나 역시 부숴 버리겠지 결국 어차피 사라져 버린다면 아무도 믿지 않을 거짓말쟁이가 된대도 나는 너를 너를 서기가 영원해도 난 마지막 나야 시간이 버릴 때까지 난 난 나라는 시대의 처음과 끝이야 난 나라는 인류의 기원과 종말이야 넌 나라는 마음의 유일한 무덤이야 넌 나라는 시계의 마지막 시침이야 난 나라는 우주의 빅뱅과 블랙홀이야 난 나라는 신화의 실체와 허구야 난 너의 이름을 닮은 집을 지을거야 폐허가 된대도 나는 너를 너를 서기가 영원해도 넌 마지막 나야 시간이 버릴 때까지 난 너로 가득 흐를거야'

품사 태깅하기

품사 태깅하여 명사와 형용사 형태소만 추출하기

```
sentence_tag=okt.pos(text)
adj_list=[]
for word,tag in sentece_tag:
  if tag in ['Noun','Adjective']:
    adj_list.append(word)
```

[실행결과]

동일한 단어의 빈도수 구하기

단어빈도수 구하기

```
counts=collections.Counter(adj_list)
tag=counts.most_common(10)
tag
```

[실행결과]

```
[('너', 12),
 ('난', 10),
 ('나라', 6),
 ('나', 5),
 ('마지막', 4),
```

```
('시간', 4),
('대도', 3),
('서기', 3),
('영원해도', 3),
('나야', 3),
('때', 3),
('넌', 3),
('폐허', 2),
('가득', 2),
('저', 1),
('허름', 1),
('폐가', 1),
('사랑', 1),
('있었겠지', 1),
('해도', 1),
('이제', 1),
('수가', 1),
('없는', 1),
('글자', 1),
('발음', 1),
('소멸해', 1),
('진실', 1),
('거짓말', 1),
('역시', 1),
('부숴', 1),
('어차피', 1),
('아무', 1),
('거짓말쟁이', 1),
('시대', 1),
('처음', 1),
('끝', 1),
('인류', 1),
('기원', 1),
('종말', 1),
('마음', 1),
('유일한', 1),
('무덤', 1),
('시계', 1),
```

```
('시침', 1),
('우주', 1),
('빅뱅', 1),
('블랙홀', 1),
('신화', 1),
('실체', 1),
('허구', 1)]
```

wordcloud 생성

wordcloud의 파라미터로 font_paht는 한글 폰트가 있는 경로이다. 여기서는 위에서 글꼴 경로를 저장한 font_paht를 사용한다. background_color는 워드클라우드의 배경색이다.이렇게 함으로 워드클라우드의 레이아웃을 만들었다. 이제 실제 데이터를 넣고 워드클라우드를 생성하기 위해 generate_from_frequencies()의 괄호 안에는 앞에서 생성한 tag를 딕셔너리 형태로 변환하여 넣어준다.

text 가져오기

```
from wordcloud import WordCloud
wc = WordCloud(font_path=font_path, background_color='skyblue',max_font_size=60)
cloud=wc.generate_from_frequencies(dict(tag))
```

matplotlib으로 시각화하기

앞에서 생성한 워드클라우드를 출력하기 위해서는 matplotlib을 사용해야 한다. imshow() 안에 생성한 워드클라우드 cloud를 넣어주면 출력되는 것을 확인할 수 있다.

text 가져오기

```
import matplotlib.pyplot as plt
plt.figure(figsize=(10,8))
plt.imshow(cloud)
```

[실행결과]

```
<matplotlib.image.AxesImage at 0x7f10a6132f10>
```

10.3 자연어 처리 실습

영화리뷰 자연어 처리

1) 데이터 로드하기

네이버 영화 리뷰 데이터를 불러오면 id, document, label 총 3개의 열로 구성된 50000개의 리뷰가 있다.

text 가져오기

```
df=pd.read_table('/content/ratings_train.txt')
df
```

[실행결과]

	id	document	label
0	9976970	아 더빙.. 진짜 짜증나네요 목소리	0
1	3819312	흠...포스터보고 초딩영화줄....오버연기조차 가볍지 않구나	1
2	10265843	너무재밓었다그래서보는것을추천한다	0
3	9045019	교도소 이야기구먼 ..솔직히 재미는 없다..평점 조정	0
4	6483659	사이몬페그의 익살스런 연기가 돋보였던 영화!스파이더맨에서 늙어보이기만 했던 커스틴 ...	1
...	...	...	...
149995	6222902	인간이 문제지.. 소는 뭔죄인가..	0
149996	8549745	평점이 너무 낮아서...	1
149997	9311800	이게 뭐요? 한국인은 거들먹거리고 필리핀 혼혈은 착하다?	0
149998	2376369	청춘 영화의 최고봉.방황과 우울했던 날들의 자화상	1
149999	9619869	한국 영화 최초로 수간하는 내용이 담긴 영화	0

50000 rows × 3 columns

2) 데이터 전처리

① 중복과 결측치 제거

하나의 아이디로 같은 영화의 리뷰를 여러 번 반복했는지 확인한다. 또한 널값이 있는지도 확인 해 보자.

중복 제거 및 결측치 확인

```
print(df['id'].nunique())
print(df.isnull().sum())
```

[실행결과]

```
150000
id          0
document    5
label       0
dtype: int64
```

중복 아이디는 없지만 리뷰에 널값이 5개 있다는 것을 확인할 수 있다. 널값이 있다면 리뷰를 분석하는데 의미가 없는 데이터이므로 해당 행을 제거한다.

중복 제거 및 결측치 확인

```
df = df.dropna(how = 'any') # Null 값이 존재하는 행 제거
print(df.isnull().values.any()) # Null 값이 존재하는지 확인
```

[실행결과]

```
False
```

② 불용어 제거

한글과 공백을 제외하고 모두 제거하기 위해서는 정규표현식을 사용한다. 모든 한글을 정규표현식으로 나타내면 [ㄱ-ㅎㅏ-ㅣ가-힣]이다. 여기에 공백까지 추가하면 [ㄱ-ㅎㅏ-ㅣ가-힣]이 된다. 한글과 공백을 제외하라는 의미로 ^를 넣어주어 [^ㄱ-ㅎㅏ-ㅣ가-힣]로 표현하면 손쉽게 원하는 결과를 얻을 수 있다.

중복 제거 및 결측치 확인

```
df['document'] = df['document'].str.replace("[^ㄱ-ㅎㅏ-ㅣ가-힣 ]","")
```

[실행결과]

	id	document	label
0	9976970	아 더빙 진짜 짜증나네요 목소리	0
1	3819312	흠포스터보고 초딩영화줄오버연기조차 가볍지 않구나	1
2	10265843	너무재밓었다그래서보는것을추천한다	0
3	9045019	교도소 이야기구먼 솔직히 재미는 없다평점 조정	0
4	6483659	사이몬페그의 익살스런 연기가 돋보였던 영화스파이더맨에서 늙어보이기만 했던 커스틴 던...	1
...	...	...	...
149995	6222902	인간이 문제지 소는 뭔죄인가	0
149996	8549745	평점이 너무 낮아서	1

③ 형태소로 토큰화하기

리뷰를 불러와서 단어와 품사를 하나의 쌍으로 반환하는 pos()로 토큰화한다. 토큰화한 단어 중에서 형용사와 명사만 추출하여 collection.Counter()를 사용하여 빈도수를 구한다.

중복 제거 및 결측치 확인

```
temp_list=[]
for sentence in df['document']:
 s_list=okt.pos(sentence)
 for word,tag in s_list:
   if tag in ['Noun','Adjective']:
     temp_list.append(word)
counts=collections.Counter(temp_list)
tag=counts.most_common(50)
tag
```

[실행결과]

```
[('영화', 50643),
 ('정말', 9578),
 ('진짜', 8338),
 ('점', 7636),
 ('이', 7476),
 ('연기', 6328),
 ('평점', 6315),
 ('것', 6302),
 ('최고', 6040),
 ('스토리', 5335),
 ('생각', 5315),
 ('왜', 5124),
 ('드라마', 5063),
 ('감동', 4881),
 ('사람', 4837),
 ('보고', 4665),
 ('말', 4552),
 ('더', 4355),
 ('배우', 4291),
 ('때', 4279),
 ('내', 4133),
 ('감독', 4118),
 ('거', 4085),
 ('재미', 3921),
 ('시간', 3888),
 ('내용', 3814),
 ('뭐', 3775),
 ('그냥', 3758),
 ('좀', 3648),
 ('그', 3587),
 ('이런', 3574),
 ('쓰레기', 3564),
 ('없는', 3486),
 ('수', 3240),
 ('작품', 2980),
 ('사랑', 2943),
 ('나', 2898),
 ('없다', 2834),
 ('하나', 2818),
```

④ 워드클라우드 생성과 시각화

단어의 빈도수를 가지고 generate_from_frequencies()를 사용하여 워드클라우드로 나타낸다.

워드클라우드 시각화

```
from wordcloud import WordCloud
import matplotlib.pyplot as plt
wc=WordCloud(font_path=font_path,background_color='skyblue', max_font_size=60)
cloud=wc.generate_from_frequencies(dict(tag))

plt.figure(figsize=(10,8))
plt.imshow(cloud)
```

[실행결과]

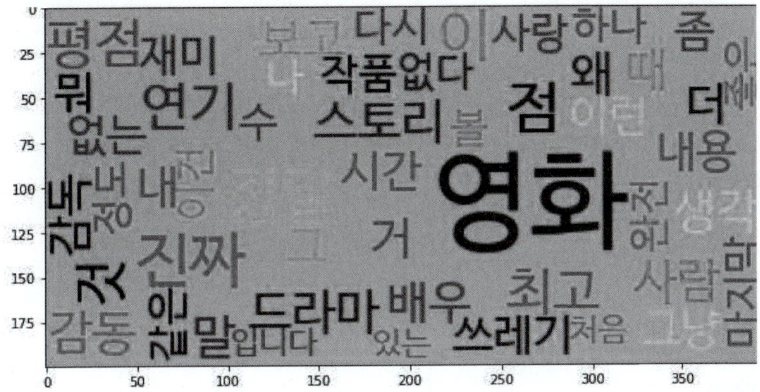

⑤ 상관없는 단어를 삭제하기

④에서 생성한 워드클라우드의 결과를 보면 '영화'라는 단어가 가장 빈도수가 높다는 것을 알 수 있다. 도출하고자 하는 의미와 상관없는 단어를 삭제할 필요가 있다. 따라서 ③에서 도출한 단어들 중에서 의미가 없는 단어를 추려서 리스트로 저장한다. 이 리스트의 목록에 포함 안 된 단어만 형용사와 명사로 추출하는 방법으로 구현할 수 있다.

여기서는 임의대로 의미 없는 단어 목록에는 ['점','정말','왜','말','그','없다','정도','걸','뭐','이건','영화','완전','좀','있는','거','나','이','볼','입니다','것','이런','더','수','때']와 같은 단어를 넣었다.

불용어 처리

```
list=[]
stopword=['점','정말','왜','말','그','없다','정도','걸','뭐','이건','영화','완전','좀','있는','거','나','이','볼','입니다','것','이런','더','수','때']
for sentence in df['document']:
 s_list=okt.pos(sentence)
for word,tag in s_list:
if word not in stopword:
if tag in ['Noun','Adjective']:
```

```
        temp_list.append(word)
    counts=collections.Counter(temp_list)
    tag=counts.most_common(50)
    tag
```

[실행결과]

```
[('진짜', 8338),
 ('연기', 6328),
 ('평점', 6315),
 ('최고', 6040),
 ('스토리', 5335),
 ('생각', 5315),
 ('드라마', 5063),
 ('감동', 4881),
 ('사람', 4837),
 ('보고', 4665),
 ('배우', 4291),
 ('내', 4133),
 ('감독', 4118),
 ('재미', 3921),
 ('시간', 3888),
 ('내용', 3814),
 ('그냥', 3758),
 ('쓰레기', 3564),
 ('없는', 3486),
 ('작품', 2980),
 ('사랑', 2943),
 ('하나', 2818),
 ('다시', 2816),
 ('마지막', 2757),
 ('좋은', 2663),
 ('같은', 2554),
 ('처음', 2453),
 ('장면', 2425),
 ('액션', 2397),
 ('주인공', 2376),
 ('최악', 2275),
 ('돈', 2196),
```
이하 생략

워드클라우드 시각화

```
from wordcloud import WordCloud
import matplotlib.pyplot as plt
wc=WordCloud(font_path=font_path,background_color='white', max_font_size=60)
cloud=wc.generate_from_frequencies(dict(tag))
plt.figure(figsize=(10,8))
plt.imshow(cloud)
```

[실행결과]

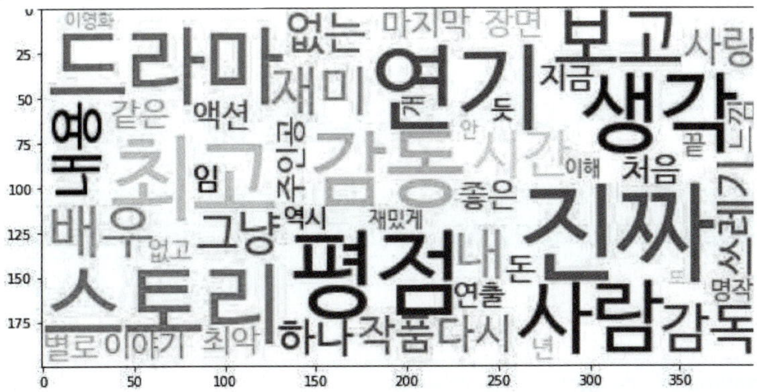

워드클라우드의 생성결과 '최고', '감동', '스토리', '연기', '사람', '드라마'가 가장 많이 언급되는 단어라는 것을 알 수 있다.

영화별 리뷰 시각화 하기

1) 파일 읽어오기

가장 많은 리뷰가 달린 영화를 선택하여 리뷰를 분석해 보자.

데이터 불러오기

```
from konlpy.tag import Okt
import collections
import matplotlib.pyplot as plt
from wordcloud import WordCloud
import pandas as pd
dict_df=pd.read_csv('/content/comment_rank.csv')
dict_df.head()
```

[실행결과]

	movie	comment	rank
0	언포기버블	영화의 단조로운 스토리를 긴장감있	10
1	인질	납치범 대가리가 영화 다조지네;; 집중이안되네..	6
2	롱 리브 더 킹: 목포 영웅		10
3	싱크홀	싱크홀 별로라는 말이 많던데 그래도 제가 좋아하는 장르에 배우분들도 좋아하는 분들이...	10
4	아수라	찢었다...모든게 찢었다.	10

전체 데이터는 영화제목, 리뷰, 평점으로 구성되어 있다.

2) 데이터 탐색

info()를 사용하여 전체 데이터 구성과 데이터 타입을 확인한다.

전체 데이터 구성 확인

```
dict_df.info()
```

[실행결과]

```
<class 'pandas.core.frame.DataFrame'>
RangeIndex: 990 entries, 0 to 989
Data columns (total 3 columns):
 #   Column   Non-Null Count  Dtype
---  ------   --------------  -----
 0   movie    990 non-null    object
 1   comment  990 non-null    object
 2   rank     990 non-null    int64
dtypes: int64(1), object(2)
memory usage: 23.3+ KB
```

전체 컬럼은 3개(movie, comment, rank)로 구성되었고 990개의 리뷰가 있다. 또한 rank를 제외하고 문자열 타입인 것을 확인할 수 있다.

3) 영화 개수 확인

리뷰가 가장 많이 달린 영화를 알아보기 전에 unique()를 사용하여 리뷰가 달린 영화의 개수를 파악해 보자.

전체 데이터 구성 확인

```
dict_df['movie'].unique()
```

[실행결과]

```
array(['언포기버블', '인질', '롱 리브 더 킹: 목포 영웅', '싱크홀', '아수라', '
고양이 집사', '비바리움', '어메이징 스파이더맨', '미드소마', '서복', '매트릭스'],
dtype=object)
```

영화는 총 12개가 있다는 것을 알 수 있다.

4) 영화별 평점과 리뷰 수 확인하기

groupby()를 사용하여 영화별 평점을 확인해 보자.

영화별 평점

```
dict_df.groupby('movie')['rank'].mean()
```

[실행결과]

```
movie
고양이 집사              8.678947
롱 리브 더 킹: 목포 영웅    10.000000
매트릭스                 10.000000
미드소마                  9.285714
비바리움                  9.095238
서복                     9.319149
싱크홀                    9.838384
아수라                    9.616162
어메이징 스파이더맨          9.711538
언포기버블                 7.535354
인질                      9.534884
Name: rank, dtype: float64
```

평점이 높은 영화는 롱 리브 더 킹과 매트릭스라는 것을 알 수 있다.

평점이 높은 영화는 리뷰가 많이 달릴까? 이 부분을 확인하기 위해 count() 함수를 사용하여 확인해 본다.

영화별 리뷰 수

```
dict_df.groupby('movie')['comment'].count()
```

[실행결과]

```
movie
고양이 집사              190
롱 리브 더 킹: 목포 영웅      99
매트릭스                    8
미드소마                   84
비바리움                   84
서복                      47
싱크홀                     99
아수라                     99
어메이징 스파이더맨           52
언포기버블                  99
인질                      129
Name: comment, dtype: int64
```

리뷰가 많이 달린 영화는 평점이 가장 높은 롱 리브 더 킹 또는 매트릭스가 아니라 고양이 집사라는 것을 알 수 있다.

5) 영화 리뷰 형태소 분석

워드클라우드를 생성하기 전에 영화 리뷰를 분석해야 한다. 가장 먼저 형태소 분석과 워드클라우드에 필요한 라이브러리를 설치하고 불러온다. 그런 다음, 리뷰 수가 가장 많은 '고양이 집사'에 대한 리뷰 데이터만 따로 저장한다.

'고양이 집사' 데이터만 추출하기

```
#!pip install konlpy
#!pip install wordcloud
from konlpy.tag import Okt
import collections
okt=Okt()

cat_df=dict_df[dict_df.movie=='고양이 집사']
```

[실행결과]

	movie	comment	ra
5	고양이 집사	방금 봤는데 너무 감동 깊게 봤습니다! 우리나라도 독일처럼 동물보호법 강화되서 더이...	
6	고양이 집사	너무 사랑스런 고양이와 따뜻한 사람들의 이야기를 보며 감동 만	
15	고양이 집사	방금 봤는데 너무 감동 깊게 봤습니다! 우리나라도 독일처럼 동물보호법 강화되서 더이...	
16	고양이 집사	너무 사랑스런 고양이와 따뜻한 사람들의 이야기를 보며 감동 만	
25	고양이 집사	방금 봤는데 너무 감동 깊게 봤습니다! 우리나라도 독일처럼 동물보호법 강화되서 더이...	
...	...	...	
949	고양이 집사	방금 봤는데 너무 감동 깊게 봤습니다! 우리나라도 독일처럼 동물보호법 강화되서 더이...	
959	고양이 집사	방금 봤는데 너무 감동 깊게 봤습니다! 우리나라도 독일처럼 동물보호법 강화되서 더이...	
969	고양이 집사	방금 봤는데 너무 감동 깊게 봤습니다! 우리나라도 독일처럼 동물보호법 강화되서 더이...	
979	고양이 집사	방금 봤는데 너무 감동 깊게 봤습니다! 우리나라도 독일처럼 동물보호법 강화되서 더이...	
989	고양이 집사	방금 봤는데 너무 감동 깊게 봤습니다! 우리나라도 독일처럼 동물보호법 강화되서 더이...	

190 rows × 3 columns

'고양이 집사' 영화 리뷰는 총 190개로 구성되어 있다는 것을 알 수 있다.

리뷰에 대한 형태소 분석은 품사태깅을 할 수 있는 pos()를 사용한다. pos()를 사용하면 품사와 단어가 하나의 쌍인 형태로 반환되기 때문에 명사 또는 형용사에 해당하는 단어를 추출하기 쉽다. 또한 counter()를 사용하여 단어별 빈도수를 손쉽게 구할 수 있다.

리뷰 분석하기

```
temp_list=[]
for sentence in cat_df['comment']:
    s_list=okt.pos(sentence)
for word,tag in s_list:
if tag in ['Noun','Adjective']:
```

```
temp_list.append(word)
counts=collections.Counter(temp_list)
tag=counts.most_common(50)
```

[실행결과]

```
('아이', 198),
('감동', 190),
('사람', 190),
('방금', 99),
('깊게', 99),
('우리나라', 99),
('독일', 99),
('동물보호법', 99),
('강화', 99),
('더', 99),
('이상', 99),
('없기를', 99),
('길위', 99),
('모두', 99),
('손길', 99),
('행복하기를', 99),
('영화', 99),
('세상', 99),
('듯', 99),
('좋', 99),
```

가장 많이 언급된 단어는 '아이', '감동', '사람'이라는 것을 알 수 있다.

6) 워드클라우드 생성하기

워드클라우드를 생성할 때 단어별 빈도수가 딕셔너리 형태로 있어야 한다. 이를 위해 dict()로 변환해 줄 수 있지만 가끔 코랩에서 오류를 발생하는 경우가 있기 때문에 반복문을 사용하여 변환해 본다.

딕셔너리 변환

```
tag_dic={}
for k,v in tag:
    tag_dic[k]=v
```

[실행결과]

```
{'감동': 190,
 '강화': 99,
 '계시다면': 99,
 '고양이': 91,
 '길위': 99,
 '깊게': 99,
```

```
'냥': 99,
'더': 99,
'덕분': 99,
'독일': 99,
'동물보호법': 99,
'듯': 99,
'따뜻한': 91,
'마음': 99,
'만': 91,
'모두': 99,
'모든': 99,
'방금': 99,
'복': 99,
'사람': 190,
'사랑스런': 91,
'세상': 99,
'손길': 99,
'아이': 198,
'얼마나': 99,
'없기를': 99,
```

본격적으로 워드클라우드를 생성해 보자.

앞에서 'from wordcloud import WordCloud'를 작성하고 런타임이 끊어지지 않았다면 WordCloud()를 사용해도 되지만 그렇지 않다면 다시 불러와야 한다. 또한 생성한 워드클라우드를 시각적으로 나타내기 위해서는 matplotlib도 불러와야 한다.

딕셔너리 변환

```
from wordcloud import WordCloud
import matplotlib.pyplot as plt
wc = WordCloud(font_path=font_path, background_color='white',max_font_size=60)
cloud=wc.generate_from_frequencies(tag_dic)
plt.figure(figsize=(10,8))
plt.imshow(cloud)
```

[실행결과]

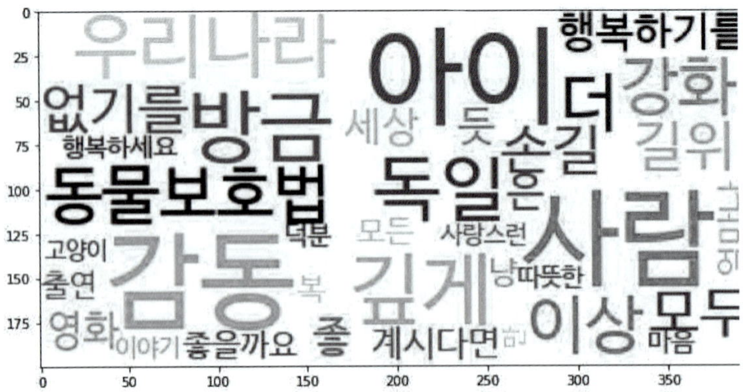

최종적으로 아이, 사람, 동물보호법, 감동과 같은 단어가 가장 많이 언급되었다는 것을 확인할 수 있다. 이러한 결과를 보았을 때 '고양이 집사'는 아이와 동물에 관한 영화이면서 큰 감동을 주는 영화라는 것을 파악할 수 있다

연습문제

문제 1 다음에 제시된 텍스트를 가지고 순서대로 진행해 보자

1) 품사를 태깅하여 단어와 품사로 출력하시오.
2) 형태소로 토큰화하여 단어로 출력하시오.
3) 가장 많이 언급되는 단어 5개를 출력하시오.

```
text='밤하늘 빛나는 수만 가지 것들이
이미 죽어버린 행성의 잔해라면
고개를 들어 경의를 표하기보단
허리를 숙여 흙을 한 움큼 집어 들래
방 안에 가득히 내가 사랑을 했던
사람들이 액자 안에서 빛나고 있어
죽어서 이름을 어딘가 남기기보단
살아서 그들의 이름을
한번 더 불러 볼래

위대한 공식이 길게 늘어서 있는
거대한 시공에
짧은 문장을 새겨 보곤 해
너와 나 또 몇몇의 이름
두어 가지 마음까지

영원히 노를 저을 순 없지만
몇 분짜리 노랠 지을 수 있어서
수만 광년의 일렁임을 거두어
지금을 네게 들려 줄거야

달이 참 예쁘다

숨고 싶을 땐 다락이 되어 줄 거야
죽고 싶을 땐 나락이 되어 줄 거야
울고 싶은 만큼 허송세월 해 줄 거야
진심이 버거울 땐
우리 가면무도회를 열자

달 위에다 발자국을 남기고 싶진 않아
단지 너와 발맞추어 걷고 싶었어
닻이 닿지 않는 바다의 바닥이라도

영원히 노를 저을 순 없지만
몇 분짜리 노랠 지을 수 있어서
수만 광년의 일렁임을 거두어
지금을 네게 들려 줄거야
달이 참 예쁘다고'
```

```
[('수만', 3), ('이름', 3), ('땐', 3), ('줄', 3), ('가지', 2)]
```

문제 2 불용어가 다음과 같을 때 해당 단어를 제외하고 빈도수가 높은 5개의 단어를 출력해 보자.
stopword=['땐','줄','가지','것들이','해']

```
[('수만', 3), ('이름', 3), ('안', 2), ('너', 2), ('영원히', 2)]
```

문제 3 영화리뷰 수가 두 번째로 많은 영화의 리뷰를 워드클라우드로 시각화하시오.
(comment_rank.csv)

문제 4 영화리뷰 수가 두 번째로 많은 영화의 리뷰를 워드클라우드로 시각화시오.
[조건] 불용어 목록을 만들고, 불용어를 제거한 후에 워드클라우드를 생성하시오.

Python for data analysis

PART 05

다양한 주제의 데이터 분석 미니 프로젝트

11 환경 관련 데이터 분석

12 건강 관련 데이터 분석

13 쇼핑몰 데이터 분석

Python for data analysis

11 환경 관련 데이터 분석

학습목표

- 환경 관련 데이터 분석을 위한 분석 대상 데이터를 수집할 수 있다.
- 수집한 데이터를 목적에 따라 가공할 수 있다.
- 데이터를 분석하고 시각화하여 분석 결과를 해석할 수 있다.

학습목차

11.1 분석 대상 데이터 수집

최근 몇 년간 중국의 산업화, 도시화의 가속으로 인해 대기오염이 악화되었다. 오염된 대기는 겨울의 찬 기류와 섞이면서 뿌옇게 보이게 된다. 이를 미세먼지라고 한다. 미세먼지는 교통, 농업, 공업, 건강 등 여러 측면에서 부정적인 영향을 미치고 있으며 국민들의 일상생활과 신체 건강에 심각한 영향을 미치고 있으므로 시급히 해결해야 할 사회문제이다. 이 장에서는 미세먼지 자료를 분석 대상 데이터로 정하여 수집하고 가공하여 미세먼지에 대해 변화 추이를 파악하고 농도에 영향을 미치는 주요 변수가 무엇인지 분석하고자 한다.

미세먼지 데이터 분석을 위해 에어코리아(https://www.airkorea.or.kr/index) 및 기상청(https://web.kma.go.kr/weather/forecast/timeseries.jsp)에서 미세 먼지에 관한 데이터를 수집한다.

에어코리아 사이트에서 미세먼지 데이터 수집

① 에어코리아(https://www.airkorea.or.kr/index) 화면 상단의 [통계정보] → [확정자료다운로드]를 클릭한다.

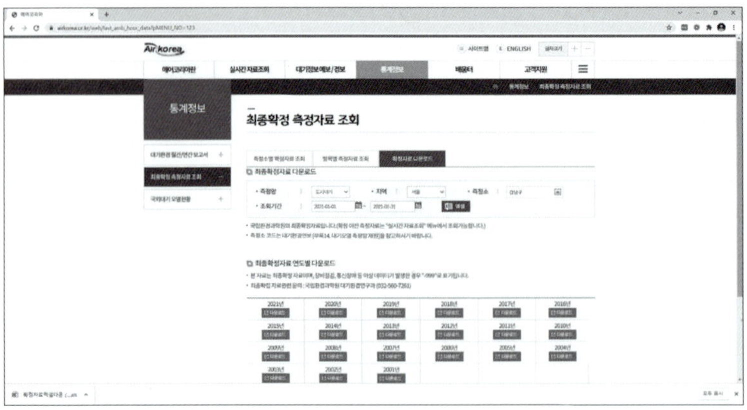

② 아래와 같이 조회 기간과 측정소를 선택하고 엑셀 버튼을 클릭하면 다운로드 된다.

③ 다운로드한 파일을 엑셀로 열어서 데이터 분석에 필요없는 컬럼([B]~[D])을 삭제한다.

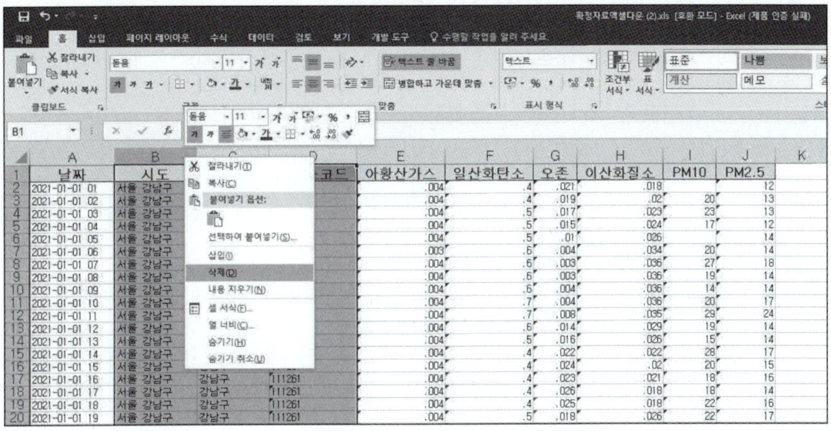

④ 다운로드 받은 파일 형식은 "Microsoft Excel 97-2003 Worksheet.xls (*.xls)"이다. 이 형식의 파일을 코랩에 업로드하여 읽으려고 하면 오류가 발생하기 때문에 파일 형식을 "Excel 통합 문서(*.xlsx)"로 변경해야 한다. 엑셀 메뉴에서 [파일] → [다른 이름으로 저장] → [찾아보기]를 클릭하여 파일 형식을 "Excel 통합 문서(*.xlsx)"로 선택하여 저장한다.

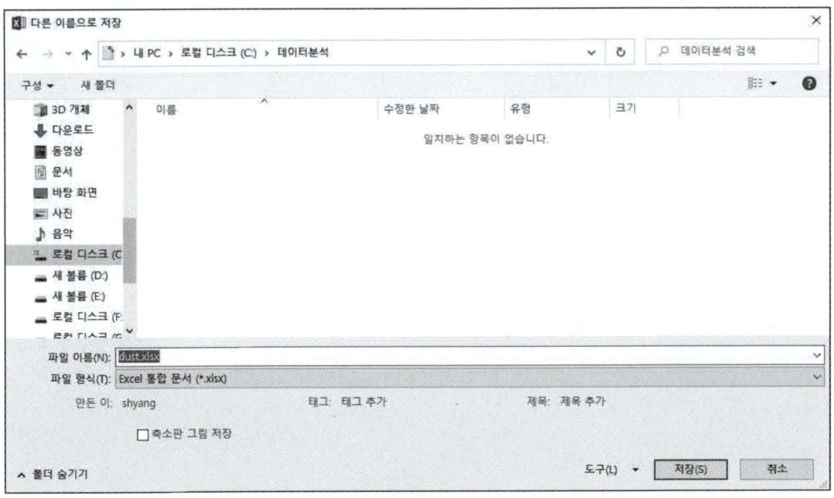

표 11.1 데이터 정보
[파일명 : dust.xlsx] – 미세먼지 정보에 관한 데이터 파일

메소드	변수 설명	단위
날짜		ppm
아황산가스(SO2)	대기오염물질, 아황산가스의 공기 중 농도	ppm
일산화탄소(CO)	대기오염물질, 일산화탄소의 공기 중 농도	ppm
오존(O3)	대기오염물질, 오존의 공기 중 농도	ppm
이산화질소(NO2)	대기오염물질, 이산화질소의 공기 중 농도	ppm
PM10	1000분의 10mm보다 작은 먼지의 공기 중 농도(미세먼지)	microgram/cubicmeter
PM2.5	1000분의 2.5mm보다 작은 먼지의 공기 중 농도(초미세먼지)	microgram/cubicmeter

기상청 사이트에서 날씨 데이터 수집

① 기상청(https://data.kma.go.kr/cmmn/main.do) 화면 상단의 [데이터]를 클릭한다.

② 아래와 같이 [기상관측] → [지상] → [방재기상관측(AWS)] 선택한 후 지점을 [서울특별시] → [강남구]로 선택한다. 데이터 분석에 필요한 기온, 풍속, 강수량, 습도를 선택하고 조회 버튼을 클릭한 후 엑셀 버튼을 클릭하면 다운로드 된다.

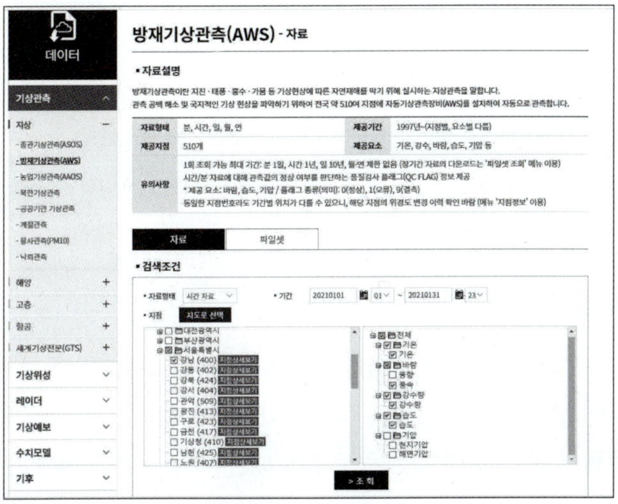

③ 다운로드한 파일을 엑셀로 열어서 데이터를 확인한 후 엑셀 메뉴에서 [파일] → [다른 이름으로 저장] → [찾아보기]를 클릭하여 파일 형식을 "Excel 통합 문서(*.xlsx)"로 선택하여 저장한다.

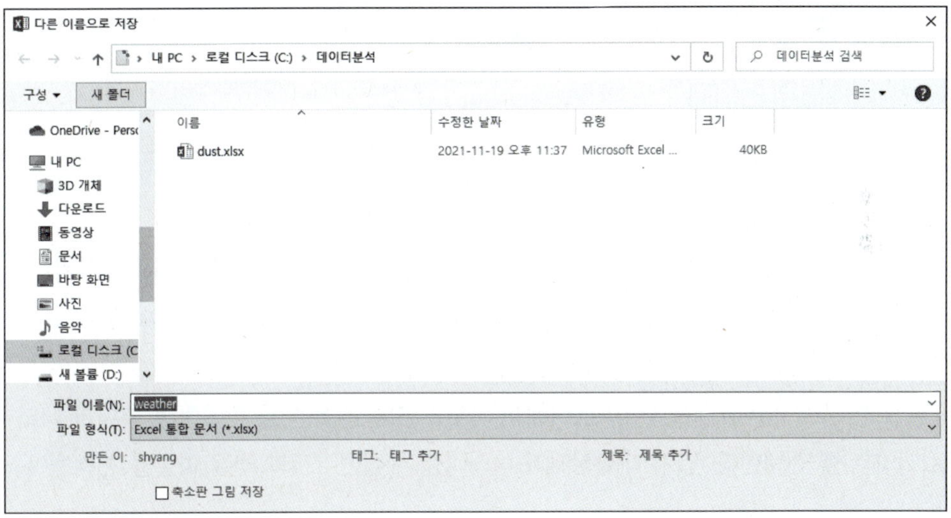

표 11.2 데이터 정보
[파일명 : weather.xlsx] – 날씨 정보에 관한 데이터 파일

변수명	변수 설명	단위
지점		
지점명		
일시		

기온	공기의 온도	℃
풍속	바람의 속도	m/s
강수량	강수량 혹은 강우량은 어떤 곳에 일정 기간 동안 내린 물의 총량	mm
습도	공기 중에 포함되어 있는 수증기의 양 또는 비율을 나타내는 단위	%

구글 코랩에 업로드하기

① 코랩에서 수집한 데이터로 데이터 분석을 하기 위해서는 엑셀 파일들을 구글 드라이브에 업로드하고 연결해야 한다. 왼쪽 폴더 모양의 "파일" 아이콘을 클릭한다. 파일 화면이 열리면 [드라이브 마운트] 아이콘을 클릭한다. 이 과정은 코랩의 해당 새 노트 파일에서 한 번만 해주면 된다.

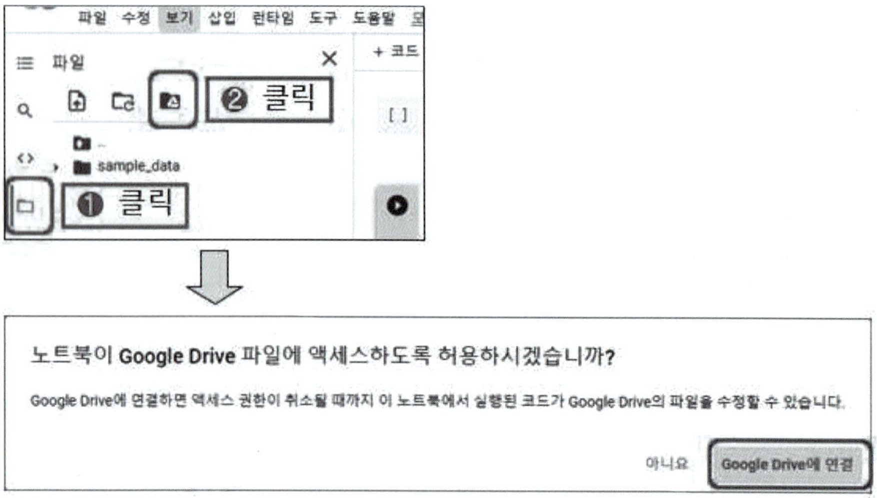

② 구글 드라이브 연동이 [MyDrive] 폴더에서 마우스 오른쪽 버튼을 클릭하여 메뉴가 나타나면 [업로드] 메뉴를 선택한다. 열기 대화상자가 나타나면 수집한 2개의 엑셀 파일을 선택하여 업로드한다.

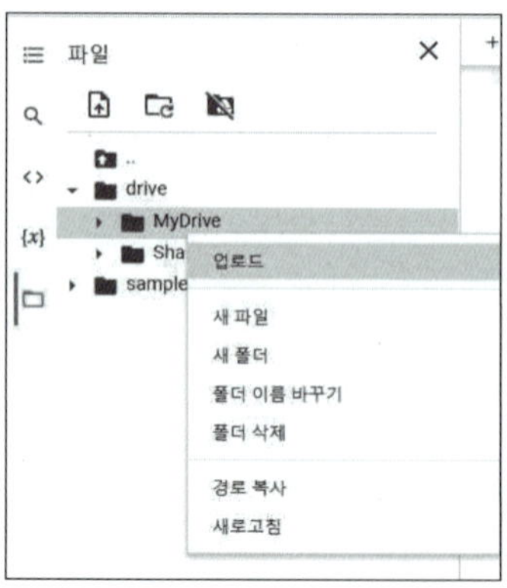

dust.xlsx
weather.xlsx

11.2 데이터 확인하기

미세먼지 데이터와 날씨 데이터를 읽어와서 확인하고 데이터 전체적인 구조와 기초 통계량 등을 확인하고 데이터를 가공하고 데이터 결측치를 처리한다.

미세먼지 데이터

1) 데이터 읽어와서 확인하기

미세먼지 데이터를 가져오기 위해 엑셀 파일을 읽어 들이고, 처음 5줄 데이터를 출력하여 필요 데이터를 확인한다.

① 1행에서는 파이썬 라이브러리 판다스(pandas)를 임포트(import)하고, 4행에서는 판다스의 read_excel을 사용하여 "dust.xlsx" 엑셀 파일을 읽어와 데이터프레임 변수 dust에 저장한다. 5행에서는 dust의 처음 5행을 출력한다.

"미세먼지" 엑셀 파일 읽어오기

```
1  import pandas as pd
2  # dust.xlsx 불러오기
3  file_path='/content/drive/MyDrive/dust.xlsx'
4  dust=pd.read_excel(file_path)
5  dust.head()
```

[실행결과]

	날짜	아황산가스	일산화탄소	오존	이산화질소	PM10	PM2.5
0	2021-01-01 01	0.004	0.4	0.021	0.018	NaN	12.0
1	2021-01-01 02	0.004	0.4	0.019	0.020	20.0	13.0
2	2021-01-01 03	0.004	0.5	0.017	0.023	23.0	13.0
3	2021-01-01 04	0.004	0.5	0.015	0.024	17.0	12.0
4	2021-01-01 05	0.004	0.5	0.010	0.026	NaN	14.0

【Note】

파일 경로 복사하기 : 데이터 파일에서 마우스 오른쪽 단추 클릭

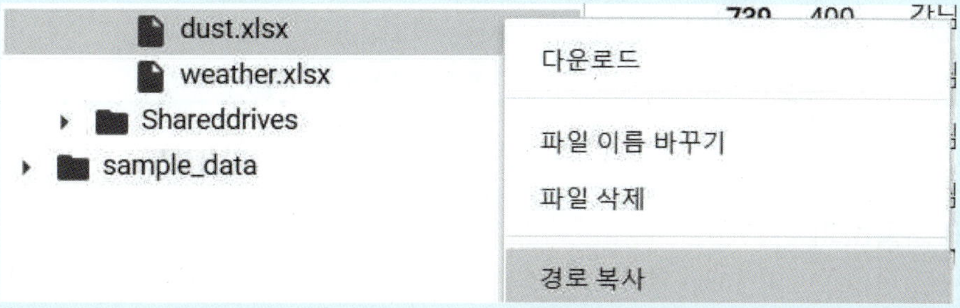

② 데이터 전체적인 구조를 확인한다. info() 함수는 데이터에 대한 전반적인 정보를 나타낸다. 데이터프레임의 행과 열의 크기, 컬럼명, 컬럼을 구성하는 값의 자료형 등을 출력해준다.

데이터의 기본 정보 출력하기

```
dust.info()
```

[실행결과]

```
<class 'pandas.core.frame.DataFrame'>
RangeIndex: 744 entries, 0 to 743
Data columns (total 7 columns):
 #   Column  Non-Null Count  Dtype
---  ------  --------------  -----
 0   날짜     744 non-null    object
 1   아황산가스   740 non-null    float64
 2   일산화탄소   740 non-null    float64
 3   오존      740 non-null    float64
 4   이산화질소   740 non-null    float64
 5   PM10    725 non-null    float64
 6   PM2.5   739 non-null    float64
dtypes: float64(6), object(1)
memory usage: 40.8+ KB
```

③ 데이터 기초 통계량을 확인한다. describe() 함수는 데이터의 컬럼별 요약 통계량을 낸다. 또한 mean(), max(), median() 등 개별 함수를 사용하여 통계량을 계산할 수도 있다.

데이터의 기초 통계량 출력하기

```
dust.describe()
```

[실행결과]

	아황산가스	일산화탄소	오존	이산화질소	PM10	PM2.5
count	740.000000	740.000000	740.000000	740.000000	725.000000	739.000000
mean	0.003654	0.563243	0.014154	0.030422	33.325517	21.833559
std	0.000628	0.164593	0.010689	0.014664	19.930029	12.222892

min	0.002000	0.300000	0.001000	0.006000	3.000000	3.000000
25%	0.003000	0.400000	0.003000	0.017000	20.000000	13.000000
50%	0.004000	0.500000	0.014000	0.030000	29.000000	19.000000
75%	0.004000	0.700000	0.024000	0.043000	43.000000	29.000000
max	0.006000	1.200000	0.037000	0.063000	163.000000	72.000000

2) 데이터 가공하기

컬럼의 이름을 영문으로 변경하고 특정 컬럼에서 필요한 데이터만을 추출한 후 컬럼 순서도 재정렬한다.

① 한글 컬럼명을 rename() 함수를 사용하여 영문명으로 변경한다. 데이터프레임에 반영하기 위해서는 반드시 inplace=True로 설정한다. 컬럼명이 변경되었는지 dust의 처음 5행을 출력한다.

한글 컬럼명을 영문명으로 변경하기

```
dust.rename(columns={'날짜':'date','아황산가스':'so2',
                     '일산화탄소':'co','오존':'o3',
                     '이산화질소':'no2'},inplace=True)
dust.head()
```

[실행결과]

	date	so2	co	o3	no2	PM10	PM2.5
0	2021-01-01 01	0.004	0.4	0.021	0.018	NaN	12.0
1	2021-01-01 02	0.004	0.4	0.019	0.020	20.0	13.0
2	2021-01-01 03	0.004	0.5	0.017	0.023	23.0	13.0
3	2021-01-01 04	0.004	0.5	0.015	0.024	17.0	12.0
4	2021-01-01 05	0.004	0.5	0.010	0.026	NaN	14.0

② 날짜 데이터에서 데이터 분석에 필요한 "년도-월-일"만 추출한다.

특정 문자열 추출하기

```
dust['date']=dust['date'].str[:11]
dust.head()
```

[실행결과]

date	so2	co	o3	no2	PM10	PM2.5

0	2021-01-01	0.004	0.4	0.021	0.018	NaN	12.0
1	2021-01-01	0.004	0.4	0.019	0.020	20.0	13.0
2	2021-01-01	0.004	0.5	0.017	0.023	23.0	13.0
3	2021-01-01	0.004	0.5	0.015	0.024	17.0	12.0
4	2021-01-01	0.004	0.5	0.010	0.026	NaN	14.0

③ 날짜(date) 컬럼의 자료형을 날짜형으로 변환한 후 확인한다.

데이터형 변경하기

```
dust['date']=pd.to_datetime(dust['date'])
dust.dtypes
```

[실행결과]

```
date      datetime64[ns]
so2              float64
co               float64
o3               float64
no2              float64
PM10             float64
PM2.5            float64
dtype: object
```

④ 날짜(date) 컬럼에서 년도, 월, 일을 추출하여 새로운 컬럼을 생성한다.

새로운 컬럼 생성하기

```
dust['year']=dust['date'].dt.year
dust['month']=dust['date'].dt.month
dust['day']=dust['date'].dt.day
dust.columns
```

[실행결과]

```
Index(['date', 'so2', 'co', 'o3', 'no2', 'PM10', 'PM2.5', 'year', 'month',
       'day'],
      dtype='object')
```

⑤ 컬럼의 순서를 재정렬한다.

컬럼순서 재정렬하기

```
dust=dust[['date','year','month','day','so2','co','o3','no2','PM10','PM2.5']]
dust.columns
```

[실행결과]

```
Index(['date', 'year', 'month', 'day', 'so2', 'co', 'o3', 'no2', 'PM10',
       'PM2.5'],
      dtype='object')
```

3) 데이터 전처리

데이터 탐색과 분석 프로젝트 초기 준비과정에서 가장 힘든 작업이 결측치이다. 미세먼지 데이터에서 결측치를 확인한 후 가장 적절한 방법으로 결측치를 처리한다.

① 결측치 확인하기

결측치 확인하기

```
dust.isnull().sum()
```

[실행결과]

```
date      0
year      0
month     0
day       0
so2       4
co        4
o3        4
no2       4
PM10     19
PM2.5     5
dtype: int64
```

② 시계열 분석에서는 null값을 이전 시간의 값을 기준으로 채운다. 결측값을 앞 방향 또는 뒷 방향으로 채울 수 있는데, 여기에서는 앞 방향으로 채운다. 이전값이 없는 경우 특정값으로 채운다.

결측치 처리하기 : 이전 데이터로 채우기

```
dust=dust.fillna(method='pad')
```

[실행결과]

	date	year	month	day	so2	co	o3	no2	PM10	PM2.5
0	2021-01-01	2021	1	1	0.004	0.4	0.021	0.018	NaN	12.0
1	2021-01-01	2021	1	1	0.004	0.4	0.019	0.020	20.0	13.0
2	2021-01-01	2021	1	1	0.004	0.5	0.017	0.023	23.0	13.0
3	2021-01-01	2021	1	1	0.004	0.5	0.015	0.024	17.0	12.0
4	2021-01-01	2021	1	1	0.004	0.5	0.010	0.026	NaN	14.0

	date	year	month	day	so2	co	o3	no2	PM10	PM2.5
0	2021-01-01	2021	1	1	0.004	0.4	0.021	0.018	NaN	12.0
1	2021-01-01	2021	1	1	0.004	0.4	0.019	0.020	20.0	13.0
2	2021-01-01	2021	1	1	0.004	0.5	0.017	0.023	23.0	13.0
3	2021-01-01	2021	1	1	0.004	0.5	0.015	0.024	17.0	12.0
4	2021-01-01	2021	1	1	0.004	0.5	0.010	0.026	17.0	14.0

결측치 처리하기 : 이전값이 없는 경우 특정값으로 채우기

```
dust.fillna(20,inplace=True)
dust.head()
```

[실행결과]

	date	year	month	day	so2	co	o3	no2	PM10	PM2.5
0	2021-01-01	2021	1	1	0.004	0.4	0.021	0.018	20.0	12.0
1	2021-01-01	2021	1	1	0.004	0.4	0.019	0.020	20.0	13.0
2	2021-01-01	2021	1	1	0.004	0.5	0.017	0.023	23.0	13.0
3	2021-01-01	2021	1	1	0.004	0.5	0.015	0.024	17.0	12.0
4	2021-01-01	2021	1	1	0.004	0.5	0.010	0.026	17.0	14.0

③ 결측값을 다시 한번 확인한다.

결측치 확인하기

```
dust.isnull().sum()
```

[실행결과]

```
date     0
year     0
month    0
day      0
so2      0
co       0
```

```
o3        0
no2       0
PM10      0
PM2.5     0
dtype: int64
```

【Note】

시계열 분석이란

일정한 시간 간격으로 표시된 자료의 특성(추세변동, 계절변동, 순환변동, 불규칙변동)을 파악하여 미래를 예측하는 분석방법이다. 시계열 분석을 통해서 내년도 판매량,다음달 항공기 이용 승객, 앞으로 4개월 동안의 변화, 다음 분기에 예상되는 변화 등을 예측할 수 있다.

날씨 데이터

1) 데이터 읽어와서 확인하기

날씨 데이터를 가져오기 위해 엑셀 파일을 읽어 들이고, 처음 5줄 데이터를 출력하여 필요 데이터를 확인한다.

① "weather.xlsx" 엑셀 파일을 읽어와 데이터프레임 변수 weather에 저장한다. 3행에서는 weather의 처음 5행을 출력한다.

"날씨 데이터" 엑셀 파일 읽어오기

```
1  file_path='/content/drive/MyDrive/weather.xlsx'
2  weather=pd.read_excel(file_path)
3  weather.head()
```

[실행결과]

	지점	지점명	일시	기온(°C)	풍속(m/s)	강수량(mm)	습도(%)
0	400	강남	2021-01-01 01:00:00	-7.2	0.6	0.0	57.5
1	400	강남	2021-01-01 02:00:00	-7.6	0.7	0.0	57.5
2	400	강남	2021-01-01 03:00:00	-8.2	0.6	0.0	62.0
3	400	강남	2021-01-01 04:00:00	-8.1	0.5	0.0	60.5
4	400	강남	2021-01-01 05:00:00	-8.7	1.3	0.0	66.4

② 데이터의 전체적인 구조를 확인한다.

데이터의 기본 정보 출력하기

```python
weather.info()
```

[실행결과]

```
<class 'pandas.core.frame.DataFrame'>
RangeIndex: 743 entries, 0 to 742
Data columns (total 7 columns):
 #   Column     Non-Null Count  Dtype
---  ------     --------------  -----
 0   지점        743 non-null    int64
 1   지점명       743 non-null    object
 2   일시        743 non-null    datetime64[ns]
 3   기온(°C)    743 non-null    float64
 4   풍속(m/s)   743 non-null    float64
 5   강수량(mm)  743 non-null    float64
 6   습도(%)     743 non-null    float64
dtypes: datetime64[ns](1), float64(4), int64(1), object(1)
memory usage: 40.8+ KB
```

2) 데이터 가공하기

필요 없는 컬럼들을 삭제하고 컬럼명을 변경한 후 컬럼의 일부 데이터를 제거한다.

① 데이터 분석에 필요 없는 컬럼들을 삭제한다.

컬럼 삭제하기 : 지점, 지점명 삭제

```python
weather.drop('지점',axis=1,inplace=True)
weather.drop('지점명',axis=1,inplace=True)
weather.head()
```

[실행결과]

	일시	기온(°C)	풍속(m/s)	강수량(mm)	습도(%)
0	2021-01-01 01:00:00	-7.2	0.6	0.0	57.5
1	2021-01-01 02:00:00	-7.6	0.7	0.0	57.5
2	2021-01-01 03:00:00	-8.2	0.6	0.0	62.0
3	2021-01-01 04:00:00	-8.1	0.5	0.0	60.5
4	2021-01-01 05:00:00	-8.7	1.3	0.0	66.4

② 특수기호가 들어간 컬럼들의 이름을 변경한다.

컬럼명 변경하기 : columns 사용

```python
weather.columns=['date','temp','wind','rain','humid']
weather.info()
```

[실행결과]

	date	temp	wind	rain	humid
0	2021-01-01 01:00:00	-7.2	0.6	0.0	57.5
1	2021-01-01 02:00:00	-7.6	0.7	0.0	57.5
2	2021-01-01 03:00:00	-8.2	0.6	0.0	62.0
3	2021-01-01 04:00:00	-8.1	0.5	0.0	60.5
4	2021-01-01 05:00:00	-8.7	1.3	0.0	66.4

③ 컬럼의 일부 데이터를 제거한 후 데이터 타입 변경하기

날짜 컬럼 시간 데이터 제거 : date

```
1   weather['date'] = pd.to_datetime(weather['date']).dt.date
2   weather['date']=weather.astype('datetime64[ns]')
3   weather.info()
```

[실행결과]

```
<class 'pandas.core.frame.DataFrame'>
RangeIndex: 743 entries, 0 to 742
Data columns (total 5 columns):
 #   Column  Non-Null Count  Dtype
---  ------  --------------  -----
 0   date    743 non-null    datetime64[ns]
 1   temp    743 non-null    float64
 2   wind    743 non-null    float64
 3   rain    743 non-null    float64
 4   humid   743 non-null    float64
dtypes: datetime64[ns](1), float64(4)
memory usage: 29.1 KB
```

【Note】

데이터 타입을 날짜 데이터 형식으로 변경한 이유는 1행의 결과 date 컬럼의 데이터형식이 object형식으로 변경되기 때문이다. datetime형으로 변경하는 방법은 아래와 같이 to_datetime() 함수를 사용해도 된다.

```
weather['date'] = pd.to_datetime(weather['date'])
```

astype() 함수는 데이터형을 변환해주는 함수로 다양한 데이터형으로 변환이 가능하다.

④ 기상청에서는 0.1 단위로 강수량을 측정해서 0.1 이하로 비가 내리면 0으로 표시한다. 그래서 강수량(rain)이 0인 데이터를 0.01로 변경한 후 확인한다. value_counts() 함수를 이용하면 개별 컬럼 내에 각각의 값이 나온 횟수를 셀 수 있다.

데이터 변경하기

```
weather['rain']=weather['rain'].replace([0], 0.01)
weather['rain'].value_counts()
```

[실행결과]

```
0.01    720
0.50      9
1.00      7
1.50      3
2.00      2
2.50      2
Name: rain, dtype: int64
```

11.3 데이터 병합하기

데이터 분석에 필요한 미세먼지 데이터와 날씨 데이터를 가로로 병합하기 위해 필요 없는 행을 삭제하고 병합한다.

① 데이터를 병합하기 전 미세먼지 데이터(dust)와 날씨 데이터(weather)의 (행, 열) 크기를 확인한다. shape 속성을 이용하면 데이터의 (행, 열) 크기를 확인할 수 있다.

미세먼지 데이터 행, 열 크기 확인하기

```
dust.shape
```

[실행결과]

```
(744, 10)
```

날씨 데이터 행, 열 크기 확인하기

```
weather.shape
```

[실행결과]

```
(743, 5)
```

② 미세먼지데이터에서 날씨데이터와 공통적인 내용이 아닌 행을 찾아서 삭제한다.

미세먼지 데이터 특정 행 삭제

```
dust.drop(index=743,inplace=True)
```

[실행결과]

```
(743, 10)
```

③ dust와 weather 데이터프레임이 동일하게 가진 date 컬럼을 기준으로 병합해서 df 데이터프레임을 생성한 후 확인한다. 3행에서는 df의 처음 5줄 데이터를 출력한다. 앞으로 dust와

weather 데이터프레임은 사용하지 않고 새로 생성된 df 데이터 프레임을 사용하여 데이터를 분석하고 시각화한다.

미세먼지 데이터와 날씨 데이터 병합하기

```
df=pd.merge(dust,weather,on='date')
df.head()
```

[실행결과]

	date	year	month	day	so2	co	o3	no2	PM10	PM2.5	temp	wind	rain	humid
0	2021-01-01	2021	1	1	0.004	0.4	0.021	0.018	20.0	12.0	-7.2	0.6	0.01	57.5
1	2021-01-01	2021	1	1	0.004	0.4	0.021	0.018	20.0	12.0	-7.6	0.7	0.01	57.5
2	2021-01-01	2021	1	1	0.004	0.4	0.021	0.018	20.0	12.0	-8.2	0.6	0.01	62.0
3	2021-01-01	2021	1	1	0.004	0.4	0.021	0.018	20.0	12.0	-8.1	0.5	0.01	60.5
4	2021-01-01	2021	1	1	0.004	0.4	0.021	0.018	20.0	12.0	-8.7	1.3	0.01	66.4

11.4 데이터 분석 및 시각화

병합한 데이터에서 특정 요소들 간의 상관관계를 분석하고 시각화하여 분석결과를 확인하고자 한다.

【Note】

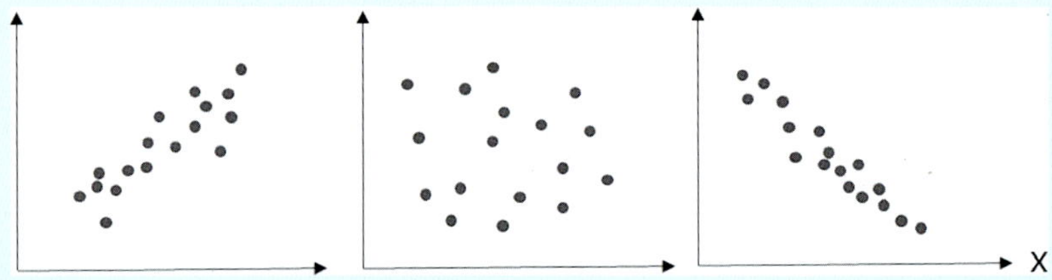

상관	상관계수
양의 상관	+0.7 ~ +1.0이면, 강한 양의 상관관계 +0.3 ~ +0.7이면, 뚜렷한 양의 상관관계 +0.1 ~ +0.3이면, 약한 양의 상관관계
무상관	−0.1 ~ +0.1이면, 관계가 없음
음의 상관	−1.0 ~ −0.7이면, 강한 음의 상관관계 −0.7 ~ −0.3이면, 뚜렷한 음의 상관관계 −0.3 ~ −0.1이면, 약한 음의 상관관계

데이터 분석

① 상관계수를 계산해주는 corr()를 이용하여 미세먼지 데이터와 날씨 데이터의 모든 요소별 상관관계를 확인해 본다.

모든 요소별 상관관계 확인하기

```
df.corr()
```

[실행결과]

	year	month	day	so2	co	o3	no2	PM10	PM2.5	temp	wind	rain	humid
year	NaN	NaN	NaN	NaN	NaN	NaN	NaN	NaN	NaN	NaN	NaN	NaN	NaN

[실행결과]

month	NaN	NaN	NaN	NaN	NaN	NaN	NaN	NaN	NaN	NaN	NaN	NaN	NaN
day	NaN	NaN	1.000000	-0.319732	0.227379	-0.119688	0.209155	0.016818	0.050328	0.491673	-0.075695	0.026279	0.176865
so2	NaN	NaN	-0.319732	1.000000	0.139818	-0.067423	0.083555	0.160285	0.147822	-0.375592	0.032008	-0.019673	-0.096696
co	NaN	NaN	0.227379	0.139818	1.000000	-0.756933	0.841533	0.529804	0.692035	0.318469	-0.322632	0.077316	0.337989
o3	NaN	NaN	-0.119688	-0.067423	-0.756933	1.000000	-0.924152	-0.348411	-0.524511	-0.204392	0.355292	-0.096531	-0.288304
no2	NaN	NaN	0.209155	0.083555	0.841533	-0.924152	1.000000	0.420515	0.564851	0.314004	-0.403820	0.109401	0.315366
PM10	NaN	NaN	0.016818	0.160285	0.529804	-0.348411	0.420515	1.000000	0.825227	0.175605	-0.108610	0.026195	0.216703
PM2.5	NaN	NaN	0.050328	0.147822	0.692035	-0.524511	0.564851	0.825227	1.000000	0.190270	-0.201781	0.069162	0.354332
temp	NaN	NaN	0.491673	-0.375592	0.318469	-0.204392	0.314004	0.175605	0.190270	1.000000	-0.210847	0.077425	0.212419
wind	NaN	NaN	-0.075695	0.032008	-0.322632	0.355292	-0.403820	-0.108610	-0.201781	-0.210847	1.000000	-0.077878	-0.462202
rain	NaN	NaN	0.026279	-0.019673	0.077316	-0.096531	0.109401	0.026195	0.069162	0.077425	-0.077878	1.000000	0.283847
humid	NaN	NaN	0.176865	-0.096696	0.337989	-0.288304	0.315366	0.216703	0.354332	0.212419	-0.462202	0.283847	1.000000

② 미세먼지(PM10)를 기준으로 각 변수와의 상관관계를 알아본다. 상관계수만 보면, 미세먼지(PM10)와 초미세먼지(PM2.5), 일산화탄소(CO), 이산화질소(NO2)가 상관관계가 높다는 것을 확인할 수 있다.

미세먼지와 다른 요소와의 상관관계

```
corr=df.corr()
corr
corr['PM10'].sort_values(ascending=False)
```

[실행결과]

```
PM10     1.000000
PM2.5    0.825227
co       0.529804
no2      0.420515
humid    0.216703
temp     0.175605
so2      0.160285
rain     0.026195
day      0.016818
wind    -0.108610
o3      -0.348411
year          NaN
month         NaN
Name: PM10, dtype: floa
```

데이터 시각화

1) 히스토그램 그래프로 시각화

각 요소별 히스토그램을 출력한다. bins는 구간 경계값이다. 그래프상으로 이산화질소(no2), 오존(o3), 미세먼지(pm10), 초미세먼지(pm2.5), 바람(wind)이 연관성이 있어 보인다.

히스토그램으로 시각화하기

```
df.hist(bins=50,figsize=(20,15))
```

[실행결과]

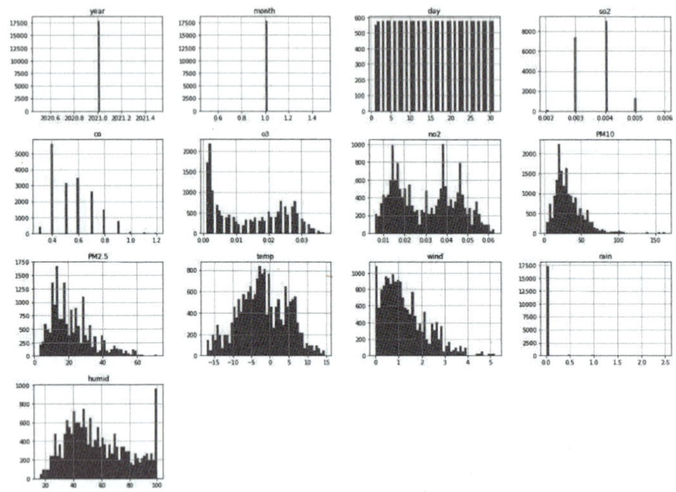

2) 막대 그래프로 시각화

일별 미세먼지 현황을 막대 그래프로 출력한다. 시본(seaborn) 라이브러리를 추가로 이용하여 데이터 범위를 다양한 색상으로 출력한다.

막대 그래프으로 시각화하기

```
import matplotlib.pyplot as plt
import seaborn as sns
plt.figure(figsize=(15,10))
dayGraph=sns.barplot(x='day',y='PM10',data=df)
plt.xticks(rotation=0)
plt.show()
```

[실행결과]

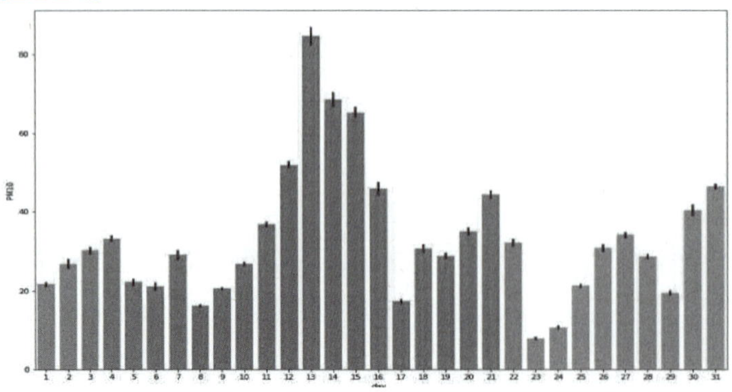

3) 히트맵 그래프로 시각화

각 변수간의 상관관계를 히트맵으로 출력한다. 앞서 모든 요소별로 어떤 상관관계가 있는지 corr()를 이용하여 확인해 보았는데, 이를 히트맵 그래프를 이용하여 시각화하고자 한다. corr를 이용해서 모든 변수와의 관계를 파악하는 과정이 번거롭기 때문에 히트맵을 사용하여 상관관계를 전체적으로 파악할 수 있다. 상관계수가 0.3 이상되는 변수와의 관계를 중점적으로 확인한다.

히트맵으로 시각화하기

```
plt.figure(figsize=(15,10))
sns.heatmap(data=corr, annot=True, fmt='.2f',cmap='hot')
```

[실행결과]

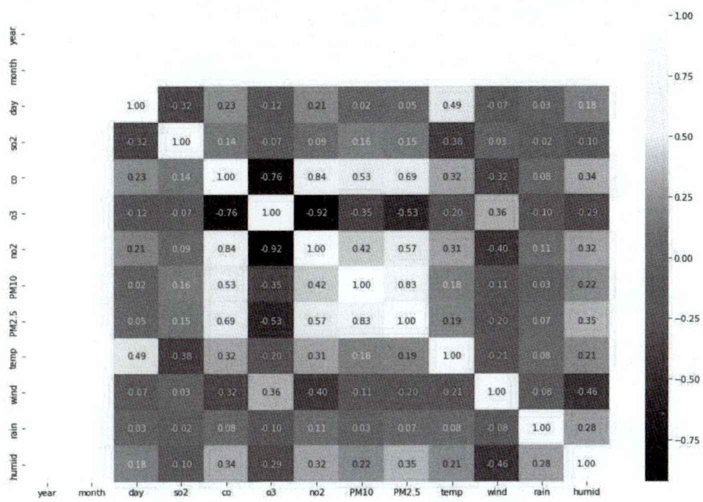

4) 산점도 그래프로 시각화 1

온도(temp)와 미세먼지(PM10)와의 상관관계를 산점도 그래프로 확인한다. 산점도 그래프로 확인한 결과 온도와 미세먼지는 상관관계가 없음을 확인할 수 있다.

산점도로 시각화하기

```
plt.figure(figsize=(15,10))
x=df['temp']  # 온도
y=df['PM10'] # 미세먼지
plt.plot(x,y,marker='o',linestyle='none',alpha=0.5)
plt.title('temp - pm10')
plt.xlabel('temp')
plt.ylabel('pm10')
```

```
plt.show()
```

[실행결과]

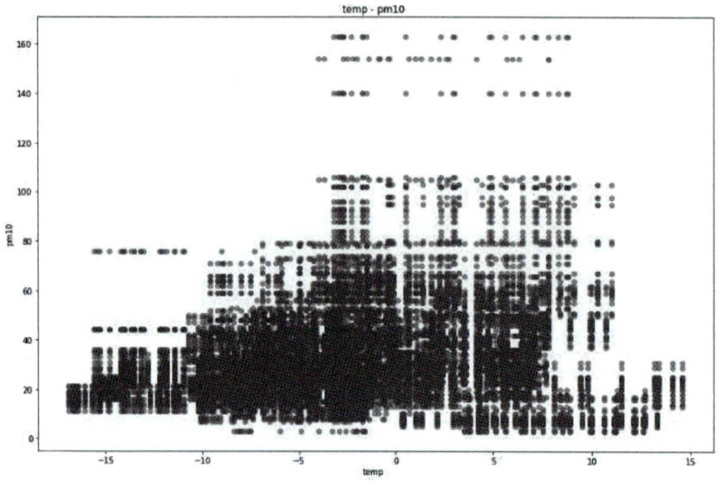

5) 산점도로 시각화 2

미세먼지(PM10)와 초미세먼지(PM2.5)와의 상관관계를 산점도 그래프로 확인한다. 산점도 그래프로 확인한 결과 산포도로 미세먼지와 초미세먼지가 선형성을 가짐을 확인되어 상관관계가 상당히 높음을 확인할 수 있다.

산점도로 시각화하기

```
plt.figure(figsize=(15,10))
x=df['PM10']  #미세먼지
y=df['PM2.5']  #초미세먼지
plt.plot(x,y,marker='o',linestyle='none',color='red',alpha=0.5)
plt.title('pm10-pm2.5')
plt.xlabel('pm10')
plt.ylabel('pm2.5')
plt.show()
```

[실행결과]

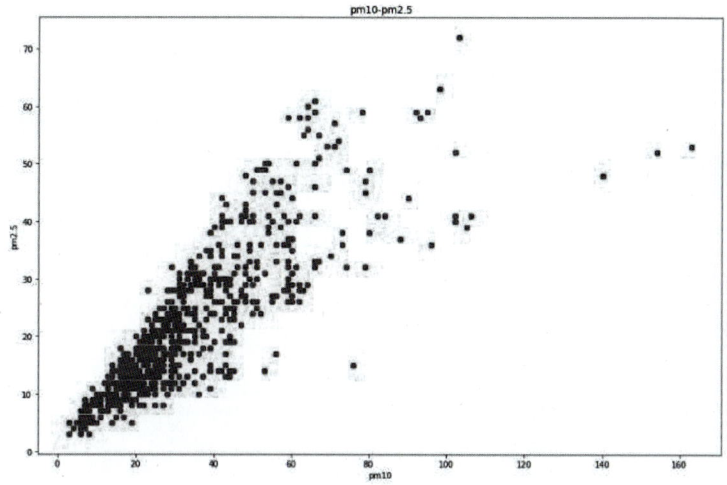

분석요약

- 미세먼지(pm10), 초미세먼지(pm2.5)는 강한 관계성이 있다.
- 미세먼지 변수 중 대기오염과 관련된 변수들은 관련성이 있다
- 일산화탄소(co), 이산화질소(no2)는 강한 관계성이 있다.
- 오존(o3)과 바람(wind)은 약한관계성이 있다.
- 기온(temp), 미세먼지는 무관하다.

연습문제

문제 1 미세먼지(dust.xlsx)의 결측치를 이전 데이터로 채웠는데, 이전 시간이 아닌 다음 시간의 값으로 채우고 결측치를 처리해보시오.

Hint : fillna(method='bfill') 또는 fillna(method='backfill') 사용

문제 2 데이터프레임(df)의 일별 오존(O3) 농도를 시본 모듈을 사용하여 막대 그래프로 나타내고, 그래프의 옵션들을 다양하게 설정해보시오.

문제 3 본문에서 사용된 데이터를 가지고 일별 기온(temp) 데이터를 상자 그림으로 나타내보시오.

문제 4 본문에서 사용된 데이터 대신 여러분이 사는 동네의 특정연도의 미세먼지 데이터와 날씨 데이터를 가지고 아래의 단계로 데이터를 분석해보시오.

1.데이터확인하기
- 기본 정보확인, 기초통계량 확인
2. 데이터 가공하기
- 데이터 형 변경, 컬럼명 변경, 새로운 컬럼 생성
3. 데이터 전처리
- 결측치 처리
4. 데이터 병합
5. 데이터 분석 및 시각화
- 병합한 데이터 상관관계 분석
- 데이터 시각화

Python for data analysis

Python for data analysis

12 건강 관련 데이터 분석

학습목표

- 건강 관련 데이터 분석을 위한 분석 대상 데이터를 수집할 수 있다.
- 수집한 데이터를 목적에 따라 가공할 수 있다.
- 데이터를 분석하고 시각화하여 분석 결과를 해석할 수 있다.

학습목차

12.1 분석 대상 데이터 수집

대한민국은 반세기 동안 엄청난 경제성장과 더불어 400배 넘게 부유해졌다. 반면 자살률, 청년 자살 증가율, 노인 빈곤률 등 어두운 면도 함께 증가하였다. 양적인 경제 번영과 달리 사회의 질적인 발전과 행복은 그렇지 못한 것이다. 건강은 정신적으로나 육체적으로 아무 탈 없이 튼튼한 상태를 말하는데, 행복은 건강에 영향을 주는 중요한 요소이다. 이 장에서는 삶에 영향을 주는 중요 요소들을 포함하여 측정한 행복지수 자료를 분석 대상 데이터로 정하여 수집하고 가공하여 요소들 간의 상관관계를 분석하고자 한다.

고려대학교 정부학연구소 연구팀에서 수행한 "행복지표체계 구축 기반 연구"를 바탕으로 구축한 대한민국 행복지도 홈페이지에서 행복지수 데이터를 수집한다.

대한민국 행복지도 사이트에서 수집

대한민국 행복지도 사이트의 행복지수는 건강, 안전, 환경, 경제, 교육, 관계 및 사회참여, 여가의 7개 요소와 삶의 만족도 요소로 산출되었으므로 각각의 데이터를 수집한다.

① 대한민국 행복지도 사이트(http://happykorea.re.kr/) 화면 상단의 [행복지도] → [삶의만족도]를 클릭한다.

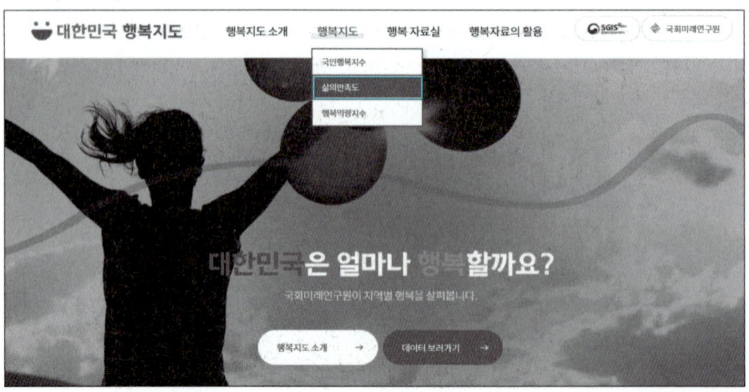

② 삶의만족도의 [엑셀다운로드]를 클릭한다.

③ [다른 이름으로 저장] 대화상자가 나타나면 원하는 저장 위치를 지정하여 저장한다.

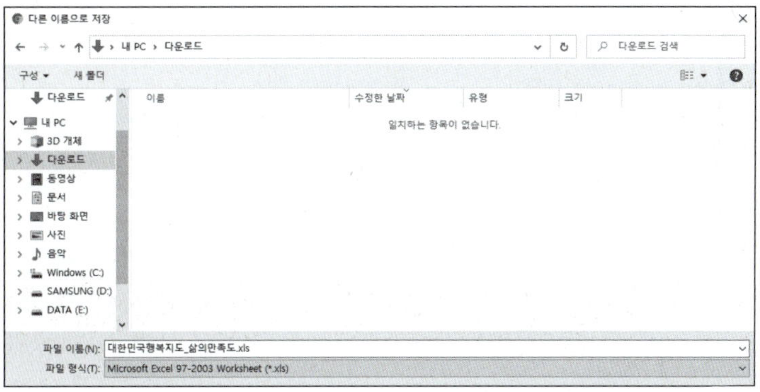

④ 다운로드한 파일을 엑셀로 열어 보면 전국의 구군별 삶의 만족도를 확인할 수 있다.

	A	B	C	D	E	F	G
1	No	시도	구군	삶의 만족도			
2	1	서울특별시	종로구	0.4437			
3	2	서울특별시	중구	0.4976			
4	3	서울특별시	용산구	0.6161			
5	4	서울특별시	성동구	0.4729			
6	5	서울특별시	광진구	0.4041			
7	6	서울특별시	동대문구	0.5842			
8	7	서울특별시	중랑구	0.1058			
9	8	서울특별시	성북구	0.6382			
10	9	서울특별시	강북구	0.0461			

223	222	경상남도	남해군	0.3203	
224	223	경상남도	하동군	0.6993	
225	224	경상남도	산청군	0.9355	
226	225	경상남도	함양군	0.9565	
227	226	경상남도	거창군	0.6163	
228	227	경상남도	합천군	0.8057	
229	228	제주특별자치도	제주시	0.7113	
230	229	제주특별자치도	서귀포시	0.7113	

⑤ 다운로드 한 파일 형식은 "Microsoft Excel 97-2003 Worksheet.xls (*.xls)"이다. 이 형식의 파일을 코랩에 업로드하여 읽으려고 하면 오류가 발생하기 때문에 파일 형식을 "Excel 통합 문서(*.xlsx)"로 변경해야 한다. 엑셀 메뉴에서 [파일] → [다른 이름으로 저장] → [찾아보기]를 클릭하여 파일 형식을 "Excel 통합 문서(*.xlsx)"로 선택하여 저장한다.

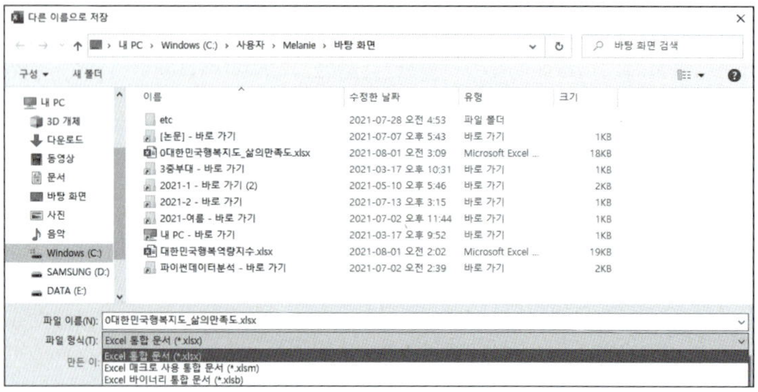

⑥ 동일한 방법으로 건강, 안전, 환경, 경제, 교육, 관계 및 사회참여, 여가 요소를 선택하여 각각의 엑셀 파일을 다운로드하고, 다운로드한 엑셀 파일을 하나씩 열어 파일 형식을 "Excel 통합 문서(*.xlsx)"를 선택하여 각각 다시 저장한다. 각 파일의 지표 정보 산출 내용은 대한민국 행복지도 사이트(http://happykorea.re.kr/)를 참고한다.

표 12.1 데이터 정보

파일명	열 정보(지표 정보)
대한민국행복지도_삶의만족도.xlsx	자신의 삶(과거와 현재)에 만족하는 정도
대한민국행복지도_건강.xlsx	주관적 건강수준 인지율, 인구 십만명당 정신건강증진기관 수, 인구 천명당 의료기관 종사 의사 수, 건강생활실천율, 인구 천명당 의료기관 병상 수

대한민국행복지도_안전.xlsx	사회안전에 대한 인식, 인구 천명당 cctv 대수, 인구 십만명당 응급의료기관 및 응급실 운영기관 수, 단위면적당 지역경찰관서 수, 지역안전등급 현황 중 '교통사고 및 화재'
대한민국행복지도_환경.xlsx	환경체감도, 인구 천명당 1일 산업폐수 방류량, 도시지역 중 '녹지지역 비율', 미세먼지(PM2.5), 주민 1인당 생활폐기물배출량
대한민국행복지도_경제.xlsx	1인당 지역내총생산(GRDP), 인구 천명당 사업체 수, 인구 천명당 종사자 수, 국민기초생활보장 수급자비율, 종사자 천명당 영세자영업자 수
대한민국행복지도_교육.xlsx	교원 1인당 학생수, 영유아 천명당 보육시설 수, 인구 십만명당 학교 수, 인구 천명당 사설학원 수
대한민국행복지도_관계및사회참여.xlsx	인구 십만명당 자살률, 1인가구(독거노인 제외) 비율, 독거노인가구 비율, 인구 십만명당 사회적기업 수, 가족관계 만족도
대한민국행복지도_여가.xlsx	여가활용 만족도, 노인 천명당 노인여가복지시설 수, 인구 십만명당 도서관 수, 인구 십만명당 문화기반시설 수, 인구 천명당 체육관련 여가시설 수

구글 드라이브에 업로드 및 연결하기

코랩에서 수집한 데이터로 데이터 분석을 하기 위해서는 엑셀 파일들을 구글 드라이브에 업로드하고 연결해야 한다. 구글 드라이브에 업로드 된 엑셀 파일을 코랩에서 읽어오려면 구글 드라이브를 연결해줘야 한다. 이를 마운트라고 하는데, 마운트하는 여러 가지 방법 중에 다음 과정을 거쳐 마운트하기로 한다.

① 구글 드라이브에서 마우스 오른쪽 버튼을 클릭하여 메뉴가 나타나면 [파일 업로드] 메뉴를 선

택한다. 열기 대화상가 나타나면 수집한 8개의 엑셀 파일을 선택하여 업로드 한다.

② 구글 드라이브에서 마우스 오른쪽 버튼을 클릭하여 메뉴가 나타나면 [더보기] → [Google Colaboratory]를 선택하여 코랩을 실행한다. [Google Colaboratory]가 보이지 않는다면 2장 코랩 환경 설정 내용을 통해 구글 드라이브에 연결한다. 코랩의 새 노트가 나타나면 이름을 "happy_korea.ipynb"로 수정한다.

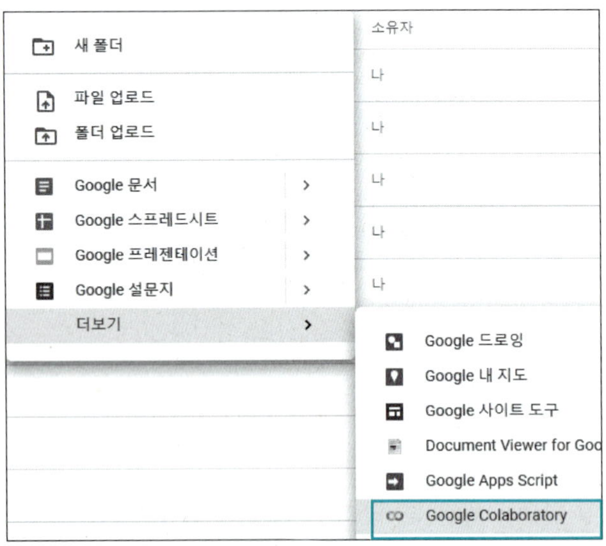

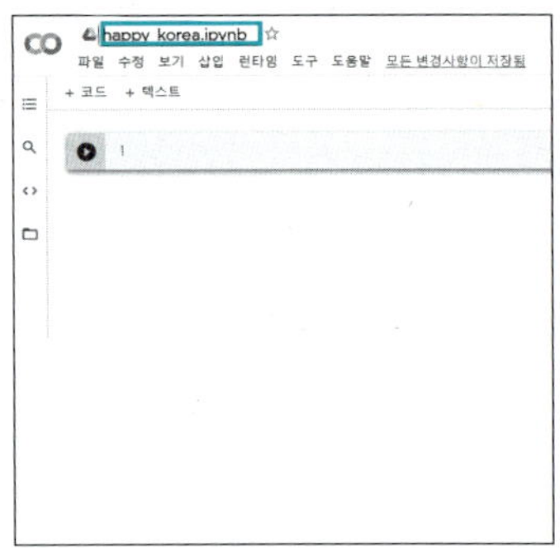

③ 엑셀 파일을 읽어 오기 위해 구글 드라이브에 마운트 한다. 왼쪽 폴더 모양의 "파일" 아이콘을 클릭한다. 파일 화면이 열리면 [드라이브 마운트] 아이콘을 클릭한다. 이 과정은 코랩의 해당 새 노트 파일에서 한번만 해주면 된다.

④ 구글 드라이브에 마운트하면 기본 경로는 "sample_data"가 된다. cd 경로 명령어를 사용하여 원하는 경로로 이동한다. "../content/drive/MyDrive/"까지는 동일하게 작성하고 그 뒤의 경로는 독자 여러분이 원하는 경로에 맞게 작성한다. 만약 마운트가 되지 않는다면 ③의 과정을 다시 해주고 마운트 해주면 정상적으로 동작하게 된다.

구글 드라이브에 마운트하기

```
%cd '../content/drive/MyDrive/BOOK/DS'
```

[실행결과]

```
%cd '../content/drive/MyDrive/BOOK/DS'
```

12.2 데이터 가공

데이터 분석 목적에 따라 수집한 데이터를 다양한 형태로 가공하게 된다. 행복지수 8개 요소가 저장되어 있는 각각의 엑셀 파일들의 내용을 확인해 보고, 요소들 간의 상관관계를 분석하기 위한 형태로 가공한다.

데이터 읽어와서 확인하기

행복지수 8개 요소 데이터를 가져오기 위해 각각의 엑셀 파일을 읽어 들이고, 처음 5줄 데이터를 출력하여 필요 데이터를 확인한다.

① 1행에서는 파이썬 라이브러리 판다스(pandas)를 임포트(import)하고, 3행에서는 판다스의 read_excel을 사용하여 "대한민국행복지도_삶의만족도.xlsx" 엑셀 파일을 읽어와 데이터프레임 변수 happy_life에 저장한다. 4행에서는 happy_life의 처음 5행을 출력한다.

"삶의 만족도" 엑셀 파일 읽어오기

```
1    from pandas import *
2
3    happy_life = read_excel('대한민국행복지도_삶의만족도.xlsx')
4    happy_life.head()
```

[실행결과]

	No	시도	구군	삶의 만족도
0	1	서울특별시	종로구	0.4437
1	2	서울특별시	중구	0.4976
2	3	서울특별시	용산구	0.6161

② 1행에서는 판다스의 read_excel을 사용하여 "대한민국행복지도_건강.xlsx" 엑셀 파일을 읽어와 데이터프레임 변수 happy_health에 저장한다. 2행에서는 happy_health의 처음 5줄 데이터를 출력한다. 건강지수는 5개의 지표와 평균으로 구성되어 있는데, 행복지수 8개 요소들 간의 상관관계 분석을 위해 평균 수치를 사용하기로 한다.

"건강" 엑셀 파일 읽어오기

```
1  happy_health = read_excel('대한민국행복지도_건강.xlsx')
2  happy_health.head()
```

[실행결과]

	No	시도	구군	평균	주관적 건강수준 인지율	인구 십만명당 정신건강증진기관 수	인구 천명당 의료기관 종사 의사수	건강생활실천율	인구 천명당 의료기관병상수
0	1	서울특별시	종로구	0.9220	0.8424	0.6914	1.0000	0.9697	0.7616
1	2	서울특별시	중구	0.6742	0.5772	0.4106	0.9995	0.9669	0.4043
2	3	서울특별시	용산구	0.5898	0.9819	0.3353	0.6046	0.9844	0.1433
3	4	서울특별시	성동구	0.4794	0.5465	0.3321	0.5783	0.9776	0.2111
4	5	서울특별시	광진구	0.6373	0.8534	0.7393	0.6352	0.8022	0.1936

③ 1행에서는 판다스의 read_excel을 사용하여 "대한민국행복지도_안전.xlsx" 엑셀 파일을 읽어와 데이터프레임 변수 happy_safe에 저장한다. 2행에서는 happy_safe의 처음 5줄 데이터를 출력한다. 안전지수는 5개의 지표와 평균으로 구성되어 있는데, 행복지수 8개 요소들 간의 상관관계 분석을 위해 평균 수치를 사용하기로 한다.

"안전" 엑셀 파일 읽어오기

```
1  happy_safe = read_excel('대한민국행복지도_안전.xlsx')
2  happy_safe.head()
```

[실행결과]

	No	시도	구군	평균	사회안전에 대한 인식 b)	인구 천명당 cctv 대수 b)	인구 십만명당 응급의료기관 및 응급실 운영기관수	단위면적당 지역경찰관서 수	지역안전등급 현황 중 '교통사고 및 화재' a)
0	1	서울특별시	종로구	0.7470	0.9965	0.4796	0.7498	0.9998	0.0162
1	2	서울특별시	중구	0.9320	0.9707	0.8214	0.6938	1.0000	0.3014
2	3	서울특별시	용산구	0.5537	0.6641	0.4311	0.1768	0.8923	0.5075
3	4	서울특별시	성동구	0.5347	0.7452	0.4330	0.1562	0.9800	0.3014
4	5	서울특별시	광진구	0.6072	0.7179	0.2196	0.2019	0.9785	0.7117

④ 1행에서는 판다스의 read_excel을 사용하여 "대한민국행복지도_환경.xlsx" 엑셀 파일을 읽어와 데이터프레임 변수 happy_environ에 저장한다. 2행에서는 happy_environ의 처음 5줄 데이터를 출력한다. 환경지수는 5개의 지표와 평균으로 구성되어 있는데, 행복지수 8개 요소들 간의 상관관계 분석을 위해 평균 수치를 사용하기로 한다.

"환경" 엑셀 파일 읽어오기

```
1  happy_environ = read_excel('대한민국행복지도_환경.xlsx')
2  happy_environ.head()
```

[실행결과]

	No	시도	구군	평균	환경체감도 b)	인구 천명당 1일 산업폐수 방류량 a)	도시지역 중 '녹지지역 비율'	미세먼지(PM2.5) a) b)	주민 1인당 생활폐기물배출량 a)
0	1	서울특별시	종로구	0.4637	0.4658	0.7223	0.2012	0.7704	0.0006
1	2	서울특별시	중구	0.2865	0.1077	0.6957	0.0013	0.6617	0.0000
2	3	서울특별시	용산구	0.5030	0.3142	0.7185	0.1349	0.6895	0.4571
3	4	서울특별시	성동구	0.4196	0.1480	0.6868	0.0347	0.3757	0.7426
4	5	서울특별시	광진구	0.4992	0.1229	0.6940	0.0574	0.7235	0.7016

⑤ 1행에서는 판다스의 read_excel을 사용하여 “대한민국행복지도_경제.xlsx” 엑셀 파일을 읽어와 데이터프레임 변수 happy_econo에 저장한다. 2행에서는 happy_econo의 처음 5줄 데이터를 출력한다. 경제지수는 5개의 지표와 평균으로 구성되어 있는데, 행복지수 8개 요소들 간의 상관관계 분석을 위해 평균 수치를 사용하기로 한다.

"경제" 엑셀 파일 읽어오기

```
1    happy_econo = read_excel('대한민국행복지도_경제.xlsx')
2    happy_econo.head()
```

[실행결과]

	No	시도	구군	평균	1인당 지역내총생산(GRDP)	인구 천명당 사업체수	인구 천명당 종사자수	국민기초생활보장 수급자비율 a)	종사자 천명당 영세자영업자 수 a)
0	1	서울특별시	종로구	1.0000	1.0000	1.0000	1.0000	0.7564	0.9037
1	2	서울특별시	중구	0.9806	1.0000	1.0000	1.0000	0.6718	0.9177
2	3	서울특별시	용산구	0.6915	0.6334	0.5493	0.7282	0.7910	0.8341
3	4	서울특별시	성동구	0.6533	0.5132	0.5368	0.6849	0.8243	0.8377
4	5	서울특별시	광진구	0.4445	0.2906	0.3424	0.3870	0.8681	0.7480

⑥ 1행에서는 판다스의 read_excel을 사용하여 “대한민국행복지도_교육.xlsx” 엑셀 파일을 읽어와 데이터프레임 변수 happy_edu에 저장한다. 2행에서는 happy_edu의 처음 5줄 데이터를 출력한다. 교육 지수는 4개의 지표와 평균으로 구성되어 있는데, 행복지수 8개 요소들 간의 상관관계 분석을 위해 평균 수치를 사용하기로 한다.

"교육" 엑셀 파일 읽어오기

```
1    happy_edu = read_excel('대한민국행복지도_교육.xlsx')
2    happy_edu.head()
```

[실행결과]

	No	시도	구군	평균	교원 1인당 학생수	영유아 천명당 보육시설 수	인구 십만명당 학교수	인구 천명당 사설학원수
0	1	서울특별시	종로구	0.6839	0.8505	0.6248	0.2249	0.8126
1	2	서울특별시	중구	0.5013	0.8729	0.4147	0.2294	0.2944
2	3	서울특별시	용산구	0.2679	0.6479	0.3804	0.1281	0.1629
3	4	서울특별시	성동구	0.2464	0.7661	0.2270	0.1308	0.3366
4	5	서울특별시	광진구	0.4879	0.9309	0.4263	0.1278	0.4607

⑦ 1행에서는 판다스의 read_excel을 사용하여 “대한민국행복지도_관계및사회참여.xlsx” 엑셀 파일을 읽어와 데이터프레임 변수 happy_relation에 저장한다. 2행에서는 happy_relation의 처음 5줄 데이터를 출력한다. 관계 및 사회참여지수는 5개의 지표와 평균으로 구성되어 있는데, 행복지수 8개 요소들 간의 상관관계 분석을 위해 평균 수치를 사용하기로 한다.

"관계 및 사회참여" 엑셀 파일 읽어오기

```
happy_relation = read_excel('대한민국행복지도_관계및사회참여.xlsx')
happy_relation.head()
```

[실행결과]

	No	시도	구군	평균	인구 십만명당 자살률 a)	1인가구(독거노인 제외) 비율 a)	독거노인가구 비율 a)	인구 십만명당 사회적기업수	가족관계 만족도 b)
0	1	서울특별시	종로구	0.7425	0.8318	0.0057	0.7593	0.9981	0.5949
1	2	서울특별시	중구	0.4608	0.5462	0.0107	0.7254	1.0000	0.2329
2	3	서울특별시	용산구	0.4317	0.7288	0.0211	0.7754	0.7194	0.2009
3	4	서울특별시	성동구	0.4182	0.7288	0.0791	0.8332	0.6783	0.0937
4	5	서울특별시	광진구	0.3519	0.9434	0.0051	0.8541	0.2461	0.2058

⑧ 1행에서는 판다스의 read_excel을 사용하여 "대한민국행복지도_여가.xlsx" 엑셀 파일을 읽어와 데이터프레임 변수 happy_leisure에 저장한다. 2행에서는 happy_leisure의 처음 5줄 데이터를 출력한다. 여가지수는 5개의 지표와 평균으로 구성되어 있는데, 행복지수 8개 요소들 간의 상관관계 분석을 위해 평균 수치를 사용하기로 한다.

"여가" 엑셀 파일 읽어오기

```
1    happy_leisure = read_excel('대한민국행복지도_여가.xlsx')
2    happy_leisure.head()
```

[실행결과]

	No	시도	구군	평균	여가활용 만족도 b)	노인 천명당 노인여가복지시설수	인구 십만명당 도서관수	인구 십만명당 문화기반시설수	인구 천명당 체육관련 여가시설수
0	1	서울특별시	종로구	0.6331	0.8409	0.1573	0.4523	0.9997	0.5559
1	2	서울특별시	중구	0.6691	0.6224	0.1467	0.5369	0.8441	0.9886
2	3	서울특별시	용산구	0.2817	0.6381	0.1628	0.2453	0.3715	0.2934
3	4	서울특별시	성동구	0.3257	0.5657	0.1859	0.3590	0.2768	0.4859
4	5	서울특별시	광진구	0.3313	0.6740	0.1443	0.2333	0.2058	0.6365

데이터 병합하기

행복지수 8개 요소 데이터는 각각의 데이터프레임 변수에 저장되어 있다. 요소별 데이터프레임 변수의 평균 수치를 가져와 새로운 데이터프레임에 병합한다.

③ 1행에서는 happy_life 데이터프레임 변수에서 중복되지 않은 '시도' 데이터를 unique() 함수로 추출 후 리스트로 변환하여 city 변수에 저장한다. 2행에서는 '시도' 데이터로 새로운 데이터프레임을 생성하여 데이터프레임 변수 happy_merge에 저장한다. 3행에서는 중복되지 않은 '시도' 데이터로 생성한 happy_merge 데이터를 출력한다.

"시도" 데이터 추출하기

```
1    city = list(happy_life['시도'].unique())
2    happy_merge = DataFrame( {'시도' : city} )
```

[실행결과]

```
3    happy_merge
```

	시도
0	서울특별시
1	부산광역시
2	대구광역시
3	인천광역시
4	광주광역시
5	대전광역시
6	울산광역시
7	세종특별자치시
8	경기도
9	강원도
10	충청북도
11	충청남도
12	전라북도
13	전라남도
14	경상북도
15	경상남도
16	제주특별자치도

② 1행에서는 happy_life에서 '삶의 만족도' 열의 데이터를 가져와 mean() 함수로 '시도'별 평균을 구한 후 life 변수에 저장한다. 2행에서는 happy_merge에 life를 병합하는데 두 데이터프레임의 공통 열 '시도'를 기준으로 병합한다. 3행에서는 happy_merge의 처음 5줄 데이터를 출력한다.

"삶의 만족도" 데이터 병합하기

```
1    life = happy_life['삶의 만족도'].groupby(by=happy_life['시도']).mean()
2    happy_merge = merge(happy_merge, life, on='시도')
3    happy_merge.head()
```

[실행결과]

	시도	삶의 만족도
0	서울특별시	0.490972
1	부산광역시	0.362081
2	대구광역시	0.363988
3	인천광역시	0.411480
4	광주광역시	0.484480

③ 1행에서는 happy_health에서 '평균' 열의 데이터를 가져와 mean() 함수로 '시도'별 평균을 구한 후 health 변수에 저장한다. 2행에서는 happy_merge에 health를 병합하는데 두 데이터프레

임의 공통 열 '시도'를 기준으로 병합한다. 이때 health의 열 이름 '평균'은 rename()을 이용하여 '건강'으로 변경한다. 3행에서는 happy_merge의 처음 5줄 데이터를 출력한다.

"건강" 데이터 병합하기

```
1   health = happy_health['평균'].groupby(by=happy_health['시도']).mean()
2   happy_merge = merge(happy_merge, health.rename('건강'), on='시도')
3   happy_merge.head()
```

[실행결과]

	시도	삶의 만족도	건강
0	서울특별시	0.490972	0.569532
1	부산광역시	0.362081	0.511906
2	대구광역시	0.363988	0.482325
3	인천광역시	0.411480	0.339620
4	광주광역시	0.484480	0.632300

④ 1행에서는 happy_safe에서 '평균' 열의 데이터를 가져와 mean() 함수로 '시도'별 평균을 구한 후 safe 변수에 저장한다. 2행에서는 happy_merge에 safe를 병합하는데 두 데이터프레임의 공통 열 '시도'를 기준으로 병합한다. 이때 safe의 열 이름 '평균'은 rename()을 이용하여 '안전'으로 변경한다. 3행에서는 happy_merge의 처음 5줄 데이터를 출력한다.

"안전" 데이터 병합하기

```
1   safe = happy_safe['평균'].groupby(by=happy_safe['시도']).mean()
2   happy_merge = merge(happy_merge, safe.rename('안전'), on='시도')
3   happy_merge.head()
```

[실행결과]

	시도	삶의 만족도	건강	안전
0	서울특별시	0.490972	0.569532	0.552256
1	부산광역시	0.362081	0.511906	0.404875
2	대구광역시	0.363988	0.482325	0.358429
3	인천광역시	0.411480	0.339620	0.421020
4	광주광역시	0.484480	0.632300	0.266440

⑤ 1행에서는 happy_environ에서 '평균' 열의 데이터를 가져와 mean() 함수로 '시도'별 평균을 구한 후 environ 변수에 저장한다. 2행에서는 happy_merge에 environ을 병합하는데 두 데이터

프레임의 공통 열 '시도'를 기준으로 병합한다. 이때 environ의 열 이름 '평균'은 rename()을 이용하여 '환경'으로 변경한다. 3행에서는 happy_merge의 처음 5줄 데이터를 출력한다.

"환경" 데이터 병합하기

```
1  environ = happy_environ['평균'].groupby(by=happy_environ['시도']).mean()
2  happy_merge = merge(happy_merge, environ.rename('환경'), on='시도')
3  happy_merge.head()
```

[실행결과]

	시도	삶의 만족도	건강	안전	환경
0	서울특별시	0.490972	0.569532	0.552256	0.470712
1	부산광역시	0.362081	0.511906	0.404875	0.448719
2	대구광역시	0.363988	0.482325	0.358429	0.552500
3	인천광역시	0.411480	0.339620	0.421020	0.515020
4	광주광역시	0.484480	0.632300	0.266440	0.607480

⑥ 1행에서는 happy_econo에서 '평균' 열의 데이터를 가져와 mean() 함수로 '시도'별 평균을 구한 후 econo 변수에 저장한다. 2행에서는 happy_merge에 econo를 병합하는데 두 데이터프레임의 공통 열 '시도'를 기준으로 병합한다. 이때 econo의 열 이름 '평균'은 rename()을 이용하여 '경제'로 변경한다. 3행에서는 happy_merge의 처음 5줄 데이터를 출력한다.

"경제" 데이터 병합하기

```
1  econo = happy_econo['평균'].groupby(by=happy_econo['시도']).mean()
2  happy_merge = merge(happy_merge, econo.rename('경제'), on='시도')
3  happy_merge.head()
```

[실행결과]

	시도	삶의 만족도	건강	안전	환경	경제
0	서울특별시	0.490972	0.569532	0.552256	0.470712	0.532820
1	부산광역시	0.362081	0.511906	0.404875	0.448719	0.438037
2	대구광역시	0.363988	0.482325	0.358429	0.552500	0.393975
3	인천광역시	0.411480	0.339620	0.421020	0.515020	0.410820
4	광주광역시	0.484480	0.632300	0.266440	0.607480	0.387380

⑦ 1행에서는 happy_edu에서 '평균' 열의 데이터를 가져와 mean() 함수로 '시도'별 평균을 구한 후 edu 변수에 저장한다. 2행에서는 happy_merge에 edu를 병합하는데 두 데이터프레임의 공

통 열 ‘시도’를 기준으로 병합한다. 이때 edu의 열 이름 ‘평균’은 rename()을 이용하여 ‘교육’으로 변경한다. 3행에서는 happy_merge의 처음 5줄 데이터를 출력한다.

"교육" 데이터 병합하기

```
1  edu = happy_edu['평균'].groupby(by=happy_edu['시도']).mean()
2  happy_merge = merge(happy_merge, edu.rename('교육'), on='시도')
3  happy_merge.head()
```

[실행결과]

	시도	삶의 만족도	건강	안전	환경	경제	교육
0	서울특별시	0.490972	0.569532	0.552256	0.470712	0.532820	0.399412
1	부산광역시	0.362081	0.511906	0.404875	0.448719	0.438037	0.504594
2	대구광역시	0.363988	0.482325	0.358429	0.552500	0.393975	0.585837
3	인천광역시	0.411480	0.339620	0.421020	0.515020	0.410820	0.502920
4	광주광역시	0.484480	0.632300	0.266440	0.607480	0.387380	0.689680

⑧ 1행에서는 happy_relation에서 ‘평균’ 열의 데이터를 가져와 mean() 함수로 ‘시도’별 평균을 구한 후 relation 변수에 저장한다. 2행에서는 happy_merge에 relation을 병합하는데 두 데이터프레임의 공통 열 ‘시도’를 기준으로 병합한다. 이때 relation의 열 이름 ‘평균’은 rename()을 이용하여 ‘관계및사회참여’로 변경한다. 3행에서는 happy_merge의 처음 5줄 데이터를 출력한다.

"관계 및 사회참여" 데이터 병합하기

```
1  relation = happy_relation['평균'].groupby(by=happy_relation['시도']).mean()
2  happy_merge = merge(happy_merge, relation.rename('관계및사회참여'), on='시도')
3  happy_merge.head()
```

[실행결과]

	시도	삶의 만족도	건강	안전	환경	경제	교육	관계및사회참여
0	서울특별시	0.490972	0.569532	0.552256	0.470712	0.532820	0.399412	0.390656
1	부산광역시	0.362081	0.511906	0.404875	0.448719	0.438037	0.504594	0.294719
2	대구광역시	0.363988	0.482325	0.358429	0.552500	0.393975	0.585837	0.407486
3	인천광역시	0.411480	0.339620	0.421020	0.515020	0.410820	0.502920	0.504920
4	광주광역시	0.484480	0.632300	0.266440	0.607480	0.387380	0.689680	0.637800

⑨ 1행에서는 happy_leisure에서 ‘평균’ 열의 데이터를 가져와 mean() 함수로 ‘시도’별 평균을 구한 후 leisure 변수에 저장한다. 2행에서는 happy_merge에 leisure를 병합하는데 두 데이터프레

임의 공통 열 '시도'를 기준으로 병합한다. 이때 leisure의 열 이름 '평균'은 rename()을 이용하여 '여가'로 변경한다. 3행에서는 happy_merge의 처음 5줄 데이터를 출력한다.

"관계 및 사회참여" 데이터 병합하기

```
1  leisure = happy_leisure['평균'].groupby(by=happy_leisure['시도']).mean()
2  happy_merge = merge(happy_merge, leisure.rename('여가'), on='시도')
3  happy_merge.head()
```

[실행결과]

	시도	삶의 만족도	건강	안전	환경	경제	교육	관계및사회참여	여가
0	서울특별시	0.490972	0.569532	0.552256	0.470712	0.532820	0.399412	0.390656	0.286732
1	부산광역시	0.362081	0.511906	0.404875	0.448719	0.438037	0.504594	0.294719	0.153587
2	대구광역시	0.363988	0.482325	0.358429	0.552500	0.393975	0.585837	0.407486	0.234925
3	인천광역시	0.411480	0.339620	0.421020	0.515020	0.410820	0.502920	0.504920	0.244590
4	광주광역시	0.484480	0.632300	0.266440	0.607480	0.387380	0.689680	0.637800	0.454980

데이터 검산하기

데이터 분석을 진행할 때는 틀린 데이터로 분석하지 않도록 가공 후 검산을 진행해야 한다. 앞서 groupby()를 이용하여 '시도'별 평균을 구하여 새로운 데이터프레임에 병합하였다. 데이터 가공 전과 가공 후의 평균이 얼마나 차이가 나는지 간단히 확인하여 검산한다.

① 병합하여 새롭게 만든 데이터프레임 변수 happy_merge에서 '삶의 만족도' 열의 평균과 "대한민국행복지도_삶의만족도.xlsx" 엑셀 파일에서 읽어와 저장한 데이터프레임 변수 happy_life에서 '삶의 만족도' 열의 평균을 출력했다. 약 0.024 정도의 차이가 발생한 것을 확인할 수 있다. happy_merge는 groupby()를 이용하여 '시도'별로 이미 한 번의 평균이 구해진 상태이기 때문에 약간의 차이가 발생한 것이다.

"삶의 만족도" 데이터 검산하기

```
print(happy_merge['삶의 만족도'].mean())
print(happy_life['삶의 만족도'].mean())
```

[실행결과]

```
0.5181887062335198
0.493761842105263
```

① 병합하여 새롭게 만든 데이터프레임 변수 happy_merge에서 '건강' 열의 평균과 "대한민국행

복지도_건강.xlsx” 엑셀 파일에서 읽어와 저장한 데이터프레임 변수 happy_health에서 ‘평균’ 열의 평균을 출력했다. 약 0.005 정도의 차이가 발생한 것을 확인할 수 있다. 마찬가지로 happy_merge는 groupby()를 이용하여 ‘시도’별로 이미 한 번의 평균이 구해진 상태이기 때문에 약간의 차이가 발생한 것이다.

"건강" 데이터 검산하기

```
print(happy_merge['건강'].mean())
print(happy_health['평균'].mean())
```

[실행결과]

```
0.40940147440726044
0.4044350877192981
```

③ 병합하여 새롭게 만든 데이터프레임 변수 happy_merge에서 ‘안전’ 열의 평균과 “대한민국행복지도_안전.xlsx” 엑셀 파일에서 읽어와 저장한 데이터프레임 변수 happy_safe에서 ‘평균’ 열의 평균을 출력했다. 약 0.036 정도의 차이가 발생한 것을 확인할 수 있다. 마찬가지로 happy_merge는 groupby()를 이용하여 ‘시도’별로 이미 한 번의 평균이 구해진 상태이기 때문에 약간의 차이가 발생한 것이다.

"안전" 데이터 검산하기

```
print(happy_merge['안전'].mean())
print(happy_safe['평균'].mean())
```

[실행결과]

```
0.42088164252386323
0.45690657894736864
```

④ 병합하여 새롭게 만든 데이터프레임 변수 happy_merge에서 ‘환경’ 열의 평균과 “대한민국행복지도_환경.xlsx” 엑셀 파일에서 읽어와 저장한 데이터프레임 변수 happy_environ에서 ‘평균’ 열의 평균을 출력했다. 약 0.001 정도의 차이가 발생한 것을 확인할 수 있다. 마찬가지로 happy_merge는 groupby()를 이용하여 ‘시도’별로 이미 한 번의 평균이 구해진 상태이기 때문에 약간의 차이가 발생한 것이다.

"환경" 데이터 검산하기

```
print(happy_merge['환경'].mean())
print(happy_environ['평균'].mean())
```

[실행결과]

```
0.5794064414748389
0.5806381578947367
```

⑤ 병합하여 새롭게 만든 데이터프레임 변수 happy_merge에서 '경제' 열의 평균과 "대한민국행복지도_경제.xlsx" 엑셀 파일에서 읽어와 저장한 데이터프레임 변수 happy_econo에서 '평균' 열의 평균을 출력했다. 약 0.018 정도의 차이가 발생한 것을 확인할 수 있다. 마찬가지로 happy_merge는 groupby()를 이용하여 '시도'별로 이미 한 번의 평균이 구해진 상태이기 때문에 약간의 차이가 발생한 것이다.

"경제" 데이터 검산하기

```
print(happy_merge['경제'].mean())
print(happy_econo['평균'].mean())
```

[실행결과]

```
0.407634679260756
0.3894403508771931
```

⑥ 병합하여 새롭게 만든 데이터프레임 변수 happy_merge에서 '교육' 열의 평균과 "대한민국행복지도_교육.xlsx" 엑셀 파일에서 읽어와 저장한 데이터프레임 변수 happy_edu에서 '평균' 열의 평균을 출력했다. 약 0.039 정도의 차이가 발생한 것을 확인할 수 있다. 마찬가지로 happy_merge는 groupby()를 이용하여 '시도'별로 이미 한 번의 평균이 구해진 상태이기 때문에 약간의 차이가 발생한 것이다.

"교육" 데이터 검산하기

```
print(happy_merge['교육'].mean())
print(happy_edu['평균'].mean())
```

[실행결과]

```
0.5786529913992841
0.5396557017543863
```

⑦ 병합하여 새롭게 만든 데이터프레임 변수 happy_merge에서 '관계및사회참여' 열의 평균과 "대한민국행복지도_관계및사회참여.xlsx" 엑셀 파일에서 읽어와 저장한 데이터프레임 변수 happy_relation에서 '평균' 열의 평균을 출력했다. 약 0.029 정도의 차이가 발생한 것을 확인할 수 있다. 마찬가지로 happy_merge는 groupby()를 이용하여 '시도'별로 이미 한 번의 평균이 구해진 상태이기 때문에 약간의 차이가 발생한 것이다.

"관계 및 사회참여" 데이터 검산하기

```
print(happy_merge['관계및사회참여'].mean())
print(happy_relation['평균'].mean())
```

[실행결과]

```
0.49763200954204195
0.4684192982456141
```

⑧ 병합하여 새롭게 만든 데이터프레임 변수 happy_merge에서 '여가' 열의 평균과 "대한민국행복지도_여가.xlsx" 엑셀 파일에서 읽어와 저장한 데이터프레임 변수 happy_leisure에서 '평균' 열의 평균을 출력했다. 약 0.003 정도의 차이가 발생한 것을 확인할 수 있다. 마찬가지로 happy_merge는 groupby()를 이용하여 '시도'별로 이미 한 번의 평균이 구해진 상태이기 때문에 약간의 차이가 발생한 것이다.

"여가" 데이터 검산하기

```
print(happy_merge['여가'].mean())
print(happy_leisure['평균'].mean())
```

[실행결과]

```
0.46490970955241717
0.46238947368421035
```

⑨ 데이터 분석을 진행할 때는 데이터의 결손치 확인이 필요하다. 대부분의 데이터는 결손치가 포함되어 있을 가능성이 있는데, 결손치는 분석 결과에 큰 영향을 미치기 때문에 숫자를 파악해 두었다가 제거하거나 보간해야 한다.

isnull()을 이용하면 결손치가 True/False로 반환되기 때문에 True 개수를 열마다 sum()으로 계산하여 출력하였다. happy_merge는 '시도'별 평균을 구하여 새로운 데이터프레임으로 생성한 것이기 때문에 결손치가 발생하지 않았음을 확인할 수 있다.

데이터 결손 확인하기

```
happy_merge.isnull().sum()
```

[실행결과]

```
시도          0
삶의 만족도     0
건강          0
안전          0
환경          0
경제          0
교육          0
관계및사회참여    0
여가          0
dtype: int64
```

12.3 데이터 분석 및 시각화

가공한 데이터의 간단한 통계량과 집계 내용을 확인해 본 뒤, 행복지수 8개 요소들 간의 상관관계를 분석하고 시각화하여 분석결과를 확인하고자 한다.

데이터 분석

전체를 파악할 수 있는 요약 정보와, 행복지수 요소별 및 시도별로 집계 내용을 확인한다. 행복지수 요소별 상관관계를 분석하여 요소들 간의 연관성에 대하여 간단히 확인한다.

① describe()를 이용하여 데이터 개수(count), 평균(mean), 표준편차(std), 최솟값(min), 사분위수(25%, 75%), 중앙값(50%), 최댓값(max)을 간단히 출력하였다. 예를 들면, '삶의 만족도'의 경우 최대와 최소가 0.6 이상 차이가 발생한 것을 확인할 수 있다.

데이터 집계 내용 확인하기

```
happy_merge.describe()
```

[실행결과]

	삶의 만족도	건강	안전	환경	경제	교육	관계및사회참여	여가
count	17.000000	17.000000	17.000000	17.000000	17.000000	17.000000	17.000000	17.000000
mean	0.518189	0.409401	0.420882	0.579406	0.407635	0.578653	0.497632	0.464910
std	0.138257	0.127636	0.123557	0.097299	0.111265	0.125408	0.114394	0.176206
min	0.362081	0.232000	0.157800	0.393440	0.196543	0.399412	0.294719	0.153587
25%	0.411480	0.329506	0.358429	0.515020	0.386861	0.488533	0.402183	0.347960
50%	0.490972	0.401064	0.446100	0.582380	0.410820	0.587000	0.487464	0.454980
75%	0.553100	0.482325	0.484835	0.652400	0.468926	0.648047	0.601532	0.632750
max	0.907700	0.663580	0.573155	0.735600	0.642580	0.840780	0.676440	0.702891

② mean()을 이용하여 행복지수 요소별 평균을 확인해 본다. 이때 axis(축)의 기준에 따라 행 방향으로 동작하게 할지, 열 방향으로 동작하게 할지를 지정할 수 있다. mean(axis=0)은 행 방향으로 동작하여 평균을 구하고, mean(axis=1)은 열 방향으로 동작하여 평균을 구하게 된다. 행복지수 요소별 평균은 행 방향으로 계산하기 때문에 mean(axis=0)이 된다. 행 방향 동작은 기본이기 때문에 axis=0은 생략이 가능하다. 평균 수치상은 환경과 교육 부분의 행복지수가 상대적으로

높은 것으로 나타났다.

행복지수 요소별 평균 확인하기

```
happy_merge.mean(axis=0)
```

[실행결과]

```
삶의 만족도     0.518189
건강          0.409401
안전          0.420882
환경          0.579406
경제          0.407635
교육          0.578653
관계및사회참여    0.4976
여가          0.464910
dtype: float64
```

③ mean()을 이용하여 시도별 평균을 확인해 본다. 시도별 평균은 열 방향으로 계산하기 때문에 mean(axis=1)이 된다.

시도별 평균 확인하기 (1)

```
happy_merge.mean(axis=1)
```

[실행결과]

```
0     0.461636
1     0.389815
2     0.422433
3     0.418799
4     0.520068
5     0.497018
6     0.532900
7     0.521288
8     0.472481
9     0.526015
10    0.500400
11    0.508128
12    0.488729
13    0.500111
14    0.436254
15    0.482856
16    0.559075
dtype: float64
```

④ 인덱스가 숫자로 되어 있어 '시도' 정보를 한눈에 확인하기 어렵다. set_index를 이용하여 인덱스를 '시도'로 변경하여 시도별 평균을 다시 확인해 본다. 평균 수치상은 제주특별자치도의 행복지수가 상대적으로 높은 것으로, 부산광역시의 행복지수가 상대적으로 낮은 것으로 나타났다.

시도별 평균 확인하기 (2)

```
happy_merge.set_index('시도').mean(axis=1)
```

[실행결과]

```
시도
서울특별시      0.461636
부산광역시      0.389815
대구광역시      0.422433
인천광역시      0.418799
광주광역시      0.520068
대전광역시      0.497018
울산광역시      0.532900
```

```
세종특별자치시      0.521288
경기도          0.472481
강원도          0.526015
충청북도          0.500400
충청남도          0.508128
전라북도          0.488729
전라남도          0.500111
경상북도          0.436254
경상남도          0.482856
제주특별자치도      0.559075
dtype: float64
```

⑤ 상관계수를 계산해 주는 corr()를 이용하여 행복지수 요소별 상관관계를 확인해 본다. 상관관계는 두 데이터의 상관관계만 확인하는 것으로 인과관계로 판단해서는 안 된다. 상관계수만 보면, 환경이 좋아지면 삶의 만족도가 높아지는 관계에 있다는 것과 경제가 높을수록 환경이 나빠진다는 것을 확인할 수 있다.

행복지수 요소별 상관관계 확인하기

```
happy_merge.corr()
```

[실행결과]

	삶의 만족도	건강	안전	환경	경제	교육	관계및사회참여	여가
삶의 만족도	1.000000	-0.570466	-0.191709	0.572262	-0.057815	-0.113522	0.519122	0.497880
건강	-0.570466	1.000000	-0.210138	-0.357841	0.071809	0.242186	-0.175048	-0.405151
안전	-0.191709	-0.210138	1.000000	-0.124581	-0.142781	-0.519065	-0.444827	0.382730
환경	0.572262	-0.357841	-0.124581	1.000000	-0.716187	-0.146646	0.169838	0.494416
경제	-0.057815	0.071809	-0.142781	-0.716187	1.000000	0.451395	0.298562	-0.367461
교육	-0.113522	0.242186	-0.519065	-0.146646	0.451395	1.000000	0.462585	-0.070109
관계및사회참여	0.519122	-0.175048	-0.444827	0.169838	0.298562	0.462585	1.000000	0.216653
여가	0.497880	-0.405151	0.382730	0.494416	-0.367461	-0.070109	0.216653	1.000000

한글 폰트 설정

위에서 확인한 분석 결과를 시각화하여 확인하려고 한다. 그런데 코랩에서는 맷플롯립으로 그래프를 그릴 때 한글이 깨지기 때문에 한글 폰트를 설치해야 한다. 주의할 점은 코랩이라는 가상환경에 설치한 한글 폰트는 세션이 종료되면 매번 재설치를 해줘야 한다. 그리고 설치 후에는 반드시 '런타임 다시시작'을 한 후 재실행해야 한다. 자세한 내용은 7장 맷플롯립 한글 폰트 설치 부분을 확인한다.

① 1행에서는 그래프를 그리기 위한 맷플롯립(matplotlib) 라이브러리를 임포트(import)하고, 2행에서는 한글 폰트 설정을 위한 폰트 매니저(matplotlib.font_manager)를 임포트(import)한다. 4행

에서는 나눔고딕 폰트 경로를 변수 font_path에 저장하고, 5행에서는 나눔고딕 폰트, 글자크기 10의 폰트 정보를 변수 font_name에 저장한다. 7행에서는 5행과 6행에서 지정한 한글 폰트 정보를 rc()를 이용하여 적용한다.

한글 폰트 설정하기

```
1   import matplotlib.pyplot as plt
2   import matplotlib.font_manager as fm
3
4   font_path = '/usr/share/fonts/truetype/nanum/NanumGothic.ttf'
5   font_name = fm.FontProperties(fname=font_path, size=10).get_name()
6
7   plt.rc('font', family=font_name)
```

막대 그래프로 시각화

행복지수가 '시도'별 지역에 따라 얼마나 차이가 나는지 세로 막대그래프로 시각화하는데, 세로 막대그래프의 서브플롯을 활성화하여 8개의 요소들을 구분하여 출력한다.

① 1행에서는 plot()을 이용하여 그래프를 그리는데, 종류는 막대그래프(bar), x축 이름은 '시도', y축 이름은 '수치', 그래프 크기는 가로 15 및 세로 20, 격자선 활성, 계열별 서브플롯 활성으로 한다. 3행에서는 그래프 제목을 '대한민국 행복지수'로, 글자크기는 25로 지정하며, 4행에서는 그래프와 서브플롯 간의 간격을 8로, 서브플롯 간의 간격은 2로 지정하여 보기 좋게 레이아웃을 설정한다.

막대 그래프로 시각화하기 (1)

```
1   happy_merge.plot(kind='bar', xlabel='시도', ylabel='수치', figsize=(15,20),
    grid=True, subplots=True)
2
3   plt.suptitle('대한민국 행복지수', fontsize=25)
4   plt.tight_layout(pad = 8, h_pad = 2)
```

② 6행에서는 x축 눈금을 array 형태로 저장하기 위한 넘파이 라이브러리를 임포트(import)한다. 7행에서는 xticks()를 이용하여 x축 눈금을 지정하는데, '시도' 데이터를 저장해 놓은 변수 city를 x축 이름으로 지정하고, 360도 회전하여 가로로 출력되도록 한다. 8행에서는 show()를 이용하여 1행에서 7행까지 지정한 속성대로 실제 그래프를 출력한다.

막대 그래프로 시각화하기 (2)

```
from numpy import *
plt.xticks(arange(17), city, rotation=360)
plt.show()
```

[실행결과]

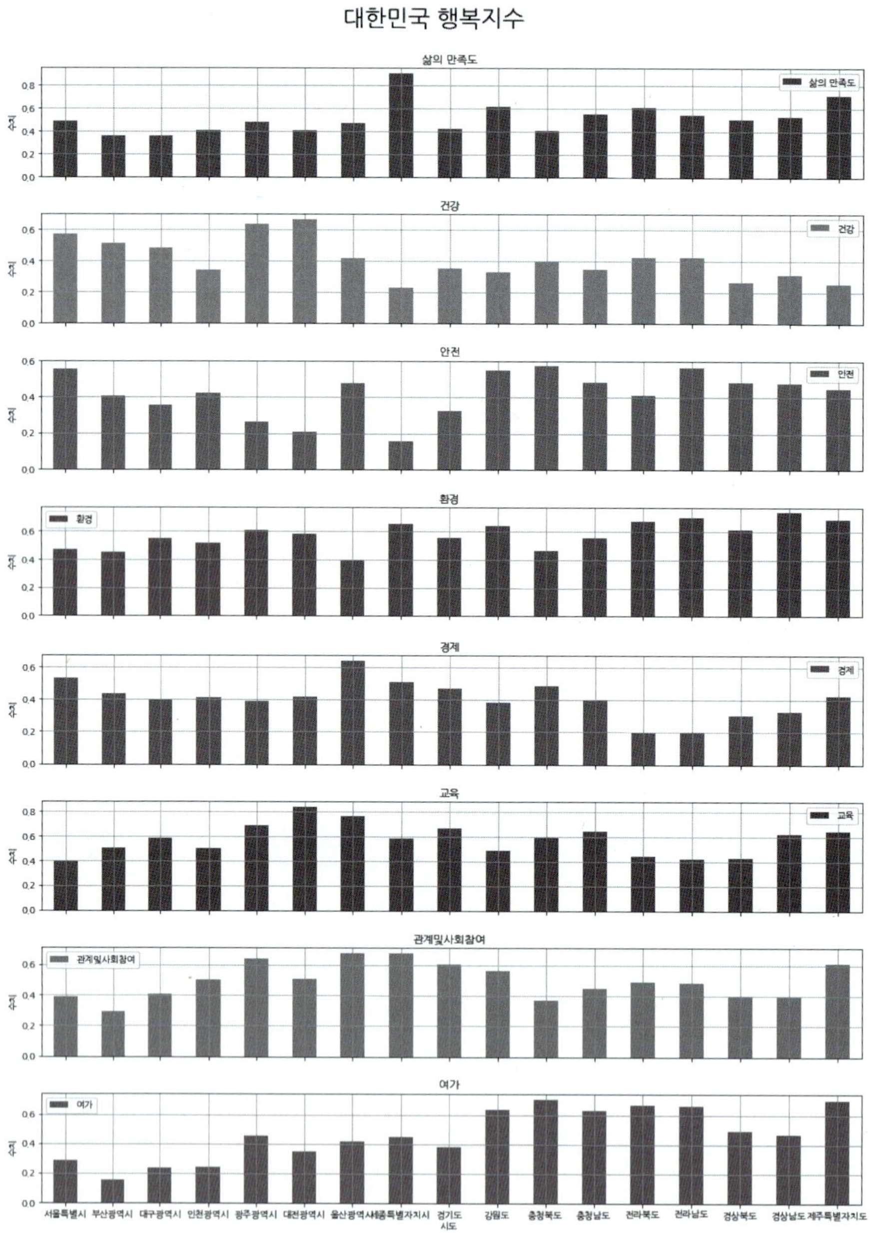

히트맵 그래프로 시각화

앞서 8개의 행복지수 요소별로 어떤 상관관계가 있는지 corr()를 이용하여 확인해 보았는데, 이를 히트맵 그래프를 이용하여 시각화하고자 한다. 시본(seaborn) 라이브러리를 추가로 이용하여 데이터 범위를 다양한 색상으로 출력한다.

① 1행에서는 그래프 크기를 가로 15 및 세로 13으로 지정하고, 2행에서는 마이너스 폰트가 깨지지 않도록 설정한다. 4행에서는 corr()를 이용하여 구한 상관계수를 변수 correlation_mat에 저장하고, 5행에서는 넘파이(numpy) 라이브러리의 triu()를 이용하여 위쪽 부분의 삼각형을 변수 upp_mat에 저장한다. tril()를 이용하게 되면 아래쪽 삼각형이 반환된다.

히트맵 그래프로 시각화하기 (1)

```
1   plt.figure(figsize=(15,13))
2   plt.rc('axes', unicode_minus=False)
3
4   correlation_mat = happy_merge.corr()
5   upp_mat = triu(correlation_mat)
```

② 7행에서는 파이썬 라이브러리 시본(seaborn)을 임포트(import)하고, 8행에서는 heatmap()을 이용하여 히트맵 그래프를 출력하는데, 상관계수를 저장한 변수 correlation_mat를 지정하고, mask에 위쪽 부분의 삼각형을 저장한 변수 upp_mat를 지정하여 마스킹 한다. 즉, 위쪽 부분의 삼각형이 보이지 않게 된다. annot를 활성화하여 각 셀마다 수치가 출력되도록 하고, cmap에는 'RdYlGn' 팔레트 색상을 지정한다. 9행에서는 그래프 제목을 '대한민국 행복지수 상관관계'로, 글자 크기는 25로 지정하고, 10행에서는 show()를 이용하여 1행에서 9행까지 지정한 속성대로 실제 그래프를 출력한다.

히트맵 그래프로 시각화하기 (2)

```
6
7   import seaborn as sns
8   sns.heatmap(correlation_mat, mask=upp_mat, annot=True, cmap='RdYlGn')
9   plt.title('대한민국 행복지수 상관관계', fontsize=25)
10  plt.show()
```

③ 상관관계를 히트맵 그래프로 시각화했는데, 앞서 수치로 살펴본 것과 같이 환경이 좋아지면 삶의 만족도가 높아지는 관계에 있다는 것과 경제가 높을수록 환경이 나빠진다는 것을 확인할 수 있다.

[실행결과]

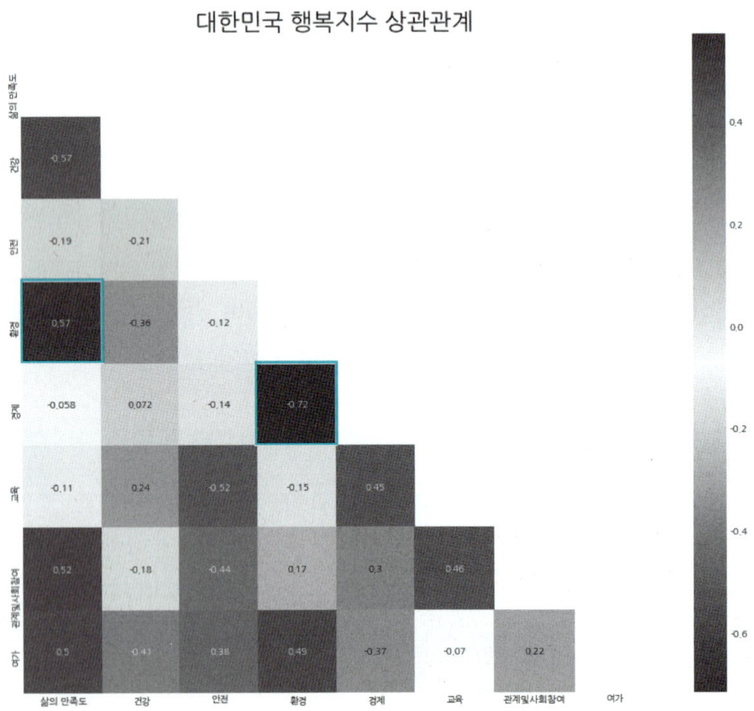

문제 1 본문에서는 시도별로 그룹화하여 행복지수 요소와의 상관관계를 분석해 보았는데, 서울특별시 '구군'별로 행복지수 요소와의 상관관계를 분석하고 요소 간의 연관성을 설명해 보시오.

문제 2 서울특별시 '구군'별 지역에 따라 얼마나 차이가 나는지 세로 막대 그래프로 시각화하는데, 세로 막대 그래프의 서브플롯을 활성화하여 8개의 요소들을 구분하여 출력하시오.

연습문제

문제 3 문제 1에서의 상관관계 분석결과를 히트맵 그래프로 시각화하는데, 시본(seaborn) 라이브러리를 추가로 이용하여 데이터 범위를 다양한 색상으로 출력하시오.

문제 4 서울특별시 외에도 다른 시도의 '구군'별로 행복지수 요소와의 상관관계를 분석하고 요소 간의 연관성을 찾아보시오.

문제 5 문제 4에서의 상관관계 분석결과를 히트맵 그래프로 시각화하고, 기본적인 통계와 집계를 수행하여 막대 그래프로 시각화하여 요소 간의 의미 있는 특징을 찾아보시오.

13

쇼핑몰 데이터 분석

학습목표

- 쇼핑몰 구매 데이터 분석을 위해 데이터를 가공할 수 있다.
- 데이터를 분석하고 시각화하여 분석 결과를 해석할 수 있다.

학습목차

13.1 문제 정의와 데이터 탐색

이번 장에서는 쇼핑몰 사이트의 상품 주문 추세를 분석함으로 판매량을 개선하는 방안을 제시하는 것이 목적이다. 따라서 수집된 쇼핑몰 구매 데이터를 분석대상으로 정하여 구매 특성을 파악하고, 구매에 영향을 미치는 주요 변수가 무엇인지 분석하고자 한다. 이를 위해 캐글에서 제공하는 pet_food_customer_orders.csv를 활용하고자 한다.

애완동물 식품 쇼핑몰의 매출이 정체되어 수익이 오르지 않고 있다. 구매이력 데이터를 바탕으로 더 많은 고객이 쇼핑몰에서 구매를 할 수 있도록 하기 위해 중점을 두어야 하는 것이 무엇인지 알아내고자 한다. 또한 구매에 영향을 주는 주요 특성이 무엇인지 분석해 보자.

데이터 읽기

① kaggle에 접속하여 데이터를 다운로드한다.

https://www.kaggle.com/jahangirraina/pet-food-customer-orders-online/tasks?taskId=2615

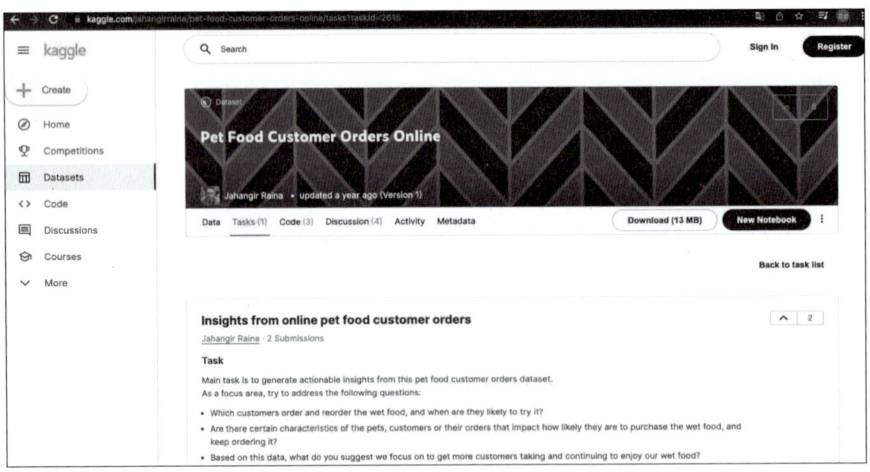

② 다운로드 받은 데이터를 읽어온다.

pet_food_customer_orders.csv 읽어오기

```
import pandas as pd
df=pd.read_csv('/content/pet_food_customer_orders.csv')
df.head()
```

[실행결과]

	customer_id	pet_id	pet_order_number	wet_food_order_number	orders_since_first_wet_trays_order	pet_has_active_subscription	pet_food_tie
0	10574848487411271014	4466839344031767293	2	1.0	1.0	True	superpremiu
1	10574848487411271014	4466839344031767293	1	NaN	NaN	True	superpremiu
2	10574848487411271014	4466839344031767293	8	7.0	7.0	True	superpremiu
3	10574848487411271014	4466839344031767293	4	3.0	3.0	True	superpremiu
4	10574848487411271014	4466839344031767293	9	8.0	8.0	True	superpremiu

③ 데이터 정보를 확인한다.

df.info()

```
df.info()
```

[실행결과]

```
0    customer_id                                 49042 non-null  uint64
1    pet_id                                      49042 non-null  uint64
2    pet_order_number                            49042 non-null  int64
3    wet_food_order_number                       12788 non-null  float64
4    orders_since_first_wet_trays_order          14372 non-null  float64
5    pet_has_active_subscription                 49042 non-null  bool
6    pet_food_tier                               49042 non-null  object
7    pet_signup_datetime                         49042 non-null  object
8    pet_allergen_list                           10758 non-null  object
9    pet_fav_flavour_list                        21022 non-null  object
10   pet_health_issue_list                       23716 non-null  object
11   neutered                                    49042 non-null  bool
12   gender                                      49042 non-null  object
13   pet_breed_size                              49042 non-null  object
14   signup_promo                                49042 non-null  object
15   ate_wet_food_pre_tails                      49042 non-null  bool
16   dry_food_brand_pre_tails                    42670 non-null  object
17   pet_life_stage_at_order                     49042 non-null  object
18   order_payment_date                          49042 non-null  object
19   kibble_kcal                                 49042 non-null  float64
20   wet_kcal                                    49042 non-null  float64
21   total_order_kcal                            49042 non-null  float64
22   wet_trays                                   49042 non-null  int64
23   wet_food_discount_percent                   12788 non-null  float64
24   wet_tray_size                               49042 non-null  object
25   premium_treat_packs                         49042 non-null  int64
26   dental_treat_packs                          49042 non-null  int64
27   wet_food_textures_in_order                  12788 non-null  object
28   total_web_sessions                          49042 non-null  int64
29   total_web_sessions_since_last_order         49042 non-null  int64
30   total_minutes_on_website                    49042 non-null  int64
31   total_minutes_on_website_since_last_order   49042 non-null  int64
32   total_wet_food_updates                      49042 non-null  int64
33   total_wet_food_updates_since_last_order     49042 non-null  int64
34   last_customer_support_ticket_date           10280 non-null  object
35   customer_support_ticket_category            10241 non-null  object
```

총 36개의 컬럼으로 구성되었고, 49042개의 데이터들이 있다는 것을 알 수 있다.
또한 bool형이 3개, float형이 6개, int형이 10개, 문자열형이 15개로 데이터 타입이 있다는 것을 파악할 수 있다.
각 컬럼은 다음과 같은 의미가 있다.

변수	설명	변수	설명
customer_id	고객 ID	kibble_kcal	건식사료 칼로리
pet_id	애완동물 ID	wet_kcal	습식 사료 칼로리
pet_order_number	주문 건수	total_order_kcal	총 주문 칼로리
wet_food_order_numbe r	습식사료 주문 수	wet_trays	주문한 습식 트레이 개수
orders_since_first_wet_tr ays_order	첫 번째 습식 트레이 주문 이후의 주문 수	wet_food_discount_perce nt	습식사료 할인율
pet_has_active_subscript ion	일정비용 지불하고 해당 제품을 받을 수 있는 방식	wet_tray_size	습식트레이 크기
pet_food_tier	사료등급	premium_treat_packs	프리미엄 팩 주문 수
pet_signup_datetime	등록 날짜와 시간	dental_treat_packs	치과 치료 팩 주문 수
pet_allergen_list	알러지 목록	wet_food_textures_in_ord er	주문한 습식 사료 식감
pet_fav_flavour_list	좋아하는 맛 목록	total_web_sessions	총 웹 세션
pet_health_issue_list	건강 이슈	total_web_sessions_since _last_order	마지막 주문 이후에 총 웹 세션
neutered	중성화 여부	total_minutes_on_websit e	웹사이트에서의 총 접속 시간(분)
gender	성별	total_minutes_on_websit e_since_last_order	마지막 주문 이후에 웹사이트에서의 총 접속 시간
target	품종 크기	total_wet_food_updates	총 습식사료 구매 기록(업데이트)

signup_promo	광고, 마케팅으로 등록했는지 다른 방법으로 등록했는지	total_wet_food_updates_since_last_order	마지막 구매 이후에 총 습식사료 기록 업데이트
ate_wet_food_pre_tails	전에 습식사료를 먹었는지 여부	last_customer_support_ticket_date	상담 날짜
dry_food_brand_pre_tails	전에 먹었던 건식사료 브랜드	customer_support_ticket_category	상담 카테고리
pet_life_stage_at_order	성장 단계		
order_payment_date	주문 결제 날짜		

데이터 탐색

1) 식품 알러지

먼저, 애완동물이 가지고 있는 알러지 중 가장 많은 알러지를 살펴본다.

알러지별 개수 확인

```
print(df.pet_allergen_list.value_counts())
```

[실행결과]

```
beef dairy egg soya wheat                   2046
grain                                       1021
beef dairy egg grain soya wheat              687
beef dairy egg grain maize soya wheat        610
grain wheat                                  526
                                            ...
beef dairy fish grain lamb soya wheat          1
lamb maize soya wheat                          1
chicken dairy                                  1
chicken dairy egg fish soya wheat              1
beef fish grain maize wheat                    1
Name: pet_allergen_list, Length: 200, dtype: int64
```

식품 알러지 중 가장 높은 비중을 차지하는 것은 쇠고기, 유제품, 계란, 콩, 밀이다. 그 다음으로는 곡물 알러지가 많다.

2) 선호 식품

알러지별 개수 확인

```
print(df.pet_fav_flavour_list.value_counts())
```

[실행결과]

```
Chicken                          5513
Beef Chicken Lamb                3105
Beef Chicken                     2008
Fish                             1663
Beef                             1640
Beef Chicken Fish Lamb           1518
Chicken Fish                     1431
Lamb                              860
Chicken Lamb                      829
Chicken Fish Lamb                 576
Beef Lamb                         491
Beef Chicken Fish                 477
Beef Fish Lamb                    375
Fish Lamb                         316
Beef Fish                         212
Beef Chicken Duck Fish Lamb         8
Name: pet_fav_flavour_list, dtype: int64
```

선호식품은 치킨이 가장 많고, 그 다음으로 비프치킨램인 것을 알 수 있다.

3) 반려동물이 가지고 있는 병

반려동물이 가지고 있는 병을 확인해 본다.

앓고 있는 병

```
df.pet_health_issue_list.value_counts()
```

[실행결과]

```
digestion                                               7827
skin and coat                                           4409
digestion, skin and coat                                3133
joints                                                  2831
digestion, joints                                       1552
joints, skin and coat                                   1462
digestion, joints, skin and coat                        1289
pancreatitis                                             313
digestion, pancreatitis                                  254
digestion, joints, pancreatitis, skin and coat           183
digestion, joints, pancreatitis                          134
joints, pancreatitis                                     133
joints, pancreatitis, skin and coat                       92
digestion, pancreatitis, skin and coat                    61
pancreatitis, skin and coat                               43
Name: pet_health_issue_list, dtype: int64
```

애완동물이 가지고 있는 가장 많은 병은 '소화'와 관련된 병임을 알 수 있다. 그 다음으로는 피부와 관련된 병인 것을 알 수 있다. 또한 '소화'와 '피부'를 모두 가지고 있는 반려동물의 경우 3133마리인 것을 확인할 수 있다.

4) 성별에 따른 중성화

성별이 암컷인 경우와 수컷인 경우에 중성화 여부의 개수를 확인해 보자.

성별에 따른 중성화 여부

```
print(df[df['gender']=='female']['neutered'].value_counts())
print(df[df['gender']=='male']['neutered'].value_counts())
```

[실행결과]

```
True 12574
False 9758
Name: neutered, dtype: int64
True 14939
False 11771
Name: neutered, dtype: int64
```

각 성별마다 중성화는 반정도 차지하고 있고, 암수에 따라 중성화 여부가 차이가 나지 않는다는 것을 알 수 있다.

5) 쇼핑몰 가입 경로

지인소개로 가입했는지 브랜드를 검색해서 가입했는지 알아보기 위해 쇼핑몰에 가입한 경로를 살펴본다.

쇼핑몰 가입경로

```
df.signup_promo.value_counts()
```

[실행결과]

```
Null & Default      12059
Search Generic       8535
Digital Display      6364
Refer a Friend       5297
Incompletes          5248
Search Brand         4247
Events               2634
```

```
Affiliates            1906
Social Marketing       840
Inserts                832
Other                  762
Shopping Centres       184
Vet                    134
Name: signup_promo, dtype: int64
```

탐색 결과 대부분 가입경로 없이 가입했거나 검색을 통해 가입한 것을 확인할 수 있다.

13.2 데이터 전처리

결측치 처리

각 특성별 결측치를 처리하려면 결측지가 있는지, 있다면 몇 개가 있는지 확인할 필요가 있다. 이를 위해 isnull().sum()을 사용한다.

결측치 확인

```
df.isnull().sum()
```

[실행결과]

```
customer_id                                0
pet_id                                     0
pet_order_number                           0
wet_food_order_number                  36254
orders_since_first_wet_trays_order     34670
pet_has_active_subscription                0
pet_food_tier                              0
pet_signup_datetime                        0
pet_allergen_list                      38284
pet_fav_flavour_list                   28020
pet_health_issue_list                  25326
neutered                                   0
gender                                     0
pet_breed_size                             0
signup_promo                               0
ate_wet_food_pre_tails                     0
dry_food_brand_pre_tails                6372
pet_life_stage_at_order                    0
order_payment_date                         0
kibble_kcal                                0
wet_kcal                                   0
total_order_kcal                           0
wet_trays                                  0
wet_food_discount_percent              36254
wet_tray_size                              0
premium_treat_packs                        0
dental_treat_packs                         0
wet_food_textures_in_order             36254
total_web_sessions                         0
total_web_sessions_since_last_order        0
total_minutes_on_website                   0
total_minutes_on_website_since_last_order  0
total_wet_food_updates                     0
total_wet_food_updates_since_last_order    0
last_customer_support_ticket_date      38762
customer_support_ticket_category       38801
```

결측치를 확인한 결과 wet_food_order_number, orders_since_first_wet_trays_order, pet_allergen_list, pet_fav_flavour_list, pet_health_issue_list, dry_food_brand_pre_ tails, wet_food_discount_percent, wet_food_textures_in_order, last_customer_support_ticket_date, customer_support_ticket_category에서 결측치가 존재하는 것을 알 수 있다.

결측치 중에서 수치형 데이터를 가지고 있는 wet_food_order_number와 orders_since_first_wet_trays_orde에서 결측치가 있다는 것은 주문이 없다는 의미와 같다. 따라서 주문개수가 없는 것과 습식트레이 주문 이후의 주문개수가 없는 경우 0으로 채운다.

결측치 확인

```
df['wet_food_order_number']=df['wet_food_order_number'].fillna(0) #주문개수가 없다면 0이라고 측정
df['orders_since_first_wet_trays_order']=df['orders_since_first_wet_trays_order'].fillna(0)
print(df['wet_food_order_number'].isnull().sum())
print(df['orders_since_first_wet_trays_order'].isnull().sum())
```

[실행결과]

```
0
0
```

데이터형 변환

반려동물이 등록된 날, 구매물건의 결제일, 최근 상담을 한 날을 datetime형으로 변환한다.

결측치 확인

```
df['pet_signup_datetime']=pd.to_datetime(df.pet_signup_datetime) #반려동물 등록날짜
df['order_payment_date']=pd.to_datetime(df.order_payment_date) #결제한 날짜
df['last_customer_support_ticket_date']=pd.to_datetime(df.last_customer_support_ticket_date) #최근 고객상담을 한 날짜
```

[실행결과]

```
1   pet_id                                  49042 non-null  uint64
2   pet_order_number                        49042 non-null  int64
3   wet_food_order_number                   49042 non-null  float64
4   orders_since_first_wet_trays_order      49042 non-null  float64
5   pet_has_active_subscription             49042 non-null  bool
6   pet_food_tier                           49042 non-null  object
7   pet_signup_datetime                     49042 non-null  datetime64[ns]
8   pet_allergen_list                       10758 non-null  object
```

```
 9   pet_fav_flavour_list                        21022 non-null  object
 10  pet_health_issue_list                       23716 non-null  object
 11  neutered                                    49042 non-null  bool
 12  gender                                      49042 non-null  object
 13  pet_breed_size                              49042 non-null  object
 14  signup_promo                                49042 non-null  object
 15  ate_wet_food_pre_tails                      49042 non-null  bool
 16  dry_food_brand_pre_tails                    42670 non-null  object
 17  pet_life_stage_at_order                     49042 non-null  object
 18  order_payment_date                          49042 non-null  datetime64[ns]
 19  kibble_kcal                                 49042 non-null  float64
 20  wet_kcal                                    49042 non-null  float64
 21  total_order_kcal                            49042 non-null  float64
 22  wet_trays                                   49042 non-null  int64
 23  wet_food_discount_percent                   12788 non-null  float64
 24  wet_tray_size                               49042 non-null  object
 25  premium_treat_packs                         49042 non-null  int64
 26  dental_treat_packs                          49042 non-null  int64
 27  wet_food_textures_in_order                  12788 non-null  object
 28  total_web_sessions                          49042 non-null  int64
 29  total_web_sessions_since_last_order         49042 non-null  int64
 30  total_minutes_on_website                    49042 non-null  int64
 31  total_minutes_on_website_since_last_order   49042 non-null  int64
 32  total_wet_food_updates                      49042 non-null  int64
 33  total_wet_food_updates_since_last_order     49042 non-null  int64
 34  last_customer_support_ticket_date           10280 non-null  datetime64[ns, UTC]
 35  customer_support_ticket_category            10241 non-null  object
```

데이터값 변경

트레이 사이즈의 데이터는 수치형인데도 '150g', 'None', '300g', 'Both'으로 나타나 통계치를 구하기 어렵다. 이것을 replace()를 이용해 [150,0,300,450]인 수치형 데이터값으로 변경한다.

결측치 확인

```
df.wet_tray_size.unique()
df['wet_tray_size']=df['wet_tray_size'].replace(['150g','None','300g','Both'],[150,0,300,450])
df['wet_tray_size'].value_counts()
```

[실행결과]

```
0 36254
150 7635
300 5152
450 1
Name: wet_tray_size, dtype: int64
```

새로운 컬럼 추가

전체 컬럼에서 습식사료 주문 건수는 나와있지만 건식사료 주문건수는 나와 있지 않다. 따라서

건식사료 주문 건수를 구하기 위해 전체 주문건수에서 습식주문건수의 차로 구하여 새로운 컬럼으로 추가한다.

결측치 확인

```
df['dry_food_order_number']=np.array(df.pet_order_number)-np.array(df.wet_
food_order_number)
df['dry_food_order_number'].unique
```

[실행결과]

```
<bound method Series.unique of 0        1.0
1        1.0
2        1.0
3        1.0
4        1.0
        ...
49037    1.0
49038    1.0
49039    1.0
49040    0.0
49041    1.0
Name: dry_food_order_number, Length: 49042, dtype: float64>
```

13.3 데이터 특성 분석

전처리가 완료되었다면 데이터의 특성을 파악해 본다. 이때, 3회 이상 구매한 기록이 있는 고객의 특성을 살펴본다. 3회 이상 구매한 고객은 재구매를 하는 고객이니만큼 그들의 특성을 파악하는 것은 의미가 있을 것이다

단골 고객 추출

고객이 주문을 여러 번 했다면 기록이 여러 번 되었을 것이다. 이것을 이용하여 3회 이상의 기록이 있는 경우를 찾아 고객을 추출할 수 있다.

1) 3회 이상 주문 고객 확인

먼저,'customer_id'를 기준으로 그룹으로 나눈 후, 그룹의 건수가 3회 이상인 경우를 확인해 본다.

3회 이상 주문한 고객 확인

```
import matplotlib.pyplot as plt
plt.figure(figsize=(20,10))
group=df.groupby('customer_id')
custom=group.size()[group.size()>=3]
custom.value_counts()
custom.value_counts().plot.pie(autopct='%1.1f%%')
```

[실행결과]

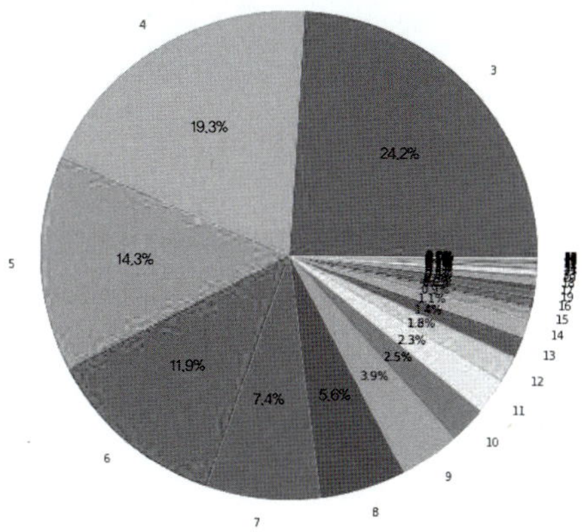

전체적으로 3회~6회정도 재구매한 회원들이 차지하는 비율이 높다는 것을 알 수 있다.

2) 3회 이상 주문한 고객 추출

3회 이상 주문한 고객의 정보를 regular_customer로 저장한다. 3회 미만 주문한 고객 정보는 passenger로 저장한다. 이때, 앞에서 구한 고객ID(custom.index)을 이용한다.

3회 이상 주문한 고객 추출

```
regular_customer=df[df.customer_id.isin(custom.index)]
passenger=df[~df.customer_id.isin(custom.index)]
print((regular_customer.groupby('customer_id')).size().min())
print((passenger.groupby('customer_id')).size().max())
```

[실행결과]

```
3
2
```

단골 고객과 일반 고객을 나눈 후, 단골 고객 주문건수의 최솟값이 3인 것과 일반 고객 주문건수의 최댓값이 2인 것을 확인할 수 있다.

고객의 특성

1) 정기배송

단골 고객의 경우, 정기배송을 신청한 수를 확인해 보자. 이때 시본(seaborn)에서 제공하는 countplot()을 활용하여 확인하면 비교가 쉽다.

단골 고객의 정기배송 수

```
import seaborn as sns
sns.countplot(regular_customer['pet_has_active_subscription'])
```

[실행결과]

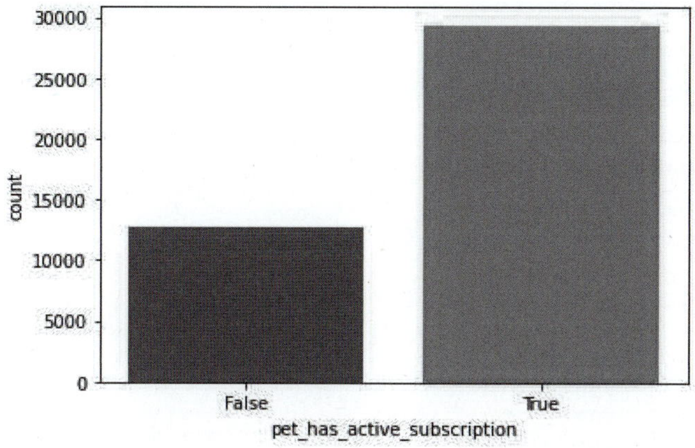

단골 고객의 경우 정기배송을 신청한 경우가 신청하지 않은 경우보다 약 2배 정도 더 많다. 이는 정기배송 고객의 구매력이 2배 더 많다는 것을 의미한다.

2) 쇼핑몰 가입경로

먼저 단골 고객의 쇼핑몰 가입경로를 알아보자.

단골 고객의 정기배송 수

```
regular_customer.signup_promo.value_counts()
```

[실행결과]

```
Null & Default       10399
Search Generic        7380
Digital Display       5282
Incompletes           4645
Refer a Friend        4566
Search Brand          3560
Events                2428
Affiliates            1525
Social Marketing       738
Inserts                697
Other                  696
Vet                    128
Shopping Centres        77
Name: signup_promo, dtype: int64
```

단골 고객은 가입경로가 없는 경우가 제일 많고 그 다음으로 검색을 통해 가입한 경우가 많다.

이번에는 단골 고객이면서 정기배송을 하는 회원의 경우 쇼핑몰 가입경로를 확인해 보자.

단골고객의 정기배송 수

```
t=regular_customer[regular_customer.pet_has_active_subscription==True]
t.signup_promo.value_counts()
```

[실행결과]

```
Null & Default        7271
Search Generic        5155
Digital Display       3627
Incompletes           3280
Refer a Friend        3268
Search Brand          2482
Events                1783
Affiliates             990
Inserts                502
Other                  486
Social Marketing       477
Shopping Centres        55
Vet                     39
Name: signup_promo, dtype: int64
```

실행결과 단골고객이면서 정기배송을 하는 고객의 대부분이 가입경로가 없거나, 검색을 통해 가입을 하는 것으로 파악된다.

3) 사료등급

웹사이트를 방문하는 고객이 구매하는 사료의 등급을 먼저 살펴보자.

사료등급별 구매 횟수

```
t=df.set_index(['customer_id'])
print(t.pet_food_tier.value_counts())
sns.countplot(t.pet_food_tier)
```

[실행결과]

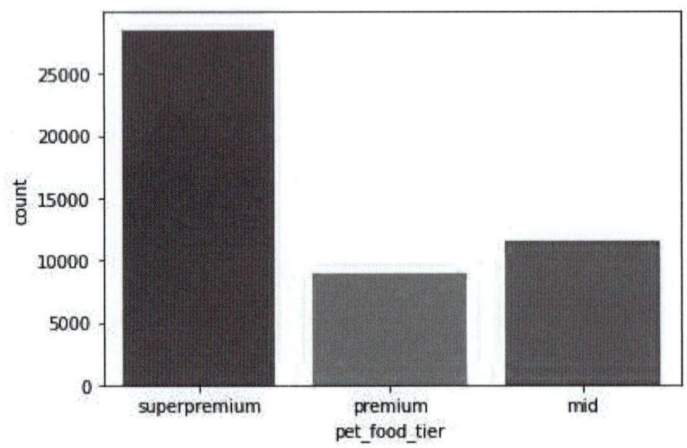

단골 고객이 주문하는 사료 등급을 알아보자.

사료등급별 구매 횟수

```
t=regular_customer.set_index(['customer_id'])
print(t.pet_food_tier.value_counts())
sns.countplot(t.pet_food_tier)
```

[실행결과]

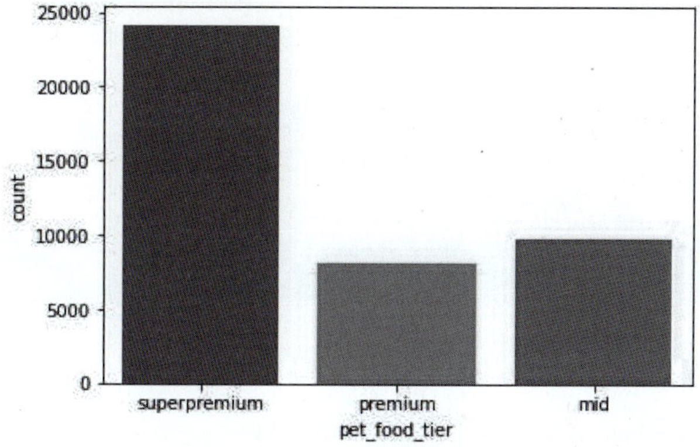

단골 고객이 주문하는 사료의 등급은 대부분이 슈퍼프리미엄인 것을 알 수 있다.

일반 고객(주문 수가 3미만)을 포함하여 위의 내용을 구체적으로 시각화해서 확인해 보자. 이때 한꺼번에 여러 개의 그래프를 출력하기 위해 subplot()을 사용한다.

사료등급별 구매 비율

```
plt.figure(figsize=(10,5))
plt.subplot(2,2,1)
df.pet_food_tier.value_counts().plot.pie(autopct="%1.1f%%")
plt.subplot(2,2,2)
regular_customer.pet_food_tier.value_counts().plot.pie(autopct="%1.1f%%")
plt.subplot(2,2,3)
passenger.pet_food_tier.value_counts().plot.pie(autopct="%1.1f%%")
```

[실행결과]

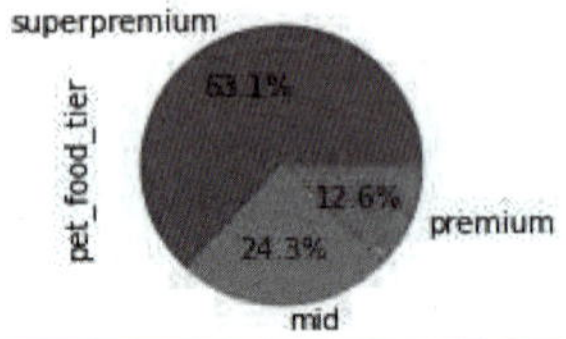

어떤 고객이든지 슈퍼프리미엄급 사료 구매가 가장 많다. 그러나 3회 미만인 고객의 경우 프리미엄급 사료 구매가 가장 낮은 것을 알 수 있다.

4) 선호식품

단골과 일반 고객이 구매하는 선호식품의 특징을 알아보자.

고객그룹별 선호 식품

```
plt.figure(figsize=(20,10))
plt.subplot(3,1,1)
sns.countplot(df.pet_fav_flavour_list,palette='YlGnBu')
plt.subplot(3,1,2)
sns.countplot(regular_customer.pet_fav_flavour_list)
plt.subplot(3,1,3)
sns.countplot(passenger.pet_fav_flavour_list)
```

[실행결과]

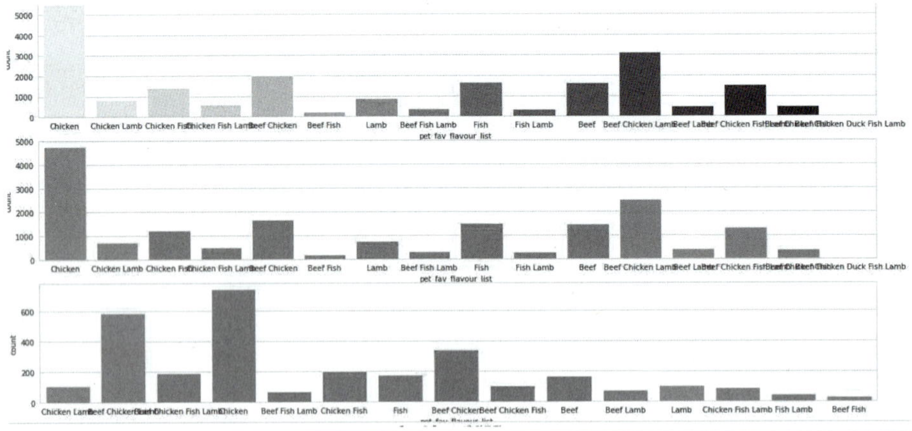

단골과 일반 고객이 선호하는 식품은 '치킨'인 것을 알 수 있다. 특히 단골고객의 경우 치킨이 상대적으로 더 높은 비중을 차지하는 것을 확인할 수 있다.

5) 건식과 습식사료 구매 수량 비교

단골과 일반 고객이 구매한 건식사료와 습식사료의 비율을 알아보자.

건식과 습식사료 구매 비율

```
print(regular_customer.dry_food_order_number.sum())
print(regular_customer.wet_food_order_number.sum())
print(regular_customer.wet_food_order_number.sum()/regular_customer.dry_food_
order_number.sum())
print('========================================')
print(passenger.dry_food_order_number.sum())
print(passenger.wet_food_order_number.sum())
print(passenger.wet_food_order_number.sum()/passenger.dry_food_order_number.
sum())
print('========================================')
```

[실행결과]

```
127837.0
34543.0
0.2702112846828383
========================================
6854.0
2734.0
0.39889115844762185
========================================
```

분석결과 단골 고객은 습식사료를 구매하는 비율이 27%이고, 일반 고객은 39.8%인 것을 확인할 수 있다.

13.4 데이터 특성 정리와 제안

반려동물 식품 쇼핑몰에서 3회 이상 주문을 한 경우에는 지속적으로 구매 의사가 있다는 것으로 볼 수 있다. 여기에서 3회 이상 주문한 고객을 단골 고객으로 분류한 이유이기도 하다.

앞에서 살펴본 데이터 특성은 다음과 같이 정리할 수 있다.

- 3회 이상 구매한 단골 고객은 일반 고객(3회 미만)보다 슈퍼프리미엄급 상품을 더 많이 구매한다
- 정기배송을 받는 단골 고객이 더 많이 구매한다.
- 모든 구매자들이 선호하는 식품은 치킨이다. 특히 단골 고객의 경우 치킨의 선호도가 일반 고객에 비해 매우 높다.
- 건식과 습식사료의 구매내역을 보면 건식사료의 구매율이 매우 높다. 특히 단골의 경우 일반 고객에 비해 건식사료를 더 많이 구입한다.
- 대부분의 고객은 가입경로가 없거나 검색을 통해 유입되고 있다.

이를 통해, 건식사료 구매, 습식사료 구매, 기호식품, 가입경로, 프리미엄티어, 정기배송, 전체 구매 횟수가 주요한 특성임을 파악할 수 있다.

앞에서 정리한 내용을 바탕으로 쇼핑몰의 활성화를 위해 다음과 같이 제안할 수 있다.

- 3회 이상 구매한 단골 고객은 일반 고객(3회미만)보다 프리미엄티어 상품을 더 많이 구매한다. 단골 고객이 계속 유지하기 위해 프리미엄티어 상품을 늘리는 것을 생각해 볼 수 있다.
- 정기배송을 받는 단골고객은 더 많이 구매하는 것을 확인하였다. 따라서 정기배송 고객을 유치하기 위한 다양한 이벤트를 진행하면 매출이 늘 것으로 보여진다.
- 모든 구매자들이 선호하는 식품은 치킨이다. 특히 단골 고객의 경우 치킨의 선호도가 매우 높은 것을 확인할 수 있다. 따라서 서비스 제품으로 구매를 유도하거나 지속적인 구매로 연결할 수 있을 것으로 보인다.
- 건식과 습식사료의 구매비율을 보면 건식사료의 구매가 상당히 높은 것을 알 수 있다. 특히 단골 고객의 경우 건식사료 구매에 더 많은 비중을 차지하고 있다.
- 대부분의 고객은 가입경로가 없거나 검색을 통해 유입되고 있음을 알 수 있다. 따라서 더 많은 검색이 될 수 있도록 꾸준히 홍보 활동을 이어가야할 것이다.

이는 우리가 살펴본 데이터를 특성을 바탕으로 분석한 결과로 얻어진 결론이다. 이외에도 우리가 살펴보지 못한 데이터의 특성을 바탕으로 분석한다면 더욱 다양한 결과를 얻을 수 있다 (이것은 연습문제로 남겨두도록 한다).

※ 본문에서 사용한 데이터를 계속해서 사용한다.

문제 1 다음의 결과처럼 쇼핑몰 데이터에서 전체 고객을 대상으로 반려동물의 발달단계를 시각화로 나타내 보자.

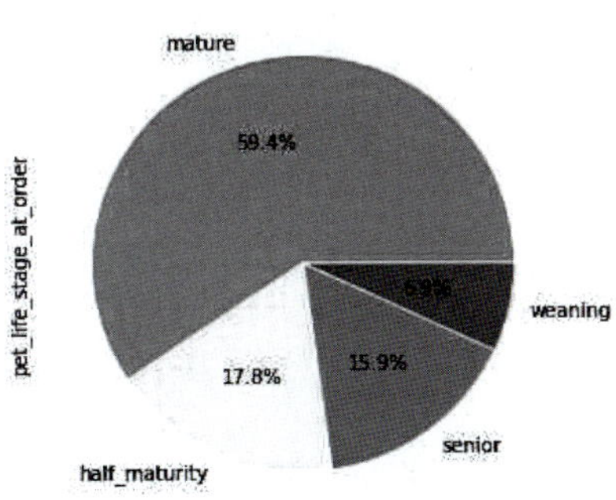

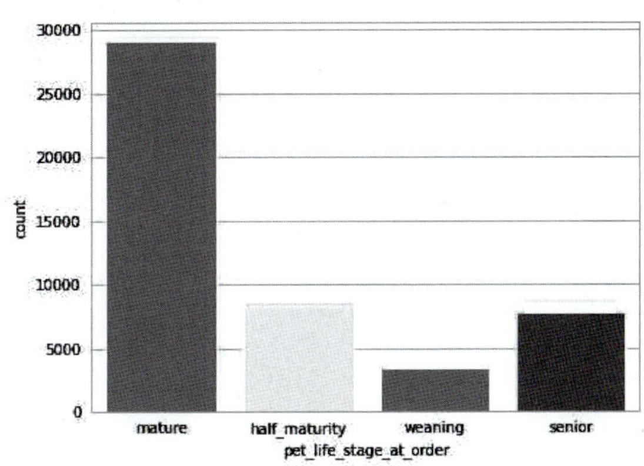

문제 2 가입경로에 따라 지속적인 구매가 이어지는지 알아보시오.

① 다음 실행결과처럼 가입경로에 따라 첫 습식 사료 주문 이후에 구매가 지속적으로 이어지는지 시각화로 나타내시오(orders_since_first_wet_trays_order, signup_promo를 사용하시오).

② 또한 다음 실행결과처럼 가입경로에 따라 첫 습식 사료 주문 이후에 사료등급별 구매의 횟수를 시각화로 나타내시오(orders_since_first_wet_trays_order, signup_promo, pet_food_tier).

③ ①②를 통해 알 수 있는 것은 무엇인가?

①

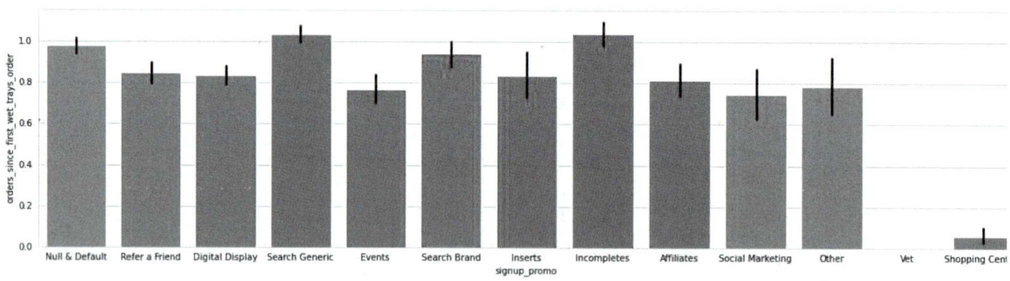

②

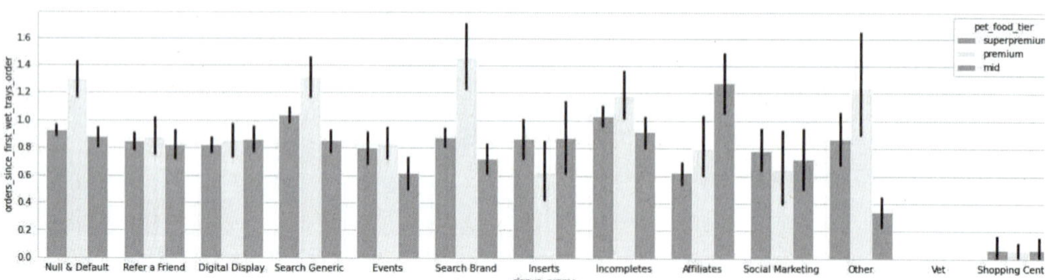

문제 3 첫 습식사료 주문 이후에 성장단계에 따른 사료등급별 주문 횟수를 시각화로 나타내시오.

[실행결과]

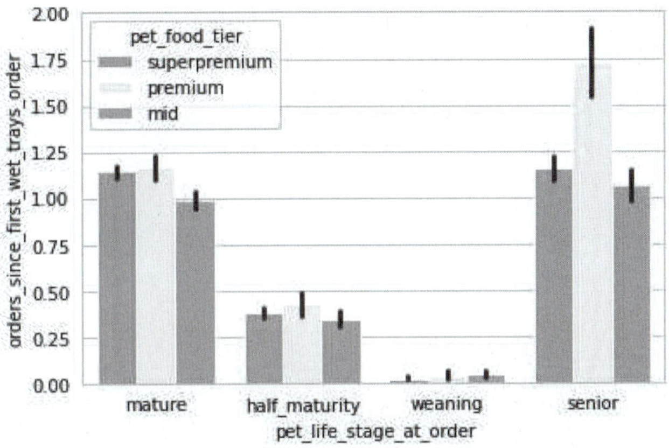

문제 4 앞에서 분석한 특성 외에 다른 특성을 가지고 시각화하여 그 특징을 찾아보자. (예시: 웹사이트에 머문 시간과 주문 수량 간의 관계)

Python for data analysis